中南财经政法大学出版基金资助出版

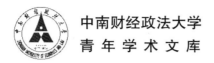

中南财经政法大学
青 年 学 术 文 库

我国社会医疗保险基金
可持续发展与风险防范机制研究

李礼　著

WUHAN UNIVERSITY PRESS
武汉大学出版社

图书在版编目(CIP)数据

我国社会医疗保险基金可持续发展与风险防范机制研究/李礼著.—武汉:武汉大学出版社,2022.9

中南财经政法大学青年学术文库

ISBN 978-7-307-23037-8

I.我… II.李… III.医疗保险—基金管理—研究—中国 IV.F842.613

中国版本图书馆 CIP 数据核字(2022)第 066217 号

责任编辑:宋丽娜 责任校对:李孟潇 版式设计:马 佳

出版发行:**武汉大学出版社** (430072 武昌 珞珈山)

(电子邮箱:cbs22@whu.edu.cn 网址:www.wdp.com.cn)

印刷:湖北金海印务有限公司

开本:787×1092 1/16 印张:22.25 字数:538 千字 插页:2

版次:2022 年 9 月第 1 版 2022 年 9 月第 1 次印刷

ISBN 978-7-307-23037-8 定价:88.00 元

前　言

随着我国社会医疗保险制度的进一步发展与完善，对于社会医疗保险基金可持续发展的思考成了理论研究者和政策制定者亟需面对的课题。社会医疗保险基金作为社会医疗保险制度构建的重要组成部分，不仅是社会医疗保险制度建立的前提要求，更是社会医疗保险制度得以顺利运行的重要保证。在完善与改革我国社会医疗保险制度的过程中，社会医疗保险基金面临着基金收支平衡压力。2007—2017年十年间，2009年、2010年、2013年和2014年的医疗保险基金支出的增长速度均超过收入的增长速度，基金支出的年均增长速度(24.89%)快于基金收入的年均增长速度(23.03%)，这对于医疗保险制度来说是个警示信号，收支增速的变化会对医保基金的可持续性产生影响，而医疗保险基金能否实现收支平衡保持可持续性对于医疗保险制度健康发展起着决定性的作用。因此，合理评估我国社会医疗保险基金的可持续性以及建立与完善基金风险防范机制至关重要。

本书分为四篇：第一篇为理论基础研究；第二篇为我国社会医疗保险基金可持续发展研究；第三篇为我国社会医疗保险基金风险防范机制研究；第四篇为典型国家社会医疗保险制度改革研究。其中以第二篇与第三篇为研究重点。

第二篇重点针对我国社会医疗保险基金的运行情况进行定量分析和评估，运用精算模型预测和估算我国城镇职工基本医疗保险和城乡居民基本医疗保险未来中长期的基金收入、支出、结余及赤字等运行情况，并对城镇职工医保基金与城乡居民医保基金的可持续发展能力进行评估。根据模拟分析结果，本书得出两点结论。

第一，城镇职工基本医疗保险参保职工人数变化趋势总体都是先上升后下降，2066年参保总职工人数开始下降，参保退休职工相比参保在职职工的人数趋势总体是上升的，2086年开始出现下降。从2075年开始参保退休人员人数超过参保在职职工人数。城镇职工基本医疗保险基金支出相对于基金收入一直处于上涨趋势，2028年开始基金出现收不抵支，且基金支出的年均增长速度快于基金收入的年均增长速度，而累计结余从2030年开始出现下降并最终在2040年出现赤字，2100年累计结余赤字达709.36万亿元。

第二，城乡居民基本医疗保险参保人员总人数从2018年开始呈逐年下降趋势。城乡居民基本医疗保险基金支出与基金收入的变化都是呈先上涨后下降再缓慢上涨的趋势，2021年开始基金出现收不抵支，且基金支出的年均增长速度快于基金收入的年均增长速度，基金累计结余从2028年开始出现赤字，且赤字逐年扩大，2100年累计结余赤字达259.31万亿元。

据此结论本书提出了相关对策建议：第一，拓宽筹资范围，调整筹资机制，逐渐实行延缓退休政策；第二，进一步明确财政对城镇职工基本医疗保险的责任；第三，深化改革医保基金偿付方式，积极推进复合偿付方式；第四，健全分级诊疗制度，合理配置医疗资源；第五，创新发展长期护理保险制度；第六，建立社会医疗保险精算系统。

然后，本书围绕湖北省社会医疗保险基金的运行情况进行评估，研究发现如下。

湖北省样本地区的城镇职工基本医疗保险基金在2013—2017年运行中存在的风险主要有：基金收入和基金支出起伏大，收入和支出增幅不稳定；各地城镇职工基本医疗保险统筹基金累计结余可支付月数差异较大，个别地区统筹基金累计结余支撑能力还需加强；个人账户严重影响了基金效率；退休人员参保比例不断增加，退休人员医疗费用支出过高，对基金的可持续形成巨大压力；统筹基金支付比例不断上升，就医流向仍不合理。因此，对于湖北省城镇职工基本医疗保险基金管理提出相关建议：第一，加强基金征缴力度，完善筹资机制；第二，深化医保支付方式改革，加强城镇职工基本医疗保险预决算管理；第三，创新老年人医疗方式的改革，不断推行医养结合措施，降低医疗费用增长；第四，加强医保基金监管，创新监管方式；第五，坚决打击骗保套保行为，发挥反欺诈联合工作机制；第六，不断健全分级诊疗制度，积极引导患者在不同级别医院就医；第七，改革个人账户划入比例，探索取消个人账户。

湖北省城镇居民基本医疗保险基金在2013—2016年的运行中存在的问题有：城镇居民住院率上升，住院费用呈现快速上涨态势；参保患者就医偏爱选择三级医疗机构，医疗服务利用不均；异地就医增量较快。因此，对于湖北省城镇居民基本医疗保险基金管理提出相关建议：一是以城乡居民医疗保险整合为契机，推进医保制度有效衔接；二是积极推进异地就医阶段服务工作；三是积极稳妥提高医保基金统筹层次，利用更高统筹层次实现互助共济；四是继续深化医保支付方式改革；五是创新管理机制，强化医保服务的社会监督，探索医保服务第三方参与；六是强化医保基金的预决算管理，制定合理调度政策。

湖北省新型农村合作医疗基金的运行状况以武汉市的东西湖区和新洲区、宜昌市的远安县和当阳市、襄阳市的老河口市和枣阳市以及孝感市的云梦县和汉川市为样本地区进行研究，2007—2015年，部分地区新农合基金使用率过高，出现超支现象；住院费用、住院率逐年增加，经济负担沉重；参合患者住院补偿水平还需提高；部分地区参合患者就医流向缺乏合理性。因此提出的建议有：第一，合理调控基金使用，加强对定点医疗服务机构的考核制度；第二，深化支付方式改革，完善支付制度；第三，充分利用商业保险，提高补偿比例，分解基金风险；第四，提高市直医疗机构起付线，提高县域医疗机构服务能力。

由于2017年湖北省才开始全面实施城乡居民基本医疗保险整合工作，因此湖北省城乡居民基本医疗保险基金的运行状况以宜昌市为样本地区进行研究，发现整合不久的城乡居民医保基金存在以下几方面的问题：第一，各地区城乡居民基本医疗保险整合进程不一样，基金统筹层次较低；第二，各地城乡居民医保基金使用不充分与收不抵支并存；第三，医保支付方式改革难度较大；第四，城乡居民基本医疗保险基金预警机制和干预措施不健全。因此，对于城乡居民医保基金的管理提出以下几点建议：第一，加大医疗保险扩面征缴力度，加强参保对象管理；第二，提高统筹层次，将统筹的基本单位依次由县级提高到市级再提高到省级，降低基金风险；第三，建立健全城乡居民基本医疗保险基金风险预警机制和监管机制，以控制风险为导向，逐步调整筹资结构，并且对于基金收不抵支的情况采取前控的风险防范措施，引导参保人员合理有效使用基金；第四，完善支付方式改革，拓宽支付方式的覆盖面，控制医疗费用不合理增长。

第三篇针对社会医疗保险风险防范机制的建设与完善展开研究。随着医保体系的逐步完善，卫生费用支出不断增长，医保基金支出增速加快，社会医疗保险基金偿付方式的选择和优化与医疗保险机构的基金支出费用控制紧密关联，医保基金偿付不仅是医保基金风险防范和风险控制的重要环节，也是我国社会医疗保险领域改革的重点。因此，本书对我国社会医疗保险基金偿付制度改革的现状与问题进行分析与探讨，为建设医保基金风险化解与防范机制、深化社会医疗保险制度改革提供现实依据。研究发现：首先，从全国大部分试点地区的改革经验来看，总额预算付费制在我国具有相对适应性，这就需要坚持总额预算管理的原则，继续完善以总额预算制为主，其他方式为辅的医疗保险基金偿付机制；其次，医保偿付方式没有任何一种可以"包打天下"，所有医保基金的偿付方式均存在本地化的问题，应在总额预算的基础上，结合当地现实情况、区域政策、各医院运行特点采取不同的偿付方式，积极探索多元方式并存的复合型付费机制；再次，医疗保险基金的偿付方式改革是一项世界性的难题，偿付方式的合理性、科学性、可操作性需要尊重医疗规律，建立相应的配套机制确保偿付机制有效运行，达到预期目标，例如医患保三方对话机制、监督考核机制、医保基金运行效率的评价激励机制等。

随着社会经济的发展，健康环境发生巨大变化，医疗保险基金的筹集、管理、投资和偿付等整个过程会面临各种制度实施风险因素的影响，包括逆向选择、道德风险、保险欺诈等与参保者有关的风险，也包括制度设计偏差、医疗服务引致需求和就诊管理不规范等与承保管理机构相关的风险，以及疾病治疗的变化、人口老龄化、劳动参与率下降、经济波动、医疗资源配置不当、医疗服务价格上升等各种制度环境风险因素等。各风险因素之间相互联系、相互影响，可能会导致风险的加剧或风险的集中，最终表现为医保基金财务不可持续的状况更为严重。因此，在医保制度运行过程中，及早发现、防范并及时控制各种负面影响的风险因素，对医保基金建立与完善风险监管体制机制、医保基金财务安全审计体制机制与绩效审计体制机制以及风险预警机制，对于构建医保基金风险防范机制有着极其重要的意义。因此，本书对社会医疗保险基金的风险进行识别与分析，并从基金风险监管体制机制、基金财务安全审计与绩效审计体制机制以及基金风险预警机制三个方面来论述如何针对基金风险采取相应的防范和控制措施，以确保医保基金的可持续性，保障医保制度的平稳健康运行。研究发现：首先，基于对社会医疗保险基金面临的风险的认识和分析，最重要的风险防范措施是健全社会医疗保险基金的风险监管机制，通过健全社会医疗保险基金监管法制建设、建立各地社会医疗保险反欺诈组织框架、引入"第三方"监管制度、加强信息制度建设、引入商业医疗保险制度等措施来有效规避基金风险，确保基金平衡运行。其次，强化社会医疗保险基金审计工作也是基金风险防范的重要措施，能够提高社会医疗保险基金的使用效率，避免基金出险，确保社会医疗保险基金的财务安全。审计工作应更加关注医疗保险基金使用管理中的社会效益和经济效益一体化，开展医疗保险基金绩效审计工作，构建医疗保险基金绩效审计的评价指标体系以及医疗保险基金绩效审计的反馈机制与绩效促进机制是医疗保险审计工作发展的必然趋势。再次，社会医疗保险基金的稳健运行离不开相应的风险预警机制做支撑，将风险预警系统技术引入社会医疗保险基金风险管理，并经过内化后形成社会医疗保险基金风险预警系统，对基金的整体风险进行动态监测，及时发现基金危机征兆，将事后发现风险转移为事前化解风险，对于有效防范和规避基金风险、保持我国医保基金稳定平衡运行以及提高基金的风险管理水平均具有较强的促进作用。

目　　录

第一篇　理论基础研究

第二篇　我国社会医疗保险基金可持续发展研究

第三篇　我国社会医疗保险基金风险防范机制研究

第四篇　典型国家社会医疗保险制度改革研究

导　　论

一、研究背景

随着我国社会医疗保险制度的进一步发展与完善，对于社会医疗保险基金可持续发展的思考成了理论研究者和政策制定者亟需面对的课题。社会医疗保险基金作为社会医疗保险制度构建的重要组成部分，不仅是社会医疗保险制度建立的前提要求，更是社会医疗保险制度得以顺利运行的重要保证。社会医疗保险基金的可持续发展问题是全球性难题。北欧福利国家因医疗保险基金不堪重负造成国家财政危机，美国奥巴马医改中医保储备基金不可持续饱受特朗普政府诟病。我国传统计划经济体制下的城市医疗保险制度与农村合作医疗制度，均因缺乏基金保障与覆盖范围有限而失败。当前，我国城镇职工基本医疗保险、城镇居民基本医疗保险、新型农村合作医疗制度以及大部分省份已经实现整合的城乡居民基本医疗保险构成了我国全民覆盖的社会医疗保险体系。全民医保体系覆盖人群超过13亿人，参保率达到95%以上，为实现"人人享有健康权"、减少社会成员疾病负担做出了卓越的贡献。建立公平可持续的全民医保体系是建立现代意义的社会保障制度的国家的共同目标和必然选择，医保①基金的可持续发展是保障社会医疗保障制度的必然前提。但是我国医保制度在完善与改革的过程中，医保基金仍然面临着基金收支平衡压力。

由表0-1和图0-1可以看出，2007—2017年我国医疗保险基金收入与基金支出逐年增加，医疗保险基金所占社会保险基金的比例也相应扩大，尤其是2016年以后医疗保险基金收入与支出在社会保险基金的收入与支出中所占的比例都较往年大幅增加，医疗保险基金的地位不断提升②。同时，也可以发现2007—2017年十年间，2009年、2010年、2013年和2014年的医疗保险基金支出的增长速度均超过收入的增长速度，基金支出的年均增长速度(24.89%)快于基金收入的年均增长速度(23.03%)，这对于医保制度来说是个警示信号，收支增速的变化对医保基金的可持续性会产生影响。2013年全国有225个统筹地区的城镇职工基本医疗保险统筹基金出现收不抵支的情况，占全国城镇职工统筹地区的32%，其中22个统筹地区将历年累计结存全部花完。2013年全国有108个统筹地区的城镇居民基本医疗保险基金也出现收不抵支的情况③。2018年国务院提交全国人大常委会

---

① 如无特别说明，本书的"医保制度"即为"社会医疗保险制度"；"医保基金"即为"社会医疗保险基金"。

② 数据来源：2007—2017年《人力资源和社会保障事业发展统计公报》。2007年及以前，该公报的名称为《劳动和社会保障事业发展统计公报》；2008年及以后，由于劳动和社会保障部与人事部合并，组建人力资源和社会保障部，该公报更名为《人力资源和社会保障事业发展统计公报》。

③ 孟庆伟：《城镇医保基金出入落差增大，部分省份出现赤字》，搜狐网，http://business.sohu.com/20150627/n415743152.shtml。

审议的报告中显示，2017 年城镇职工基本医疗保险统筹基金和整合后的城乡居民基本医疗保险基金分别有一些统筹地区出现当期赤字，个别统筹地区甚至出现历年累计赤字①。可见，我国医保基金的可持续性已面临严峻的压力。

表 0-1　2007—2017 年社会保险基金及医疗保险基金收支情况（单位：亿元）

年份	社会保险基金收入	社会保险基金支出	医疗保险基金收入	医疗保险基金收入增长比（%）	医疗保险基金支出	医疗保险基金支出增长比（%）
2007	10812	7888	2257	—	1562	—
2008	13696	9925	3040	34.69	2084	33.42
2009	16116	12303	3672	20.79	2797	34.21
2010	18823	14819	4309	17.35	3538	26.49
2011	24043	18055	5539	28.54	4431	25.24
2012	28909	22182	6939	25.28	5544	25.12
2013	35253	27916	8248	18.86	6801	22.67
2014	39828	33033	9687	17.45	8134	19.60
2015	46012	38988	11193	15.55	9312	14.48
2016	53563	46888	13084	16.89	10767	15.63
2017	67154	57145	17932	37.05	14422	33.95

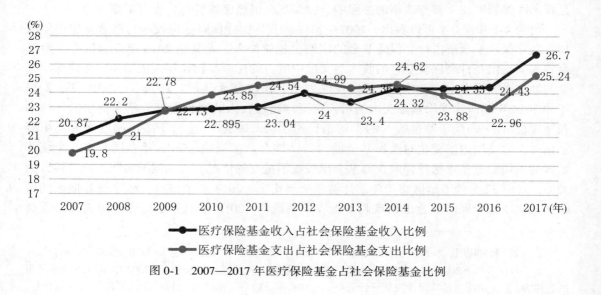

图 0-1　2007—2017 年医疗保险基金占社会保险基金比例

① 资料来源：http://dy.163.com/v2/article/detail/E3SCJLST0515F8S8.html。

　　社会医疗保险制度能否平稳运行是制度设计者和参与主体共同关注的焦点，而医保基金能否实现收支平衡，保持可持续性，对于医保制度健康发展起着决定性的作用。医保基金的收支平衡受诸多因素影响，例如，人口规模及人口结构的变化，将对社会医疗保险的参保人数、缴费人数及享受医保待遇的人数产生影响；职工工资收入与居民收入的变化，将对医保基金收入产生影响；同时，科技进步、医疗服务成本增加、健康需求得以释放以及医疗服务使用率的变化等原因导致医疗卫生费用增长，都将对医保基金支出产生影响。在诸多因素的共同作用下，合理评估我国社会医疗保险基金的可持续性变得至关重要。

　　社会医疗保险基金支出与我国卫生费用支出①紧密相关。从宏观统计数据来看，我国的卫生费用支出逐年上涨，卫生总费用占 GDP 的比例也以年均 1.92% 的速度上涨，如表 0-2 所示，2000—2017 年我国卫生费用支出一直呈现出增长态势，年均增长速度为 15.43%，其中社会卫生支出在近年的增长速度加快（如图 0-2 所示），其次是政府卫生支出。社会卫生支出占卫生总费用支出的比例在近年明显高于政府卫生支出和个人卫生支出占卫生总费用支出的比例（如图 0-3 所示）。

表 0-2　2000—2017 年我国卫生费用支出情况

年份	卫生总费用（亿元）				卫生总费用构成（%）			卫生总费用占 GDP 比例（%）
	合计	政府卫生支出	社会卫生支出	个人卫生支出	政府卫生支出	社会卫生支出	个人卫生支出	
2000	4586.63	709.52	1171.94	2705.17	15.47	25.55	58.98	4.6
2001	5025.93	800.61	1211.43	3013.89	15.93	24.1	59.97	4.56
2002	5790.03	908.51	1539.38	3342.14	15.69	26.59	57.72	4.79
2003	6584.1	1116.94	1788.5	3678.66	16.96	27.16	55.87	4.82
2004	7590.29	1293.58	2225.35	4071.35	17.04	29.32	53.64	4.72
2005	8659.91	1552.53	2586.41	4520.98	17.93	29.87	52.21	4.66

---

　　①　卫生费用支出是指一个国家或地区在一定时期内，为开展卫生服务活动从全社会筹集的卫生资源的货币总额。它反映一定经济条件下，政府、社会和居民个人对卫生保健的重视程度和费用负担水平，以及卫生筹资模式的主要特征和卫生筹资的公平性合理性。其中，政府卫生支出指各级政府用于医疗卫生服务、医疗保障补助、卫生和医疗保障行政管理、人口与计划生育事务性支出等各项事业的经费。社会卫生支出指政府支出外的社会各界对卫生事业的资金投入，包括社会医疗保障支出、商业健康保险费、社会办医支出、社会捐赠援助、行政事业型收费收入等。个人卫生支出指城乡居民在接受各类医疗卫生服务时的现金支付，包括享受各种医疗保险制度的居民就医时自付的费用，可分为城镇居民、农村居民个人现金卫生支出，反映城乡居民医疗卫生费用的负担程度。

续表

年份	卫生总费用(亿元)				卫生总费用构成(%)			卫生总费用占GDP比例(%)
	合计	政府卫生支出	社会卫生支出	个人卫生支出	政府卫生支出	社会卫生支出	个人卫生支出	
2006	9843.34	1778.86	3210.92	4853.56	18.07	32.62	49.31	4.52
2007	11573.97	2581.58	3893.72	5098.66	22.31	33.64	44.05	4.32
2008	14535.4	3593.94	5065.6	5875.86	24.73	34.85	40.42	4.59
2009	17541.92	4816.26	6154.49	6571.16	27.46	35.08	37.46	5.08
2010	19980.39	5732.49	7196.61	7051.29	28.69	36.02	35.29	4.89
2011	24345.91	7464.18	8416.45	8465.28	30.66	34.57	34.8	5.03
2012	28119	8431.98	10030.7	9656.32	29.99	35.67	34.34	5.26
2013	31668.95	9545.81	11393.79	10729.34	30.1	36	33.9	5.39
2014	35312.4	10579.23	13437.75	11295.41	29.96	38.05	31.99	5.55
2015	40974.64	12475.28	16506.71	11992.65	30.45	40.29	29.27	6.05
2016	46344.88	13910.31	19096.68	13337.9	30.01	41.21	28.78	6.22
2017	52598.28	15205.87	22258.81	15133.6	28.91	42.32	28.77	6.36

资料来源：2018 年《中国卫生健康统计年鉴》。

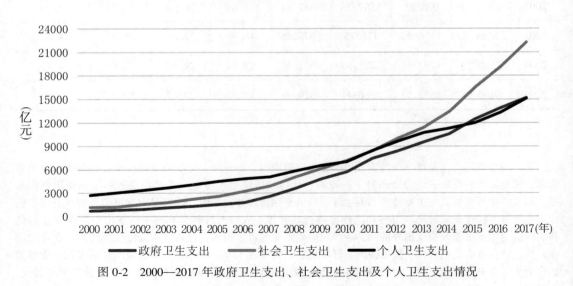

图 0-2　2000—2017 年政府卫生支出、社会卫生支出及个人卫生支出情况

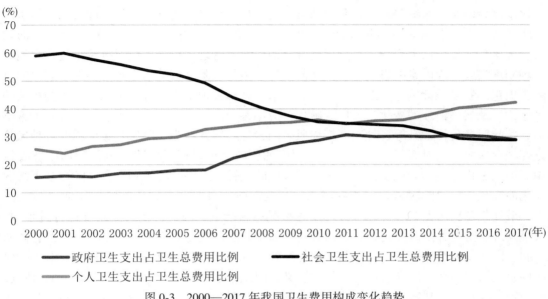

图 0-3　2000—2017 年我国卫生费用构成变化趋势

　　影响医疗费用增长的因素很多，诸如人口老龄化、疾病谱变化、医疗技术进步等正常的合理性增长因素以及供方诱导需求等非合理性增长因素，多因素叠加导致我国医疗费用不断增长，给社会医疗保险基金带来了沉重压力。当前，值得我们思考的问题是：在人口老龄化、"健康中国 2030"规划的背景下，如何在不影响医疗服务质量的前提下，将用于社会卫生支出的医保基金支出控制在合理的范围内，避免医保基金收不抵支，使医保基金能够得到可持续发展。由此，社会医疗保险基金的合理偿付是解决医疗费用不合理增长，有效控制、避免医保基金出现运行风险的重要手段，也是我国社会医疗保险制度改革与发展所必须面对的重要课题之一。2009 年 7 月，人力资源和社会保障部发布了《关于进一步加强基本医疗保险基金管理的指导意见》，进一步明确指出要加强基本医疗保险支付管理，改进医疗费用的计算方式，加大医疗保险对医疗服务行为的监控力度，发挥医疗保险对医疗费用的制约作用，鼓励探索实行按病种付费、总额预付、按人头付费等结算方式，充分调动医疗机构和医生控制医疗服务成本的主动性和积极性。2017 年 8 月，国务院颁布《关于进一步深化基本医疗保险支付方式改革的指导意见》，强调进一步加强医保基金预算管理，全面推行以按病种付费为主的多元复合式医保支付方式，强化医保对医疗行为的监管，将监管重点从医疗费用控制转向医疗费用和医疗质量双控制。由此可见，社会医疗保险基金偿付方式的选择和优化与医疗保险机构的基金支出费用控制紧密关联，医保基金偿付不仅是医保基金风险防范和风险控制的重要环节，也是我国社会医疗保险领域改革的重点。因此，本书将对我国社会医疗保险基金偿付制度改革的现状与问题进行分析与探讨，为建设医保基金风险化解与防范机制、深化社会医疗保险制度改革提供现实依据。

　　我国的社会医疗保险相比发达国家在管理水平和监管机制上还不够先进，由此社会医疗保险基金的管理水平与监管机制也缺乏一定的理论指导。尤其是近年，随着医保体系的逐步完善，卫生费用支出不断增长，医保基金支出增速加快，同时，随着社会经济的发展，健康环境发生巨大变化，医疗保险基金的筹集、管理、投资和偿付等整个过程会面临各种制度实施风险因素的影响，包括逆向选择、道德风险、保险欺诈等与参保者有关的风险，也包括制度设计偏差、医疗服务引致需求和就诊管理不规范等与承保管理机构相关的风险，以及疾病治疗的变化、人口老龄化、劳动参与率下降、经济波动、医疗资源配置不当、医疗服务价格上升等各种制度环境风险因素等。笔者认为，医保基金面临的各种风险是客观存在的，会对医保基金产生不同程度的影响，可以通过风险防范机制加以有效控制，但完全排除还不太现实，因为医保基金风险受社会经济环境的制约，并随社会经济的变化而变化，各风险因素之间相互联系、相互影响，可能会导致风险的加剧或风险的集中，最终表现为医保基金财务不可持续的状况更为严重。因此，在医保制度运行过程中，及早发现、防范并及时控制各种负面影响的风险因素，建立与完善医保基金风险监管体制机制、医保基金财务安全审计体制机制与绩效审计体制机制以及风险预警机制，对于构建医保基金风险防范机制有着极其重要的意义。因此，本书将对社会医疗保险基金的风险进行识别与分析，并从基金风险监管体制机制、基金财务安全审计与绩效审计体制机制以及基金风险预警机制三个方面来论述如何针对基金风险采取相应的防范和控制措施，以确保医保基金的可持续性，保障医保制度的平稳健康运行。

二、研究意义

（一）理论意义

社会医疗保险基金的可持续性是社会关注的焦点，也涉及广大人民群众的切身利益，本书的理论意义主要表现在对现实问题的高度关注，针对社会医疗保险基金的运行情况进行定量分析和评估，运用精算模型预测和估算我国城镇职工基本医疗保险和城乡居民基本医疗保险未来中长期的基金收入、支出、结余及赤字等运行情况，并对城镇职工医保基金与城乡居民医保基金的可持续发展能力进行评估，提出了一套评估社会医疗保险基金可持续性的分析框架和分析模型，分析模型主要包括社会医疗保险基金收入模型、基金支出模型和基金累计结余模型等，为完善我国社会医疗保险制度以及各省（市、区）社会医疗保险基金可持续性的评估提供了方法指导和理论支持。

（二）现实意义

本书运用精算模型模拟未来社会医疗保险基金的财务运行状况，并判断社会医疗保险基金在未来是否具有可持续性，其现实意义在于可以清晰地认识医保基金在未来中长期内可能出现的风险因素，为政府进一步完善社会医疗保险制度，实现其发展的连续性和稳健性提供参考意见。同时，本书以湖北省为调研地区，对湖北省社会医疗保险基金的运行效果进行评估，探究湖北省社会医疗保险制度的优势和不足，针对基金运行中存在的问题进行风险分析，探寻危害湖北省医保基金安全的压力源，并提出对策建议，为促进湖北省社会医疗保险基金可持续发展提供依据。除此之外，本书对社会医疗保险基金运行过程中产生负面影响的风险因素进行识别与分析，并从基金风险监管体制机制、基金财务安全审计与绩效审计体制机制以及基金风险预警机制三个方面来论述如何针对基金风险采取相应的防范和控制措施，这对确保我国社会医疗保险基金的可持续性，保障社会医疗保险制度的平稳健康运行有着重要的实用价值和现实意义。

三、文献综述

国内外关于社会医疗保险基金可持续发展与风险防范机制方面的研究已经产生了大量的研究文献，学者们从不同的学科视角，采用不同的研究方法，对理论及实践问题展开了广泛、深入的研究。在此笔者仅对三个主要的研究主题进行梳理。后文中涉及的一些更加具体的研究主题，会在相应的章节对国内外研究成果予以介绍。

（一）关于社会医疗保险基金可持续发展的研究

1. 关于社会医疗保险基金收支平衡问题的研究

关于社会医疗保险基金收支平衡问题，大多数学者集中在以某个地区为样本，预测该地区的城镇医疗保险未来中短期基金收支平衡的状况。申曙光、瞿婷婷（2012）以广东省A市为样本地区，通过建立一套城镇职工基本医疗保险的统筹基金收支风险评估指标，定量测算样本地区2006—2008年的统筹基金收支短期风险水平，发现A市的统筹基金在2006年、2007年、2008年的风险评级分别为中、高、高，为A市医保部门提前制定控制基金风险的政策组合提供依据。[1] 崔佳、刘理（2013）通过构建人口老龄化背景下城镇职工医疗保险基金收入模型与支出模型，以吉林省为个案推算出2010—2020年城镇职工医疗保险基金收支的变化趋势，发现从2021年开始吉林省出现收不抵支的风险，并提出政府主导构建医保基金储备、构建合理的医保支付方式、倡导医疗服务理性消费等建议。[2] 董黎明（2014）通过对全国及省级层面和县市医保基金收支运行情况的分析，发现三大社会医疗保险基金收支估算遵循不同规则，城镇居民医保基金与新农合基金不同于城镇职工医保基金之处就在于，其是通过政府补贴诱导城乡居民自愿性参保，无法事先估算基金收入与支出总规模；且"县市统筹"的医保基金易受到地方经济发展水平、人口结构、疾病谱变化等外部因素的影响，无法保障基金收支平衡。由此提出应确立医保基金"以收定支、收支平衡、略有结余"的收支运营目标、盘活医保沉淀资金、建立医保基金收支预警系统等建议。[3] 胡鹏、何源（2015）分析了社会医疗保险基金筹集的影响因素，包括缴费基数、缴费率、政府补助、退休人员不缴费政策；以及基金支出的影响因素，包括医疗费用增速过快、补偿比例持续提高。并以大连市为例，预测了大连市社会医疗保险基金未来

---

① 申曙光、瞿婷婷：《社会医疗保险基金收支风险评估研究——基于广东省A市的微观证据》，载《华中师范大学学报（人文社会科学版）》2012年第6期，第47~56页。

② 崔佳、刘理：《老龄化背景下城镇职工医疗保险基金收支变化趋势及对策研究——以吉林省为例》，载《社会保障研究》2013年第6期，第56~63页。

③ 董黎明：《城乡基本医疗保险基金收支平衡研究》，载《现代经济探讨》2014年第5期，第15~20页。

30 年的收支状况，预测从 2040 年开始统筹基金盈余出现亏损，最后提出调整筹资机制以增加基金收入、逐步扩大缴费基数、适当提高个人缴费比例等建议。① 马桂峰、朱忠池等（2018）根据山东省某市城镇职工医疗保险基金 2003—2015 年的收支和结余情况，利用灰色 Verhulst 模型、等维递补灰色预测模型预测城镇职工医保基金出现超支风险发生在 2020 年前后，提出应该尽早提高筹资水平，控制医保基金支出的增长速度。② 高润国、马安宁等（2018）则是根据山东省城镇职工医疗保险 2002—2015 年的基金收支情况，利用灰色 Verhulst 模型和马尔科夫模型预测 2016—2027 年的基金收支状况，发现到 2020 年左右基金面临超支风险，且风险一直延续到 2025 年以后。③ 焦嫚、王欢（2018）分析了江苏省城镇职工医疗保险基金的运行现状，并利用等维递补灰色预测模型对苏南 H 市、苏中 I 市和苏北 J 市的城镇职工医疗保险基金 2017—2025 年的收支情况进行预测，发现三个地区的医保基金支出增长速度均大于收入增长速度，均存在基金收不抵支的潜在风险，为完善江苏省城镇职工基本医疗保险制度提供依据。④

2. 关于社会医疗保险基金结余问题的研究

为了保证社会医疗保险基金的可持续发展，必须遵循"以收定支、收支平衡、略有结余"的原则。社会医疗保险基金既不能收不抵支，也不能有大量结余沉淀。关于我国社会医疗保险基金统筹账户结余较多的问题，不少学者进行了探讨。卢驰文、王钦池（2010）分析了城镇职工基本医疗保险基金结余的规模、结构及原因，认为各地基金结余多过的原因在于有些地区测算不准导致基金盈余过多，有些地区医疗保险机构考虑到调整报销范围、起付线、报销比例及封顶线涉及多个部门，为审慎起见，不愿意动态调整医保基金偿付政策。⑤ 朱彪、袁长海等（2010）通过对部分地区城镇职工基本医疗保险和城镇居民基本医疗保险基金结余情况进行研究，也发现医保基金结余率过高的主要原因在于医保政策对于享受待遇的条件限定过严，补偿比例偏低，因此提出了完善医疗保险待遇、探索优化医疗费用结算方式等建议。⑥ 王晓玲、钟冠球（2014）对我国不同地区的城镇职工基本医疗保险、城镇居民基本医疗保险的基金结余状况进行了对比分析，发现城镇职工医保的保障水平较高，但基金利用率较低，结余过高，统筹基金在部分老龄化严重地区出现入不敷出的情况，存在经济落后地区向沿海发达地区的逆向再分配；而城镇居民医保的保障水平

① 胡鹏、何源：《基本医疗保险基金收支影响机理及预测——以大连市为例》，载《地方财政研究》2015 年第 12 期，第 65～73 页。
② 马桂峰、朱忠池等：《城镇职工基本医疗保险基金收支失衡风险预测研究》，载《中国卫生统计》2018 年第 3 期，第 423-426 页。
③ 高润国、马安宁等：《基于灰色马尔科夫模型的山东省城镇职工基本医疗保险基金收支失衡风险预测研究》，载《中国卫生经济》2018 年第 3 期，第 31～35 页。
④ 焦嫚、王欢：《城镇职工基本医疗保险基金收支预测——以江苏省为例》，载《中国卫生政策研究》2018 年第 11 期，第 16～22 页。
⑤ 卢驰文、王钦池：《城镇职工基本医疗保险基金结余规模控制研究》，载《经济纵横》2010 年第 1 期，第 47～50 页。
⑥ 朱彪、袁长海等：《山东省部分城市基本医疗保险基金结余研究》，载《中国卫生经济》2010 年第 1 期，第 59～62 页。

较低，但基金利用率有所提高。①

　　3. 关于影响社会医疗保险基金可持续发展因素的研究

　　关于影响社会医疗保险基金可持续发展的因素方面，西方国家的学者早在20世纪90年代由于人口老龄化的到来就开始研究人口老龄化对医疗费用和医疗保险基金支出的影响。Blomqvis(1997)在对OECD国家的数据进行分析后发现，医疗费用支出与人口老龄化之间均存在协整关系。② Warshawsky(1999)通过两部门经济增长模型对2000—2040年美国医疗保健支出占GDP的比例进行预测，发现美国医疗保健支出占GDP的比例将从2000年的15.8%上升到2040年的27.1%。政府对老年人群的医疗支出占GDP的比例将从2000年的3.8%上升至2040年的9.2%。③ Lee & Miller(2002)则利用随机时间序列预测方法发现美国老龄人口的医疗支出在2075年将占GDP的4%~18%，短期内人均医疗费用支出是影响医疗支出不确定性的主要因素，而从长期来看，生育率的不确定性将取代人均医疗费用支出成为主要影响因素。④ Hagist & Kotlikoff(2005)通过对10个OECD国家的数据进行研究发现，医疗费用增长的主要原因是人均医疗保障水平提高，只有当人均收入增长速度与人均医疗费用支出的增长速度持平，才能避免人口老龄化对政府医疗保健支出造成的危机。⑤ 然而，Claudine De Meijer等(2013)则根据OECD国家2011年的医疗保健支出发现，年龄只是影响医疗保健支出的诱发因素而非直接因素，年龄、健康状态、失能等因素叠加才是年龄作用于医疗保健支出的模式。⑥

　　自从2000年中国进入老龄化社会，国内学者陆续分析人口老龄化对医疗费用、医疗保险基金支出的影响。王晓燕、宋学峰(2004)通过构建三个精算预测模型分析人口老龄化对医疗保险基金平衡能力造成的影响，并得出2019年是医保基金出现赤字的时点的结论。⑦ 何文炯、徐林荣等(2009)研究发现，在人口老龄化、退休年龄不变、退休人员不缴费政策的共同作用下，城镇职工基本医疗保险将"系统老龄化"，并预测医保基金在2024年出现赤字、2020—2050年统筹基金会出现赤字的情况。⑧ 曾益、凌云等(2012)通

　　① 王晓玲、钟冠球：《我国城镇基本医疗保险基金结余问题研究》，载《社会保障研究》2014年第6期，第28~35页。

　　② Blomqvist P O Johansson. Economic Efficiency and Mixed Public/Private Insurance. Journal of Public Economics，1997(3).

　　③ Warshawsky M J. An Enhanced Macroeconomic Approach to Long-Range Projections of Health Care and Social Security Expenditures as a Share of GDP. Journal of Policy Modeling，1999，21(4)：413-426.

　　④ Lee R，Miller T. An Approach to Forecasting Health Expenditures，with Application to the US Medicare System. Health Services Research，2002，37(5)：1365-1386.

　　⑤ Hagist C，Kotlikoff L J. Who's Going Broke? Comparing Growth in Healthcare Costs in Ten OECD Countries. National Bureau of Economic Research Working Papers，2005.

　　⑥ Claudine De Meijer，Bram Wouterse，Johan Polder，Marc Koopmanschap. The Effect of Population Aging on Health Expenditure Growth：a Critical Review. European Journal of Ageing，2013，10(4)：353-361.

　　⑦ 王晓燕、宋学锋：《老龄化过程中的医疗保险基金：对使用现状及平衡能力的分析》，载《预测》2004年第6期，第5~9页。

　　⑧ 何文炯、徐林荣等：《基本医疗保险"系统老龄化"及其对策研究》，载《中国人口科学》2009年第2期，第74~85页。

过精算模型评估发现，城镇职工基本医疗保险统筹基金将在 2025 年出现赤字，且医保基金累计结余于 2033 年开始出现赤字，此后累计赤字规模逐年扩大。① 杨燕绥、于淼（2014）认为，城镇职工基本医疗保险的费率较低，人口老龄化不直接增加医疗费用却增加了护理费用，医保基金收支平衡遇到较大挑战，医保基金不宜被用于支付老年护理费用。②

面对人口老龄化的挑战，我国适时调整了生育政策，研究生育政策对社会医疗保险基金可持续性的影响的文献不多。2013 年起我国实施"单独二孩"政策（允许一方是独生子女的夫妇生育两个孩子），曾益、任超然等（2015）研究了"单独二孩"政策对城镇职工基本医疗保险统筹基金的影响，其认为在原生育政策不变的情况下，2033 年统筹基金将出现收不抵支的情况，2041 年基金累计结余将出现赤字，而"单独二孩"政策实施后可以使缴费人数和受益人数同时增加，并使当期结余赤字和累计结余赤字下降，虽未改变当期赤字和累计赤字出现的时点，但可以改善统筹基金财务运行状况，并减轻政府负担。③ 2016 年起我国实施更为宽松的"全面二孩"政策，曾益、凌云等（2017）研究发现，实施"全面二孩"政策以后，在不同生育意愿下，城镇职工基本医疗保险统筹基金出现累计赤字的时点是 2065 年，相比实施"单独二孩"政策情况下累计赤字下降 5.33%～40.73%；如果延迟退休政策与"全面二孩"政策同时实施，统筹基金累计赤字出现的时点将推迟 6～25 年，2065 年累计赤字将下降 63.59%～98.99%，由此得出"全面二孩"政策可与延迟退休年龄政策同步实施，以促进医保基金可持续发展的结论。④

随着我国社会医疗保险基金支付压力的增加，已有较多学者提出通过提高社会医疗保险缴费率和调整缴费机制来确保社会医疗保险基金收支平衡，保障基金可持续发展。邓大松、杨红燕（2003）对 2000—2050 年基本医疗保险制度费率增长状况进行了测算，为了保持城镇职工基本医疗保险基金可持续，在人均医疗费用支出工资率系数保持不变时，2050 年医疗保险费率应提高至 16.28%～17.80%。⑤ 贾洪波（2010）构建了基本医疗保险适度缴费率模型，对适度缴费率进行测算，提出了 2025 年医疗保险适度缴费率为 11.46%，与国际社会医疗保险能够保持医保基金稳定性和可持续性的缴费率区间（10%～12%）吻合。⑥ 史若丁和汪兵韬（2011）通过对缴费率、负担比和医疗费用参数变化的对比测算，发现增

---

① 曾益、任超然、李媛媛：《中国基本医疗保险制度财务运行状况的精算评估》，载《财经研究》2012 年第 12 期，第 26～37 页。

② 杨燕绥、于淼：《人口老龄化对医疗保险基金的影响分析》，载《中国医疗保险》2014 年第 10 期，第 12～15 页。

③ 曾益、任超然、刘倩：《"单独二孩"政策对基本医疗保险基金的支付能力影响研究》，载《保险研究》2015 年第 1 期，第 112～127 页。

④ 曾益、凌云、张心洁：《"全面二孩"政策对城镇职工医保统筹基金的影响：改善抑或恶化》，载《上海财经大学学报》2017 年第 5 期，第 52～64 页。

⑤ 邓大松、杨红燕：《老龄化趋势下基本医疗保险筹资费率测算》，载《财经研究》2003 年第 12 期，第 39～45 页。

⑥ 贾洪波：《中国基本医疗保险适度缴费率模型与测算》，载《预测》2010 年第 1 期，第 54～60 页。

加医疗保险缴费率对于缓解人口老龄化对城镇基本医疗保险基金的冲击更为有效。① 李亚青和申曙光(2011)通过对广东云浮、韶关、东莞等地的数据进行实证分析，发现退休人员不缴费政策对城镇职工基本医疗保险统筹基金造成支付风险，应废止退休人员不缴费政策。② 王超群、张翼等(2013)基于全国或地区退休老人终生缴费制度设计的经验研究，发现退休老人终生缴费在不同费率下均能显著改善全国和各地区城镇职工基本医疗保险统筹基金的收支平衡。③ 文裕慧(2015)也提出了退休人员适当缴费是城镇职工基本医疗保险制度可持续发展和基金自我平衡的要求。④

(二) 关于社会医疗保险基金偿付机制的研究⑤

社会医疗保险基金的偿付是社会医疗保险基金风险分析中最难把握也是最难控制的环节，因此社会医疗保险基金的偿付是社会医疗保险基金管理的重要环节，也是影响社会医疗保险基金可持续发展的关键。因此，对社会医疗保险基金偿付机制的改革是我国医疗保险制度改革和医药卫生体制改革的中心和焦点。在这方面国内外已有许多学者进行了研究。Arrow(1963)最早论述了道德风险、第三方支付制度和逆向选择行为对医疗保险市场的影响，认为这些原因导致了医疗卫生费用不断上涨。⑥ Pauly Mark. V. (1968)最早提出从医疗服务需求方的角度控制医疗费用，通过分析医疗服务需求方的道德风险得出医疗保险应设立起付线的结论，奠定了现代医保支付制度的理论基础。⑦ Abelsmith B，Mossialos E(1994)通过对欧盟各国的医保支付方式进行比较分析，提出复合医保支付方式，既能控制医疗费用，也能保证医疗质量。⑧ David(2006)研究发现，澳大利亚、加拿大、新西兰、英国和美国的医疗保健支出占 GDP 的比例为 $10\% \sim 15\%$，传统的按医疗服务提供的数量和强度进行支付降低了医疗体系的效率，应进行支付方式的改革。⑨ 黎民、崔璐(2007)认为，控制社会医疗保险中的道德风险，一是需要对医疗供给能力与医疗预算总额进行控制，二是需要对医疗服务费用支付方式进行控制。⑩ 任苒、黄志强(2009)认为，总额预

---

① 史若丁、汪兵韬：《人口老龄化对城镇基本医疗保险基金冲击的分析》，载《改革与开放》2011 年第 21 期，第 22~23 页。

② 李亚青、申曙光：《退休人员不缴费政策与医保基金支付风险——来自广东省的证据》，载《人口与经济》2011 年第 3 期，第 70~77 页。

③ 王超群、张翼、杨宜勇：《城镇职工基本医疗保险退休老人终生缴费制研究》，载《江西财经大学学报》2013 年第 5 期，第 79~86 页。

④ 文裕慧：《城镇职工基本医疗保险退休人员适当缴费研究》，载《现代管理科学》2015 年第 10 期，第 91~93 页。

⑤ 关于医保支付方式(偿付方式)与医疗费用控制关系方面的文献回顾将在第五章详细介绍。

⑥ Arrow Kenneth J. Uncertainty and the Welfare Economics of Medical Care. The American Economic Review，1963(53)：941-973.

⑦ Pauly Mark V. The Economics of Moral Hazard：Comment. Am. Econ. 1968(58)：531-537.

⑧ Abelsmith B，Mossialos E. Cost Containment and Health Care Reform：a Study of the European Union. Health Policy，1994，28(2)：89-132.

⑨ David M Cutler. The Economics of Health System Payment. De Economist，2006，154(1)：1-18.

⑩ 黎民、崔璐：《社会医疗保险中的道德风险与费用控制》，载《人口与经济》2007 年第 4 期，第 74~80 页。

算、弹性结算和部分疾病按病种付费相结合的多种支付方式体现了医保基金支付机制对医疗保险支出控制的机制作用。①

(三)关于社会医疗保险基金风险防范机制的研究

关于社会医疗保险基金风险的识别与分类,童晓频(1998)认为,由于医疗保险基金的实时性与现收现付性,基金存在操作性风险,包括"测不准"风险、体制风险、金融风险、技术垄断风险等。② 于广军、郑树忠等(1999)从时间上来划分社会医疗保险基金的风险,认为可分为长期风险与近期风险,从风险因素来源分为系统外部风险和系统内部风险。③ 吴建卫、韩德(2001)将医疗保险的风险因素细分为社会经济风险、道德风险、政策风险、医疗风险和管理风险。④ 夏斌(2009)将医疗保险的风险因素分为道德风险、基金筹集风险、人口老龄化风险、疾病风险以及医疗需求风险等五个因素。⑤ 汪红、董慧群(2011)采用模糊综合评价法将辽宁省医保基金风险划分为管理风险(筹集风险、老龄化风险、支付风险)、道德风险(违规道德风险)、操作风险(人为风险、非人为风险)、医疗需求风险(企业需求、个人需求)。⑥

关于社会医疗保险基金风险的防范措施,国内已有一些学者对此进行了研究。童晓频(1998)认为,医保基金在筹集、管理和偿付过程中均存在种种风险,这些风险必须通过可操作性的医疗保险基金的监督机制、对医患双方可控制的基金运行机制等进行预测。⑦ 吴传俭、王玉芳(2005)提出了解决医保基金安全问题的措施,认为应从医保基金保值增值、道德风险控制、宏观管理三个角度来规避风险。⑧ 何文炯(2009)认为,从医保制度设计环节完善医疗保险实施范围和保障责任,以及在基金征收和基金支付环节严格把关是对医保基金风险的有效防控措施。⑨ 仇雨临(2014)提出,医保、医院、医药三方联动,合理的支付制度和谈判机制以及经办机构对医保基金的有效监管是确保基金安全的重要措施。⑩ 邱明(2016)提出,针对医疗保险基金运行中的风险应扩面征收,提高医保基金的

① 任苒、黄志强:《中国医疗保障制度发展框架与策略》,经济科学出版社 2009 年版,第 145~147 页。
② 童晓频:《社会医疗保险基金的风险与预防》,载《开放时代》1998 年第 5 期,第 86~90 页。
③ 于广军、郑树忠、孙国桢:《建立风险防范体系,确保医疗保险平稳运行》,载《中国卫生资源》1999 年第 5 期,第 31~35 页。
④ 吴建卫、韩德:《建立有效的医疗保险风险控制机制》,载《保险研究》2001 年第 8 期,第 17~19 页。
⑤ 夏斌:《社会医疗保险风险因素分析及其综合评价》,载《西北大学学报(哲学社会科学版)》2009 年第 4 期,第 142~147 页。
⑥ 汪红、董慧群:《辽宁医疗保险基金风险评价》,载《辽宁工程技术大学学报(社会科学版)》2011 年第 4 期,第 376~379 页。
⑦ 童晓频:《社会医疗保险基金的风险与预防》,载《开放时代》1998 年第 5 期,第 86~90 页。
⑧ 吴传俭、王玉芳:《我国社会医疗保险基金风险管理问题》,载《医学与哲学》2005 年第 8 期,第 26~28 页。
⑨ 何文炯:《控制医保基金风险要管好三个环节》,载《中国医疗保险》2009 年第 11 期,第 9 页。
⑩ 仇雨临:《规避基金风险三医联动是关键》,载《中国医疗保险》2014 年第 11 期,第 20 页。

抗风险能力，探索科学、合理的支付制度，加强对定点医疗医院和定点药店的管理，加大对违规行为的监督和查处力度，加强网络监控，健全和完善基金监测预警系统。①

许多学者提出建立健全医疗保险基金的风险预警机制或风险预警系统。于广军、郑树忠等（1999）认为，建立医保基金风险防范体系首先要建立医保基金预警系统，其次是完善医保基金的筹集系统和医疗保险费用制约系统，再次是推进补充医保、医疗救助，完善风险分流系统。② 汪红（2011）结合辽宁省医保基金运行的实际情况，确定基金风险的范围和对应的预警指标，采用德尔菲专家咨询法筛选出医保基金风险预警指标体系，利用样本地区城镇医疗保险运行的数据，计算出医保基金风险预警指标值，并构建风险预警体系的指标预测模型，从而对样本地区的医保基金风险进行预测。③ 张晓、胡汉辉等（2012）着重分析了医保基金支付管理的风险，包括政策性风险、财务管理风险、精算的风险、支付的风险以及道德风险、欺诈行为和服务滥用，提出通过构建医保基金支付风险管理评价体系、加强基金收支预算管理和建立基金运行分析和风险预警系统是防止医保基金收不抵支的重要手段。④ 王建文（2012）认为，我国目前各地方医保基金风险预警体系还不够完善，存在重事后补救、轻事先预警，缺乏必要数据和经验支持等问题，构建完善的医保基金风险预警体系应当遵循科学性、及时性、动态性及简便性等原则，通过完善组织结构、构建监测预警一体化的指标体系、建立警情分析和报告制度以及开发预警模型应用软件等措施来完善基金风险预警体系。⑤ 路云、许珍子（2012）提出，应对我国社会医疗保险基金的运行平衡能力进行风险预警，认为预警指标包括财务性指标、客户性指标、成长性指标三个方面，并提出在此基础上建立相应的预警机制，对我国医保基金平衡运行具有促进作用。⑥ 高广颖、梁民琳等（2015）通过对黑龙江、吉林省两省数据进行实证研究，提出建立新农合基金预警系统，开展事前预警是基金监管的重要手段，基金管理部门可采取预警区间分级预警的方法来降低基金运行风险。⑦ 谢士钰、王文仪（2018）提出，通过标准化高质量的信息收集与管理，利用大数据信息构建支出监管体系和筹资动态调整方案，构建基金风险预警系统来实现医保精细化管理是降低医保基金运行风险、确保收支

①　邱明：《医疗保险基金运行风险及防范措施探讨》，载《改革与开放》2016 年第 10 期，第 16~18 页。

②　于广军、郑树忠、孙国桢：《建立风险防范体系，确保医疗保险平稳运行》，载《中国卫生资源》1999 年第 5 期，第 31~35 页。

③　汪红：《医疗保险基金风险预警指标体系探讨》，载《经济研究导刊》2011 年第 11 期，第 101~102 页。

④　张晓、胡汉辉、刘蓉等：《医疗保险基金支付风险管理分析及预警体系的构建——基于政策目标、基金平衡与费用控制的思考》，载《中国医疗保险》2012 年第 6 期，第 17~21 页。

⑤　王建文：《构建完善的医保基金风险预警体系》，载《中国医疗保险》2012 年第 6 期，第 27~29 页。

⑥　路云、许珍子：《社会医疗保险基金运行平衡的预警机制研究》，载《东南大学学报（哲学社会科学版）》2012 年第 6 期，第 37~43 页。

⑦　高广颖、梁民琳、沈文生等：《新型农村合作医疗基金预警系统模型的建立研究》，载《中国卫生经济》2015 年第 2 期，第 56~60 页。

平衡的核心举措。①

　　强化社会医疗保险基金审计工作也是基金风险防范的重要措施，能够提高社会医疗保险基金的使用效率，避免基金出险，确保基金的财务安全。目前已有文献大多集中在社会保障基金审计整体的研究，与医保基金审计相关的文献较少。Mort Dittembofer（2001）提出，如何对筹集的社会保障基金进行审计成为各国社会保障基金审计过程中的重点，其中包括对是否合乎法规地筹资进行审计，也就是对基金运行流程的合法性进行监管。② Brown Schultz（2003）提出，社会保障基金审计的主要目标是审核基金是否合法合规地使用、基金的效益性是否与国会要求相符、预算基金是否及时拨付和拨付到位。③ T Schneider，W Sommerfeld，J Moller（2003）认为，提高社会保险审计质量需要对社会保险产品、人员、成本、数据分析、结构五个领域的指标体系进行审计分析，并建议在审计工作人员准备工作、审计机构的开放性和信息流动以及审计的成本效益方面都加强改进。④ 冯辉成（2012）针对社保基金存在的问题提出社保资金审计应该采取全面审计与专项审计相结合，定点审计与延伸审计相结合，事后监督与预警监督相结合。⑤ 国内研究医疗保险审计的文献不多，最早的有杨苗（2001），孟宇、杨苗等（2001）提出城镇职工基本医疗保险基金审计的内容，包括基金筹措额审计、基金缴款审计、基金筹集的适当性及财政专户管理的审计、医保费用支付审计以及基金保值增值审计。⑥⑦ 孙宏慧（2004）提出城镇职工基本医疗保险审计重点应在参保单位缴费基数、医保经办机构基金收支环节、财政部门管理的医保基金财政专户等三个方面。⑧ 董莉君（2004）、季俊红（2006）分析了医保基金管理的复杂性及审计主体主客观方面的因素，认为医保基金审计存在审计依据难、实施难、手段难、深入难、处理难等五大难点，并提出重点审计缴费基数、基金收支环节的真实合规性以及财政专户的开设及收支情况。⑨⑩ 李礼（2018）认为，城镇职工医疗保险基金的审计困境主要体现在手段单一、处理效果滞后、审计依据标准不一等方面，应通过优化医保基

① 谢士钰、王文仪：《从收支平衡看医保基金运行风险及其管控改革措施》，载《中国初级卫生保健》2018年第1期，第6~9页。

② Mort Dittembofer. Performance Auditing in Governments. Managerial Auditing Journal，2001（8）：61-65.

③ Brown Schultz. Performance Auditing in Ohio：A Customer Service Orientation. The Journal of Government. Financial Management，2003（5）：58-60.

④ T Schneider，W Sommerfeld，J Moller. Audits Across State Borders for Medical Consulting Agencies within the German Healthcare Insurance System. Gesundheitswesen，2003，65（6）：365-370.

⑤ 冯辉成：《我国社会保障制度下的社保资金审计》，载《广西财经学院学报》2012年第5期，第121~125页。

⑥ 杨苗：《审计新问题：基本医疗保险基金审计的内容及方法》，载《财经问题研究》2001年第9期，第21~24页。

⑦ 孟宇、杨苗、吴国安：《基本医疗保险基金管理网络审计研究》，载《中国审计信息与方法》2001年第8期，第10~13页。

⑧ 孙宏慧：《基本医疗保险审计的重点》，载《中国审计》2004年第4期，第42页。

⑨ 董莉君：《医疗保险基金审计的难点》，载《中国审计》2004年第7期，第48~49页。

⑩ 季俊红：《基本医疗保险基金审计的难点及重点》，载《审计月刊》2006年第3期，第17~18页。

金审计体系、强化审计信息系统建设、加强对基金管理的监督和医保费用支付审计等措施来完善医保基金的审计制度和审计体系。[①]

（四）文献评述

综合分析国内外各方面的文献资料，发现关于社会医疗保险基金可持续发展与风险防范机制问题已取得一定进展，但仍存在以下几个问题。

第一，已有文献中大部分学者采用精算模型来模拟城镇职工基本医疗保险基金的财务运行状况，都集中在评估城镇职工基本医疗保险基金的可持续性，而并未对城乡居民基本医疗保险的可持续性进行评估，且文献大多以某个地区为研究样本来定量测算该地区未来中短期城镇职工基本医疗保险基金收支平衡的状况，并未把我国社会医疗保险基金作为研究对象进行深入探讨。本书将重点研究我国城镇职工基本医疗保险基金和城乡居民基本医疗保险基金的可持续性，并弥补以往文献中精算模型参数设定（如经济增长率、人口参数、基金保值增值率）较为随意的缺憾，在结合基金实际的运行情况以及政策规定的基础上，对两大社会医疗保险基金中长期的运行状况进行预测和估算，力图使测算结果更加精确和稳健。

第二，已有文献中对于湖北省城镇职工基本医疗保险、城镇居民基本医疗保险、新型农村合作医疗制度以及整合后的城乡居民基本医疗保险这四大社会医疗保险的基金运行情况进行系统分析的几乎没有，本书将通过实地调研与统计资料对湖北省社会医疗保险基金的运行状况进行全面分析，明确当前存在的问题，并提出对策建议，为促进湖北省社会医疗保险基金可持续发展提供依据。

第三，国内外关于医疗保险基金审计的文献不多，大多集中在讨论社会保障基金的审计问题。已有的关于医保基金审计问题的文献主要讨论医保基金审计的内容、方法、难点。而目前，医保基金审计工作越来越注重医疗保险基金使用管理中的效率性和效果性，开展医疗保险基金绩效审计成为完善医疗保险审计工作的重点。而针对如何完善医保基金绩效审计体制机制的文献几乎没有，本书将探讨如何建立社会医疗保险基金绩效审计体制机制、如何制定社会医疗保险基金绩效审计的评价指标以及如何建立社会医疗保险基金绩效审计的反馈机制与绩效促进机制。

第四，国内大多数学者对于社会医疗保险基金应建立基金风险预警机制或风险预警系统这一问题已达成共识。一部分文献是结合样本地区某一项社会医疗保险基金的数据进行实证研究建立风险预警系统，一部分文献集中探讨目前医疗保险基金风险预警系统的问题及完善对策，但都忽略了社会医疗保险基金风险预警的关联机制和传导预防机制的建立，本书将对此问题进行分析与探讨。

四、研究内容

本书的研究对象是我国社会医疗保险基金，主要包括城镇职工基本医疗保险基金、城

[①] 李礼：《城镇医疗保险基金的审计困境与纾解路径》，载《劳动保障世界》2018 年第 15 期，第 30~31 页。

镇居民基本医疗保险基金、新型农村合作医疗基金以及整合后城乡居民基本医疗保险基金。本书分四篇，共七章，主要研究内容包括以下部分。

（一）理论基础研究

第一篇为理论基础研究，主要包括第一章，介绍与本书高度相关的概念和理论基础，首先对于相关概念，包括社会医疗保险、医疗保障、社会医疗保险基金、风险、风险管理以及社会医疗保险基金风险管理进行界定。其次，结合本书的主题，试图运用公共产品理论、可持续发展理论、基金收支平衡理论、委托代理理论以及社会保险基金风险管理理论对医保基金的可持续性以及医保基金的风险防范问题做出解释与分析，通过这些理论及其所对应的问题展开本书的理论与实证分析。

（二）我国社会医疗保险基金可持续发展研究

第二篇为我国社会医疗保险基金可持续发展研究，包括第二章、第三章与第四章。其中第二章主要探索我国社会医疗保险制度的政策沿革，探讨与分析医保制度的发展现状与运行情况。第三章通过构建精算模型对我国城镇职工基本医疗保险和城乡居民基本医疗保险的基金运行情况进行预测和估算，并对城镇职工医保基金与城乡居民医保基金的可持续发展能力进行评估，提出提高医保基金可持续性方面的对策建议。第四章围绕湖北省社会医疗保险基金的运行情况进行评估。通过实地调研与统计资料对湖北省城镇职工基本医疗保险、城镇居民基本医疗保险、新型农村合作医疗以及整合后的城乡居民基本医疗保险基金的运行状况进行分析，明确当前存在的问题，并提出对策建议，为促进湖北省社会医疗保险基金可持续发展提供依据。

（三）我国社会医疗保险基金风险防范机制研究

第三篇为我国社会医疗保险基金风险防范机制研究，包括第五章和第六章。第五章首先探讨医疗保险基金偿付与医疗保险费用控制、维持医保基金平衡的内在机理，其次探讨医疗保险基金偿付机制改革的作用机制及其费用控制效能，梳理我国社会医疗保险基金偿付制度改革发展进程，通过典型案例分析，把握医保基金偿付制度改革的现状与问题，为建设医保基金风险化解与防范机制、深化社会医疗保险制度改革提供现实依据。第六章首先对社会医疗保险基金的风险因素进行识别与分析。其次，探讨社会医疗保险基金在面临来自制度环境和制度实施过程中的风险时如何加强风险防范，其中最重要的防范措施是建立社会医疗保险基金的风险监管机制，以此提高处理和化解风险能力。除此之外，探讨如何强化社会医疗保险基金审计工作也是探讨基金风险防范措施的重要内容之一，对风险的分析和管理，以及医疗保险基金的绩效审计都是为了更好地提高社会医疗保险基金的使用效率，避免基金出险，确保社会医疗保险基金的财务安全。再次，探讨社会医疗保险基金的风险预警机制建设，社会医疗保险基金的稳健运行离不开相应的风险预警机制做支撑，将风险预警系统技术引入社会医疗保险基金风险管理，并经过内化后形成社会医疗保险基金风险预警系统，对基金的整体风险进行动态监测，及时发现基金危机征兆，将事后发现风险转移为事前化解风险，对于有效防范和规避基金风险，保持我国医保基金稳定平衡的运行以及提高基金的风险管理水平均具有较强的促进作用。

(四)典型国家社会医疗保险制度改革研究

第四篇为典型国家社会医疗保险制度改革研究,主要是第七章,对世界典型国家德国、美国、英国、日本的社会医疗保险制度的覆盖范围、基金的筹资机制和待遇支付以及偿付机制等方面的发展进行探讨与分析,并对近年各国医疗保障改革进行追踪研究,深入研究各国的改革措施、主要做法和理念变化,为探索我国社会医疗保险制度的改革提供经验参照。

五、研究方法

针对研究对象和研究内容,本书综合运用了多种不同的研究方法,对相关问题展开研究。具体的研究方法主要包括以下几种。

(一)文献研究法

通过收集国内外相关文献,查询学术著作、期刊以及对中央和地方有关医疗保险的政策与文件,包括各种年报、公报、统计年鉴、资料汇编及人社部门、医疗保障局、统计部门等相关部门发布的一些相关数据资料等进行深入系统的分析,了解并探讨我国社会医疗保险制度的政策文本、实施情况和医保基金运行情况,对我国社会医疗保险基金的运行情况进行形势研判。而且通过浏览国外医疗保障部门的官方网站及国外文献数据库,了解国外典型国家的医疗保险制度的主要内容、基金的收支状况以及最新改革进展,为探索完善我国社会医疗保险制度提供经验参照。

(二)定量分析法

定量分析法是相对于定性分析法(主要为文献研究和对比分析等)的一种有助于精确地描述事物现象及数量关系与数量变化的研究方法。本书所采用的医疗保险精算模型对城镇职工基本医疗保险基金和城乡居民基本医疗保险基金进行模拟测算,对这两种社会医疗保险的参保人数、参保人口结构、基金收支状况、基金当期结余及累计结余情况等进行估计和实证分析,以此对我国社会医疗保险基金的可持续发展能力进行评估,从而为进一步改进与完善社会医疗保险制度提供数据支持和实证依据,并据此提出相关对策建议。

(三)调查分析法

本书选取湖北省作为调研地区,重点选取武汉市、宜昌市、襄阳市、孝感市作为样本地区,通过对湖北省人社厅信息中心、各市(县)人社部门、各市(县)医保局及各市(县)卫生计生委等部门现有资料进行收集,以及对各部门负责人进行访谈,搜集更详细的事实材料,获取研究所需的更多真实信息,对调研地区的社会医疗保险基金的运行状况进行详细分析,探讨当前医保基金存在的问题,并提出相关对策建议,为促进湖北省社会医疗保险基金可持续发展提供实证依据。

（四）案例分析法

案例分析法是指结合文献资料对单一对象进行分析，得出事物一般性、普遍性规律的方法。本书在探讨医保基金偿付机制改革的作用机制及控费效能的基础上，对我国进行偿付机制改革与探索的先行试点地区诸如上海市、北京市、淮安市和青岛市的改革模式进行案例分析。通过典型案例分析，把握我国医保基金偿付制度改革的现状与问题，为建设医保基金风险化解与防范机制、深化社会医疗保险制度改革提供现实依据。

六、创新与不足

（一）主要创新

本书的主要创新之处在于两个方面。

第一，研究视角的创新。根据我国社会医疗保险制度在整个社会保险制度中所处的地位以及承担的重要角色与功能，本书将目光聚焦于社会医疗保险制度基金的运行情况及可持续性评估，不仅抓住了现阶段影响社会医疗保险制度平稳运行的关键问题，而且直接关乎我国医疗保障体系建设的长期发展。同时以湖北省社会医疗保险基金运行情况为实证调研对象，对湖北省医保基金运行效果进行评估与形势研判，为促进湖北省社会医疗保险基金可持续发展提供实证依据。

第二，研究方法的创新。本书针对我国城镇职工基本医疗保险与城乡居民基本医疗保险构建了精算模型，对两种社会医疗保险基金数据进行了测算，并且对模型中参数的设定进行了细致的推敲和测算，所采用的精算方法以及得出的相关结论对于现阶段社会医疗保险基金运行与制度完善具有重要的参考价值。

（二）不足之处

本书由于各种主客观因素存在一些不足之处，未来有待深化的内容主要包括以下两点。

第一，对社会医疗保险基金财务运行状况的测算与估计是以全国为考虑范畴，没有考虑我国现阶段医保基金运行的地区差异。各地区的经济发展不均衡，医保基金的管理手段和收支结余状况面临的影响因素不尽相同，未来的研究中可通过选取部分省份实地调研，对调研地区的医疗保险的发展状况、医保基金的运行情况以及医保基金的可持续性进行评估，以期为调研地区的社会医疗保险政策的改革与完善提供参考。

第二，在设置社会医疗保险基金精算模型的相关参数时，没有考虑医保基金收入的实际征缴率、实际财政补贴情况和医保基金的管理成本，这对测算结果有一定的影响。在未来的研究中，需通过选取有代表性的地区进行实地调研，对调研地区的医保基金的实际征缴情况和管理情况进行深入调研，直接获取第一手资料，进一步扩充和完善本书的分析内容。

第一篇
理论基础研究

第一章　相关概念及理论基础

本章主要介绍与本书高度相关的概念和理论基础，首先对于相关概念包括社会医疗保险、医疗保障、社会医疗保险基金、风险、风险管理以及社会医疗保险基金风险管理进行界定。其次，结合本书的主题，介绍公共产品理论、可持续发展理论、基金收支平衡理论、委托代理理论以及社会保险基金风险管理理论。

第一节　相关概念界定

一、社会医疗保险概述

（一）社会医疗保险

最早的医疗保险直接来源于欧洲中世纪开始的各种行业组织。长期以来，各种手工业行会就通过每个会员定期缴纳会费的筹资方式，对其成员提供医疗补助，帮助病人渡过难关。到 18 世纪末 19 世纪初，这些互助团体甚至开始与医生签订合同，以保证会员能够得到医疗服务。随着劳工运动的发展，雇主和政府也开始意识到劳动者因伤、病导致收入减少的威胁成为一种需要全社会共同分担的风险。[①] 于是，欧洲各国政府开始积极地推行医疗保险制度，向社会成员提供抵御疾病风险、增进身体健康、防止因病返贫的制度性保障，这也是农业文明向工业文明转变的产物。

目前，世界上绝大多数国家都已形成自己的社会医疗保险制度，并把社会医疗保险视为本国社会保障体系的主要内容之一，一般对于由政府推动并承担一定责任的医疗保险进行社会化管理，核心是基本医疗保险。社会医疗保险是由国家立法强制实施，通过国家、用人单位以及劳动者个人共同筹集资金建立基金，在受保人遇到伤病需要医疗时给予基本的医疗帮助和费用补偿的一种制度。这一概念的界定包括三层含义：第一，社会医疗保险一般用来帮助法定范围内的劳动者及其供养的亲属支付预防和治疗疾病的全部或部分费用，以减轻其患病时的经济负担；第二，社会医疗保险的具体做法因时间、空间和法定对象的不同而表现出极大的差异，有的是全部负担，有的是部分负担，一般以保障基本医疗需要为最低标准；第三，社会医疗保险以社会保险手段来达到保障居民健康权利的目的。从世界各国的实践来看，社会医疗保险有三个基本的参照标准：第一，对明确认定的疾病风险所造成的损失提供经济保障；第二，不以损失的可能性确定缴费金额的多少；第三，

---

① 林义：《社会保险》，中国金融出版社 2016 年版，第 162 页。

符合要求的人都必须参加。

（二）医疗保障

医疗保障是社会经济发展到一定阶段的产物，是化解或应对社会成员未来医疗费用开支的制度性安排，是社会保障体系中主要支柱项目之一。医疗保障相对于医疗保险属于广义范畴，医疗保险是个险种概念，常用来区别于养老、工伤、失业等其他保险项目。而医疗保障泛指劳动者或公民在发生疾病、意外伤害或其他自然事件（如生育）时，能够享受必要的医疗服务的社会保障制度。[1] 社会医疗保障体系中主体部分是社会医疗保险。实践证明，实施医疗保障的国家都十分重视医疗保险与医疗保障问题，各国政府一般会根据社会经济的发展情况和生产力水平的逐步提高，不断扩大医疗保险及医疗保障的实施范围和覆盖面，提高国民的健康水平和医疗福利待遇。医疗保障相对于医疗保险来说是一个笼统的集合概念。由于医疗保障体系是个复杂的体系，各国依据各自国情不同而采用不同类型的医疗保障模式。我国的医疗保障体系经过不断改革和完善，呈现出覆盖全民、多元并存的局面，即医疗保障体系的主体部分——基本医疗保险，包括面向城镇职工的基本医疗保险、面向城镇非就业者的城镇居民基本医疗保险、面向农村居民的新型农村合作医疗制度，以及部分省市已经将城镇居民基本医疗保险和新型农村合作医疗制度整合的城乡居民基本医疗保险制度；除此之外，还包括补充医疗保险和医疗救助，如图1-1所示。

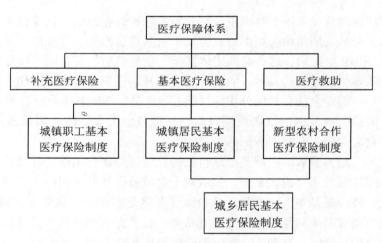

图 1-1　我国医疗保障体系构成图

本书研究的是我国现行的社会医疗保险制度，即上述四项基本医疗保险制度。

（三）社会医疗保险基金

社会医疗保险基金是国家为了给社会成员提供最基本的医疗保障，按法律规定向企业

---

[1]　仇雨临：《医疗保险》，中国劳动社会保障出版社 2008 年版，第 10 页。

(雇主)和雇员(劳动者)个人筹集的专项基金。① 社会医疗保险基金来源于两方面,企业(雇主)按照一定比例缴纳的医疗保险基金和雇员(劳动者)缴纳的医疗保险基金部分。劳动者个人和企业(雇主)缴纳医疗保险基金后,便可享受医疗保险。由于社会医疗保险具有社会性强、受益面广、费用花费大等特点,需要社会各方面的合作才能办好。社会医疗保险制度的构建与长久运作,是依靠社会医疗保险基金制度的有效推行来完成的,所有的医疗保险制度如果不能足额筹集到覆盖人群因医疗服务发生所需的支付基金,该制度的保障功能便无从谈起。因此,社会医疗保险基金是社会医疗保险制度运行的经济基础,是实现社会医疗保险各项政策目标的物质保证,对社会医疗保险制度具有至关重要的制约作用。

二、风险防范概述

(一)风险

关于风险的界定,不同学科领域的学者从自身的研究视角对风险进行了不同的解读。最早对风险的基本内涵进行界定的是19世纪的西方古典经济学家,其认为风险是在生产经营活动过程中所产生的附属产品,而经营者的营业收入则是其在生产经营过程中所承担风险的补偿。② 奈特(1921)在《风险、不确定性和利润》中提出,风险是一种可测的概率性随机事件。如果一个经济行为主体面临的随机性能用具体的数值概率来表示,那么这种情况涉及风险;若该经济行为主体面临的随机性不能用具体的数值概率来表示(或者没有具体的概率值),那么这种情况涉及不确定性。即风险是一种概率确定的随机事件。威廉斯等人(1964)在《风险管理与保险》中将风险界定为不确定性。风险是结果中潜在的变化,当风险存在时,结局就无法确切地预测,也就是风险具有不确定性。值得一提的是,威廉斯等人区分了客观风险与主观风险,认为对于同一环境中的任何人都在同样的程度客观存在着风险,但风险分析者的主观判断则会影响风险的不确定程度。乔治·E. 瑞达的《风险管理与保险原理》则将风险进一步确定为损失发生的不确定性。马克·S. 道弗曼的《当代风险管理与保险教程》将风险界定为随机事件可能结果之间的差异。詹姆斯·林(2002)则认为风险是人类的一种主动性的经济行为,或主动追求风险利益的过程,预示风险损失的规避就成为获取最大化风险增益的条件。

从上述不同概念可以归纳出风险与以下三个因素有关。

①风险与不确定性。不确定性是风险的本质属性,以奈特为代表的学者将风险直接界定为不确定性,或者是损失的不确定性。其将风险视作可测的随机事件,但随机事件是否可测的界限却难以明确,所以后来学者并没有沿袭这一观点。

②风险与损益。将风险视作结果间的差异,或者是结果的有利面,或者是不利的一面。将风险与损失联系起来的学者在这一分类中居多,而将风险视作一种主动追求收益的过程则是相对出现较晚的观点。

---

① 张晓、刘蓉:《社会医疗保险概论》,中国劳动社会保障出版社2004年版,第71页。

② Fischhoff B:Managing Perceptions. Issues in Science and Technology,1985(2):83-96.

③风险与过程。大多数学者将风险视作一种不确定性的结果，将风险视作事件过程中导致结果损失的客观因素，或将风险界定为一种特定的经济行为。

结合众多学者的观点，本书将风险界定为损失事件发生的不确定性。具体来说，本书针对的问题是社会医疗保险基金损失发生的可能性。

（二）风险管理

上文所述关于风险的界定有着不同的看法，因此也影响了风险管理的概念界定。国内外学者关于风险管理的概念界定主要有以下几种（见表1-1）。

表1-1　国内外学者关于风险管理的概念界定

作者	著作	概念界定
［美］威廉姆斯、［美］汉斯	《风险管理与保险》	风险管理是指通过对风险的识别、衡量和控制，而以最小的成本使风险所致的损失达到最低程度的方法
［美］诺曼·A.巴格里尼	《风险管理的国际化》	风险管理的主要目的是在保持企业财务稳定性的同时尽量减少因各种风险的损失造成的总费用支出
［美］小哈罗德·斯凯博	《国际风险与保险——环境-管理分析》	风险管理是各个经济单位通过对风险的识别、测算、评估和处理，以最小的成本获得最大安全保障的一种管理活动
刘新立	《风险管理》	风险管理是一种全面的管理职能，用以对某一组织所面临的风险进行评价和处理①
刘钧	《风险管理概论》	风险管理是研究风险发生规律和风险控制技术的一门新兴管理学科，是各经济单位通过风险识别、风险衡量、风险评估、风险管理决策等方式，对风险实施有效控制和妥善处理损失的过程②
范道津、陈伟珂	《风险管理理论和工具》	风险管理是各经济单位通过风险识别、风险衡量、风险评价，并在此基础上优化组合各种风险管理技术，对风险实施有效的控制和妥善处理风险所致损失的后果，期望达到以最小的成本获得最大的安全保障的目标③

通过上述界定，可以从以下几点来理解风险管理。

其一，损失最小化。这是指风险管理的目标，而损失是风险可能产生的后果。本书将风险界定为损失事件发生的不确定性。风险管理的主要目标是使不确定发生的损失、发生

---

① 刘新立：《风险管理》，北京大学出版社2006年版，第31页。
② 刘钧：《风险管理概论》，中国金融出版社2005年版，第53~59页。
③ 范道津、陈伟珂：《风险管理理论与工具》，天津大学出版社2010年版，第110页。

的概率最小化，发生后损失最小化。风险发生概率最小化归为损前目标，风险发生后损失最小化归为损后目标。损失最小化从另一个角度理解，也可以视作最大的安全保障。

其二，过程。关于风险管理的概念，多数强调的是实现既定管理目标——损失最小化的管理过程。这些管理过程包括风险识别、风险衡量、风险评价和风险处置。

其三，成本最小化。风险管理成本最小化与损失最小化共同构成风险成本的最小化。风险成本的最小化要求风险管理者选择最佳的风险管理方法和路径对风险进行处理。

综上所述，将风险管理界定为一个组织或个人为了降低风险的负面影响，研究风险发生和变化的规律，估算风险对社会经济生活可能造成损害的程度，进而有计划、有目的地处理风险、进行决策的过程，包括人们对各种风险的认识、分析、控制和处理的组织行为。风险管理的终极目标是用最小的成本代价，获得最大的安全保障。

（三）社会医疗保险基金风险管理

社会医疗保险基金风险管理是指，由社会医疗保险基金的管理机构和其他相关部门与人员共同实施的，作用于社会医疗保险基金资金运动全过程的，通过识别、分析可能会影响医疗保险基金安全完整的管理风险或潜在事项，以对其进行防范、规避和控制，从而实现社会医疗保险基金安全完整、平稳运行、保值增值等的一系列科学化管理过程。

社会医疗保险基金风险管理的目标主要是实现基金的收支平衡，维持财务稳定。通过识别社会医疗保险基金风险体系中存在的各类潜在或显性风险，建立相应的风险监管与预警机制，并通过实施有效的风险规避措施，以保证社会医疗保险制度健康、有序运行。社会医疗保险基金风险管理是社会医疗保险制度管理各环节中最为重要且关键的环节之一，其效果的良好是社会医疗保险管理部门工作内容的基础与重中之重，关系着社会医疗保险制度各个环节的正常、良好运行，关系着整个医疗保障事业的发展，对整个医疗保障体系的健康发展具有长远的战略性意义。

第二节　理 论 基 础

一些经济学、管理学和保险学理论为本书提供了理论依据，以下仅介绍五个与本研究直接相关的理论。

一、公共产品理论

公共产品理论是公共经济学的核心理论之一，也是社会保障学领域的经典理论之一。一般而言，公共产品可以分为纯粹的公共产品、广义的准公共产品和狭义的准公共产品等几个层次。萨缪尔逊于1954年、1955年分别发表的《公共支出的纯粹理论》和《公共支出理论的图式探讨》这两篇著作对纯粹的公共产品进行了界定，将公共产品定义为：每一个人对这种产品的消费并不减少任何他人也对这种产品的消费。这一定义认为纯粹的公共产品具有两个基本特征，即非排他性和非竞争性。公共产品的非排他性是指公共产品的消费是集体进行、共同消费的，其效用在不同消费者之间不能分割，如要把不为公共产品付费的个人排除在外，或者在技术上不可能，或者成本高昂到不可接受。公共产品的非竞争性是指一定数量的公共产品可以由不止一个消费者享用，或者说任何一个消费者的享用不会减少其他消费者享用的数量和质量，包含两个方面的含义，即边际生产成本为零，边际拥挤成本为零。仅具备纯粹公共产品的两个特征之一，称为广义的准公共产品或混合产品，可以分为拥挤性公共产品和排他性公共产品。而具有利益外溢特征的产品称为狭义的准公共产品。① 公共产品的判别可以按照以下步骤：如果该产品没有非竞争性，又没有非排他性，即该产品是能够排他的，则该产品必为纯粹私人产品。如果该产品在消费中有非竞争性，再进一步分析，若它具有非排他性，或者排他成本很高，则该产品属于纯粹的公共产品。如果从技术上看，具有排他性，而且排他的成本较低，则该产品属于排他性产品。例如，有线电视节目。如果该产品具有非排他性，即不能排他，但在消费中有竞争性，则该产品为拥挤性公共产品，例如公共资源、拥挤的公路等。

在医疗产品中，公共卫生和医疗服务存在显著的区别。公共卫生中的许多服务属于公共产品，如社区卫生、健康教育等，具有非排他性和非竞争性，应当由政府负责提供。医疗服务既有公共产品特征又有私人产品特征，其私人产品特征体现在：一方面医疗服务是对消费者个体服务的，其效用具有可分割性；另一方面医疗服务资源具有排他性和竞争性。在大多数国家的政府财政支出计划中都有医疗卫生服务支出项目，因为医疗服务问题是事关社会稳定、经济发展和国民生活的重大问题，具有公共产品的特性，不能完全由市场提供。因此，医疗服务也称为"准公共产品"。

首先，由于基本医疗服务具有公共产品的性质，社会医疗保险就需要政府来组织建立，通过立法强制实施，通过国家、用人单位以及劳动者个人共同筹集资金建立基金，在受保人遇到伤病需要医疗时给予基本的医疗帮助和费用补偿。其发展在保障劳动者的健康、促进经济发展、维护社会安定、体现社会公平等方面发挥着重要的作用。由于社会医疗保险具有很强的效用的不可分割性、非竞争性和非排他性，目前理论界公认社会医疗保险是一种（准）公共产品，因此，一旦医疗保险基金出现赤字，政府需要承担兜底责任，采取相应的措施解决基金赤字问题。其次，在市场经济下，如果由市场这只"看不见的手"自由调控，难免会出现搭便车的现象，即人们只会享受社会医疗保险待遇，而不会自觉地去缴费，社会医疗保险基金将不具备可持续性，社会医疗保险制度将无法稳定发展。再次，解决人们"病有所医"的问题对一个国家的政治稳定与经济发展有着不可估计的正外部性效应，任何个人或私立组织都无法有效提供，这样的公共产品必须由政府提供与组织。最后，为了实现全体社会成员的最大利益，就必然需要政府这只"看得见的手"去弥补存在的"市场缺陷"，提供相关的公共产品或劳务，如社会医疗保险，并根据社会经济发展、人口老龄化和医疗技术进步等因素的变化，在保持医疗保险基金动态平衡的前提下，适度调整筹资与待遇政策、基金偿付范围和方式等；在必要的时候，政府还必须通过财政补贴等措施，强制性地维持医疗保险基金的平衡，以确保社会医疗保险的可持续发展。

---

① 许洁、葛乃旭：《公共经济学——理论、文献及案例》，清华大学出版社 2018 年版，第 58 页。

二、可持续发展理论

可持续发展即可持续性，社会医疗保险基金可持续发展即社会医疗保险基金的可持续性。"可持续发展"一词在国际文件中最早出现于1980年由国际自然保护同盟制订的《世界自然保护大纲》，其概念最初源于生态学，指的是对于资源的一种管理战略。其后被广泛应用于经济学和社会学范畴，加入了一些新的内涵。1983年11月，联合国成立了世界环境与发展委员会（WECD）。1987年，受联合国委托，以挪威前首相布伦特兰夫人为首的WECD的成员们，把经过4年研究和充分论证的报告——《我们共同的未来》提交联合国大会，正式提出了"可持续发展"（Sustainable Development）的概念和模式，将"可持续发展"定义为"既满足当代人的需求又不危害后代人满足其需求的发展"，是一个涉及经济、社会、文化、技术和自然环境的综合的动态的概念。其概念体现了以下几个原则：①公平性原则，即在资源利用、机会选择上力求代内横向公平与代际纵向公平；②共同性原则，可持续发展是全人类的共同事业，亦是全人类的共同责任，这需要各个国家与地区的联合行动，这是由地球整体性和相互依存性所决定的；③永续性，根据资源与环境的承载力适时调整和控制经济与社会发展的"节奏"，是实现可持续发展的重要保证。资源使用与保护并举，讲求质与量的经济增长与发展方式，保护环境支撑力不受破坏，方有人类存续的时空。可持续发展的核心是发展，这要求实现生态效益、经济效益与社会效益的动态有机结合与协调。

将可持续发展理论应用到社会医疗保险基金运行中，即社会医疗保险基金的可持续发展是指社会医疗保险基金在能够保障当代人医疗保障需求的同时，也不会因为当代人的社会医疗保险基金使用而减少后代对社会医疗保险基金的使用或者降低后代的医疗保障水平。具体到本书的社会医疗保险基金可持续发展，是指社会医疗保险基金的供给能够满足当代参保人员医疗保障的需求，基金的使用能够提高参保人员的健康水平，也能保障社会成员平等的健康权利，同时随着基金的平稳运行，基金的供给不影响后代参保人员对医疗保障需求的满足。本书中对于社会医疗保险基金的可持续性评估将通过建立精算模型，预测模拟城镇职工基本医疗保险与城乡居民基本医疗保险基金收入、支出、当期结余和累计结余情况，对社会医疗保险基金的运行能力进行评估，并判断社会医疗保险基金在未来是否具备可持续性，为政府如何缓解社会医疗保险基金的支付压力、提高社会医疗保险基金的可持续发展能力（社会保险基金的可持续性）以及完善社会医疗保险政策提供一个指导方向。

三、基金收支平衡理论

社会医疗保险的财务安排必须遵循收支平衡的原则，实现基金收支平衡是社会医疗保险制度得以正常运行的前提。我国社会保险基金的筹资模式可分为现收现付制、完全积累制和部分积累制（现收现付制和完全积累制结合的混合制）。我国城镇职工基本医疗保险和城乡居民基本医疗保险的筹资模式分别是"统账结合"模式和现收现付制，但是城镇职工基本医疗保险个人账户为"实账"运行，是个人一生的纵向收支平衡，因此本书在探讨城镇职工基本医疗保险基金运行能力时重点研究现收现付制的城镇职工基本医疗保险统筹基金。

现收现付型财务制度的实质是代际转移支付，属于代际间的收入再分配，其无需经历长时间的基金积累过程，不会遭受通货膨胀的压力，无资金贬值的风险和资金保值增值的压力，收支关系清楚，管理方便。现收现付制社会医疗保险基金实现收支平衡的核心是社会医疗保险基金的收入大于支出，用公式表示为：

$$I \geqslant P + C \tag{1-1}$$

其中，I 为社会医疗保险基金收入，P 代表社会保险基金支出，C 表示各类管理费用。当社会医疗保险基金收入大于或等于支出与各类管理费用之和时，社会医疗保险基金账户会有当期结余或刚好实现收支平衡，此时不存在支付危机。当社会医疗保险基金收入小于各类支出时，就会使得社会医疗保险基金面临支付危机（即当期赤字）。

从理论上来讲，随着人口老龄化的加剧，我国社会医疗保险基金的收支缺口日益扩大，社会医疗保险基金的支付压力也与日递增。继续实行代际转移支付的思路无法让基金保持平衡，社会医疗保险基金的支付面临危机，因此可以从医疗保险可持续发展的角度联系风险概率、利率变动对统筹费率进行科学的测算、运筹、预测和论证，在坚持以收定支、收支平衡的基础上，从长远着想，适度地动态扩大社会医疗保险基金的积累，以应对未来社会的不测事件和人口老龄化社会带来的沉重的医疗费用负担，从而提高社会医疗保险基金的财务可持续性。

四、委托代理理论

委托代理理论是经济学和管理学研究中极其重要的基础理论之一。20 世纪 30 年代，美国经济学家伯利和米恩斯在研究企业管理过程中发现企业所有者兼具经营者的做法存在极大弊端，因而提出委托代理理论，主张所有权和经营权分离，企业所有者保留剩余索取权，而将经营权利让渡，由此委托代理理论成为现代公司治理的逻辑起点。20 世纪 70 年代，威廉·麦克林（William H. Meckling）和迈克尔·詹森（Micheal C. Jeansen）的《企业理论：经理行为、代理成本和所有权结构》[①] 是委托代理问题的研究方法正式定形的标志。后来，伴随着公共产品理论和公共选择理论的提出和完善，委托代理理论从经济学研究领域逐渐延伸到管理学研究领域。

委托代理理论的主要内容包括两个层面。第一，委托代理关系的产生。委托代理关系起源于"专业化"的存在，委托代理关系是由财产委托引起的，委托人把财产委托给具有信息优势的代理人并赋予代理人一定的权利，代理人因为接受了委托获得了财产的使用权和控制权，从而应受到契约（正式、非正式的）制约并承担受托责任，这样一种权利与义务的结合就是委托代理关系。第二，委托代理问题的产生。在委托代理的关系当中，委托人和代理人都是理性的"经济人"，各自以自身效用最大化为追求目标，代理人所采取的行为很可能因为自身利益最大化的目标而背离委托人的意愿，这必然导致两者的利益冲突。在没有有效制度的安排下，代理人的行为很可能最终损害委托人的利益。因为在信息

---

① Micheal C Jensen, William H Meckling. Theory of the Firm: Managerial Behavior, Agency Costs and Ownership Structure. Journal of Financial Economics, 1976: 305-360.

不对称的情况下，由于委托人不能全面掌握代理人的行为，或者不能直接观测到代理人采取的行为，只能观测到一些变量，而这些变量是由代理人的行动和其他复杂的外生随机因素共同决定的，因此充其量只是代理人行动的不完全信息。委托人面临的最大问题是如何根据这些观测到的信息通过一套激励机制促使代理人选择对委托人最有利的行动。因此，委托代理理论的重点是在利益相冲突和信息不对称的环境下，委托人如何设计最佳激励机制或者说如何选择满足代理人参与约束和激励兼容约束的激励合同，来达到委托人的期望效用。

委托代理理论无论从理论层面还是在实践过程中都影响着社会医疗保险的发展。社会医疗保险涉及医疗保险和医疗服务两大市场，涉及参保人、医疗服务机构和医疗保险经办机构等三大主体。参与社会医疗保险的多个主体之间存在着多重复杂的委托代理关系。在医疗保险市场，由于作为代理人的医疗服务机构和医疗保险机构掌握着大量医疗和患者的信息，处于信息优势，而作为委托人的参保患者处于信息劣势，而委托人与代理人双方都追求自身利益的最大化，就容易使具有信息优势的代理人产生寻租行为，为追求自己的利益最大化而背离委托人的意愿或损害委托人的利益。例如，社会医疗保险的公共产品属性决定了社会医疗保险基金的公共属性，它必须由政府部门（医疗保险机构）作为基金的总代理人，医疗保险基金管理部门在基金运行管理过程中，却可能在管理行为、管理决策等方面出现管理不当、管理低效、管理不到位等主观问题。再比如，在医疗保险市场上，如何在医疗保险机构和医疗服务机构之间建立稳定的委托代理关系是关系医疗保险基金平稳运行可持续发展的重要问题。采用何种社会医疗保险基金的偿付机制实质上就是在不对称信息条件下的采用何种委托代理合同，合理有效的社会医疗保险基金偿付机制可以相对准确地从观测到的变量中推断医疗服务机构的努力程度和服务质量，也使得医疗费用得到有效控制，从而减少社会医疗保险基金的支付风险。本书基于医疗保险市场上存在的委托代理关系，对社会医疗保险基金偿付机制改革的作用机制及其费用控制效能进行分析，通过协调和改进委托代理关系，探讨实现费用控制、减少基金支付风险的最佳途径。

五、社会保险基金风险管理理论

社会医疗保险属于社会保险，社会保险作为一种再分配制度，是通过立法强制收缴的社会保险基金，是稳定社会关系、化解社会矛盾的重要调节工具，是构成社会经济体制的一部分。健全的管理是达成基金安全有效的前提。社会保险基金风险管理是指由社会保险基金的管理机构和其他相关部门与人员共同实施的，作用于社会保险基金资金运动全过程的，通过识别、分析可能会影响社会保险基金安全完整的管理风险或潜在事项以对其进行控制和规避，从而实现社会保险基金保值增值等一系列管理过程。社会保险基金的重要性要求我们必须在对其可能面临的风险进行充分分析的前提下，进行有效的风险管理。[1]

根据风险来源的不同，社会保险面临的风险可分为外部环境风险和内部运营风险，其中外部环境风险主要包括由于人口老龄化程度的不断加深，社会保险相关立法不够完善，金融市场不够发达导致基金保值增值有限等方面的风险；而内部运营风险主要指社会保险

---

[1] 唐大鹏：《社会保险基金风险管理》，东北财经大学出版社 2015 年版，第 10~19 页。

基金在筹资、管理和发放的过程中可能面临的一系列潜在风险。通过上文的文献回顾，发现较多国家包括我国，随着人口老龄化的加速，已经出现社会医疗保险基金累计赤字、收支平衡困难，我国社会医疗保险如果要实现可持续发展，解决社会医疗保险基金的安全运行问题，政府就需要提前对社会医疗保险基金的风险进行预测及管理，以寻找可行的解决方案，解决因人口老龄化带来的社会医疗保险基金支付危机。

第二篇
我国社会医疗保险基金可持续发展研究

第二章　我国社会医疗保险制度的政策
沿革与发展现状

自新中国成立以来，我国在计划经济体制的基础上，在农村和城市两个地区分别建立了不同的医疗保障制度。在城镇地区，建立劳保医疗、公费医疗两项医疗保障制度；在农村地区建立农村合作医疗制度，由此形成我国传统的二元医疗保险制度。随着经济体制转轨和社会经济的发展，传统的二元医疗保险制度纷纷进行改革，并最终建立了城镇职工基本医疗保险制度(以下简称"城镇职工医保")、城镇居民基本医疗保险制度(以下简称"城镇居民医保")以及新型农村合作医疗保险制度(以下简称"新农合")。直到2015年底，十八届五中全会中提出关于"十三五"规划的建议，明确提出"十三五"期间要实现城乡居民基本医疗保险制度整合。目前，全国大部分省市已将城镇居民医保与新农合实现整合，建立统一的城乡居民基本医疗保险。本章将逐一对各制度的政策文本、制度发展现状进行探讨与分析。

第一节　城镇职工基本医疗保险制度的政策沿革与发展现状

一、中央城镇职工基本医疗保险的政策文本

新中国成立以来，城镇职工基本医疗保险制度经历了劳保医疗、公费医疗两个阶段。1951年，《中华人民共和国劳动保险条例》颁布，标志着我国建立了针对企业职工的保险型医疗保障制度，称为劳保医疗制度；1952年，政务院颁布了《关于各级人民政府、党派、团体及所属事业单位的国家工作人员实行公费医疗预防措施的指示》，标志着针对国家机关和事业单位等工作人员建立起了国家保险型的社会医疗保障制度，称为公费医疗制度。但是随着经济体制改革的逐步深入，公费医疗和劳保医疗的缺点暴露无遗：一是这两项医疗保险制度覆盖面小，难以满足人民的医疗保障需求；二是由于医疗费用的快速增长，并且缺乏费用制约机制，导致医疗资源配置效率低；三是制度的筹资机制缺乏合理性，资金来源不稳定，较低的社会管理和服务程度加重了企业的财政负担和政府压力，并且这两项制度缺乏灵活性，所以不利于劳动者的流动。随着这些问题屡屡出现，城镇职工医疗保险制度不得不在20世纪90年代进行改革，随着1992年国务院职工医疗保障制度改革领导小组的成立，传统医保制度改革开始了前进的步伐，社会医疗保险制度雏形出现，逐步实现向城镇职工基本医疗保险制度的变革(见表2-1)。

表 2-1 有关城镇职工基本医疗保险制度的中央政策

时间	政策文件	政策重点
1993 年	《中共中央关于建立社会主义市场经济体制若干问题的决定》	建立社会统筹医疗基金与个人医疗账户相结合的社会医疗保障制度，逐步覆盖城镇全体劳动者
1994 年	《关于职工医疗制度改革的试点工作》(体改分[1994]51号)	选择江苏省镇江市、江西省九江市作为试点城市
1996 年	《关于职工医疗保障制度改革扩大试点的意见》(国办发[1996]16号)	新增 57 个城市扩大试点工作，使得改革试点遍及全国 29 个省、自治区、直辖市
1998 年	《国务院关于建立城镇职工基本医疗保险制度的决定》(国发[1998]44号)	在全国范围内建立与社会主义初级阶段生产力相适应的、覆盖全体城镇职工的、个人账户与统筹账户相结合的城镇职工基本医疗保险制度
2003 年	《关于城镇灵活就业人员参加基本医疗保险的指导意见》(劳社厅发[2003]10号)	将灵活就业人员纳入基本医疗保险制度范围
2004 年	《关于推进混合所有制企业和非公有制经济组织从业人员参加医疗保险的意见》(劳社厅发[2004]5号)	建立统筹基金和参加大额医疗费用补助办法，将他们纳入医疗保险范围
2009 年	《国务院关于印发医药卫生体制改革近期重点实施方案(2009—2011)的通知》(国发[2009]12号)	积极推进非公有制经济组织从业人员、灵活就业人员和农民工参加城镇职工基本医疗保险

资料来源：中国政府网 www.gov.cn；以及笔者通过百度以"城镇职工基本医疗保险"为关键词搜索，汇总、整理的国务院及各部门出台的政策文件。

从 20 世纪 90 年代开始，我国的城镇职工基本医疗保险制度不断改革，1993 年的《中共中央关于建立社会主义市场经济体制若干问题的决定》确立了建立社会医疗保险制度的思想，不仅扩大了基本医疗保险的覆盖范围，还确定了我国城镇职工基本医疗保险制度的目标模式以及未来城镇职工基本医疗保险制度的指导思路，同时也标志着传统的劳保医疗和公费医疗制度改革进入了全新的阶段。1994 年，"两江"试点的实施，主要从三个方向进行：一是建立有效的"统账结合"的基金筹集模式，实施企业和职工个人共同缴费；二是针对职工的个人医疗费用开支以及医疗服务机构建立相应的制约机制；三是建立医疗保险的管理机构。"两江"试点的实施，从缴费机制、基金筹集模式和相应的制约机制上开始改革，核心内容是探索"统账结合"的社会医疗保险制度，重点解决企业和个人的缴费比例，通过管理机制的设立去规范医疗服务方的行为，从而规避逆向选择和道德风险。1998 年，在"两江试点"成功基础上，城镇职工医保逐步扩大了试点城市，为城镇职工医保向全国范围的推广建立了良好的实践基础。1998 年，劳动和社会保障部成立，并且在 12 月的全国医疗保障改革的会议中，决定建立城镇职工医疗保险制度，取代劳保医疗和公费医疗，统一了医疗保险的制度框架和统账结合模式，"低水平、共负担、广覆盖、统账结合"的城镇职工基本医疗保险制度初步形成。2000 年，国务院专门召开会议就"三改并举"进行部署，要求城镇职工基本医疗保险制度、医疗卫生体制改革和药品流通体制三项改革同步推进。2003 年后，城镇职工基本医疗保险制度进一步扩大覆盖范围，对于符合城镇参保条件的灵活就业人员、混合所有制企业以及非公有制企业的工作人员，将他们纳入城镇职工基本医疗保险，确保这部分人群的医疗保障权益。

二、全国部分城市城镇职工基本医疗保险最新的参保率、筹资与待遇政策比较

我国城镇职工基本医疗保险制度目前处于市级统筹的阶段，因此，比较全国的医疗保险的状况也只能比较各主要城市的差异。表 2-2 显示了我国直辖市和部分省会城市的城镇职工基本医疗保险的参保率、筹资和待遇。数据首先来源于各地人力资源和社会保障局的官方网站上最新的政策文件，同时通过百度搜索各地主要的门户网站查找最新的有关参保率、筹资和待遇等信息，但仍然有一些数据无法获取。各地在参保率、筹资与待遇政策上都存在差异。

表 2-2 全国部分城市城镇职工基本医疗保险比较：参保率、筹资、待遇

参保率					93%（2015 年）	
缴费比例					单位：9%；个人：2%；退休人员不缴费	
待遇						
人员类别	起付线（元）	报销比例				最高限额（元）
		社区（本市）		其他定点		
		大额	补充	大额	补充	
在职	1800	90%	—	70%	—	20000
退休 70 岁以下	1300	80%	10%	70%	15%	20000
退休 70 岁以上	1300	80%	10%	80%	10%	
城镇职工基本医疗保险住院报销比例及最高限额						
类别	起付线（元）	统筹支付			最高限额（元）	
		一级医院	二级医院	三级医院		
在职人员	1300	90%	87%	85%	10 万元	
		95%	92%	90%		
		80%	97%	95%		
		大额医疗互助资金支付 85%			20 万元	
退休人员	1300	94%	92.2%	91%	10 万元	
		97%	95.2%	94%		
		98.2%	98.2%	97%		
		大额医疗资金支付 90%			20 万元	

北京（2017 年）

续表

上海 （2018 年）	参保率	96%					

上海（2018 年）

参保率	96%					
缴费比例	用人单位：9.5%；在职职工：2%					
待遇						
在职职工年龄	起付线（元）	报销比例（%）			封顶线（万元）	统筹报销比
		一级医院	二级医院	三级医院		
44 岁以下	1500	65	60	50	34	85%
45 岁以上		75	70	60		
门诊大病统筹报销比为 85%			家庭病床医疗保险报销比为 80%			

杭州（2017 年）

参保率	98%					
缴费比例	用人单位：8%；职工个人：2%					
待遇						
		报销比例				
医院等级	起付线（元）	起付线至 2 万		2 万~3 万		3 万~4 万	
		在职	退休	在职	退休	在职	退休
三级	200	76%	82%	82%	88%	88%	94%
二级	1500	80%	85%	85%	90%	90%	95%
一级	1000	84%	88%	88%	92%	92%	96%
统筹基金最高支付限额为 40000 万元							

南京（2017 年）

参保率	95%	
缴费比例	用人单位：9%；在职职工：2%；退休人员不缴费	
待遇		
门诊统筹待遇标准		
人员类别	在职职工	退休职工
起付线	2100 元	1000 元
报销比例　社区医疗机构	70%	75%
报销比例　其他医疗机构	60%	65%
最高支付限额	2000 元	3000 元
住院统筹待遇		
医疗机构级别	费用段及统筹报销比例	
	起付线	报销比例
		在职职工 / 退休职工
一级	300 元	97% / 98%
二级	500 元	95% / 97%
三级	900 元	90% / 93%

续表

长春 （2018 年）	参保率	95%（2017 年）				
	缴费比例	用人单位：7%；职工个人：2%				
	待遇					
	第一次住院起付线		门诊起付线			
	一级医院	二级医院	三级医院		800 元	
	400 元	800 元	1100 元			
	二次住院起付线		报销比例			
	一级医院	二级医院	三级医院		统筹	个人
	300 元	700 元	1100 元		80%	10%
	一年以内超过两次住院起付线：一级：200 元；二级：700 元；三级：900 元 大额补助医疗保险年度最高支付限额为 30 万元					
	大额缴费标准：在职每人每月 10 元，单位和个人各负担 5 元；退休人员每人每月应缴纳的 5 元，从个人账户中扣除					

武汉 （2017 年）	参保率	96%	
	缴费比例	用人单位：8%；职工个人：2%	
	待遇		
	统筹基金支付比及个人支付比		
		统筹基金支付比	个人支付比
	一级医院	88%	12%
	二级医院	85%	15%
	三级医院	82%	18%
	统筹基金支付限额按上年度全市职工平均工资的 4 倍左右		

重庆 （2017 年）	参保率	95%			
	缴费比例	用人单位：8%；职工个人：2%；退休人员不缴费			
	待遇				
	参保人员类别	起付线（元）	报销比例	统筹基金 支付限额	大额报销限额
	在职	880	85%	4.7 万元	50 万元
	退休		95%		

续表

		参保率		81.5%				
成都 （2017 年）		缴费比例		用人单位：7.5%；职工个人：2%				
		待遇						
		起付线（元）		报销比例				
	一级医院	二级医院	三级医院	一级医院		二级医院		三级医院
	200	400	800	92%		90%		85%

		参保率		97%				
西安 （2018 年）		缴费比例		用人单位：7%；职工个人：2%				
		待遇						
		起付标准（按上一年度全市职工平均工资的一定比例）						
	医院级别	第一次住院		第二次住院		第三次及以上住院		
	三级	10%		7%		5%		
	二级	8%		5%		4%		
	一级	6%		4%		3%		
	报销比例							
	治疗费用 档次（元）	职工报销比例			退休职工报销比例			
		一级医院	二级医院	三级医院	一级医院	二级医院	三级医院	
	起付线至 5000	86%	84%	82%	89%	87%	85%	
	5000～10000	88%	86%	84%	91%	89%	87%	
	10000～20000	90%	88%	86%	93%	91%	88%	
	20000 以上	92%	90%	88%	95%	93%	91%	

注：通过百度搜索"城市名+城镇职工基本医疗保险"整合、遴选、汇总而成。

通过对北京、上海、杭州、重庆、长春、南京、武汉、西安和成都九个城市的城镇职工医保制度的参保、筹资和待遇情况进行分析对比，有如下发现。

第一，各地区的起付线有着较大的差别。比如北京的门诊起付线，在职员工为 1800元，退休职工为 1300 元；住院费用的起付线在职和退休职工一样，都为 1300 元。重庆特殊门诊和住院的起付线都是 880 元。上海市的起付线为 1500 元。南京在职职工的门诊起付线为 2100 元，退休职工只有 1000 元，住院起付线根据医院等级的不同，起付线标准不一样，一级、二级和三级医院分别是 300 元、500 元和 900 元。各地区都是在中央政策的基础上，结合自身医保基金的规模、医疗服务水平重新制定的起付线。

第二，各市城镇职工医保的缴费比例存在差别。各地的职工个人缴费率都相同，都是按本人缴费工资基数的 2%缴纳。主要区别在于单位的缴费比例，北京、上海和南京的单位缴费率相对较高，分别为 9%、9.5%和 9%，其次是重庆、武汉、杭州，单位缴费率都达到了 8%，成都的单位缴费率为 7.5%，长春、西安的单位缴费率为 7%，职工个人按本人上一年度工资收入的 2% 缴纳。不同的单位缴费率很大程度上取决于当地的工资水平。

第三，城镇职工基本医疗保险报销比例各市区不一样。由于每个地方医疗机构的差异和医疗保险制度的落实情况不一样，在报销上差异较大，门诊和住院的报销比例也存在差异。北京地区的门诊医疗费用报销分为社区和其他定点医院，在职职工在社区就医，大额保险报销 90%，其他定点医院报销 70%；退休职工不同年龄层报销比例有差异，70 岁以下和 70 岁以上的退休人员的大额保险在社区报销 80%，补充保险报销 10%，但是在其他定点医院报销比例不一样，70 岁以下退休人员的大额保险报销 70%，补充保险报销 15%，70 岁以上退休人员的大额保险报销 80%，补充保险报销 10%。住院费用的报销，不同等级的医疗机构报销比例不同。重庆市的报销比例为在职职工报销 85%，退休职工报销 95%。上海市也是不同医疗机构级别报销比例不一样，比如一级医院 44 岁以下报销 65%，44 岁以上报销 75%，报销比例根据人群类别和医院等级的差异而不同。

各个地区的城镇职工基本医疗保险制度在参保率、缴费比例、报销比例等方面不同，也说明了制度覆盖面尚未达到预期目标，还存在城镇部分企业的职工还未参保的情形，各地的经济发展水平、人口结构等现实情况造成了城镇职工基本医疗保险制度筹资和待遇的地区差异。各地不同的政策，都是对中央文件的回复，政策落实速度也会影响政策的实施情况和制度差异。

三、城镇职工基本医疗保险制度运行情况

笔者搜集了 2003—2018 年的数据，下面进一步探讨我国城镇职工基本医疗保险的发展情况。

(一)全国城镇职工基本医疗保险参保情况

2003—2018 年城镇职工基本医疗保险的参保人数不断增长，总参保人数从 2003 年的 10902 万人增加到 2018 年的 31681 万人，增长了 3 倍左右，其中在职职工从 7975 万人增加到 23308 万人，退休职工从 2927 万人增加到 8373 万人，在职职工增长了近 3 倍。总体上来看，2003—2008 年参保人数增速较快，其中总的参保人数在 2007 年增速最快，增长率达到了 14.54%，在职职工的参保增长率在 2007 年有 15.89%，退休职工在 2004 年和 2005 年增长迅速。2003—2008 年城镇职工基本医疗保险已经步入正轨，覆盖范围在逐步扩大，参保人数不断增加，保障范围逐步扩大。虽然 2010 年后参保人数的增速不断减缓，但是总体参保人数还是在持续增加(见表 2-3)。

表 2-3　2003—2018 年城镇职工基本医疗保险的参保情况(单位：万人)

年份	总参保人数	增长率(%)	在职职工	增长率(%)	退休人员	增长率(%)
2003	10902	—	7975	—	2927	—
2004	12404	13.78	9045	13.42	3359	14.76
2005	13783	11.11	10022	10.80	3761	11.97
2006	15732	14.14	11580	15.55	4152	10.40

续表

年份	总参保人数	增长率（%）	在职职工	增长率（%）	退休人员	增长率（%）
2007	18020	14.54	13420	15.89	4600	10.79
2008	19996	10.97	14988	11.68	5008	8.87
2009	21961	9.82	16410	9.48	5527	10.36
2010	23735	8.07	17791	8.42	5944	7.54
2011	25227	6.29	18948	6.50	6279	5.64
2012	26486	4.99	19861	4.82	6624	5.50
2013	27443	3.61	20501	3.22	6942	4.81
2014	28296	3.11	21041	2.63	7255	4.51
2015	28893	2.11	21362	1.53	7531	3.80
2016	29532	2.21	21720	1.68	7812	3.73
2017	30323	2.68	22288	2.62	8034	2.84
2018	31681	4.48	23308	4.58	8373	4.22

数据来源：《中国卫生统计年鉴》（2003—2012年）、《中国卫生和计划生育统计年鉴》（2013—2017年）、《中国卫生健康统计年鉴》（2018年）、中华人民共和国国家医疗保障局《2018年全国基本医疗保障事业发展统计公报》。

　　城镇职工基本医疗保险2003—2018年都在持续增长，随着总参保人数的持续增长，在职职工和退休职工的参保人数也同期增长，在职职工的增长幅度大于退休职工的增长幅度，总参保人数在2013年以前增长幅度较大，2013年以后增长幅度相对减缓，在职职工在2009—2014年增加迅速（如图2-1所示）。

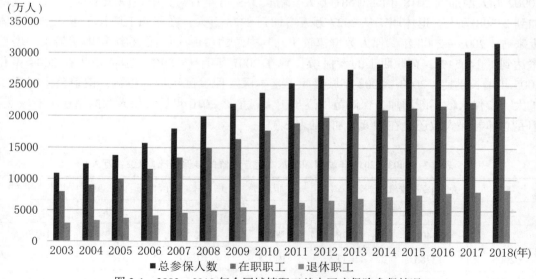

图2-1　2003—2018年全国城镇职工基本医疗保险参保情况

2003—2018 年总参保人数、在职职工及退休职工参保人数都是持续增长的，但是增长速度变化幅度较大，总参保人数在 2006 年和 2007 年增长幅度最大，分别为 15.55% 和 15.89%，2008 年开始增长速度逐年放缓，从 2008 年的 10.97% 减少到 2015 年的 2.11%，2016 年开始增长速度增快，到 2018 年增长比为 4.48%。在 2009 年，退休职工的参保人数增长比高于总参保人数和在职职工的增长比，2012—2017 年退休职工的增长比也高于总参保人数和在职职工参保人数的增长比(如图 2-2 所示)。

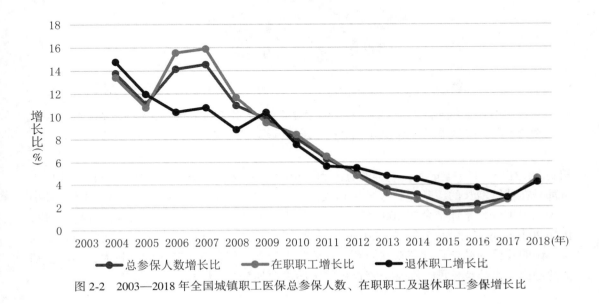

图 2-2　2003—2018 年全国城镇职工医保总参保人数、在职职工及退休职工参保增长比

城镇职工基本医疗保险的总参保人数、在职职工和退休职工的参保人数是逐年增加的。2017 年，企业、机关事业单位和灵活就业人员等其他人员的参保人数分别为 20633 万人、5960 万人和 3730 万人，截至 2018 年，三个部门的参保人数都有所增加，企业的参保人数达到 21520 万人，机关事业单位为 6119 万人，灵活就业等其他人员也增加到 4042 万人，相比 2017 年，企业、机关事业单位和灵活就业等其他人员分别增加了 887 万人、159 万人和 312 万人。① 企业的城镇职工参保人数占总参保人数的 67.9%，占整个参保人数的近一半，机关事业单位的参保人数占总参保人数的 19.3%，灵活就业等其他人员占比相对较少，占总参保人数的 12.8%(如图 2-3 所示)。

(二)全国城镇职工基本医疗保险基金运行情况

城镇职工基本医疗保险基金的平稳运行，是城镇职工基本医疗保险制度健康、可持续发展的重要基础。城镇职工医保基金的收入随着参保人数的逐年增长而增长，从 2003 年的 4886 亿元增长到 2018 年的 13538 亿元，收支都是有结余的，从 2003 年的 3314 亿元增

---

① 数据来源：中华人民共和国国家医疗保障局：《2018 年全国基本医疗保险事业发展统计公报》。

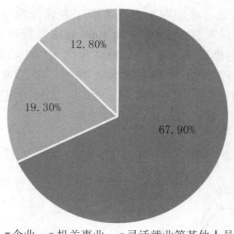

■企业　■机关事业　■灵活就业等其他人员

图 2-3　2018 年企业、机关事业、灵活就业等其他人员参加城镇职工医保占比情况

数据来源：中华人民共和国国家医疗保障局：《2018 年全国基本医疗保障事业发展统计公报》。

长到 2017 年的 12971 亿元，基金的收入和支出除了 2006 年出现了较大的负增长，其他年份都是在持续增长的，基金收入增长起伏比较大，基金收入最大的增幅是 40.04%，最小的为−74.93%。累计结余在 2006 年和 2009 年出现了负增长，其他年份的增长速度较快，比如 2008 年增长率为 53.16%，2010 年增长率为 64.51%。基金收支年与年之间的差距较大，说明我国的基金管理还存在问题，虽然收大于支，但是基金变化幅度较大，不利于基金的健康、可持续发展，在基金管理机制上还需要加强(见表 2-4)。

表 2-4　全国城镇职工基本医疗保险基金收支情况

年份	基金收入（亿元）	增长率（%）	基金支出（亿元）	增长率（%）	累计结余（亿元）	增长率（%）
2003	4886.0	—	4016.0	—	3314.0	—
2004	5780.0	18.30	4627.0	1.21	4493.0	35.58
2005	6969.0	20.57	5401.0	16.73	6066.0	35.01
2006	1747.1	−74.93	1276.7	−76.36	1752.4	−71.11
2007	2214.2	26.73	1551.7	21.54	2240.8	27.87
2008	3040.0	37.31	2084.0	34.30	3432.0	53.16
2009	3672.0	20.79	2797.0	34.02	2882.0	−16.03
2010	3955.4	7.72	3271.6	16.97	4741.2	64.51
2011	5539.2	40.04	4431.4	35.45	6180.0	30.35
2012	6061.9	9.44	4868.5	9.86	6884.2	11.39

年份	基金收入 （亿元）	增长率 （％）	基金支出 （亿元）	增长率 （％）	累计结余 （亿元）	增长率 （％）
2013	7061.6	16.50	5829.9	19.75	8129.3	18.09
2014	8037.9	13.83	6696.6	14.87	9449.8	16.24
2015	9083.5	13.01	7531.5	12.47	10997.1	16.37
2016	10273.7	13.10	8286.7	10.03	12971.7	17.96
2017	12134.7	18.1	9298.4	12.2	15668.97	20.80
2018	13538	10.3	10707	13.1		

数据来源：《中国卫生统计年鉴》（2003—2012 年）、《中国卫生和计划生育统计年鉴》（2013—2017年）、《中国卫生健康统计年鉴》（2018 年）、中华人民共和国国家医疗保障局《2018 年全国基本医疗保障事业发展统计公报》。

注：由于 2018 年部分数据缺失，所以表 2-3 中 2018 年有部分空白。

（三）医疗服务利用情况

城镇职工医疗保险享受待遇人次逐年增加，2014 年参保人员享受待遇人次为 15.2 亿人次，2018 年增长至 19.8 亿人次，增长了 4.6 亿人次；2018 年享受待遇人次比 2017 年增长 9%，增幅提高 3%；人均就诊人次 2014 年为 5.3 次，2018 年增长至 6.2 次，增长额为 0.9 次，相比 2017 年增长了 0.2 次（如图 2-4 所示）。

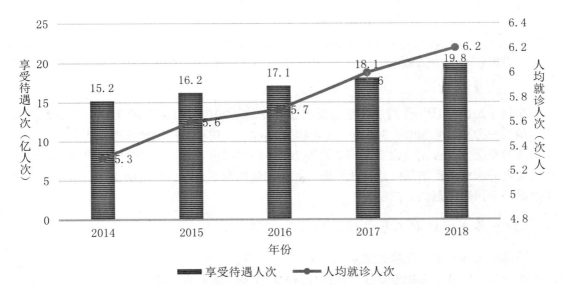

图 2-4　2014—2018 年城镇职工基本医疗保险享受待遇人次及人均待遇次数

数据来源：中华人民共和国国家医疗保障局《2018 年全国基本医疗保障事业发展统计公报》。

2014—2018 年城镇职工基本医疗保险次均住院费用在逐年增长，2014 年次均住院费用为 10095 元，2018 年增长至 11181 元，增长额度为 1086 元，2018 年次均住院费用涨幅放缓，比 2017 年增长 1.6%。住院率也是逐年增长的，2014 年住院率为 15.4%，2018 年住院率为 18.3%，增长 2.9%（如图 2-5 所示）。

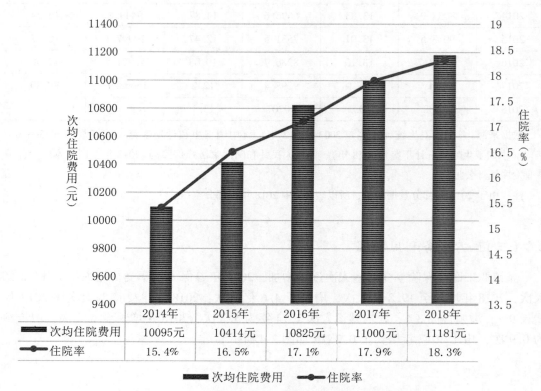

	2014年	2015年	2016年	2017年	2018年
次均住院费用	10095元	10414元	10825元	11000元	11181元
住院率	15.4%	16.5%	17.1%	17.9%	18.3%

■ 次均住院费用　● 住院率

图 2-5　2014—2018 年城镇职工基本医疗保险次均住院费用和住院率
数据来源：中华人民共和国国家医疗保障局《2018 年全国基本医疗保障事业发展统计公报》。

2014—2018 年次均住院统筹基金支出逐年增加。2014—2018 年的次均住院统筹基金支出增长率分别为 4.30%、3.07%、3.4%、1.28%、1.95%，年均增长率为 2.32%。这五年的统筹基金支付占比变化不大，平均为 70.24%（图 2-6 所示）。说明控制我国城镇职工住院患者的医疗费用增长已达到瓶颈期，如何加强控制不合理医疗费用支出，成为城镇职工医保基金风险防范的难点所在。

（四）各省城镇职工基本医疗保险运行情况

城镇职工基本医疗保险制度是从"两江"试点逐步向全国推广并发展的，由于各地区之间的社会、经济、文化等差异，在推行城镇职工基本医疗保险制度的过程中也会存在差异，参保情况和基金收支情况都会表现出不一样的发展进程。笔者选取最新的 2016 年各省城镇职工基本医疗保险制度运行的基本数据来进行省际对比，见表 2-5。

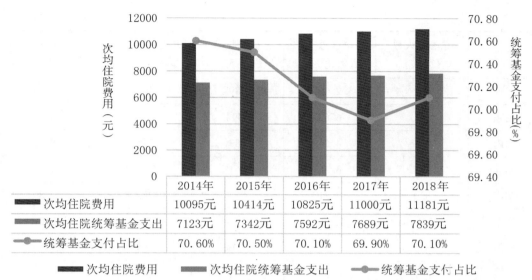

图 2-6　2014—2018 年城镇职工基本医疗保险次均住院费用和统筹基金支出

表 2-5　2016 年全国各省城镇职工基本医疗保险参保情况

省份	总参保人数 （万人）	占全国总参保 人数比（%）	在职职工 （万人）	退休职工 （万人）	退休职工占比 （%）
北京	1518	5.14	1240	278	18.31
天津	536	1.81	340	195	36.38
河北	974	3.30	668	306	31.42
山西	660	2.23	475	185	28.03
内蒙古	489	1.66	343	146	29.86
辽宁	1636	5.54	1023	613	37.47
吉林	576	2.02	371	205	35.59
黑龙江	880	2.98	526	354	40.23
上海	1469	4.97	992	477	30.43
江苏	2491	8.43	1849	641	25.73
浙江	2018	6.83	1634	383	18.98
安徽	782	2.65	551	231	29.54
福建	792	2.68	642	150	18.94

续表

省份	总参保人数 （万人）	占全国总参保 人数比（%）	在职职工 （万人）	退休职工 （万人）	退休职工占比 （%）
江西	592	2.00	389	203	34.29
山东	1960	6.63	1494	466	23.78
河南	1227	4.15	883	345	28.12
湖北	961	3.25	661	301	31.32
湖南	830	2.81	557	273	32.89
广东	3814	12.92	3354	461	12.09
广西	531	1.80	376	155	29.19
海南	201	0.68	144	57	12.44
重庆	605	2.05	425	180	29.75
四川	1441	4.88	1001	439	30.46
贵州	390	1.32	282	108	27.69
云南	479	1.62	335	145	30.27
西藏	37	0.13	28	9	24.32
陕西	600	2.03	411	189	31.50
甘肃	314	1.06	209	106	33.76
青海	98	0.33	66	32	32.65
宁夏	118	0.40	85	33	27.97
新疆	518	1.75	370	148	28.57

数据来源：《2017 年中国卫生和计划生育统计年鉴》。

根据表 2-5 的数据，有如下发现。

第一，31 个省份总参保人数差距明显。参保人数高于 2000 万人的省份有 3 个，分别是广东、江苏和浙江；参保人数高于 1000 万人低于 2000 万人的省份有 6 个，分别是北京、辽宁、上海、山东、四川和河南，其他 22 个省份的参保人数都低于 1000 万人。其中广东的参保人数是所有省份中最多的，有 3814 万人，占全国总参保数的 12.92%，其中在职职工有 3354 万人，退休职工有 461 万人；西藏地区的参保人数最少，只有 37 万人，占全国总参保数的 0.13%，广东和西藏参保人数占全国总参保人数的比例相差 12.79%。江苏的参保人数位居全国第二，为 2491 万人，占全国总参保人数的 8.43%；安徽的参保人数为 782 万人，占全国总参保数的 2.65%；湖北 2016 年城镇职工基本医疗保险的参保人数为 961 万人，占全国总参保人数的 3.25%。中东西部各省份的参保人数差距明显，说明城镇职工医保制度的发展进程不一。

第二，各省份退休职工占比差距明显。退休职工参保人数占比说明了医保基金的支出情况差异，退休职工占比越高，基金支出越多。黑龙江的退休职工占比高达 40.23%，是 31 个省份中最高的；广东为 12.09%，是所有省份中占比最低的，两者占比相差 28.14%。31 个省份中退休职工占比低于 30% 的有 17 个省份，其他 15 个省份都是高于 30%。可见，各省份的基金支出负担轻重不同。

各个省份 2016 年城镇职工基本医疗保险基金的收支情况，见表 2-6。

表 2-6　2016 年全国各省城镇职工基本医疗保险基金收支情况

地区	基金收入 （亿元）	基金支出 （亿元）	累计结余 （亿元）	累计结余率 （%）
北京	912.1	776.6	429.5	47.09
天津	263.5	225.8	149.3	56.67
河北	351.6	272.4	512.7	145.82
山西	187.0	170.1	260.4	139.25
内蒙古	179.9	148.0	201.2	111.84
辽宁	405.0	383.4	379.8	75.36
吉林	163.7	123.1	219.7	134.21
黑龙江	258.2	237.7	294.8	114.18
上海	849.7	554.0	1403.0	165.12
江苏	868.0	733.9	1111.8	128.09
浙江	755.0	565.3	1249.3	165.47
安徽	218.4	177.3	267.3	122.39
福建	258.8	206.6	464.1	179.32
江西	149.2	120.4	184.0	123.32
山东	658.5	569.1	671.4	101.95
河南	296.1	239.6	397.9	134.38
湖北	299.1	259.6	262.2	87.66
湖南	275.8	213.8	317.5	115.12
广东	975.8	717.4	1801.3	184.60
广西	174.0	137.6	231.5	133.05
海南	57.4	42.9	77.8	135.54
重庆	222.0	203.1	206.3	92.93

续表

地区	基金收入 （亿元）	基金支出 （亿元）	累计结余 （亿元）	累计结余率 （%）
四川	493.1	386.6	689.8	139.89
贵州	131.3	111.0	108.2	82.47
云南	204.3	167.6	240.9	117.91
西藏	26.7	15.9	46.8	175.28
陕西	190.7	159.9	262.1	137.44
甘肃	103.3	88.0	97.4	94.29
青海	50.9	42.4	70.1	137.72
宁夏	53.6	48.1	56.1	104.67
新疆	241.1	189.4	307.5	127.54

数据来源：《2017年中国卫生和计划生育统计年鉴》。

根据表2-6的数据，有如下发现。

第一，各省份2016年基金收支情况均收大于支，略有结余；基金收支数额差异大。基金收入小于100亿元的有西藏、宁夏、海南和青海四省，基金收入分别为26.7亿元、53.6亿元、57.4亿元和50.9亿元；基金收入为100亿~200亿元的省份有8个，例如山西为187亿元，内蒙古为179.9亿元，贵州为131.3亿元；基金收入高于200亿元小于500亿元的省份有13个；其他省份都高于500亿元，其中基金收入最高的省份是广东省，为975.8亿元，这与其参保人数全国居首紧密相关，与西藏相差949.1亿元。基金支出最高的地区是北京，2016年基金支出为776.6亿元；基金支出最低的是西藏，为15.9亿元，二者相差760.7亿元；其中基金支出低于100亿元的省份是海南、西藏、甘肃、宁夏和青海省；基金支出在100亿~200亿元的省份有9个；基金支出高于500亿元的省份只有北京、上海、江苏、浙江、山东和广东这6个省份。

第二，基金累计结余参差不齐，2016年基金累计结余最多的省份是广东省，为1801.3亿元，最低的是西藏，只有46.8亿元，二者相差1754.5亿元，基金累计结余低于300亿元的省份有18个，在300亿~1000亿元的省份有9个，其他7个省份基金累计结余大于1000亿元，分别是上海、广东、浙江和江苏，这四个省份的基金累计结余分别为1403亿元、1801.3亿元、1249.3亿元和1111.8亿元。

第三，各省基金累计结余率差距较大，北京的累计结余率最低，为47.09%。低于100%的省份有7个，分别是北京、天津、辽宁、湖北、重庆、贵州和甘肃；其他省份累计结余率都高于100%，最高的省份是广东，高达184.60%，结余率过高，与北京相差137.51%。各省的医保基金累计结余率与各省医保制度的方案设计息息相关，对参保人的补偿水平高低是决定医保结余多寡的关键因素，部分结余率过高的省份担心超支，方案设计得比较保守，导致过高的结余率。

综上所述，城镇职工基本医疗保险制度经过十几年的艰难探索，其政策框架已基本稳定，覆盖范围逐步扩大，参保人数逐年增加，更多的城镇职工获得医疗保障。从基金收支情况来看，各省均未出现收不抵支的情况，基金累计结余情况可以清晰地显示出各省城镇职工医保整体上"以收定支、确保结余、能抗风险不穿底"的管理原则。医保基金应始终坚持"略有结余"的原则，不可过高也不可过低，过高则医保筹资沉淀太多，没有使参保人获得本应可得到的更高的保障水平；过低则应对风险的能力不够，会影响基金的安全运行，不利于制度的长期稳定运作。

第二节 城镇居民基本医疗保险的政策沿革与发展现状

一、中央城镇居民基本医疗保险的政策文本

在 2006 年以前，城镇医疗保障制度是没有覆盖到城镇非从业人员的，所以该群体的医疗保障处于空白状态，为了扩大医疗保险的覆盖面，实现覆盖城镇全体居民的基本医疗保险制度，自 2006 年，《中共中央关于构建社会主义和谐社会若干重大问题的决定》（2006 年 10 月 11 日中国共产党第十六届中央委员会第六次全体会议通过）中提出建立以大病统筹为主的城镇居民基本医疗保险，我国自上而下、有计划、有目标、有步骤地开始城镇居民基本医疗保险试点工作并迅速推广开来，其重视程度可以从中央出台的相关政策的频繁程度中看出来（见表 2-7）。

表 2-7 有关城镇居民基本医疗保险制度的中央政策

时间	政策文本	政策重点
2006 年	《中共中央关于构建社会主义和谐社会若干重大问题的决定》	建立大病统筹为主的城镇居民基本医疗保险；深化医疗卫生体制改革，强化政府责任；严格监督管理，建设覆盖城乡居民的基本卫生保健制度
2007 年	第十届全国人民代表大会第五次会议中温家宝总理作的《政府工作报告》	提出启动以大病统筹为主的城镇居民基本医疗保险试点
	《国务院关于开展城镇居民基本医疗保险试点的指导意见》（国发[2007]20 号）	开展城镇居民基本医疗保险制度试点；确定政府职责和重点补助对象
	《关于城镇居民基本医疗保险医疗服务管理的意见》（劳社部发[2007]40 号）	提出城镇居民基本医疗保险医疗服务管理的基本要求；确定合理的医疗服务范围；对定点医疗服务机构加强管理；完善医疗费用结算管理
	《财政部 劳动保障部关于中央财政对城镇居民基本医疗保险补助资金申请拨付有关问题的通知》（财社[2007] 163 号）	明确中央财政对城镇居民基本医疗保险的补助责任；规定中央财政对城镇居民基本医疗保险补助的申请方式

续表

时间	政策文本	政策重点
2008 年	《关于做好 2008 年城镇居民基本医疗保险试点工作的通知》(人社部发〔2008〕39 号)	扩大试点城市的工作;完善财政补助政策;各地探索实行地级统筹;加强医疗基金和医疗费用支出管理;加强管理和经办机构能力建设
	《关于加强城镇居民基本医疗保险基金和财政补助资金管理有关问题的通知》(财社〔2008〕116 号)	城镇居民基本医疗保险基金纳入统一的社会保障基金财政专户,分账核算,实行收支两条线管理;各地综合考虑城镇居民的情况,合理确定筹资水平和补助标准;各地结合本地实际制定和实行方便参保居民缴费的办法
	《关于将大学生纳入城镇居民基本医疗保险试点范围的指导意见》(国办发〔2008〕119 号)	明确提出将大学生纳入城镇居民基本医疗保险试点范围
2009 年	《卫生部办公厅关于做好大学生参加城镇居民基本医疗保险有关工作的通知》(卫办医管发〔2009〕8 号)	将大学生纳入城镇居民基本医疗保险;建立健全基层医疗卫生服务体系,做好大学生日常医疗工作
	《中共中央国务院关于深化医药卫生体制改革的通知》	表示 3 年内参保率到达 90%以上;做好医疗保险关系的转移接续工作,异地就医结算工作;完善支付方式,建立医疗保险基金有效使用和风险防范机制
	《国务院关于印发医药卫生体制改革近期重点实施方案(2009—2011)的通知》(国发〔2009〕12 号)	建立医疗保险基金风险调剂金;在 2011 年基本实现市(地)级统筹;就医"一卡通"逐渐推广,医保经办机构与定点医疗服务部门实现直接结算;积极鼓励各地制定分级诊疗的标准;建立上级医院和基层的医疗机构的双向转诊制
	《关于全面开展城镇居民基本医疗保险工作的通知》(人社部发〔2009〕35 号)	明确提出 2009 年全国所有城市必须启动实施城镇居民基本医疗保险工作;切实落实好城镇居民参保的财政补助政策,省级财政要加大对困难市县的补助力度
	《关于开展城镇居民基本医疗保险门诊统筹的指导意见》(人社部发〔2009〕66 号)	开展城镇居民基本医疗保险门诊统筹
	《关于进一步加强基本医疗保险基金管理的指导意见》(人社部发〔2009〕67 号)	提高统筹层次;2011 年实现市(地)级统筹

续表

时间	政策文本	政策重点
2010 年	《关于做好 2010 年城镇居民基本医疗保险工作的通知》(人社部发[2010]39 号)	在 60%的统筹地区建立城镇居民基本医疗保险门诊统筹；在实践中探索发现缴费年限与待遇水平相挂钩的办法
2011 年	《关于做好 2011 年城镇居民基本医疗保险工作的通知》(人社部发[2011]26 号)	进一步巩固扩大覆盖面，参保率到达 90%以上；探索建立覆盖城乡居民的社会保险登记办法；提高财政补助标准，扩大享受重点补助的人群范围；适当提高个人缴费标准
	《医药卫生体制五项重点改革 2011 年度主要工作安排》(国办发[2011]8 号)	积极开展提高重大疾病医疗保障水平试点；进一步提高筹资标准，扩大门诊统筹实施范围
	《关于普遍开展城镇居民基本医疗保险门诊统筹有关问题的意见》(人社部发[2011]59 号)	合理确定门诊统筹支付比例、起付标准(额)和最高支付限额；对于特殊病种，建立相应的门诊报销机制；重点保障群众负担较重的多发病、慢性病；建立健全适合门诊特点的医疗服务管理和考核体系
	《财政部、人力资源社会保障部、卫生部关于调整中央财政城镇居民基本医疗保险和新型农村合作医疗补助资金申报审核有关问题的通知》(财社[2011]285 号)	规范和量化中央财政补助资金拨付办法和申请及审核流程
2012 年	《"十二五"期间深化医药卫生体制改革规划暨实施方案》(国发[2012]11 号)	探索城乡统筹的居民医疗保险；参保率比 2010 年提高 30%；医保经办机构的法人资格进行落实；采取政府购买的方式，委托具有资历的商业保险机构经办各种医疗保障服务；全面实现统筹区和省内医疗费的异地结算；完善医保支付方式；实现市级统筹，建立省级风险调剂金，积极推进省级统筹
	《关于开展城乡居民大病保险工作的指导意见》(发改社会[2012]2605 号)	建立城乡居民大病医疗保险制度；利用商业保险承办大病保险；从城居保基金中划分出一定比例或者一定额度作为大病保险金；确定补偿政策
2016 年	《国务院关于整合城乡居民基本医疗保险制度的意见》(国发[2016]3 号)	城镇居民医疗保险与新型农村合作医疗制度进行整合

资料来源：中国政府网 www.gov.cn；以及笔者在百度中以"城镇居民医疗保险"为关键词搜索，遴选、汇总出国务院及各部委出台的政策文件。

2006 年中央就提出了以大病统筹为主，开始建立城镇居民医疗保险，在城镇职工基本医疗保险的基础上，覆盖城镇未就业的群体，逐步扩大基本医疗保险的保障范围，2007年在大病统筹医疗保险的基础上，开始进行城镇居民基本医疗保险的试点工作，并且明确政府的职责，还对重点补助对象确定了补助政策，规定每人不低于 40 元。随着国务院文件的发布，各部门也开始进行政策调整工作，明确了城镇居民基本医疗保险的多部门联动组织平台，劳动与社会保障部对城镇居民基本医疗保险制度提出具体的管理要求和办法，城镇居民基本医疗保险制度开始划分各部门的职责。

2008 年开始，将扩大试点城市和扩大参保范围作为主要任务，试点城市扩大到 299个，并且保障试点城市的参保率不得低于 50%，财政补助也从 2007 年的 40 元/人提高到80 元/人。在参保范围上，将大学生纳入参保对象，同时对医保基金进行统一的财政基金专户管理。

2009 年，新医改成为城镇居民基本医疗保险的重要政策环境，该年度的改革重点是参与深化医疗体制改革，首先，做好异地就医结算和医疗关系转移的工作，推广"一卡通"，实现医保经办方与定点机构的直接结算，增加医疗保险制度的灵活性，并通过探索完善不同的支付方式，比如按病种付费、按人头付费、总额预付等，从而避免不当的按服务付费的过度服务，改变以药养病、过度诊治的现状；其次，建立城镇居民基本医疗保险基金风险调剂金，并且对基金的风险管理提出要求，增加医疗保险基金的抗风险能力；再次，提高城镇居民基本医疗保险制度的统筹层次，到 2011 年基本实现市级统筹层次，逐步改变医疗保险的碎片化状况；第四，再次增加政府对城镇居民医疗保险的补助，增加到每人每年 120 元；第五，鼓励其积极进行分级诊疗，开展了社区首诊制试点工作，基层医疗机构与上级医院实行双向转诊制度。

2010 年进一步落实 2009 年的政策目标，对于城镇居民基本医疗保险的住院统筹基金保障比例提高到 60%，对于二级以下的住院统筹支付比例达到 70%，并且提出 60%的统筹城市建立门诊统筹，积极探索报销比例与缴费年限挂钩的办法，促进参保比例的稳定增长，缓解逆向选择问题。

2011 年，财政补助对象将低收入家庭的未成年人纳入补助群体，提出开展重大疾病医疗保险试点工作，进一步扩大门诊统筹实施范围，规定了新的筹资和待遇水平：住院费用的支付比例达到 70%左右，封顶线不低于 50000 元。将 2009 年新医改任务做出来明确和具体的规定，例如对于基层医院进行充分利用，鼓励、引导居民在基层就医，尝试对特殊病种建立门诊报销机制，提高医疗保险数据信息集中到市一级，重新量化中央财政补助金拨付办法。

2012 年，提出深化医疗体制改革的五年规划，实现市级统筹，积极推进省级统筹；探索城乡统筹的居民医疗保险；实现医疗费用的异地即时结算；积极采取政府购买的方式，委托专业的商业保险机构办理各类医疗保险管理服务；提出 5 年内政府的人均补贴不得低于每人每年 360 元，住院的报销比例达到 75%，门诊支付比例达 50%。

2016 年开始进行城镇居民基本医疗保险和新型农村合作医疗的整合工作，笔者将在本章第四节详细分析。

通过表 2-7 可以清晰地看出，城镇居民基本医疗保险在 2007—2012 年发展迅速，从试点城市的推广到基本全覆盖不过三年时间；从大病统筹开始，逐渐开展门诊服务，最后到大病保险，政策在一步步完善；中央财政的补助水平从每人每年 40 元增加到 240 元，增长幅度是清晰可见的。城镇居民基本医疗保险由政府管理负责到部分项目委托专业商业保险机构运行；分级医疗体系的形成，统筹层次的提高，都显示出政府对城镇居民基本医疗保险制度的重视，在这个过程中，城镇居民基本医疗保险在不断地探索、完善，承载了无数的期待和压力。

二、全国部分城市城镇居民基本医疗保险最新的参保率、筹资与待遇政策比较

城镇居民基本医疗保险制度属于市级统筹，随着城乡居民基本医疗保险制度的整合进程，表 2-8 只显示了我国直辖市和部分省会城市的城镇居民基本医疗保险的参保率、筹资和待遇。数据首先来源于各地人力资源和社会保障局的官方网站上最新的政策文件，同时在各地主要的门户网站查找最新的有关参保率、筹资和待遇等信息，但仍然有一些数据无法获取。各地在参保率、筹资与待遇政策上都存在差异。

表 2-8　全国部分城市城镇居民基本医疗保险比较：参保率、筹资与待遇

地区	参保率	筹资(元)			待遇			
		个人缴费	政府补贴	总筹资	报销类型	起付线(元)	封顶线(元)	报销比例
北京 (2018 年)	95% (2017 年)	老①：360 学②：160 无③：660 福④：360	460	老：820 学：62 无：1120 福：820	门急诊 住院	650 老 与 无：1300； 学：650	2000 老人及无业：15 万； 学生儿童：17 万	50% 老人及无业：60%； 学生儿童：70%
长春 (2018 年)	98%	老：240 学：140	490	老：730 学：630	门急诊	300	5000	—
					一级住院	400	18 岁以下为 6 万，其他为 4.5 万	85%
					二级住院	800		70%~75%
					三级住院	1100		55%~65%

---

① 老：即老人，指男 60 周岁、女 50 周岁以上的老年人，下同。
② 学生儿童：指 18 岁以下儿童，在校生，下同。
③ 无业：指 18~60 周岁的城镇无业居民，下同。
④ 福：指受到政府福利照顾的困难群体，残疾居民，下同。

续表

地区	参保率	筹资(元)			待遇			
		个人缴费	政府补贴	总筹资	报销类型	起付线(元)	封顶线(元)	报销比例
上海(2019年)	96%(2018年)	70岁以上：310；60~70岁：460；18~60岁：620；儿童：80	70岁以上：2490；60~70岁：1740；18~60岁：580；儿童：510	70岁以上：2800；60~70岁：2200；18~60岁：1200；儿童：590	一级医院门急诊	60岁以上及18岁以下：300；18~60岁：1000	无	70%
					二级医院门诊			60%
					三级医院门急诊			50%
					一级住院	50	51万	80%~90%
					二级住院	100		75%~80%
					三级住院	300		60%~70%
			统筹基金的最高支付限额为51万元					
杭州(2018年)	98%(2018年)	一①：500 二②：300	一：市、区财政各350 二：市、区财政各500	一：1000 二：1500	医院级别	起付线至2万	2万~4万	4万~18万
					一级住院	84%	88%	88%
					二级住院	80%	85%	90%
					三级住院	76%	82%	92%
西宁(2019年)	99.8%	210	56	266	门急诊		80元/次	50%
					一级住院	250	10万	90%
					二级住院	350		80%
					三级住院	450		70%
昆明(2019年)	98%	220	256	476	门急诊		400	50%
					一级住院	200	6万	85%
					二级住院	500		75%
					三级住院	1200		60%

---

①　一：指分段缴费中一档的简称，下同。

②　二：指分段缴费中二档的简称，下同。

续表

地区	参保率	筹资(元)			待遇			
		个人缴费	政府补贴	总筹资	报销类型	起付线(元)	封顶线(元)	报销比例
长沙(2018年)	99%	一般①：180 困②：135 低保、"三无"建档人员不缴费			门诊	2000	2万	50%
					第一次住院	1300	7万	50%
					起付线至3万			85%
					3万~4万			90%
					4万以上			95%
南京(2016年)	99.38%	老：400 其他：480 学：150	按政策文件执行		门诊	200	200~900	50%~60%
					门诊大病免起付线，报销比80%~90%			
					类别	医院级别	起付线	报销比
					老人及其他居民	一级医院	300	65%
						二级医院	500	85%
						三级医院	900	65%
					学生儿童	一级医院	300	80%
						二级医院	400	90%
						三级医院	500	95%
重庆(2016年)(2017年)	95%	120元	380元	500元	医院级别	起付钱		报销比
					一级住院	100		80%~85%
					二级住院		8万~12万	
					三级住院	300		60%~65%
						800		40%~45%

注：以上数据笔者通过百度搜索"城市名+城镇居民基本医疗保险"整合、遴选、汇总而成。

根据表2-8的数据，有如下发现。

---

① 一般：指一般人员，包括老人及学生儿童。
② 困：指困难大学生。

　　第一，各地区人均缴费标准和财政补贴标准不一，总筹资水平差距较大。例如，北京将筹资人群分为老人、学生儿童和无业，老人每人每年360元，学生儿童160元，无业人群660元，其中无业并且残疾的人群360元；长春将筹资人群分为两类，老人每人每年240元，学生儿童140元，财政补贴490元；上海对70岁以上老年人筹资每人每年达310元，60~70岁老人达460元，18~60岁人群620元，儿童80元；西宁人均筹资标准每人每年为210元。各地人均筹资差距大，特别政府补助将在很大程度上影响城镇居民基本医疗保险基金的筹集能力以及抗风险能力。

　　第二，从保险待遇来看，报销比例层次清晰，各级医疗机构报销比例有差别。首先，各市的一级、二级、三级医疗机构的报销比例都存在差异。比如上海，一级门诊报销70%，二级门诊报销60%，三级门诊报销50%；住院报销比范围为60%~90%；长春一级医疗机构住院报销85%，二级医疗机构报销比例为70%~75%，三级医疗机构报销比例为55%~65%；西宁的一级、二级和三级医疗机构报销比例分别为90%、80%、70%；各市不同级别的医疗机构报销比例差异明显，各市之间的报销比例差异更是显著。其次，各地起付线和封顶线标准差距较大，门诊和住院标准不一。上海门诊不同人群起付线不一样，60岁以上和18岁以下为300元，18~60岁为1000元；长春起付线门诊为300元，一级住院为400元，二级住院为800元，三级住院为1100元，封顶线18岁以下为6万元，其他人群为4.5万元；昆明不同级别医疗机构起付线差距更大，一级住院起付线为200元，二级住院为500元，三级住院为1200元，但是封顶线都是6万元。从各地官方网站的信息看，有的地区对于中央政策落实较快，有的地区则落实较慢。

　　第三，总的说来，总筹资、政府补助和人均缴费各地区差距明显，有的地区高于中央要求，有的地区却远远落后，不同的筹资标准，基金的抗风险能力也会随之发生变化；从保险待遇上来看，很多地方的报销比例是不足以达到中央要求的，中央文件明确表示一级住院报销比例不得低于60%，二级住院报销比例不低于70%，各地区政策的落实情况参差不齐。虽然各地区的城镇居民基本医疗保险政策存在差异，但是也足以看出地方政府在结合自身条件的基础上对中央政策进行创新和调整，尽可能符合当地发展要求，但是也有一些地方政府是对中央政策盲目跟从，不结合自身实际，照搬照抄中央文件，导致该地区的城镇居民医疗保险政策发展缓慢，甚至基金财政负担加重，抗风险能力减弱。

三、城镇居民基本医疗保险制度的运行情况

(一)全国城镇居民基本医疗保险参保情况

　　2012—2016年，城镇居民基本医疗保险的总参保人数是逐年增加的，2012年城镇居民基本医疗保险参保人数为27122万人，2016年参保人数为44860万人，五年时间内增长了17738万人，增长率为65.40%；2013年城镇居民基本医疗保险参保人数为29629万人，2014年参保人数为31451万人，2015年为37689万人，2016年为44860万人，增长率分别为22.64%、6.86%、6.15%、19.83%和19.03%，增长率在2013年和2014年增长较低，2015年开始上升(如图2-7所示)。

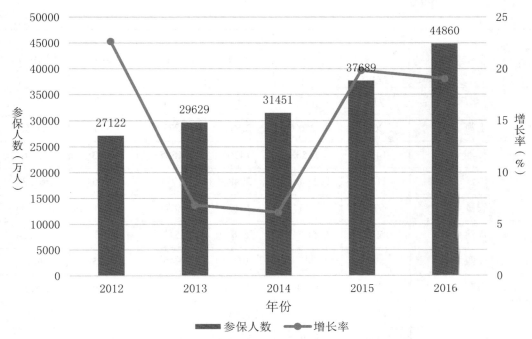

图 2-7　2012—2017 年全国城镇居民基本医疗保险参保情况

（二）各省城镇居民基本医疗保险参保情况

2012—2016 年全国各省城镇居民医疗保险制度的覆盖范围不断扩展，基本实现了全民覆盖，参保人群逐步扩大（见表 2-9）。

表 2-9　2012—2016 年各省城镇居民基本医疗保险参保情况（单位：万人）

省和直辖市 \ 年份	2012	2013	2014	2015	2016	增幅（%）
北京	152	160	173	181	191	25.66
天津	502	508	514	532	531	5.78
河北	738	748	753	707	5698	672.09
山西	435	440	444	463	461	5.98
内蒙古	513	522	527	531	531	3.51
辽宁	665	709	738	745	740	11.28
吉林	800	804	804	805	805	0.63

续表

省和直辖市＼年份	2012	2013	2014	2015	2016	增幅(%)
黑龙江	712	712	713	721	720	1.12
上海	263	256	258	273	338	28.52
江苏	1453	1153	1436	1585	1493	2.76
浙江	1136	2330	2948	2971	2975	161.88
安徽	975	945	1017	974	840	-13.85
福建	597	581	556	542	506	-15.24
江西	892	907	915	946	1215	36.21
山东	1367	1838	2128	7331	7229	428.82
河南	1140	1157	1158	1144	1133	-0.61
湖北	1039	1038	1035	1023	1021	-1.73
湖南	1544	1517	1493	1844	1817	17.68
广东	5048	5707	6157	6424	6336	25.52
广西	555	564	585	572	566	1.98
海南	173	187	195	193	186	7.51
重庆	2723	2695	2681	2678	2655	-2.50
四川	1143	1204	1247	1272	3616	216.36
贵州	319	327	332	583	584	83.07
云南	430	661	673	673	685	59.30
西藏	23	24	26	28	29	26.09
陕西	571	673	672	667	648	13.49
甘肃	324	326	328	327	329	40.60
青海	86	92	97	100	99	15.12
宁夏	455	457	463	470	477	4.84
新疆	383	389	387	385	406	6.01

数据来源:《中国卫生和计划生育统计年鉴》(2013—2017 年)。

根据表2-9中的数据，有以下发现。

第一，各省份城镇居民基本医疗保险参保人数差异显著。截至2016年，山东省的参保人数最多，高达7229万人，西藏的参保人数最少，仅29万人；位居前列的河北、广东都超过了5000万人，其中广东省这五年一直位居前列；其次是四川、浙江、重庆、湖南、江苏、江西、河南、湖北等省，均超过了1000万人，低于500万人的省份有9个，例如北京有191万人、山西有461万人、上海有338万人、海南有186万人、青海仅99万人等。

第二，各省参加居民医保的城镇居民比例绝大多数省份均有提高，但各省份城镇居民基本医疗保险参保人数增幅不一。增幅最大的是河北省，从2012年的738万人增长到2016年的5698万人，增幅为672.09%，参保人数增长了近8倍。浙江、山东和四川参保人数的增幅都较大，分别是161.88%、428.82%和216.36%，西藏虽然参保人数是最少的，但是其2012—2016年参保人数增幅为26.09%。安徽、福建、河南、湖北和重庆出现了负增长，增幅分别为-13.85%、-15.24%、-0.61%、-1.73%和-2.50%。

第三，各省份城镇居民基本医疗保险发展进程不一样。河北2016年参保人数相比上一年增长了4991万人；安徽2014年参保人数相比上一年增长了72万人，但是在2015年出现负增长；山东2015年参保人数增长了5203万人；湖南2015年参保人数增长了351万人；云南2013年参保人数增长了231万人。各省参保人数增长速度不一，扩大覆盖面的进程不一样，说明各省城镇居民基本医疗保险制度改革进程快慢不一，各省对于中央文件的落实程度有差，这也与各省经济发展、城市化进程的实地情况紧密相关。

（三）全国城镇居民基本医疗保险基金运行情况

1. 基金收入情况①

2012—2016年城镇居民基本医疗保险基金收入是逐年增长的，2012—2016年的基金收入分别为877亿元、1187亿元、1649亿元、2109亿元、6095亿元，2012—2016年基金收入增长5218亿元。2012年基金收入比前一年增长47.64%，2013年、2014年、2015年、2016年的基金收入增长率分别为35.35%、38.92%、27.90%、189.00%（见表2-10）。

表2-10　2012—2016年全国城镇居民基本医疗保险基金收入情况

年份	2012	2013	2014	2015	2016
基金收入（亿元）	877	1187	1649	2109	6095
基金收入增长率（%）	47.64	35.35	38.92	27.90	189.00

数据来源：中华人民共和国人力资源和社会保障部《2015年全国医疗保险运行分析报告》，中华人民共和国财政部社保司《关于2016年全国社会保险基金决算的说明》。

---

① 因2016年各省按照国家要求整合城镇居民医保和新农合两项制度，建立统一的城乡居民医保，故基金收支情况只有截至2016年的数据。

基金收入在 2012—2015 年增长较慢，变化幅度不显著，2013—2015 年增长率还有下降趋势，2015—2016 年基金收入增长幅度高达 189%，增长了近 3 倍（如图 2-8 所示）。

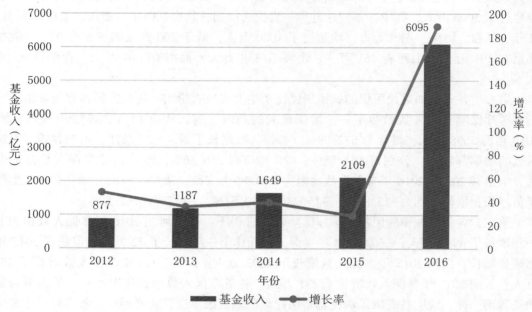

图 2-8　2012—2016 年全国城镇居民基本医疗保险基金收入情况

2. 基金支出情况

2012 年全国城镇居民基本医疗保险基金支出额为 675 亿元，2013 年增长至 971 亿元，2014 年、2015 年、2016 年基金支出分别为 1437 亿元、1781 亿元、5156 亿元，2016 年相比 2012 年基金支出增长了 4481 亿元。2012—2015 年的基金支出增长率分别为 63.42%、43.85%、47.99%、23.94%，2016 年增长幅度最大，高达 189.50%（见表 2-11）。

表 2-11　2012—2016 年全国城镇居民基本医疗保险基金支出情况

年份	2012	2013	2014	2015	2016
基金支出（亿元）	675	971	1437	1781	5156
基金支出增长率（%）	63.42	43.85	47.99	23.94	189.50

数据来源：中华人民共和国人力资源和社会保障部《2015 年全国医疗保险运行分析报告》、中华人民共和国财政部社保司《关于 2016 年全国社会保险基金决算的说明》。

2012—2016 年城镇居民基本医疗保险基金增长率总体呈上升趋势，虽然在 2013 年、2014 年和 2015 年基金支出增长率不断下降，从 2012 年的 63.42% 下降至 2015 年的 23.94%，但是在 2016 年，基金支出增长率提高到 189.50%，这与前面 2016 年基金收入增长率高是相对应的（如图 2-9 所示）。

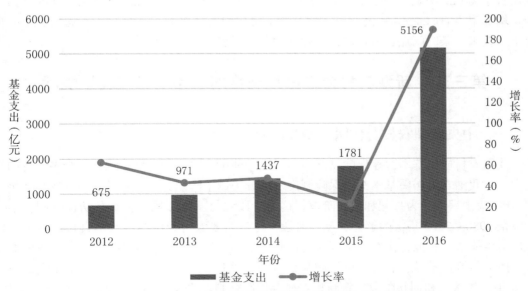

图 2-9　2012—2016 年全国城镇居民基本医疗保险基金支出情况

3. 基金结余情况

2015 年城镇居民基本医疗保险基金当期结余为 329 亿元，比 2014 年增加了 117 亿元，增长率为 55.2%，2016 年基金当期结余为 623 亿元，年末滚存结余 3330 亿元，比 2014 年度增长 294 亿元，增长率为 89.36%（见图 2-10）。

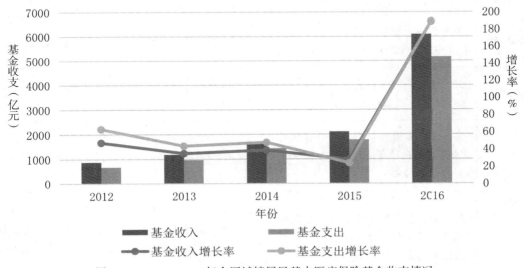

图 2-10　2012—2016 年全国城镇居民基本医疗保险基金收支情况

2016 年城镇居民基本医疗保险基金收入 6095 亿元，比 2012 年增加了 5218 亿元，年均增长率为 62.37%；城镇居民医疗保险基金支出 5156 亿元，比 2012 年增加 4481 亿元，年均增长率为 66.24%。由此可见，在基金支出年均增长率大于基金收入年均增长率的情况下，在未来某时间点，城镇居民医疗保险基金可能出现穿底风险。

第三节　新型农村合作医疗制度的政策沿革与发展现状

一、中央新型农村合作医疗制度的政策文本

我国农村居民基本医疗保险制度经历了十分曲折、艰难的发展过程，在众多学者的研究中，将我国农村居民基本医疗保险制度发展分为四个阶段：第一阶段是 20 世纪 40 年代到 80 年代中后期，为兴起和发展阶段，这一阶段农村基本形成了初级预防保健网；第二阶段是 1980—2003 年，为解体和反复阶段，这一阶段农村经济体制改革直接冲击了农村医疗卫生体系，各地合作医疗制度纷纷解体，20 世纪 90 年代初期至 21 世纪初期再次重建，但又与筹资不足、监督约束机制缺位等原因实际运行并不理想；第三阶段是 2003—2016 年，为重建和创新阶段，将新型农村合作医疗制度建立为由政府组织、引导、支持，农民自愿参加，个人、集体和政府多方筹资，以"大病"统筹为主的农民医疗互助共济制度；第四阶段是 2016 年至今，为完善与整合阶段，整合城镇居民医保和新农合两项制度，建立统一的城乡居民基本医疗保险制度，整合和城乡统筹已成为其最终发展趋势①。在此，笔者重点对第三阶段新农合的政策现状进行介绍与分析（见表 2-12）。

表 2-12　有关新型农村合作医疗制度的中央政策

时间	政策文本	政策重点
2002 年	《关于进一步加强农村卫生工作的决定》（中发〔2002〕13 号）	建立以大病统筹为主要内容的新型农村合作医疗
2003 年	《关于建立新型农村合作医疗制度的意见》（国办发〔2003〕3 号）	建立新型农村合作医疗制度；各省市、自治区、直辖市选择 2~3 个县市先行试点
2004 年	《关于进一步做好新型农村合作医疗试点工作的指导意见》（国办发〔2004〕3 号）	在全国 310 个县开始试点；合理确定筹资标准；由乡（镇）农税或财税部门一次性代收缴费；严格资金管理
	《财政部、卫生部关于建立新型农村合作医疗保险风险基金的意见》（财社〔224〕96 号）	风险基金每年从筹集的合作医疗基金里提取，基金结余较多的县市可以提取 50% 左右，风险基金的规模应保持年筹资总额的 10% 左右；规定了基金的使用范围

① 鲍震宇：《基本医疗保险最优支付水平研究》，中国经济出版社 2018 年版，第 65~95 页。

续表

时间	政策文本	政策重点
2005 年	《关于做好新型农村合作医疗试点有关工作的通知》（卫农卫发［2005］319号）	按照每个市（地）增加 2 个试点县（市）的上限标准进一步完善试点方案，规范运作机制
2006 年	《关于加快推进新型农村合作医疗试点工作的通知》（卫农卫发［2006］13号）	全国试点县（市、区）数量达到全国县（市、区）总数的 40% 左右。中央财政对中西部地区每人每年补助提高到 20 元，地方财政相应增加 10 元
2008 年	《关于做好 2008 年新型农村合作医疗工作的通知》（卫农卫发［2008］17号）	确定了"增加补助、全面覆盖、巩固提高"的总体要求；在全国基本推行新型农村合作医疗制度
2009 年	《关于巩固和发展新型农村合作医疗制度的意见》（卫农卫发［2009］68号）	进一步提高新农合的筹资水平；补偿封顶线（最高支付限额）达到当地农民人均纯收入的 6 倍以上；扩大新农合的保障范围
2010 年	《卫生部办公厅关于规范新型农村合作医疗基金使用管理的通知》（卫办农卫发［2010］53号）	合理调整和完善新农合统筹补偿政策；规范新农合基金使用管理；严格执行新农合基金财会制度
2011 年	《关于进一步加强新型农村合作医疗基金管理的意见》（卫农卫发［2011］52号）	加强参合管理；规范合理使用新农合基金；加强对定点医疗机构的监管；加快推进支付方式的改革；严格执行新农合基金财务会计制度
2015 年	《关于做好 2015 年新型农村合作医疗工作的通知》（国卫基层发［2015］4号）	人均补助标准提高到 380 元；将政策范围内的门诊和住院费用报销比例分别提高到 50% 和 75%；全面实施大病保险制度；完善支付方式改革，推动建立分级诊疗制度；规范基金监管，建立健全责任追究制度
2016 年	《关于整合城乡居民基本医疗保险制度的意见》（国发［2016］3号）	合并城镇居民基本医疗保险和新型农村合作制度

资料来源：中国政府网 www.gov.cn；以及笔者通过百度以"新型农村合作医疗"为关键词搜索，遴选、汇总的国务院及各部门出台的政策文本。

　　自 2003 年起，新型农村合作医疗制度在各个省、自治区和直辖市的 2~3 个县市开始进行试点，采取先行试点、逐步推广的方式，至 2010 年已经基本实现全覆盖。新农合实施以来，政策不断调整，加快推进制度的试点工作和完善工作。2004 年建立风险基金，提高农村合作医疗的抗风险能力；2008 年的新型农村合作医疗工作安排中，首次提出了"增加补助、全面覆盖、巩固提高"的工作要求，将新农合的制度改革工作内容具体化，主要表现在以下几个方面：第一，筹资水平逐年提高，其中中央财政和地方财政的补助标准不断增加,确保了新农合稳定的筹资来源;第二,扩大基金监管的力度,要求严格执行新农合基金财务会计制度,将基金全部纳入财政专户,进行统一管理和核算,并且对收支实行两条线管理模式,严格遵守专款专用;第三,强调完善医疗服务管理制度,建立管理经办体系,完善便民的就医和结算方式。新农合制度的不断完善,采取政府财政补助以及各级政府的全方位组织实施,重点保障大病风险,设置费用控制机制等方面都体现了与旧农合的本质区别,更重要的是真正确保了农村居民的医疗保障权益,通过利用保险原理对大病造成的经济负担进行风险分散,互助共济,提高了农民群体的健康水平。

二、新型农村合作医疗制度运行情况

(一)全国新型农村合作医疗制度参合情况

自新农合建立以来,经过十余年的发展,随着国家高度重视和财政投入的大幅增加,参合人数和参合率也显著提高。2004年开展新农合的县(市、区)有333个,到2013年达到2489个,增加了2156个地区,参合人数也从2004年的0.8亿人增加到8.02亿人。2014年以后,许多地区开始了城镇居民基本医疗保险和新型农村合作医疗整合,所以新农合人数与开展地区开始下降(见表2-13)。

表 2-13　2004—2017 年全国新型农村合作医疗参合情况

年份	开展新农合县(市、区)(个)	参加新农合人数(亿人)	参合率(%)
2004	333	0.80	75.20
2005	678	1.79	75.66
2006	1451	4.10	80.66
2007	2451	7.26	86.20
2008	2729	8.15	91.53
2009	2716	8.33	94.19
2010	2678	8.36	96.00
2011	2637	8.32	97.48
2012	2566	8.05	98.26
2013	2489	8.02	98.70
2014	—	7.36	98.90
2015	—	6.70	98.80
2016	—	2.75	99.36
2017	—	1.33	100.00

注:2014年不含天津、山东、广东及浙江部分地区,由于数据缺失,故表格中有空白处。

数据来源:《中国卫生统计年鉴》(2003—2012年)、《中国卫生和计划生育统计年鉴》(2013—2017年)、《中国卫生健康统计年鉴》(2018年)。

　　表 2-13 中将 2004—2017 年新型农村合作医疗制度的参合情况展示出来，可以看到 2008 年参合地区达到最多为 2729 个，在 2008 年后参合的县市开始逐年下降，由于 2009 年个别先行试点地区城乡居民统一实行基本医疗保险制度，所以从 2009 年开始开展新农合的县(市、区)的数量有所减少，相对应的参合人数从 2009 年之后开始逐年下降。2004 年的参合人数有 0.8 亿人，2010 年增加到 8.36 亿人，增长幅度显著，约是制度建立之初的 10 倍，说明新农合从试点先行到全国推进的效果明显。但是从 2010 年开始参合人数就逐年下降了，直到 2017 年的 1.33 亿人，这个趋势与工业化、城镇化进程中城镇常住人口比例不断上升以及与城镇居民医保整合进程密不可分(如图 2-11 所示)。

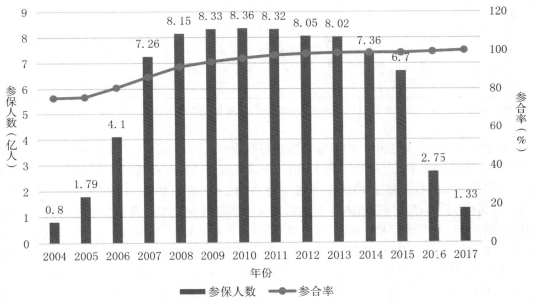

图 2-11　2004—2017 年全国新型农村合作医疗制度参合情况

(二)全国新型农村合作医疗制度基金运行情况

　　新型农村合作医疗制度的筹资渠道由中央财政、地方财政以及农民个人缴费组成，从政策筹资额来看(见表 2-14)，2004 年的政策筹资额仅为每人每年 30 元，到 2015 年增至每人每年 500 元，增长了近 16 倍。2009 年以后政府财政补助额占总政策筹资额的比例维持在 75% 左右，农民个人缴费仅占不到 25%。在政府补贴的构成中，东部地区的政府补贴主要来自地方财政，中西部地区的政府补贴主要来自中央财政，中央财政对西部地区的补贴比例高于中部地区。

表 2-14 新型农村合作医疗渠道与政府补贴情况

年份	政策筹资额（元/人）	财政补助额		农民个人缴费额	
		金额（元/人）	比例（%）	金额（元/人）	比例（%）
2004	30	20	67	10	33
2009	100	80	80	20	20
2010	150	120	80	30	20
2011	250	200	80	50	20
2012	300	240	80	60	20
2013	350	280	80	70	20
2014	410	320	78	90	22
2015	500	380	76	120	24
2016	570	420	74	150	26
2017	630	450	71	180	29

数据来源：中华人民共和国卫生和计划生育委员会网站 http://www.nhfpv.gov.cn。

新型农村合作医疗制度人均筹资随着政府财政投入的不断加大，从 2005 的 42.1 元增加到 2017 年的 613.4 元，增加了约 13 倍。全国新农合的筹资在新医改启动后，筹资总额有较快增长。基金收入截至 2015 年高达 3285.01 亿元，相比 2005 年的 75.36 亿元，增长了约 43 倍（见表 2-15）。从 2016 年开始基金收入逐渐减少，2016 年、2017 年基金收入分别减少至 1537.25 亿元、815.90 亿元，2016 年基金收入增长率为-53.20%，2017 年为-46.92%；基金支出由 2004 年的 26.37 亿元增加到 2015 年的 2933.41 亿元，增加了约 110 倍。基金支出从 2014 年开始出现增长率为负，2016 年基金支出陡然下降，只有 1363.64 亿元，基金支出增长率为-53.51%，2017 年基金支出继续降至 754.42 亿元，基金支出增长率为-44.68%（如图 2-12 所示）。新型农村合作医疗制度实施以来，受益面不断扩大，2004—2013 年新农合制度受益总人次从 0.76 亿人次增至 19.42 亿人次，年人均受益次数（受益总人次与参合人数的比值）从 2004 年的不到 1 人次，提高至 2013 年的 2.4 人次，2014 年降为 2.2 人次，2015 年、2016 年、2017 年人均收益次数分别为 2.5、2.4、1.9 人次。

表 2-15 2012—2017 年全国新型农村合作医疗制度基金收支情况

年份	人均筹资（元）	基金收入（亿元）	基金收入增长率（%）	基金支出（亿元）	基金支出增长率（%）	补偿支出受益人次（亿人次）
2004	—	—	—	26.37	—	0.76
2005	42.10	75.36	—	61.75	134.16	1.22
2006	52.10	213.61	183.45	155.81	152.32	2.72

年份	人均筹资（元）	基金收入（亿元）	基金收入增长率(%)	基金支出（亿元）	基金支出增长率(%)	补偿支出受益人次(亿人次)
2007	58.90	427.61	100.18	346.63	122.47	4.53
2008	96.30	784.85	83.54	662.31	91.07	5.85
2009	113.36	944.29	20.03	922.92	39.35	7.59
2010	156.57	1308.93	38.62	1187.84	28.70	10.87
2011	246.21	2048.48	56.50	1710.19	43.97	13.15
2012	308.50	2483.43	21.23	2408.00	40.80	17.45
2013	370.59	2972.13	1.97	2909.20	20.81	19.42
2014	410.89	3024.15	1.75	2890.40	−0.65	16.52
2015	490.30	3285.01	8.63	2933.41	1.49	16.53
2016	559.00	1537.25	−53.20	1363.64	−53.51	6.57
2017	613.46	815.90	−46.92	754.42	−44.68	2.52

数据来源：《中国卫生统计年鉴》(2003—2012 年)、《中国卫生和计划生育统计年鉴》(2013—2017年)、《中国卫生健康统计年鉴》(2018 年)。

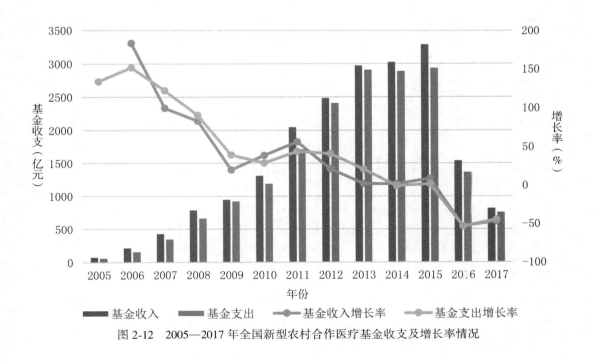

图 2-12　2005—2017 年全国新型农村合作医疗基金收支及增长率情况

三、全国部分省份新型农村合作医疗制度的参合人数、筹资与补偿情况比较

2010 年新型农村合作医疗制度基本实现全覆盖，随后几年，许多地区城镇居民基本医疗保险和新型农村合作医疗制度开始合并，实现医疗资源的高效利用，城乡经济社会协调发展，缩小城乡医疗保障水平的差距。各地实践中，由于各地千差万别的经济社会条件，如市场化程度、基金可持续性、医疗服务供给等，新型农村合作医疗制度发展程度不一，整合的推进过程存在差异。许多县(市、区)就逐步开始实施城乡居民统一的基本医疗保险，所以很多地区的新农合到后面就没有数据了，2015 年笔者选取了 15 个省份的参合人数、筹资和补偿情况进行比较，2016 年只有 11 个省份的数据，到 2017 年只剩 5 个省份(见表 2-16、表 2-17 和表 2-18)。

表 2-16　2015 年部分省份新型农村合作医疗参合人数、筹资与补偿情况比较

地区	参合人数（万人）	人均筹资（元）	本年度筹资总额（亿元）	补偿受益人次（万人次）	基金使用率（%）
北京	224	1300	29.11	731.96	91
河北	5104	496	252.96	13795.34	96
湖北	3909	488	190.61	13162.81	85
河南	8295	483	400.50	32610.88	90
上海	96	2104	20.20	1728.59	105
辽宁	1949	497	103.07	3781.68	82
吉林	1327	427	62.68	688.55	85
黑龙江	1495	479	71.68	3459.79	89
江苏	3997	528	211.08	17029.43	96
福建	2552	480	122.43	2073.81	89
安徽	5191	492	255.18	10038.86	84
江西	3451	477	164.78	6425.63	90
海南	501	473	23.69	1183.39	90
贵州	3292	454	149.49	5464.12	81
云南	3284	475	155.92	10482.79	90
陕西	2582	507	130.92	6399.90	93
甘肃	1910	468	89.44	4243.59	90

数据来源：《2016 年中国卫生和计划生育统计年鉴》。

表 2-17　2016 年部分省份新型农村合作医疗参合人数、筹资与补偿情况比较

地区	参合人数 （万人）	人均筹资 （元）	本年度筹资总额 （亿元）	补偿受益人次 （万人次）	基金使用率 （%）
辽宁	1847	585	108.05	3230.76	87.84
吉林	1281	577	73.93	820.57	85.08
黑龙江	1404	598	83.99	3184.96	90.65
江苏	3395	601	204.11	14589.55	92.94
安徽	5121	557	285.45	9531.56	84.66
江西	3226	531	171.33	6064.90	88.36
海南	475	544	25.87	1113.85	85.66
贵州	3025	507	153.50	5567.93	80.60
云南	3266	548	179.00	10425，01	91.42
陕西	2578	565	145.72	6415.76	95.76
甘肃	1898	565	107.20	4712.77	91.33

数据来源：《2017 年中国卫生和计划生育统计年鉴》。

表 2-18　2017 年部分省份新型农村合作医疗参合人数、筹资与补偿情况比较

地区	参合人数 （万人）	人均筹资 （元）	本年度筹资总额 （亿元）	补偿受益人次 （万人次）	基金使用率 （%）
辽宁	1795	626	112.36	3232.69	93.86
吉林	1241	652	80.92	889.88	87.26
安徽	4654	625	290.77	9470.19	89.96
贵州	3068	562	172.34	6413.08	90.74
陕西	2553	627	160.14	5242.39	99.95

数据来源：《2018 年中国卫生健康统计年鉴》。

从 2015—2017 年的数据中可以明显地看出新农合的发展轨迹，从表 2-16、表 2-17 和表 2-18 的数据中有如下发现。

第一，各省份的人均筹资额有较大的差异。例如 2015 年北京的人均筹资为 1300 元，上海的人均筹资高达 2104 元，但湖北的人均筹资只有 488 元，贵州只有 454 元，吉林则低至 427 元，东、中、西部地区之间的筹资差距明显。人均筹资最高的上海 2104 元与最低的吉林 427 元相差 1677 元。不同的筹资在很大程度上会影响新型农村合作医疗对于基

金风险的应对能力。2016 年各省的人均筹资达到 559 元，贵州、江西、云南等省未达到平均水平，2017 年人均筹资达到 613 元，除了贵州省外，其余各省均达到平均水平。

第二，各省基金使用率总体控制良好。2015 年、2016 年、2017 年各省基金使用率的平均值分别为 89%、88.65%、92.36%。其中，安徽、贵州连续三年未达到平均值。东部省份的基金使用率均高于中部地区和西部地区。

第三，补偿受益人次省际差异明显。2015 年江苏的补偿受益人次高达 17029.43 万人次，河北次之，为 13795.34 万人次，这两个省份的基金使用率也高达 96%。但是在吉林，2015—2017 年补偿受益人次分别只有 688.55 万、820.57 万、889.88 万人次，均低于同期其他省份。

第四，从 2015—2017 年新农合制度均在运行的辽宁、吉林、安徽、贵州和陕西五个省份的情况对比来看：第一是人均筹资均提高，其中吉林增长率最大，从 2015 年的 427 元增加到 2017 年的 652 元，增长率为 52.70%，辽宁从 2015 年的 497 元增加到 2017 年的 626 元，增长率为 26%，安徽的人均筹资增长率为 27.03%，贵州和陕西的人均筹资增长率分别为 23.79%、23.67%；第二是基金使用率提高，在这三年间，辽宁的基金使用率从 82% 提高到 93.86%，吉林的基金使用率从 85% 提高到 87.26%，安徽、贵州和陕西分别提高了 7.10%、12.02% 和 7.47%；第三是补偿受益人次增减不一，其中安徽省持续递减，贵州省持续增加，各省份没有共同的趋势。

第四节　城乡居民基本医疗保险的政策沿革与发展现状

一、中央城乡居民基本医疗保险的政策文本

城镇居民医疗保险制度和新型农村合作医疗制度以城乡户籍作为参保依据，不仅从事实上强化了户籍分割及其附属的医疗保障制度，不利于城镇化进程中的市民化，而且两类保障的自愿参与性质、参保对象性质相似及城镇化进程中对部分群体重叠覆盖，二者存在着一定程度的竞争，引发了包括福利竞赛、重复参保在内的负面效应，同时也造成财政资金的重复补贴、无效支出。2016 年 1 月，国务院发布《关于整合城乡居民基本医疗保险制度的意见》（以下简称《意见》），即整合城镇居民基本医疗保险制度和新型农村合作医疗，建立统一的城乡居民医疗保险，要求两项制度在覆盖范围、筹资政策、保障待遇、医保目录、定点管理、基金管理等六方面实现统一（见表 2-19）。

表 2-19　有关城乡居民基本医疗保险制度的中央政策

时间	政策文本	政策重点
2012 年	《关于印发"十二五"期间深化医药卫生体制改革规划暨实施方案的通知》（国发〔2012〕11 号）	加快建立统筹城乡的基本医疗保险管理体制，探索整合城镇职工医保、城镇居民医保和新农合制度管理职能和经办资源

续表

时间	政策文本	政策重点
2016 年	《关于整合城乡居民基本医疗保险制度的意见》(国发[2016]3 号)	统一覆盖范围：包括现有的城居保和新农合所有应参保的人员；统一筹资政策：继续实行个人缴费与政府补助相结合；统一保障待遇：政策范围内住院费用支付比例保持在 75% 左右；统一医保目录；统一定点管理；统一基金管理：实行"收支两条线"管理，全面推进付费总额控制
2016 年	《关于深入学习贯彻全国卫生与健康大会精神的通知》(人社部发[2016]88 号)	要求加快推动城乡居民医保整合，2017 年开始建立统一的城乡居民医保制度
2019 年	《关于做好 2019 年城乡居民基本医疗保障工作的通知》(医保发[2019]30 号)	人均财政补贴标准新增 30 元，达到每人每年不低于 520 元，新增财政补助一半用于提高大病保险保障能力(在 2018 年人均筹资标准上增加 15 元)；个人缴费新增 30 元，达到每人每年 250 元；实行个人(家庭)账户的于 2020 年底前取消，向门诊统筹平稳过渡；报销比例提高至 60%；实现地市级基金统收统支，推动地市级统筹调剂向基金统收统支过渡，提高运行效率和抗风险能力

资料来源：中国政府网 www.gov.cn；以及笔者通过百度以"城乡居民基本医疗保险"为关键词搜索，汇合、整理国务院及各部门出台的政策文本。

城乡居民基本医疗保险制度整合政策的总体思路是从政策入手，先易后难、循序渐进，"统一制度、整合政策、均衡水平、完善机制、提升服务"。有两点值得注意的是：首先，实现"六统一"中的最大障碍是城乡医保管理权的分立，而早在 2013 年 3 月，第十二届全国人民代表大会第一次会议上审议通过的《国务院机构改革和职能转变方案》就明确提出整合城镇职工基本医疗保险、城镇居民基本医疗保险、新型农村合作医疗的职责，由一个部门承担。国发[2016]3 号《意见》中却并未指明由卫生计生部门还是人社部门来承担城乡居民医保的管理职能，因此，出现了多数地区整合后划归人社部门，陕西省将城乡医保管理归口卫生计生部门，福建省成立医保管理委员会，下设医保办，挂靠财政部门这种"三分天下"的态势，还有少数地方政府处于犹豫或观望状态。直到 2018 年 3 月 13 日，第十三届全国人民代表大会第一次会议审议通过的《国务院机构改革方案》中明确组建国家医疗保障局，才打破了数年分歧，理顺了医保管理体制，从过去的部门分割走向整合优化，实现医疗保障一体化管理体制和运行机制的建设。其次，目前整合的筹资和补偿的设计总体上遵循了待遇"就高不就低"的原则，而保险筹资标准并没有相应的提升，也未形成稳定、规范的动态调整机制，这可能会进一步弱化医保基金的可持续性，增大医保基金的债务风险。

二、全国部分城市城乡居民基本医疗保险最新的参保情况、筹资与待遇政策比较

各地市场化程度、工业化程度、城镇化水平不一，城镇居民医保和新农合基金压力各

异，城乡居民基本医疗保险制度整合的压力、动力也就不同，进程也有快慢之分。表 2-20 中显示了我国部分地区的城乡居民基本医疗保险的参保情况、筹资和待遇。数据首先来源于各地人力资源和社会保障局的官方网站上最新的政策文件，同时通过百度搜索各地主要的门户网站查找最新的有关参保率、筹资和待遇等信息，但仍然有一些数据无法获取。各地的参保情况、筹资与待遇政策上都存在差异。

表 2-20　部分地区城乡居民基本医疗保险参保情况、筹资与待遇政策

北京 （2018 年）	参保人数（2018）	404.4 万人				
	缴费标准	城乡老人、学生儿童每人每年 180 元，其他人 300 元				
	待遇政策					
	门、急诊					
	起付线			支付比例		
	一级及以下医疗机构	100 元		一级及以下医疗机构	55%	
	二级及以下医疗机构	550 元		二级及以下医疗机构	50%	
	封顶线	一个年度累计支付的最高限额为 3000 元				
	住院情况					
	起付线					
	城乡老人和劳动年龄内居民			学生儿童		
	一级及以下医疗机构	300 元		一级及以下医疗机构	150 元	
	二级医疗机构	800 元		二级医疗机构	400 元	
	三级医疗机构	1300 元		三级医疗机构	650 元	
	支付比例					
	一级及以下医疗机构	80%				
	二级医疗机构	78%				
	三级医疗机构	75%				
	封顶线	一个年度内累计支付最高限额为 20 万元				
重庆 （2017 年）	参保率	95%				
	参保人数	2682 万人				
	参保人群	缴费标准（元）		财政补贴	报销级别	报销比例
		一档	二档		一级	80%
	大学生	110	280	450 元	二级	60%
	新生儿	140	350		三级	40%
	城乡居民	140	350			

续表

参保人数（2018）	32.6 万人				
缴费标准	每人每年 220 元，财政补贴：每人每年不低于 520 元				
待遇政策					
起付线			支付比例		
一级机构	二级机构	三级机构	一级机构	二级机构	三级机构
200 元	400 元	800 元	90%	70%	60%
门诊医疗待遇					
起付线		报销比例		最高限额	
200 元		70%		1000 元	
住院医疗待遇					
机构类别		起付线		报销比例	
乡镇卫生院		100 元		90%	
一级医疗机构		300 元		80%	
二级医疗机构		500 元		75%	
三级医疗机构		1800 元		60%	

武汉（2019 年）

参保人数（2017）	344.63 万人			
缴费标准	70 岁以上：390 元；60~69 岁：555 元；18~60 岁：740 元；学生儿童：130 元			
待遇政策				
年龄层次	0~18 岁	19~59 岁	60~69 岁	70 岁以上
起付线	300 元	500 元	300 元	300 元
村卫生室报销比	80%	80%	80%	80%
一级门诊	70%			
二级门诊	60%			
三级门诊	50%			
一级医院住院	80%	80%	90%	90%
二级医院住院	75%	75%	80%	80%
三级医院住院	60%	60%	70%	70%
起付线	一级：50 元/次；二级：100 元/次；三级：300 元/次			

上海（2019 年）

续表

	参保人数	294.83 万人			
	缴费标准	老年居民：400 元，财政补助 1250 元；其他居民：480 元，财政补助 1170 元；学生儿童：200 元，财政补助 1140 元			
	待遇政策				
	门诊				
	类别	就诊医院	起付线	费用段	报销比例
南京（2018 年）	老年居民及其他居民	社区	300 元	300~800 元	50%~65%
	学生儿童	社区	—	0~300 元	50%~60%
	住院				
	老年居民及其他居民	三级医院	900 元	起付线标准以上	65%
		二级医院	500 元		85%
		一级医院	300 元		90%
	儿童学生	三级医院	500 元		80%
		二级医院	400 元		90%
		三级医院	300 元		95%

	参保率	95%			
	缴费标准	成年人：190 元；儿童学生：130 元			
	待遇政策				
	起付线				
	住院次数	三甲医院	三乙医院	二级医院	一级医院
	首次	1500 元	800 元	300 元	100 元
	二次	1000 元	500 元	200 元	70 元
	三次及以上	800 元	400 元	150 元	50 元

呼和浩特（2019 年）

统筹基金及个人支付比

统筹基金支付比				个人支付比			
三甲	三乙	二级	一级	三甲	三乙	二级	一级
起付线至 1 万元							
70%	75%	80%	85%	30%	25%	20%	15%
1 万~3 万元							
75%	78%	85%	90%	25%	22%	15%	10%
3 万元以上							
78%	80%	90%	95%	22%	20%	10%	5%

注：笔者根据在百度搜索"城市名+城乡居民基本医疗保险"整合、遴选、汇总而成。

　　根据表 2-20 中对北京、重庆、武汉、上海、南京、呼和浩特六个城市的城乡居民基本医疗保险的参保、筹资和待遇情况进行比较，有如下发现。

　　第一，各地城乡居民基本医疗保险筹资有着较大的差别，缴费标准不一。每个地区有按人群划分缴费标准，也有按不同缴费档次缴费。北京市城乡老人、学生儿童每人每年缴费 180 元，其他在劳动年龄内的居民每人每年缴费 300 元。重庆市实施"一制多档"，将缴费档次分为第一档大学生每人每年 110 元，二档 280 元；新生儿和城乡居民一档每人每年 140 元，二档 350 元。多档方案的财政负担总水平进一步减轻，但容易引发"逆向选择"问题，低风险人群流向缴费标准较低的档次，逆向选择易使城乡居民医保基金产生财务危机，降低医疗保险的抗风险能力。而武汉市实施统一缴费，每人每年 220 元。呼和浩特成年人每人每年 190 元，儿童 130 元。南京市针对不同覆盖人群制定了不同的筹资，且依据不同人群确定不同补助水平，针对老年人群给予了更高水平的补贴，体现了财政补贴弱势群体的取向，进一步提升了社会医疗保险应具备的公平性。

　　第二，从保险待遇上来看，中央政府对城乡居民基本医疗保险的补偿不断提出新的要求，地方政府在各地的政策上表现出了对于中央政策的跟从状态。但各地的起付线标准、统筹基金支付比例有明显差异。比如，门诊起付线，北京一级医疗机构为 100 元，二级医疗机构为 550 元；上海市 0~18 岁门诊起付线为 300 元，19~59 岁为 500 元，60 岁以上为 300 元；武汉市门诊起付线为 200 元。在住院起付线中，北京在住院费用中将参保人分为了学生儿童、老人和劳动年龄内的居民，一级医疗机构的起付线分别为 150 元、300 元，武汉的起付线一级机构为 300 元，上海市起付线一级机构为每次 50 元；二级医疗机构住院费用起付线，北京为 800 元，武汉市是 500 元，上海为每次 100 元。不同年龄层次的人群在不同等级的医疗机构的报销比例不一样，比如上海市分为了四个年龄段，报销比例向老龄人群倾斜。

　　总而言之，在各地完成城乡居民基本医疗保险整合之后，不断进行探索与改革，因地制宜设计调整各地缴费和待遇标准。由于城乡居民医保的参保人群都是非就业人群，很难像城镇职工医保一样参保人员收入高缴费高，且各地的缴费和待遇政策受各地城乡居民收入差异的影响，差异较大的地区相比差异较小的地区更倾向于"分档筹资，分档待遇"。有条件的地区可以探索根据不同人群、不同收入水平来确定缴费标准，待遇政策报销比例可适当向弱势人群倾向，实施"分群筹资，待遇倾斜"。随着城镇化进程的推进，城乡居民收入水平和医疗服务利用能力的差距将逐步缩小，各地可根据本地医保制度的运行效果适时优化筹资待遇政策。

三、城乡居民基本医疗保险制度的运行情况

(一)全国城乡居民基本医疗保险制度参保情况

　　截至 2018 年，城乡居民基本医疗保险总参保人数达到 89736 万人，其中成年人 66286 万人，占总参保人数的 73.9%，相比 2017 年增长率为 2.7%；中小学生及儿童参保人数为 21368 万人，占总参保人数的 23.8%，相比 2017 年增长了 3.7%；大学生的参保人数为 2082 万人，占总参保人数的 2.3%，相比 2017 年减少了 4.7%。城乡居民基本医疗保险超过七成都是成年人，中小学生及儿童约占总参保人数的 1/5，大学生参保人数相对较少

（见表 2-21）。

表 2-21　2018 年全国城乡居民基本医疗保险参保情况

参保人群	参保人数（万人）	增长比（%）	占总参保人数比例（%）
成年人	66286	2.7	73.9
中小学生儿童	21368	3.7	23.8
大学生	2082	-4.7	2.3

数据来源：中华人民共和国国家医疗保障局《2018 年全国基本医疗保障事业发展统计公报》。

（二）全国城乡居民基本医疗保险基金运行情况

2018 年，城乡居民医保人均筹资 693 元，比上一年增加 88 元，增长 14.5%；人均财政补助 497 元，比上一年增加 58 元，增长 13.2%（如图 2-13 所示）。由于新农合与城镇居民医保两项制度的整合，基金收支增幅较大。2012 年基金收入为 877 亿元，截至 2018 年基金收入已达 6971 亿元，增长了近 7 倍，比上一年增长 23.3%。2016—2017 年的基金收入增长幅度最大，基金收入增长了 2842 亿元，增幅达 1.01%。基金支出随着基金收入的逐年增加而逐年增长，从 2012 年的 675 亿元，增长到 2018 年的 6277 亿元，增长了约 8.3 倍，2018 年比上一年增长 26.7%。从 2016 年开始基金支出快速增长。2012—2018 年的基金结余率呈下降趋势，2012—2014 年基金结余率从 23% 下降到 12.9%，2015 年和 2017 年出现两个增长点，基金结余率分别为 15.6% 和 12.4%。从 2012 年的 23% 降至 2018 年的 10%，说明城乡居民医疗保险制度的利用随着受益面的扩大在增强，基金利用率在逐年增

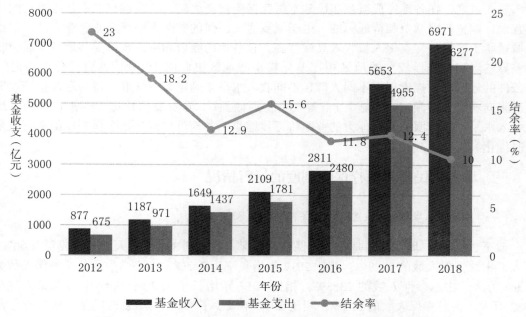

图 2-13　2012—2018 年全国城乡居民基本医疗保险基金收支情况

加。2018 年，居民医保基金当期结存 694.6 亿元，累计结存 4372.3 亿元。①

（三）医疗服务利用情况

2018 年城乡居民医保医疗费用共 10613 亿元，比上一年增长 20.5%；人均医疗费用 1183 元，比上一年增长 17.2%。2018 年城乡居民医保参保人员享受待遇的人次已达 16.2 亿人次，比 2017 年增长 8.4%。从 2012 年开始，我国城乡居民基本医疗保险享受待遇人次逐年增加，2016 年以前增长速度较慢，2016 年整合文件正式出台，2017 年增长速度最快，达到 88.5%（如图 2-14 所示）。

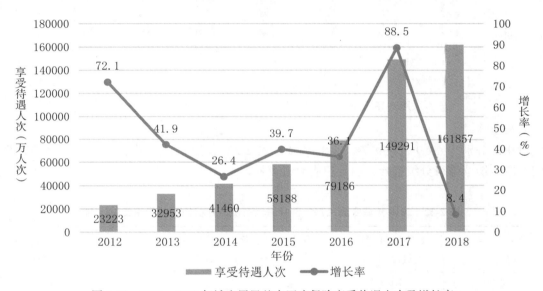

图 2-14　2012—2018 年城乡居民基本医疗保险享受待遇人次及增长率

2012—2018 年次均住院费用和住院率总体呈上升趋势。其中，在 2017 年次均住院费用下降至 6100 元。2012 年次均住院费用为 5698 元，2018 年为 6577 元，增长额为 879 元，增长了 15.43%，2018 年相比 2017 年次均住院费用增长 477 元，增长 7.8%。2012—2018 年住院率不断提升，从 2012 年的 6.6% 上升至 2018 年的 15.2%（如图 2-15 所示）。

2018 年城乡居民医保基金实际支付比例略有上升。政策范围内各级医疗机构住院费用基金支付比例为 65.6%，实际住院费用基金支付比例为 56.1%；政策范围内统筹基金支付比例为 64.7%，实际住院费用统筹基金支付比例为 55.3%。政策范围内一级及以下、二级和三级医疗机构住院费用的支付比例分别为 76.2%、69.1% 和 59.3%，统筹基金支付比例分别为 75.0%、68.0%、58.5%。不同级别医疗机构的住院费用的基金支付差别较大，随着医疗机构级别的上升，基金实际支付比例依次下降，一级及以下、二级和三级医疗机构实际住院费用基金支付比例分别为 68.0%、60.6% 和 49%，实际住院费用统筹基金

① 数据来源：中华人民共和国国家医疗保障局《2018 年全国基本医疗保障事业发展统计公报》。

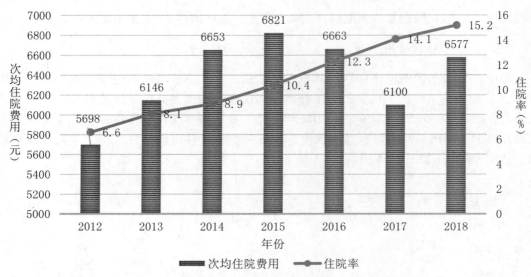

图 2-15　城乡居民基本医疗保险次均住院费和住院率

支付比例分别为 66.9%、59.7%、48.3%（见表 2-22），这也预示着为更好地控制医疗费用，应该继续推行分级诊疗，引导患者合理就医。

表 2-22　2018 年城乡居民基本医疗保险各级医疗机构住院费用支付比例

比例 级别	政策范围内基金 支付比例（%）	政策范围内统筹 基金支付比例（%）	实际住院费用基 金支付比例（%）	实际住院费用统筹 基金支付比例（%）
全国	65.6	64.7	56.1	55.3
一级及以下	76.2	75.0	68.0	66.9
二级	69.1	68.0	60.6	59.7
三级	59.3	58.5	49.0	48.3

数据来源：中华人民共和国国家医疗保障局《2018 年全国基本医疗保障事业发展统计公报》。

第五节　小　结

我国社会医疗保险制度经过 20 多年的探索和改革，完成了从覆盖部分群体的制度演化为全民覆盖的制度，制度建设更加完备。在建立和不断完善城镇职工基本医疗保险、城镇居民基本医疗保险、新型农村合作医疗三大基本保障板块的同时，实施城镇居民医保和新农合的整合，建立统一的城乡居民基本医疗保险制度。实现城乡居民医保制度一体化体现了制度公平可及，提升了城乡居民医疗服务利用水平和保障水平，增强了医疗保险基金分散风险能力。同时也是我国医疗体制发展的一个阶段性成果，深化医疗体制改革的一个重要组成部分。但不可否认的是，我国长期存在的城乡二元经济结构、二元户籍制度与二元社会结构，使得各项制度在推行时不可避免地遇到城乡差异的问题，各省市的经济发展水平、城镇化进程以及市场化程度都决定了各地在多项医保制度实施进程中的筹资与待遇政策、参保情况、基金运行情况等存在较大差异，也说明了我国基本医疗保险制度在多个行政区划中"条块分割"的客观事实。

从已有的数据来看，城镇职工基本医疗保险的参保人数从 2003 年的 10902 万人增加到 2018 年的 31681 万人，增长了 3 倍左右；城镇居民基本医疗保险参保人数从 2012 年的 27122 万人增加到 2016 年的 44860 万人，增长率为 65.40%；新型农村合作医疗制度的参合人数经历了从 2004 年的 0.8 亿人增加到 2010 年的 8.36 亿人后逐年下降至 2017 年的 1.33 亿的过程，说明了其与工业化、城镇化进程中城镇常住人口比例不断上升以及与城镇居民医保整合进程密不可分。2018 年，城乡居民基本医疗保险总参保人数达到 89736 万人。截至 2018 年，参加全国基本医疗保险的人数有 134459 万人，参保率在 95% 以上，基本实现人员全覆盖。

目前，各项制度的基金运行从总体来说，未出现收不抵支的现象以及基金累计结余亏空的情形。其中城镇职工基本医疗保险 2018 年的基金收入达到 13538 亿元，基金支出 10707 亿元；城镇居民基本医疗保险 2016 年基金收入达到 6095 亿元，基金支出 5156 亿元；新型农村合作医疗基金 2017 年的基金收入 815.9 亿元，基金支出 754.42；城乡居民基本医疗保险 2018 年的基金收入 6971 亿元，基金支出 6277 亿元。可以看出，各项制度的基金运行压力有所缓解。从已有的各地区运行情况来看，超支地区减少，基金抗风险能力和支付能力提高，但也存在个别省市基金结余率过高、基金沉淀太多的现象，结余过多会导致基金使用效率降低，参保人员获得的保障水平不够。

第三章　我国社会医疗保险基金可持续性评估

社会医疗保险基金的可持续发展是社会医疗保险制度健康稳定发展的重要基础，一旦社会医疗保险基金出现赤字，将不具备可持续发展的能力，从而影响社会医疗保险制度的运行。当社会医疗保险基金存在累计结余，则基金具有可持续性，为社会医疗保险制度的发展提供重要的物质保证。本章将通过精算模型测算到 2100 年的基金中长期运行情况，来评估社会医疗保险基金的可持续性，以此来判断社会医疗保险制度的可持续性。

第一节　模型与方法

一、城镇职工基本医疗保险基金精算模型

根据《国务院关于建立城镇职工基本医疗保险制度的决定》（国发［1998］44 号）和已有研究成果（邓大松和杨红燕，2003①；王晓燕和宋学锋，2004②；宋世斌，2010③），影响城镇职工基本医疗保险基金财务运行状况的因素可以分为三类：基金收入、基金支出和基金利息。影响基金收入的因素包括参保在职职工人数、在职职工平均缴费工资和缴费率、基金进入统筹基金和个人账户的比例。影响基金支出的因素包括参保职工人数（包括参保在职职工人数和参保退休职工人数）、人均医疗费用和报销比例，其中人均医疗费用又与基期的人均医疗费用和未来的人均医疗费用增长率相关，同时人均医疗费用又可以分为人均住院费用和人均门诊费用。基金利息则由基金的累计结余额决定。

城镇职工基本医疗保险基金包括统筹账户和个人账户，两种账户独立运行，因此，在预测城镇职工基本医疗保险基金过程中，需要考虑基金收入划入统筹账户的比例。同时，因为人口老龄化程度的加深会导致人均医疗费用的上升（一般是影响人均医疗费用增长率）。因此综合考虑上述因素，本书建立精算模型，预测模拟城镇职工基本医疗保险基金收入、支出、当期结余和累计结余。

我国城镇职工基本医疗保险个人账户主要负责支付参保患者门诊医疗费用与定点药店

---

①　邓大松、杨红燕：《老龄化趋势下基本医疗保险筹资费率测算》，载《财经研究》2003 年第 12 期，第 39~44 页。

②　王晓燕、宋学锋：《老龄化过程中的医疗保险基金：对使用现状及平衡能力的分析》，载《预测》2004 年第 6 期，第 5~9 页。

③　宋世斌：《我国社会医疗保险体系的隐性债务和基金运行状况的精算评估》，载《管理世界》2010 年第 8 期，第 169~170 页。

购药支出，一旦个人账户资金用完，个人将现金自付门诊医疗费用与定点药店购药支出，因此个人账户的余额至少为0，个人账户基金永远是可持续的，因而本书的预测对象是城镇职工基本医疗保险统筹基金，下文中城镇职工基本医疗保险基金均指城镇职工基本医疗保险统筹基金。

为了研究方便，本书做一系列简化处理。

①根据《国务院关于建立城镇职工基本医疗保险制度的决定》(国发[1998]44号)的规定："社会保险经办机构的事业经费不得从基金中提取，由各级财政预算解决。"本书可以认为城镇职工基本医疗保险统筹基金的管理费用为0。

②全国大部分地区城镇职工基本医疗保险医疗费用的报销比为70%及以上，世界卫生组织(WHO)认为，70%的报销比例可以较好地抑制道德风险，而且许多实行社会保险型的发达国家(如德国、日本等)的医疗费用报销比例在70%左右[1]，因此本书可以认为未来住院费用的报销比例保持不变。

(一)统筹基金收入模型

t年城镇职工基本医疗保险基金收入等于t年参保在职职工总人数乘以t年缴费基数乘以t年医疗保险缴费率再乘以t年医保基金划入统筹基金账户的比例，公式表示如下：

$$AI_t = \sum_{j=1}^{3} \sum_{x=a}^{b_t^j-1} N_{t,x}^j \times w_t \times P_t^1 \times P_t^2 = \sum_{j=1}^{3} \sum_{x=a}^{b_t^j-1} N_{t,x}^j \times w_{t_0-1} \times \prod_{s=t_0}^{t}(1+k_s^1) \times P_t^1 \times P_t^2$$

$$(3-1)$$

其中，AI_t表示t年城镇职工医保基金统筹账户收入，$j=1$，2，3分别代表男性职工、女干部和女工人三种职工人群，a表示参加医疗保险职工开始的工作年龄，b_t^j表示t年j类职工的退休年龄，$N_{t,x}^j$为第t年x岁j类城镇职工人数，w_t为第t年参保职工缴费工资基数，P_t^1为医疗保险缴费率，P_t^2为医保基金中统筹账户所占比例，k_s^1为s年缴费工资基数增长率，t_0为医保基金测算开始时间。

(二)统筹基金支出模型

t年城镇职工基本医疗保险基金支出等于t年参保职工(包括退休职工和在职职工)总人数乘以t年职工人均医疗保险基金统筹账户支出，而t年职工人均医疗保险基金统筹账户支出等于t年职工人均住院医疗费用乘以医疗保险报销比例，公式表示如下：

$$AC_t = \sum_{j=1}^{3} \sum_{x=a}^{c} N_{t,x}^j \times PAC_t = \sum_{j=1}^{3} \sum_{x=a}^{c} N_{t,x}^j \times m_t \times u_t$$
$$= \sum_{j=1}^{3} \sum_{x=a}^{c} N_{t,x}^j \times m_{t_0-1} \times \prod_{s=t_0}^{t}(1+k_s^2) \times u_t \qquad (3-2)$$

其中，AC_t表示t年城镇职工医保基金统筹账户支出，c表示参加医疗保险职工最长

---

① 曾益、任超然、李媛媛：《中国基本医疗保险制度财务运行状况的精算评估》，载《财经研究》2012第12期，第26~37页。

存活年龄，$\sum_{j=1}^{3}\sum_{x=a}^{c}N_{t,x}^{j}$ 表示 t 年所有参加医疗保险职工的总人数（包括退休职工和在职职工），PAC_t 表示 t 年职工人均医疗保险基金统筹账户支出，m_t 表示 t 年城镇职工人均住院医疗费用，u_t 为城镇职工医疗保险的报销比例，k_s^2 为城镇职工人均住院医疗费用增长率。

（三）统筹基金累计结余模型

t 年城镇职工医保基金统筹账户累计结余等于上一年城镇职工医保基金累计结余（含利息）与第 t 年医保基金统筹账户当期结余之和，公式表示如下：

$$F_t = F_{t-1}\times(1+i)+[AI_t-AC_t]\times(1+i)$$
$$= F_{t_0-1}\times\prod_{s=t_0}^{t}(1+i)+\sum_{s=t_0}^{t}\left[(AI_s-AC_s)\times\prod_{w=s}^{t}(1+i)\right] \tag{3-3}$$

其中，F_t 表示 t 年城镇职工医保基金统筹账户累计结余，i 表示银行一年定期存款利率。

二、城乡居民基本医疗保险基金精算模型

城乡居民基本医疗保险不同于城镇职工基本医疗保险，在城乡居民基本医疗保险中，没有个人账户，只有统筹账户。而且城乡居民基本医疗保险的参保对象是除城镇职工以外的所有城乡居民。因此，通过建立城乡居民基本医疗保险基金精算模型，预测模拟城乡居民基本医疗保险基金收入、支出、当期结余和累计结余。

（一）基金收入模型

t 年城乡居民基本医疗保险基金收入等于 t 年城乡居民总人数乘以 t 年城乡居民人均纯收入乘以 t 年城乡居民医疗保险缴费率，公式表示如下：

$$RI_t = \sum_{j=1}^{2}\sum_{x=a}^{c}N_{t,x}^{j}\times I_t\times R_t = \sum_{j=1}^{2}\sum_{x=a}^{c}N_{t,x}^{j}\times I_{t_0-1}\times\prod_{s=t_0}^{t}(1+g_s^1)\times R_t \tag{3-4}$$

其中，RI_t 表示 t 年城乡居民基本医疗保险基金收入，$j=1,2$ 分别代表城乡居民中男性和女性两类人群，a 表示城乡居民开始参加城乡居民医疗保险的年龄，c 表示参加医疗保险后城乡居民的最长存活年龄，$N_{t,x}^{j}$ 为第 t 年 x 岁 j 类城乡居民人数，I_t 为第 t 年参加医疗保险的城乡居民缴费基数，R_t 为城乡居民医疗保险缴费率，g_s^1 为 s 年城乡居民缴费基数增长率，t_0 为城乡居民医疗保险基金测算开始时间。

（二）基金支出模型

t 年城乡居民基本医疗保险基金支出等于参保居民总人数乘以 t 年城乡居民人均医疗保险基金支出，而 t 年城乡居民人均医疗保险基金支出等于 t 年城乡居民人均住院医疗费用乘以医疗保险报销比例，公式表示如下：

$$RC_t = \sum_{j=1}^{2}\sum_{x=a}^{c}N_{t,x}^{j}\times PRC_t = \sum_{j=1}^{2}\sum_{x=a}^{c}N_{t,x}^{j}\times m_t\times u_t$$
$$= \sum_{j=1}^{2}\sum_{x=a}^{c}N_{t,x}^{j}\times m_{t_0-1}\times\prod_{s=t_0}^{t}(1+g_s^2)\times u_t \tag{3-5}$$

其中，RC_t 表示 t 年城乡居民医疗保险基金支出，a 表示城乡居民开始参加城乡居民医疗保险的年龄，c 表示参加医疗保险后城乡居民的最长存活年龄，$\sum\limits_{j=1}^{2}\sum\limits_{x=a}^{c}N_{t,x}^{j}$ 表示 t 年所有参加城乡居民医疗保险的总人数（包括男性和女性），PRC_t 表示 t 年城乡居民人均医疗保险基金支出，m_t 表示 t 年城乡居民人均住院医疗费用，u_t 为城乡居民医疗保险的报销比例，g_s^2 为城乡居民人均住院医疗费用增长率。

（三）基金累计结余模型

t 年城乡居民医疗保险基金累计结余等于上一年城乡居民医疗保险基金累计结余（含利息）与第 t 年医疗保险基金当期结余之和，公式表示如下：

$$H_t = H_{t-1} \times (1+i) + [RI_t - RC_t] \times (1+i)$$
$$= H_{t_0-1} \times \prod_{s=t_0}^{t}(1+i) + \sum_{s=t_0}^{t}\left[(RI_s - RC_s) \times \prod_{w=s}^{t}(1+i)\right] \tag{3-6}$$

其中，H_t 表示 t 年城乡居民医疗保险基金累计结余，i 表示银行一年定期存款利率。

第二节　相关参数计算与说明

一、年龄参数

（一）参加城镇职工基本医疗保险的职工年龄参数

参加城镇职工医疗保险的就业人员主要是城镇职工，在城镇职工中大学毕业生的比例可以达到 90%（于洪等，2015）[1]，同时参照曾益等（2017）[2] 的研究，设定城镇职工开始参加工作的年龄为 22 岁。同时，基于 2010 年第六次人口普查和历年《中国人口统计年鉴》数据，设定城镇职工的最长存活年龄为 100 岁。根据《国务院关于安置老弱病残干部的暂行办法》和《国务院关于工人退休、退职的暂行办法》（国发［1978］104 号文件），设定城镇职工的退休年龄分别为男性职工 60 岁，女性干部 55 岁和女性工人 50 岁。

（二）参加城乡居民基本医疗保险的居民年龄参数

根据《国务院关于整合城乡居民基本医疗保险制度的意见》（国发［2016］3 号文件）和《关于做好 2019 年城乡居民基本医疗保障工作的通知》（医保发［2019］30 号文件），所有未参加城镇职工基本医疗保险的人员均可参加城乡居民医疗保险，假定城乡居民参加城乡居民医疗保险的参保率为 100%，那么可设定城乡居民最初参加城乡居民基本医疗保险的

① 于洪、曾益：《退休年龄、生育政策与中国基本养老保险基金的可持续性》，载《财经研究》2015 年第 6 期，第 46～59 页。
② 曾益、凌云、张心洁：《"全面二孩"政策对城镇职工医保统筹基金的影响：改善抑或恶化》，载《上海财经大学学报》2017 年第 5 期，第 52～63 页。

年龄为 0 岁。同样基于 2010 年第六次人口普查和历年《中国人口统计年鉴》数据，设定城乡居民的最长存活年龄为 100 岁。

二、参保人数预测

（一）城镇职工基本医疗保险参保人数预测

本书以 2010 年人口普查数据为基础，采用队列要素法预测未来的人口总数，预测人口分以下三步：第一，上一年分城乡、性别、年龄的人口数乘以对应的存活概率得到当前分城乡、性别、年龄的自然增长人口数量；第二，上一年分城乡、年龄的平均育龄妇女人口数量乘以对应的生育率之后加总得到当前分城乡新出生的人口数量；第三，考虑人口迁移因素，假设城市化为 1%，最终得到分城乡、性别、年龄的常住人口数量。

基于上述预测的未来人口总数预测参加城镇职工基本医疗保险人数，也分以下三步：第一，假设 2017 年参加城镇职工医疗保险的在职职工（22288 万人）的年龄分布与 2017 年 22~59 岁城镇常住人口的年龄分布一致，从而得到分年龄、性别的参加城镇职工基本医疗保险的在职职工人数；第二，假设 2017 年参加城镇职工医疗保险的退休职工（8034 万人）的年龄分布与 2017 年 50~100 岁城镇常住人口的年龄分布一致，从而得到分年龄、性别的参加城镇职工基本医疗保险的退休职工人数；第三，上一年分年龄、性别的职工数乘以对应的存活概率得到当前分年龄、性别的职工数，同时还要考虑每一年新参加城镇职工基本医疗保险的人员数量。

（二）城乡居民基本医疗保险参保人数预测

根据《国务院关于整合城乡居民基本医疗保险制度的意见》（国发〔2016〕3 号文件）和《关于做好 2019 年城乡居民基本医疗保障工作的通知》（医保发〔2019〕30 号文件），所有未参加城镇职工基本医疗保险的人员均可参加城乡居民基本医疗保险，同时参加城乡居民医疗保险的参保率为 100%，因此，城乡居民基本医疗保险的参保人数可以由全国总人数减去城镇职工基本医疗保险的参保人数而得。

三、缴费基数与缴费率

（一）城镇职工基本医疗保险缴费基数与缴费率

根据《国务院关于建立城镇职工基本医疗保险制度的决定》（国发〔1998〕44 号文件），基本医疗保险费由用人单位和职工共同缴纳，用人单位缴费率为 6%，职工缴费率为 2%。城镇职工基本医疗保险的缴费基数为上一年度在岗职工平均工资，同时参照闫坤和刘陈杰（2015）①的研究，考虑到我国进入"新常态"时期的发展路径，设定城镇职工基本医疗保险的缴费基数增长率等于 GDP 增长率，即 2018—2020 年人均缴费基数增长率为 6.5%，

---

① 闫坤、刘陈杰：《我国"新常态"时期合理经济增速测算》，载《财贸经济》2015 年第 1 期，第 17~27 页。

以后每五年下降 0.5%，直至达到 2%。

　　除此之外，基于《国务院关于建立城镇职工基本医疗保险制度的决定》(国发[1998]44 号文件)，统筹账户的收入为用人单位缴纳费用的 70%，个人账户的收入为职工缴费的 100% 和用人单位缴费的 30%，即城镇职工基本医疗保险基金的 52.5%(=6×0.7/8) 划入统筹基金，而剩余基金收入的 47.5% 划入个人账户。但是根据实际情况来看，绝大部分省份的政策规定城镇职工医疗保险的缴费率高于 8%，因此这些省份城镇职工基本医疗保险基金收入划入统筹账户基金的比例超过 52.5%；同时根据 2007—2012 年《全国社会保险情况》[1]，大概 60% 的医疗保险基金缴费收入划入了统筹账户，因此本书假设城镇职工基本医疗保险基金收入划入统筹账户的比例为 60%。

(二)城乡居民基本医疗保险缴费基数与缴费率

　　根据《国务院关于整合城乡居民基本医疗保险制度的意见》(国发[2016]3 号文件)和《关于做好 2019 年城乡居民基本医疗保障工作的通知》(医保发[2019]30 号文件)，城乡居民基本医疗保险的缴费属于定额缴费，参加城乡居民基本医疗保险的人均缴费从 2014 年的 524.4 元上升到 2016 年的 626.5 元。根据历年《人力资源和社会保障事业发展统计公报》和《中国统计年鉴》的资料，2014—2015 年城乡居民基本医疗保险人均缴费约为居民人均纯收入的 5.25%。因此，本书假设未来城乡居民基本医疗保险的人均缴费为居民人均纯收入的 5.25%，同样假设居民人均纯收入增长率等于 GDP 增长率，即 2017—2020 年人均缴费基数增长率为 7%，以后每五年下降 0.5%，直至达到 2%。

四、人均(统筹)基金支出增长率

(一)城镇职工基本医疗保险人均统筹基金支出增长率

　　为了更精确地衡量未来城镇职工基本医疗保险人均统筹基金支出增长率，本书借鉴 Mayhew(2000)[2] 和曾益等(2017)[3] 使用的增长因子方法，分析人口结构因素和非人口结构因素对城镇职工基本医疗保险人均统筹基金支出的影响。其具体表达式如下：

$$K_t = K_0 \times exp^{t(p+u)}$$

　　其中，K_t 表示第 t 年的人均医疗费用，K_0 表示基期的人均医疗费用，p 表示人口老龄化因素带来的人均医疗费用增长率，u 表示非人口老龄化因素带来的人均医疗费用增长率，$exp^{t(p+u)}$ 表示所有因素带来的人均医疗费用增长率之和。

　　假设人口老龄化指数为 L_t，即 $exp^{tp} = L_t$，那么，

---

　　① 根据 2007—2012 年《全国社会保险情况》，2007—2012 年城镇职工基本医疗保险基金划入统筹基金的比例分别为 60.16%、60.91%、61.37%、60.08%、60.97%、61.38%。2013 年及以后人力资源和社会保障部不再公布《全国社会保险情况》。

　　② Mayhew L D. Health and Elderly Care Expenditure in an Aging World. IIASA Research Report，2000.

　　③ 曾益、凌云、张心洁：《"全面二孩"政策对城镇职工医保统筹基金的影响：改善抑或恶化》，载《上海财经大学学报》2017 年第 5 期，第 52~63 页。

$$p_t = \frac{1}{t}\ln L_t \tag{3-7}$$

$$u_t = \frac{1}{t}\ln\frac{K_t}{K_0 L_t} \tag{3-8}$$

当时间是基期 t_0 时，人口老龄化指数为 $L_t = 1$，非人口老龄化因素带来的人均医疗费用增长率可以写为：

$$u_t = \frac{1}{t}\ln\frac{K_t / L_t}{K_0 / L_0} \tag{3-9}$$

其中，人口老龄化指数标准化后的人均医疗费用增长率为 u_t。

而人口老龄化带来的人均医疗费用增长指数可以表示为：

$$p_t = \frac{1}{t}\ln\frac{\sum_j p_{jt}\, c_{jt}}{\sum_j p_{j0}\, / c_{j0}} \tag{3-10}$$

其中，p_{jt} 为第 t 年 j 年龄段的人口占总人口的比重，c_{jt} 为第 t 年 j 年龄段的人口相对医疗费用指数。

如何确定 p_{jt} 和 c_{jt} 的参数值呢？根据卫生部中国卫生费用核算小组 1982 年和 1990 年中国第 3 次和第 4 次人口普查数据资料，以及卫生部 1993 年和 1998 年卫生服务调查结果，并以此为基础得到了中国各年龄组的人均医疗消费权重。p_{jt} 通过各年龄段参加城镇职工医疗保险的人数确定。

根据上述公式，经计算，人口老龄化带来的城镇职工人均医疗费用增长率，见表3-1。2018 年人口老龄化带来的人均医疗费用增长率为 1.43%，2019 年开始下降至 1.09%，2019 年以后增长率都下降至 1.0% 以下，2040 年增长率下降到 0.13%，2041 年开始又出现逐年上涨的趋势，从 2041 年的 0.19% 上升至 2074 年的 0.74%，2076 年开始又出现下降趋势，从 0.74% 下降至 2100 年的 0.14%。

表 3-1　2018—2100 年人口老龄化带来的城镇职工基本医疗保险人均医疗费用增长率

年份	人口老龄化带来的人均医疗费用增长率	年份	人口老龄化带来的人均医疗费用增长率	年份	人口老龄化带来的人均医疗费用增长率
2018	1.43%	2046	0.35%	2074	0.74%
2019	1.09%	2047	0.42%	2075	0.59%
2020	0.85%	2048	0.29%	2076	0.74%
2021	0.81%	2049	0.24%	2077	0.72%
2022	0.79%	2050	0.16%	2078	0.71%
2023	0.99%	2051	0.18%	2079	0.68%
2024	0.77%	2052	0.57%	2080	0.66%
2025	0.94%	2053	0.56%	2081	0.63%

续表

年份	人口老龄化带来的人均医疗费用增长率	年份	人口老龄化带来的人均医疗费用增长率	年份	人口老龄化带来的人均医疗费用增长率
2026	0.40%	2054	0.58%	2082	0.60%
2027	0.76%	2055	0.59%	2083	0.56%
2028	0.88%	2056	0.41%	2084	0.52%
2029	0.61%	2057	0.36%	2085	0.48%
2030	0.46%	2058	0.34%	2086	0.44%
2031	0.42%	2059	0.34%	2087	0.40%
2032	0.59%	2060	0.28%	2088	0.35%
2033	0.56%	2061	0.22%	2089	0.32%
2034	0.49%	2062	0.56%	2090	0.29%
2035	0.47%	2063	0.60%	2091	0.27%
2036	0.35%	2064	0.54%	2092	0.26%
2037	0.41%	2065	0.49%	2093	0.24%
2038	0.27%	2066	0.65%	2094	0.22%
2039	0.20%	2067	0.64%	2095	0.21%
2040	0.13%	2068	0.64%	2096	0.19%
2041	0.19%	2069	0.73%	2097	0.18%
2042	0.38%	2070	0.73%	2098	0.15%
2043	0.43%	2071	0.75%	2099	0.14%
2044	0.51%	2072	0.76%	2100	0.14%
2045	0.50%	2073	0.76%		

　　对于非人口老龄化带来的城镇职工人均医疗费用增长率，参照何文炯（2009）①的研究，假设其比平均缴费工资增长率快1%，非人口老龄化带来的人均医疗费用增长率是逐年下降的，2018年增长率为7.5%，到2026年下降至6.5%，2036年开始又下降1%，为5.5%，2046年再次下降1%，为4.5%，2056年为3.5%，2066年为2.5%，2.5%的增长率一直持续到2100年，我们发现非人口老龄化带来的人均医疗费用增长率每十年下降1%（见表3-2）。

---

①　何文炯、徐林荣、傅可昂等：《基本医疗保险"系统老龄化"及其对策研究》，载《中国人口科学》2009年第2期，第74~83页。

表 3-2　2018—2100 年非人口老龄化带来的城镇职工基本医疗保险人均医疗费用增长率

年份	非人口老龄化带来的人均医疗费用增长率	年份	非人口老龄化带来的人均医疗费用增长率	年份	非人口老龄化带来的人均医疗费用增长率
2018	7.50%	2046	4.50%	2074	2.50%
2019	7.50%	2047	4.50%	2075	2.50%
2020	7.50%	2048	4.50%	2076	2.50%
2021	7.00%	2049	4.50%	2077	2.50%
2022	7.00%	2050	4.50%	2078	2.50%
2023	7.00%	2051	4.00%	2079	2.50%
2024	7.00%	2052	4.00%	2080	2.50%
2025	7.00%	2053	4.00%	2081	2.50%
2026	6.50%	2054	4.00%	2082	2.50%
2027	6.50%	2055	4.00%	2083	2.50%
2028	6.50%	2056	3.50%	2084	2.50%
2029	6.50%	2057	3.50%	2085	2.50%
2030	6.50%	2058	3.50%	2086	2.50%
2031	6.00%	2059	3.50%	2087	2.50%
2032	6.00%	2060	3.50%	2088	2.50%
2033	6.00%	2061	3.00%	2089	2.50%
2034	6.00%	2062	3.00%	2090	2.50%
2035	6.00%	2063	3.00%	2091	2.50%
2036	5.50%	2064	3.00%	2092	2.50%
2037	5.50%	2065	3.00%	2093	2.50%
2038	5.50%	2066	2.50%	2094	2.50%
2039	5.50%	2067	2.50%	2095	2.50%
2040	5.50%	2068	2.50%	2096	2.50%
2041	5.00%	2069	2.50%	2097	2.50%
2042	5.00%	2070	2.50%	2098	2.50%
2043	5.00%	2071	2.50%	2099	2.50%
2044	5.00%	2072	2.50%	2100	2.50%
2045	5.00%	2073	2.50%		

城镇职工基本医疗保险统筹人均基金支出增长率也呈现下降趋势，2018 年人均统筹

基金支出增长率为 8.93%，2021 年下降至 7.81%，虽然在 2030 年才开始逐年下降至 6% 左右，但是在 2026 年人均统筹基金支出增长率为 6.9%，2036 年增长率下降至 5.85%，2046 年增长率下降到 4.85%，2056 年再次下降，为 3.91%，3% 左右的增长率一直波动变化到 2084 年的 3.02%，2085 年人均统筹基金支出增长率为 2.98%，2100 年下降至 2.64%，相比 2019 年增长率下降了 5.95%（见表 3-3）。

表 3-3　2018—2100 年城镇职工基本医疗保险统筹账户人均基金支出增长率

年份	人均统筹基金支出增长率	年份	人均统筹基金支出增长率	年份	人均统筹基金支出增长率
2018	8.93%	2046	4.85%	2074	3.24%
2019	8.59%	2047	4.92%	2075	3.09%
2020	8.35%	2048	4.79%	2076	3.24%
2021	7.81%	2049	4.74%	2077	3.22%
2022	7.79%	2050	4.66%	2078	3.21%
2023	7.99%	2051	4.18%	2079	3.18%
2024	7.77%	2052	4.57%	2080	3.16%
2025	7.94%	2053	4.56%	2081	3.13%
2026	6.90%	2054	4.58%	2082	3.10%
2027	7.26%	2055	4.59%	2083	3.06%
2028	7.38%	2056	3.91%	2084	3.02%
2029	7.11%	2057	3.86%	2085	2.98%
2030	6.96%	2058	3.84%	2086	2.94%
2031	6.42%	2059	3.84%	2087	2.90%
2032	6.59%	2060	3.78%	2088	2.85%
2033	6.56%	2061	3.22%	2089	2.82%
2034	6.49%	2062	3.56%	2090	2.79%
2035	6.47%	2063	3.60%	2091	2.77%
2036	5.85%	2064	3.54%	2092	2.76%
2037	5.91%	2065	3.49%	2093	2.74%
2038	5.77%	2066	3.15%	2094	2.72%
2039	5.70%	2067	3.14%	2095	2.71%
2040	5.63%	2068	3.14%	2096	2.69%
2041	5.19%	2069	3.23%	2097	2.68%

续表

年份	人均统筹基金 支出增长率	年份	人均统筹基金 支出增长率	年份	人均统筹基金 支出增长率
2042	5.38%	2070	3.23%	2098	2.65%
2043	5.43%	2071	3.25%	2099	2.64%
2044	5.51%	2072	3.26%	2100	2.64%
2045	5.50%	2073	3.26%		

(二)城乡居民基本医疗保险人均基金支出增长率

采用计算城镇职工基本医疗保险人均统筹基金支出增长率的方法，预测城乡居民基本医疗保险人均基金支出增长率。

人口老龄化带来的城乡居民人均医疗费用增长率总体上是下降的，2018年人口老龄化带来的城乡居民人均医疗费用增长率为1.45%，2019年增长率是1.52%，相比2018年增长率上升了0.07%，2020年开始下降，下降至2027年的1.36%，在2026年增长率低于1%，2028年相比2027年上涨了0.21%，2029年开始逐年下降，2039年下降至0.97%，到2062年开始出现负增长，从2062年的-0.29%一直下降至2080年的-0.91%，2081年出现上升趋势，从-0.90%上升至2100年的-0.28%，但是依然是负增长的(见表3-4)。

表3-4　2018—2100年人口老龄化带来的城乡居民基本医疗保险人均医疗费用增长率

年份	人口老龄化带来的人 均医疗费用增长率	年份	人口老龄化带来的人 均医疗费用增长率	年份	人口老龄化带来的人 均医疗费用增长率
2018	1.45%	2046	0.55%	2074	-0.76%
2019	1.52%	2047	0.61%	2075	-0.86%
2020	1.49%	2048	0.48%	2076	-0.84%
2021	1.38%	2049	0.45%	2077	-0.87%
2022	1.23%	2050	0.46%	2078	-0.87%
2023	1.34%	2051	0.52%	2079	-0.90%
2024	1.05%	2052	0.45%	2080	-0.91%
2025	1.18%	2053	0.38%	2081	-0.90%
2026	0.96%	2054	0.43%	2082	-0.89%
2027	1.36%	2055	0.49%	2083	-0.89%
2028	1.57%	2056	0.21%	2084	-0.85%
2029	1.37%	2057	0.15%	2085	-0.83%

续表

年份	人口老龄化带来的人均医疗费用增长率	年份	人口老龄化带来的人均医疗费用增长率	年份	人口老龄化带来的人均医疗费用增长率
2030	1.33%	2058	0.15%	2086	−0.80%
2031	1.34%	2059	0.10%	2087	−0.79%
2032	1.04%	2060	0.10%	2088	−0.78%
2033	1.38%	2061	0.01%	2089	−0.73%
2034	1.30%	2062	−0.29%	2090	−0.71%
2035	1.36%	2063	−0.33%	2091	−0.69%
2036	1.17%	2064	−0.45%	2092	−0.60%
2037	1.20%	2065	−0.51%	2093	−0.57%
2038	1.05%	2066	−0.52%	2094	−0.54%
2039	0.97%	2067	−0.59%	2095	−0.49%
2040	0.88%	2068	−0.63%	2096	−0.47%
2041	0.89%	2069	−0.64%	2097	−0.42%
2042	0.77%	2070	−0.67%	2098	−0.34%
2043	0.74%	2071	−0.69%	2099	−0.32%
2044	0.77%	2072	−0.72%	2100	−0.28%
2045	0.77%	2073	−0.73%		

非人口老龄化带来的城乡居民人均医疗费用增长率呈现出下降趋势，2018 年非人口老龄化带来的人均医疗费用增长率为 7.5%，7.5% 的增长率一直持续到 2020 年。2021—2025 年这五年的增长率都为 7.0%，2026—2030 年这五年的增长率都为 6.5%，在 2065 年之前，每五年增长率下降 0.5%，2065 年下降至 3.0%，2067—2100 年增长率一直保持在 2.50%（见表 3-5）。

表 3-5　2018—2100 年非人口老龄化带来的城乡居民基本医疗保险人均医疗费用增长率

年份	非人口老龄化带来的人均医疗费用增长率	年份	非人口老龄化带来的人均医疗费用增长率	年份	非人口老龄化带来的人均医疗费用增长率
2018	7.50%	2046	4.50%	2074	2.50%
2019	7.50%	2047	4.50%	2075	2.50%
2020	7.50%	2048	4.50%	2076	2.50%
2021	7.00%	2049	4.50%	2077	2.50%

续表

年份	非人口老龄化带来的人均医疗费用增长率	年份	非人口老龄化带来的人均医疗费用增长率	年份	非人口老龄化带来的人均医疗费用增长率
2022	7.00%	2050	4.50%	2078	2.50%
2023	7.00%	2051	4.00%	2079	2.50%
2024	7.00%	2052	4.00%	2080	2.50%
2025	7.00%	2053	4.00%	2081	2.50%
2026	6.50%	2054	4.00%	2082	2.50%
2027	6.50%	2055	4.00%	2083	2.50%
2028	6.50%	2056	3.50%	2084	2.50%
2029	6.50%	2057	3.50%	2085	2.50%
2030	6.50%	2058	3.50%	2086	2.50%
2031	6.00%	2059	3.50%	2087	2.50%
2032	6.00%	2060	3.50%	2088	2.50%
2033	6.00%	2061	3.00%	2089	2.50%
2034	6.00%	2062	3.00%	2090	2.50%
2035	6.00%	2063	3.00%	2091	2.50%
2036	5.50%	2064	3.00%	2092	2.50%
2037	5.50%	2065	3.00%	2093	2.50%
2038	5.50%	2066	2.50%	2094	2.50%
2039	5.50%	2067	2.50%	2095	2.50%
2040	5.50%	2068	2.50%	2096	2.50%
2041	5.00%	2069	2.50%	2097	2.50%
2042	5.00%	2070	2.50%	2098	2.50%
2043	5.00%	2071	2.50%	2099	2.50%
2044	5.00%	2072	2.50%	2100	2.50%
2045	5.00%	2073	2.50%		

城乡居民基本医疗保险人均基金支出增长率呈现出先下降后上升的趋势，在2086年以前增长率逐年下降，2086年开始上升。2018年人均基金支出增长率为8.95%，2019年上升至9.02%，2020年开始下降，2025年下降至8.18%，2026—2035年增长率一直保持在7%左右，其中2028年增长率为8.07%，2036年开始增长率下降至6.67%，6%左右的增长率一直持续到2040年，2041年开始增长率下降为5.89%，直到2047年下降为5.11%，2048年开始增长率再次下降至4.98%，到2055年下降为4.49%，下降趋势一直

维持到 2086 年的 1.70%，2086 年后开始增长，至 2100 年增长至 2.22%（见表 3-6）。

表 3-6 2018—2100 年城乡居民基本医疗保险人均基金支出增长率

年份	人均基金支出增长率	年份	人均基金支出增长率	年份	人均基金支出增长率
2018	8.95%	2046	5.05%	2074	1.74%
2019	9.02%	2047	5.11%	2075	1.64%
2020	8.99%	2048	4.98%	2076	1.66%
2021	8.38%	2049	4.95%	2077	1.63%
2022	8.23%	2050	4.96%	2078	1.63%
2023	8.34%	2051	4.52%	2079	1.60%
2024	8.05%	2052	4.45%	2080	1.59%
2025	8.18%	2053	4.38%	2081	1.60%
2026	7.46%	2054	4.43%	2082	1.61%
2027	7.86%	2055	4.49%	2083	1.61%
2028	8.07%	2056	3.71%	2084	1.65%
2029	7.87%	2057	3.65%	2085	1.67%
2030	7.83%	2058	3.65%	2086	1.70%
2031	7.34%	2059	3.60%	2087	1.71%
2032	7.04%	2060	3.60%	2088	1.72%
2033	7.38%	2061	3.01%	2089	1.77%
2034	7.30%	2062	2.71%	2090	1.79%
2035	7.36%	2063	2.67%	2091	1.81%
2036	6.67%	2064	2.55%	2092	1.90%
2037	6.70%	2065	2.49%	2093	1.93%
2038	6.55%	2066	1.98%	2094	1.96%
2039	6.47%	2067	1.91%	2095	2.01%
2040	6.38%	2068	1.87%	2096	2.03%
2041	5.89%	2069	1.86%	2097	2.08%
2042	5.77%	2070	1.83%	2098	2.16%
2043	5.74%	2071	1.81%	2099	2.18%
2044	5.77%	2072	1.78%	2100	2.22%
2045	5.77%	2073	1.77%		

五、银行利率

根据中国人民银行公布的数据，近几年银行一年期整存整取存款利率为 1.5% ~ 3.5%，我国城镇职工基本医疗保险与城乡居民基本医疗保险基金还未投资于资本市场，主要存放银行，因此本书取平均值，设定银行利率为一年期整存整取存款利率，为 2.5%。

第三节　城镇职工基本医疗保险基金财务运行状况

本节运用第一节的城镇职工基本医疗保险统筹基金收入模型、支出模型以及累计结余模型并带入相关参数，模拟了城镇职工基本医疗保险基金的财务运行状况，即城镇职工基本医疗保险基金收支运行情况。本节将从参保职工人口结构与基金收支、结余状况这两个方面进行来预测，对城镇职工基本医疗保险基金的可持续性进行评估。

一、城镇职工基本医疗保险参保职工人口结构

参保职工人口结构的变化将会影响基金的收入和支出情况，在职职工和退休职工参保人数占比不同，基金收入和基金支出的多少也会不同。在职职工分为三类人群：男性职工、女干部职工和女工人。在职职工参保人数呈先上升后下降的趋势。在职职工参保人数在 2018 年为 2.33 亿人，2019 年为 2.35 亿人，持续增长至 2046 年的 2.80 亿人，相比 2018 年增长了 0.47 亿人，从 2047 年开始，在职职工参保人数开始下降，参保人数为 2.79 亿人，一直逐年下降至 2077 年的 1.96 亿人，下降了近 0.83 亿人，到 2100 年，在职职工总参保人数下降至 1.19 亿人，相比 2018 年下降了 1.61 亿人。

男性职工参保人数 2018 年为 1.29 亿人，2019 年为 1.31 亿人，持续增长至 2056 年，2056 年的男性职工参保人数为 1.64 亿人，2057 年男性职工参保人数开始下降，为 1.63 亿人，相比上一年度，参保人数下降了 0.01 亿人，一直下降至 2086 年参保人数低于 1 亿人，为 0.99 亿人，2087 年继续降至 0.97 亿人，一直下降至 2100 年的 0.72 亿人。

女干部参保人数也呈先上升后下降的趋势，且参保人数开始下降的时间点比男性职工更早。2018 年参保人数为 0.5622 亿人，2019 年为 0.5625 亿人，持续增长至 2041 年的 0.6209 亿人，相比 2019 年女干部参保人数增长了 0.0584 亿人，2042 年开始下降，下降至 2048 年的 0.6056 亿人，而后 2049 年出现小幅度上升，上升趋势持续到 2051 年的 0.6129 亿人，2052 年开始参保人数从 0.6105 亿人下降，到 2062 年参保人数为 0.5653 亿人，2072 年为 0.4671 亿人，2082 年为 0.38 亿人，一直下降直到 2100 年，仅为 0.2583 亿人。

女工人参保人数相比前两者走势，出现了先下降后上升再下降的趋势。2018 年女工人参保人数为 0.4793 亿人，2019 年下降至 0.4782 亿人，逐年下降至 2024 年参保人数为 0.4722 亿人。随后从 2025 年开始，女工人参保人数开始上升，从 0.4727 亿人上升至 2046 年的 0.5376 亿人，从 2047 年开始参保人数再次下降，2047 年的参保人数为 0.5365 亿人，2067 年的参保人数为 0.4162 亿人，2087 年的参保人数为 0.2762 亿人，一直下降

至 2100 年的 0. 2069 亿人。具体见表 3-7。

表 3-7　2018—2100 年城镇职工基本医疗保险参保在职职工人数（单位：人）

年份	男性职工	女干部	女工人	合计
2018	128931571	56217004	47931426	233080000
2019	130898507	56252866	47819518	234970891
2020	132881407	56343507	47581211	236806124
2021	135076271	56341129	47371534	238788934
2022	136374919	56629630	47293653	240298201
2023	136604748	56467309	47241510	240313566
2024	137330858	56385980	47222457	240939295
2025	137960607	56087627	47274888	241323122
2026	139165946	56138146	47561232	242865323
2027	140743762	56212855	48022539	244979157
2028	141567518	56379704	48430107	246377330
2029	142725261	56649633	48831190	248206085
2030	143616532	57048673	49346500	250011704
2031	144822851	57461196	49780853	252064901
2032	145332417	57788630	49715417	252836464
2033	146774347	58372069	50267540	255413956
2034	148430448	58936808	50851575	258218832
2035	150306492	59594621	51442527	261343639
2036	152198669	60175222	51807151	264181043
2037	154390687	60492624	51923883	266807194
2038	156284594	61021100	52083201	269388895
2039	157979959	61517074	52004275	271501308
2040	159709155	61950785	51769567	273429506
2041	161145765	62092875	52017255	275255894
2042	161961440	61936351	52267920	276165711
2043	163072560	61783892	52434825	277291276
2044	164030755	61368383	52743027	278142165
2045	164812565	60793573	53172941	278779079
2046	165046953	60713627	53758040	279518620

续表

年份	男性职工	女干部	女工人	合计
2047	164681481	60660919	53648429	278990828
2048	164346384	60557223	53439035	278342641
2049	163583129	60634506	53308892	277526527
2050	162585938	60874613	53045520	276506071
2051	162527874	61294912	52756931	276579717
2052	162528960	61048530	52481285	276058776
2053	162464184	60721154	52215339	275400678
2054	162724457	60487159	51727065	274938681
2055	163206065	60128306	51219289	274553660
2056	164009340	59761920	50638643	274409903
2057	163279543	59419498	50013136	272712177
2058	162299556	59087888	49341492	270728935
2059	161475000	58528225	48657376	268660601
2060	160288150	57938563	48197970	266424683
2061	159022673	57261523	47346100	263630296
2062	157756826	56525904	46447915	260730645
2063	156463184	55731751	45511064	257705999
2064	154617732	54914384	44548119	254080236
2065	152679819	54310498	43570503	250560820
2066	150516102	53309520	42591150	246416772
2067	148193916	52257219	41623462	242074597
2068	145675125	51165153	40683807	237524086
2069	143041039	50050025	39787214	232878279
2070	141022880	48925647	38933461	228881989
2071	138150205	47807431	38123194	224080830
2072	135185104	46708441	37358597	219252141
2073	132157696	45645748	36635060	214438504
2074	129097492	44629026	35940364	209666881
2075	126036582	43658541	35267394	204962518
2076	123007454	42734083	34608310	200349848
2077	120041019	41858720	33957197	195856936

年份	男性职工	女干部	女工人	合计
2078	117174737	41027777	33308107	191510622
2079	114440531	40233774	32668991	187343295
2080	111838163	39469429	32037698	183345290
2081	109366045	38726688	31410072	179502806
2082	107026937	37998179	30781640	175806755
2083	104805694	37276368	30152549	172234610
2084	102681726	36567810	29519198	168768734
2085	100634288	35868745	28884052	165387085
2086	98641083	35173506	28251248	162065838
2087	96683580	34476972	27624617	158785169
2088	94743951	33779007	27006939	155529897
2089	92830383	33075696	26398771	152304851
2090	90932632	32369422	25801457	149103511
2091	89042055	31664464	25217971	145924491
2092	87151190	30964952	24650552	142766694
2093	85262568	30274066	24100509	139637144
2094	83371071	29592797	23568160	136532028
2095	81483613	28922881	23052552	133459045
2096	79611336	28267623	22553103	130432062
2097	77764472	27629526	22068164	127462162
2098	75950075	27010125	21596837	124557038
2099	74172394	26409936	21137104	121719433
2100	72435175	25828198	20688427	118951799

　　城镇职工基本医疗保险退休职工参保人数出现先上升后下降的趋势。2018 年退休职工参保人数为 0.8373 亿人，2019 年参保人数为 0.8723 亿人，到 2023 年参保人数增长至 1.035 亿人，持续增长至 2069 年，退休职工参保人数突破 2 亿人，达 2.0043 亿人，持续增长至 2079 年，达 2.1232 亿人。从 2080 年开始，退休职工的参保人数开始下降，2080 年参保人数为 2.1230 亿人，2091 年参保人数下降至 1.9858 亿人，一直下降至 2100 年，退休职工参保人数为 1.7571 亿人。

　　男性退休职工的参保人数呈先上升后下降的趋势，但是总体趋势是上升的。2018 年男性退休职工参保人数为 0.3127 亿人，2019 年为 0.3217 亿人，较 2018 年增长了 0.009

亿人，逐年上升至 2023 年的 0.3818 亿人，2024 年突破 0.4 亿人，从 2024 年的 0.4027 亿人增长至 2028 年的 0.4817 亿人，2029 年的退休职工参保人数达 0.5022 亿人，增长至 2034 年的 0.5991 亿人，2035 年的退休职工参保人数达 0.6118 亿人，增长至 2046 年的 0.6906 亿人，2047 年的退休职工参保人数达 0.7017 亿人，增长至 2066 年的 0.7992 亿人，2067 年的退休职工参保人数达 0.8115 亿人，增长至 2073 年的 0.8866 亿人，2074 年的退休职工参保人数达 0.9000 亿人，增至 2082 年的 0.9574 亿人，2024—2082 年的参保人数增速出现先快后慢再加速的特征。从 2083 年开始男性退休职工参保人数出现下降，并出现逐年下降的趋势，直至 2100 年，从 2083 年的参保人数为 0.9560 亿人下降至 2100 年的 0.7948 亿人，相比 2019 年男性退休职工参保人数上升了 0.4731 亿人，但是相比 2083 年参保人数下降了 0.1612 亿人。

女干部退休职工参保人数呈先上升后下降的趋势。2018 年参保人数为 0.2232 亿人，2019 年为 0.2355 亿人，较 2018 年增长了 0.0123 亿人。2025 年女干部退休职工参保人数突破 0.3 亿人，为 0.3096 亿人；2035 年突破 0.4 亿人，达到 0.4024 亿人；2060 年突破 0.5 亿人，达 0.5001 亿人，到 2078 年参保人数增长至 0.5500 亿人。2019—2078，女干部退休职工参保人数增速由快变慢。从 2079 年开始，女干部退休职工参保人数开始下降，从 2079 年的 0.5489 亿人下降至 2100 年的 0.4554 亿人，减少了 0.0935 亿人。

退休职工中女工人的参保人数呈先增加后减少的趋势，且参保人数在 2018—2072 年呈现出增速逐渐放缓趋势。参保人数 2018 年为 0.3013 亿人，2019 年为 0.3150 亿人，随后逐年上升至 2025 年的 0.3930 亿人。2026 年突破 0.4 亿人，参保人数为 0.4032 亿人；2038 年突破 0.5 亿人，参保人数达 0.5094 亿人；2061 年突破 0.6 亿人，参保人数为 0.6017 亿人。2072 年的参保人数为 0.6368 亿人，从 2073 年开始，退休女工人的参保人数开始出现下降，从 0.6363 亿人减少至 2100 年的 0.5068 亿人，相比 2019 年，参保人数增加了 0.1918 亿人。具体见表 3-8。

表 3-8　2018—2100 年城镇职工基本医疗保险参保退休职工人数（单位：人）

年份	男性	女干部	女工人	合计
2018	31274116	22324472	30131412	83730000
2019	32171613	23548964	31504629	87225206
2020	33215988	24760131	33045781	91021900
2021	33758819	25930867	34424944	94114629
2022	35461379	26900676	35762372	98124428
2023	38184526	28294535	37047410	103526471
2024	40274506	29545173	38237264	108056943
2025	42343963	30958358	39301332	112603653
2026	44285697	32208108	40317098	116810903
2027	45804523	33413312	41137751	120355585

续表

年份	男性	女干部	女工人	合计
2028	48167769	34561974	42047979	124777722
2029	50219025	35611663	42969103	128799791
2030	52604653	36534640	43778681	132917973
2031	54652658	37403518	44628899	136685075
2032	56590177	38076464	45698247	140364887
2033	58377656	38832690	46489714	143700061
2034	59916804	39593327	47235406	146745538
2035	61179270	40237608	47951447	149368326
2036	62327998	40918630	48853999	152100627
2037	63050894	41810010	49952264	154813168
2038	63913103	42424103	50942459	157279665
2039	64787262	42990926	52091955	159870143
2040	65412720	43528546	53306515	162247781
2041	66072257	44246273	53927954	164246484
2042	67106261	45155712	54440399	166702371
2043	67601716	45955034	54931608	168488358
2044	68005189	46910397	55175576	170091163
2045	68357982	47923809	55197828	171479618
2046	69056446	48351291	54975121	172382858
2047	70173224	48668724	55365533	174207481
2048	71106380	48965770	55785360	175857511
2049	72336657	49019186	56064264	177420107
2050	73687221	48853330	56420576	178961127
2051	73984029	48447327	56742758	179174115
2052	74123821	48654569	56998832	179777222
2053	74230843	48888843	57191515	180311201
2054	73939865	48989863	57566650	180496378
2055	73348815	49172713	57918173	180439702
2056	72380604	49333439	58312392	180026436
2057	72886258	49439966	58720597	181046821
2058	73564390	49498252	59136458	182199100

年份	男性	女干部	女工人	合计
2059	74016963	49753546	59532362	183302871
2060	74764592	50013715	59676788	184455095
2061	75503037	50320803	60171482	185995321
2062	76173759	50661258	60685440	187520458
2063	76740701	50999619	61175638	188915959
2064	77740009	51305659	61634757	190680425
2065	78761528	51374218	62087377	192223123
2066	79918161	51807963	62508019	194234143
2067	81145697	52262151	62884671	196292519
2068	82486305	52731942	63207475	198425723
2069	83820487	53172275	63435086	200427848
2070	84458595	53599415	63591602	201649612
2071	85851384	53984222	63668458	203504065
2072	87262400	54330250	63680094	205272745
2073	88656691	54615863	63626551	206899105
2074	90003387	54829598	63518260	208351245
2075	91275674	54974112	63365259	209615045
2076	92441990	55051821	63177594	210671405
2077	93469411	55057775	62959298	211486484
2078	94332713	55004434	62724104	212061250
2079	94982536	54886805	62451588	212320930
2080	95429177	54719171	62150903	212299251
2081	95687903	54517872	61834488	212040263
2082	95744328	54283133	61499672	211527134
2083	95603937	54014698	61138517	210757152
2084	95318104	53729249	60777860	209825213
2085	94891969	53418259	60402952	208713180
2086	94345195	53083929	60006187	207435311
2087	93680207	52719695	59572050	205971951
2088	92914659	52324757	59096825	204336241
2089	92063915	51915737	58592661	202572312

年份	男性	女干部	女工人	合计
2090	91123183	51476244	58044209	200643636
2091	90116217	51006192	57452685	198575094
2092	89091883	50531592	56845992	196469468
2093	88021643	50024448	56198005	194244096
2094	86913808	49480690	55505328	191899826
2095	85783385	48912057	54782386	189477829
2096	84623133	48315014	54029533	186967679
2097	83430766	47691068	53252430	184374264
2098	82147746	47001650	52414938	181564334
2099	80826164	46281223	51554055	178661442
2100	79483311	45541462	50681233	175706005

前文分析了在职职工和退休职工中男性、女干部和女工人的参保情况，发现参保人数都是由增至减波动变化的。下面将对城镇职工基本医疗保险参保的职工总人数进行分析，仍然将职工参保人群分为男性、女干部和女工人三类。

城镇职工基本医疗保险的参保总人数在2018—2100年的变化趋势是先上升后下降至低于2018年的总参保人数。2018年的总参保人数为3.1681亿人，2019年参保人数为3.2220亿人，相比2018年参保人数增长了0.0539亿人，持续增长至2033年，达3.9911亿人，2034年参保人数突破4亿人，参保总人数达4.0496亿人，一直增长至2052年，为4.5584亿人，相比2018年职工总参保人数增长了1.3903亿人。从2053年参保总人数开始下降，从2053年的4.5571亿人下降至2079年的3.9966亿人，到2100年参保人数降至2.9466亿人，相比2018年参保人数下降了0.2215亿人。

城镇男性职工参保人数在2018—2100年的变化趋势是先升后降，在2054年达到参保人数的峰值后便开始逐年下降。2018年为1.6021亿人，2019年为1.6307亿人，从2018年开始持续上升至2031年的1.9948亿人，2032年突破2亿人，男性参保人数达2.0192亿人，逐年增长至2053年的2.3670亿人，与2018年相比，男性职工参保人数增长了0.7649亿人。从2054年开始，男性职工参保人数逐年下降，从2054年的2.3667亿人下降突破2亿人，至2084年的1.9800亿人，到2100年参保人数下降至1.5191亿人。

城镇女干部参保人数在2018—2100年与男性职工参保人数呈同趋势变化，但参保人数的峰值出现在2051年。2018年的参保人数为0.7854亿人，2019为0.7980亿人，相比上2018年增长了0.0126亿人，随后逐年上涨，到2036年突破1亿人，女干部参保人数达1.0109亿人，持续增长至2051年达到峰值1.0974亿人。从2052年开始，女干部参保人数逐年下降，从2054年的1.0948亿人下降至2100年0.7137亿人，相比2018年女干部的参保人数是减少的。

　　城镇女工人参保人数在 2018—2100 年与女干部参保人数呈同趋势变化，且参保人数的峰值也出现在 2051 年。参保人数 2018 年为 0.7806 亿人，2019 年为 0.7932 亿人，相比 2018 年增长了 0.0126 亿人。随后逐年增长，与城镇职工女干部参保人数一样，到 2036 年突破 1 亿人，女工人参保人数达 1.0066 亿人，增长至 2051 年达到峰值 1.0950 亿人，相比 2018 年女工人参保人数增长了 0.3144 亿人。从 2052 年开始，参保人数逐年下降，从 2052 年的 1.0948 亿人下降至 2100 年的 0.7137 亿人，减少了 0.3811 亿人。2100 年城镇女工人的参保人数相比 2018 年减少了 0.0669 亿人。具体见表 3-9。

表 3-9　2018—2100 年城镇职工基本医疗保险参保职工总人数（单位：人）

年份	男性	女干部	女工人	合计
2018	160205687	78541476	78062837	316810000
2019	163070120	79801830	79324147	322196097
2020	166097395	81103638	80626992	327828024
2021	168835090	82271995	81796478	332903563
2022	171836298	83530306	83056025	338422629
2023	174789274	84761844	84288919	343840037
2024	177605363	85931153	85459721	348996238
2025	180304570	87045985	86576220	353926775
2026	183451644	88346253	87878329	359676226
2027	186548285	89626167	89160290	365334742
2028	189735286	90941678	90478087	371155051
2029	192944286	92261297	91800293	377005876
2030	196221185	93583312	93125181	382929678
2031	199475509	94864714	94409752	388749975
2032	201922593	95865094	95413664	393201351
2033	205152003	97204759	96757254	399114017
2034	208347252	98530135	98086982	404964369
2035	211485762	99832229	99393974	410711965
2036	214526667	101093852	100661150	416281670
2037	217441581	102302634	101876147	421620363
2038	220197698	103445203	103025660	426668560
2039	222767222	104508000	104096230	431371451
2040	225121875	105479331	105076082	435677287
2041	227218021	106339148	105945209	439502379
2042	229067701	107092063	106708319	442868083

年份	男性	女干部	女工人	合计
2043	230674276	107738926	107366433	445779634
2044	232035945	108278780	107918603	448233327
2045	233170547	108717382	108370768	450258698
2046	234103400	109064918	108733160	451901478
2047	234854705	109329642	109013962	453198309
2048	235452764	109522993	109224395	454200152
2049	235919786	109653692	109373156	454946634
2050	236273159	109727943	109466096	455467198
2051	236511903	109742238	109499690	455753831
2052	236652781	109703099	109480117	455835997
2053	236695027	109609997	109406854	455711879
2054	236664322	109477022	109293715	455435059
2055	236554881	109301019	109137462	454993362
2056	236389945	109095360	108951035	454436339
2057	236165801	108859463	108733733	453758998
2058	235863945	108586140	108477950	452928035
2059	235491963	108281771	108189738	451963472
2060	235052742	107952278	107874758	450879777
2061	234525710	107582325	107517581	449625616
2062	233930585	107187162	107133355	448251103
2063	233203885	106731370	106686702	446621958
2064	232357741	106220043	106182877	444760660
2065	231441347	105684716	105657879	442783942
2066	230434263	105117482	105099170	440650915
2067	229339613	104519370	104508133	438367117
2068	228161431	103897096	103891282	435949809
2069	226861526	103222300	103222300	433306127
2070	225481475	102525063	102525063	430531601
2071	224001589	101791653	101791653	427584894
2072	222447503	101038691	101038691	424524886
2073	220814387	100261611	100261611	421337609
2074	219100879	99458624	99458624	418018126

续表

年份	男性	女干部	女工人	合计
2075	217312257	98632653	98632653	414577563
2076	215449444	97785904	97785904	411021253
2077	213510430	96916495	96916495	407343420
2078	211507450	96032211	96032211	403571872
2079	209423068	95120579	95120579	399664225
2080	207267340	94188601	94188601	395644542
2081	205053948	93244560	93244560	391543069
2082	202771265	92281312	92281312	387333889
2083	200409631	91291066	91291066	382991762
2084	197999830	90297059	90297059	378593947
2085	195526256	89287004	89287004	374100264
2086	192986278	88257436	88257436	369501149
2087	190363787	87196667	87196667	364757121
2088	187658609	86103765	86103765	359866138
2089	184894298	84991433	84991433	354877163
2090	182055815	83845666	83845666	349747147
2091	179158272	82670656	82670656	344499585
2092	176243073	81496544	81496544	339236162
2093	173284211	80298515	80298515	333881240
2094	170284879	79073487	79073487	328431854
2095	167266998	77834938	77834938	322936874
2096	164234469	76582636	76582636	317399741
2097	161195238	75320594	75320594	311836427
2098	158097821	74011775	74011775	306121371
2099	154998558	72691159	72691159	300380876
2100	151918486	71369659	71369659	294657805

综上所述，城镇职工基本医疗保险参保职工人数变化趋势总体都是先上升后下降，参保总职工人数在2018—2042年上升幅度明显，2042—2066年变化平稳，2066年开始参保总职工人数出现下降。参保在职职工数上升幅度较参保退休职工数上升幅度要小，变化不明显，2018—2045年缓慢上升，2045—2064年变化平稳，2064年开始下降趋势明显。参保退休职工人数相比参保总职工人数和参保在职职工人数的趋势线总体变化不大，总体是上升的，从2018年开始逐年上升，2018—2057年上升较快，2057—2082年上升幅度较

小，2086年开始参保退休人员开始下降。2075年参保退休人员人数开始超过参保在职职工人数(如图3-1所示)。

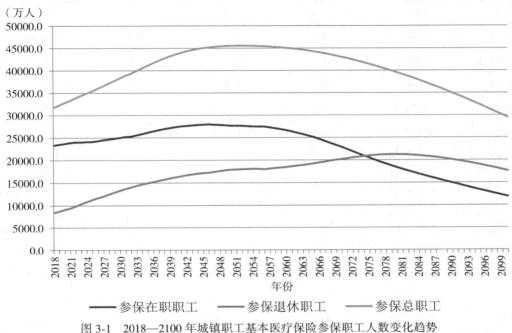

图 3-1　2018—2100年城镇职工基本医疗保险参保职工人数变化趋势

二、城镇职工基本医疗保险基金收支运行状况

(一)基金收入

城镇职工基本医疗保险基金收入和支出，以及结余情况都是影响医疗保险基金可持续发展的重要因素，基金收支平衡与否、结余多少以及收不抵支这三种情形对于基金的发展影响程度不一。基金的当期结余展现当期基金收支的情况，基金的累计结余是对基金长远发展的评估。

由表3-10可以发现，城镇职工基本医疗保险基金收入2018—2100年呈现先增长后下降的趋势，到2070年基金收入达到峰值。2018年基金收入为8122.82亿元，2019年基金收入8761.93亿元，相比2018年增长639.11亿元。2021年基金收入增长至10146.89亿元，2032年基金收入增长至20586.92亿元，2039年基金收入增长至31552.82亿元，2044年基金收入增长至40475.06亿元，2050年基金收入为51157.38亿元，2055年基金收入为60329.90亿元，2063年基金收入为70694.83亿元，2070年基金收入达到峰值，为72832.18亿元，相比2018年基金收入增长了约8倍，2018—2070年基金收入一直是逐年增长的，年均增长速度为4.31%。从2071年开始城镇基本医疗保险基金收入出现下降，从2071年的72730.50亿元下降至2100年68562.69亿元，基金收入下降了4167.81亿元，年均降幅为 0.2%，相比 2018 年基金收入增长了 60439.87 亿元。

表 3-10　2018—2100 年城镇职工基本医疗保险基金收入状况（单位：亿元）

年份	基金收入	年份	基金收入	年份	基金收入
2018	8122.82	2046	44205.98	2074	72217.46
2019	8761.93	2047	45887.41	2075	72009.04
2020	9448.49	2048	47612.03	2076	71796.25
2021	10146.89	2049	49371.33	2077	71589.92
2022	10874.74	2050	51157.38	2078	71401.27
2023	11582.34	2051	52961.99	2079	71244.51
2024	12367.31	2052	54712.42	2080	71118.60
2025	13192.17	2053	56492.36	2081	71020.68
2026	14073.07	2054	58371.51	2082	70949.50
2027	15047.29	2055	60329.90	2083	70898.06
2028	16041.16	2056	62107.26	2084	70860.81
2029	17129.84	2057	63574.71	2085	70829.78
2030	18289.72	2058	65005.75	2086	70795.55
2031	19454.12	2059	66444.38	2087	70749.69
2032	20586.92	2060	67868.14	2088	70685.23
2033	21940.61	2061	68835.22	2089	70603.90
2034	23401.54	2062	69780.06	2090	70502.26
2035	24987.39	2063	70694.83	2091	70379.07
2036	26521.61	2064	71442.70	2092	70233.19
2037	28124.52	2065	72214.43	2093	70067.50
2038	29816.50	2066	72440.47	2094	69879.59
2039	31552.82	2067	72587.26	2095	69672.92
2040	33365.75	2068	72647.22	2096	69454.52
2041	35100.11	2069	72650.82	2097	69230.53
2042	36800.85	2070	72832.18	2098	69005.67
2043	38613.63	2071	72730.50	2099	68782.29
2044	40475.06	2072	72586.51	2100	68562.69
2045	42393.29	2073	72412.74		

（二）基金支出

由表 3-11 可以发现，城镇职工基本医疗保险支出在 2018—2100 年的变化是逐年增加。2018 年为 6494.61 亿元，2019 年为 7172.18 亿元，相比 2018 年增长了 677.57 亿元。2023 年基金支出达 10407.87 亿元，2031 年基金支出达 20547.45 亿元，2037 年基金支出达 32172.95 亿元，2041 年基金支出达 41658.01 亿元，2045 年基金支出达 52780.44 亿元，2060 年基金支出突破 100489.21 亿元，持续增长至 2091 年基金支出为 201080.10 亿元，直至 2100 年增长至 218443.66 亿元，相比 2018 年基金支出增长了 32.63 倍，2018—2100 年基金支出年均增长速度达 4.38%，明显高于基金收入的增长速度。

表 3-11　2018—2100 年城镇职工基本医疗保险基金支出状况（单位：亿元）

年份	基金支出	年份	基金支出	年份	基金支出
2018	6494.61	2046	55542.39	2074	146947.25
2019	7172.18	2047	58442.48	2075	150235.48
2020	7906.90	2048	61379.72	2076	153770.68
2021	8656.49	2049	64393.98	2077	157308.21
2022	9485.75	2050	67470.17	2078	160853.39
2023	10407.87	2051	70333.86	2079	164368.52
2024	11384.34	2052	73560.13	2080	167855.17
2025	12461.90	2053	76890.07	2081	171319.33
2026	13538.37	2054	80359.86	2082	174731.92
2027	14749.65	2055	83965.81	2083	178060.12
2028	16090.46	2056	87139.29	2084	181334.22
2029	17506.68	2057	90363.85	2085	184522.24
2030	19018.90	2058	93665.17	2086	187612.75
2031	20547.45	2059	97059.34	2087	190567.23
2032	22153.04	2060	100489.21	2088	193377.73
2033	23960.65	2061	103436.99	2089	196083.20
2034	25889.63	2062	106791.35	2090	198645.98
2035	27956.63	2063	110233.26	2091	201080.10
2036	29993.67	2064	113662.07	2092	203468.21
2037	32172.95	2065	117110.12	2093	205743.93
2038	34435.27	2066	120216.73	2094	207888.73
2039	36799.22	2067	123354.39	2095	209940.85

续表

年份	基金支出	年份	基金支出	年份	基金支出
2040	39257.82	2068	126529.08	2096	211898.36
2041	41658.01	2069	129826.05	2097	213770.18
2042	44234.18	2070	133165.75	2098	215420.68
2043	46943.48	2071	136553.09	2099	216966.86
2044	49803.80	2072	139991.33	2100	218443.66
2045	52780.44	2073	143466.86		

城镇职工基本医疗保险基金支出 2018—2100 年的变化趋势较基金收入差别较大。如图 3-2 所示，基金收入先上升后下降，2018—2066 年缓慢上升，从 2070 年开始基金收入开始下降，但是下降速度平稳，幅度较小。基金支出呈现出上升趋势，2018—2086 年基金支出增长幅度加大，2086 年之后开始缓慢增长。2028 年开始出现基金支出大于基金收入，城镇职工基本医疗保险基金收不抵支的情况，且基金支出的年均增长速度快于基金收入的年均增长速度，需要采取相应措施调整基金收入和基金支出，确保城镇职工基本医疗保险基金收支平衡，维持基金的可持续发展。

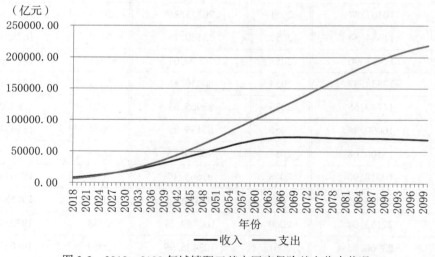

图 3-2　2018—2100 年城镇职工基本医疗保险基金收支状况

三、城镇职工基本医疗保险基金结余状况

(一)基金当期结余

结合表 3-10 和表 3-11，城镇职工基本医疗保险基金当期结余在 2028 年出现收不抵支

的情况，2018 年城镇职工基本医疗保险当期结余 1628.21 亿元，2019 年当期结余为 1589.75 亿元，较 2018 年减少了 38.46 亿元，随后基金当期结余逐年下降，到 2027 年基金当期结余下降至 297.64 亿元，相比 2018 年基金当期结余减少了 1330.57 亿元。2028 年基金当期结余出现赤字，基金支出与基金收入差距逐年加大，当期结余从 2028 年的 −49.30 亿元，减少至 2080 年的 −96736.57 亿元，2081 年基金当期结余赤字继续扩大，从 −100298.64 亿元减少至 2100 年的 −149880.96 亿元（见表 3-12）。政府需尽早采取基金风险防范措施，以改善城镇职工基本医疗保险基金赤字状况。

表 3-12 2018—2100 年城镇职工基本医疗保险基金当期结余状况（单位：亿元）

年份	当期结余	年份	当期结余	年份	当期结余
2018	1628.21	2046	−11336.41	2074	−74729.78
2019	1589.75	2047	−12555.07	2075	−78226.44
2020	1541.59	2048	−13767.68	2076	−81974.43
2021	1490.40	2049	−15022.65	2077	−85718.30
2022	1388.99	2050	−16312.78	2078	−89452.12
2023	1174.47	2051	−17371.87	2079	−93124.01
2024	982.97	2052	−18847.71	2080	−96736.57
2025	730.27	2053	−20397.71	2081	−100298.64
2026	534.70	2054	−21988.35	2082	−103782.42
2027	297.64	2055	−23635.90	2083	−107162.06
2028	−49.30	2056	−25032.02	2084	−110473.42
2029	−376.84	2057	−26789.14	2085	−113692.46
2030	−729.18	2058	−28659.43	2086	−116817.21
2031	−1093.33	2059	−30614.95	2087	−119817.54
2032	−1566.13	2060	−32621.07	2088	−122692.50
2033	−2020.04	2061	−34601.77	2089	−125479.30
2034	−2488.09	2062	−37011.29	2090	−128143.72
2035	−2969.24	2063	−39538.43	2091	−130701.04
2036	−3472.06	2064	−42219.37	2092	−133235.02
2037	−4048.43	2065	−44895.69	2093	−135676.43
2038	−4618.77	2066	−47776.26	2094	−138009.14
2039	−5246.41	2067	−50767.13	2095	−140267.93
2040	−5892.08	2068	−53881.86	2096	−142443.84
2041	−6557.91	2069	−57175.23	2097	−144539.66

续表

年份	当期结余	年份	当期结余	年份	当期结余
2042	−7433.34	2070	−60333.57	2098	−146415.01
2043	−8329.85	2071	−63822.59	2099	−148184.58
2044	−9328.74	2072	−67404.83	2100	−149880.96
2045	−10387.15	2073	−71054.12		

由图 3-3 可以更清晰地看到，城镇职工基本医疗保险基金当期结余在 2018—2100 年呈现出下滑趋势，2018—2038 年基金当期结余缓慢下降，2042 年开始基金当期结余下降速度增快，2074 年基金当期结余下降速度再次增快，呈现急剧下降趋势。

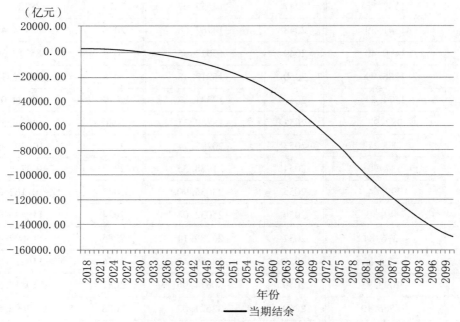

图 3-3　2018—2100 年城镇职工基本医疗保险基金当期结余状况

（二）基金累计结余

由表 3-13 可以看出，城镇职工基本医疗保险基金累计结余在 2018 年为 11466.00 亿元，2019 年为 13382.14 亿元，较 2018 年增长 1916.14 亿元。基金累计结余从 2018 年的 11466.00 亿元逐年增长至 2029 年的 26492.24 亿元，年均增长速度为 7.91%。从 2030 年开始，基金累计额结余呈下降趋势，2040 年出现累计结余为负的现象，2040 年基金累计结余为 −3336.57 亿元，出现累计赤字，累计赤字一直持续到 2100 年，并且赤字程度不断加深，2100 年基金累计结余赤字达 7093603.26 亿元。

表 3-13　2018—2100 年城镇职工基本医疗保险基金累计结余状况（单位：亿元）

年份	累计结余	年份	累计结余	年份	累计结余
2018	11466.00	2046	-61658.15	2074	-1507706.50
2019	13382.14	2047	-76068.55	2075	-1625581.26
2020	15296.83	2048	-92082.14	2076	-1750244.58
2021	17206.91	2049	-109782.41	2077	-1881861.95
2022	19060.80	2050	-129247.57	2078	-2020596.92
2023	20741.15	2051	-150284.92	2079	-2166563.95
2024	22267.23	2052	-173360.95	2080	-2319883.03
2025	23572.44	2053	-198602.63	2081	-2480686.22
2026	24709.81	2054	-226105.75	2082	-2649080.35
2027	25632.64	2055	-255985.20	2083	-2825148.48
2028	26222.92	2056	-288042.65	2084	-3009012.44
2029	26492.24	2057	-322702.59	2085	-3200772.53
2030	26407.13	2058	-360146.06	2086	-3400529.48
2031	25946.65	2059	-400530.04	2087	-3608355.69
2032	24990.03	2060	-443979.88	2088	-3824324.40
2033	23544.24	2061	-490546.19	2089	-4048548.79
2034	21582.55	2062	-540746.42	2090	-4281109.82
2035	19078.65	2063	-594791.97	2091	-4522106.13
2036	15996.76	2064	-652936.63	2092	-4771724.68
2037	12247.04	2065	-715278.12	2093	-5030086.14
2038	7818.97	2066	-782130.74	2094	-5297297.66
2039	2636.88	2067	-853720.32	2095	-5573504.73
2040	-3336.57	2068	-930292.23	2096	-5858847.28
2041	-10141.84	2069	-1012154.14	2097	-6153471.61
2042	-18014.56	2070	-1099299.90	2098	-6457383.79
2043	-27003.02	2071	-1192200.56	2099	-6770707.58
2044	-37240.05	2072	-1291095.52	2100	-7093603.26
2045	-48817.88	2073	-1396203.38		

从图 3-4 可以清晰地发现，城镇职工基本医疗保险基金累计结余在 2018—2100 年的趋势变化，2018—2029 年基金累计结余缓慢增长，2034—2046 年基金累计结余出现缓慢

下降，随后几年基金累计结余急剧减少，同时基金累计赤字加深，2062 年基金累计赤字程度加深，降幅扩大。可见，若维持现有制度不变，我国城镇职工基本医疗保险基金在 2040 年及以后不具备财务可持续性，迫切需要政府采取应对措施，以改善城镇职工基本医疗保险基金的财务运行状况。

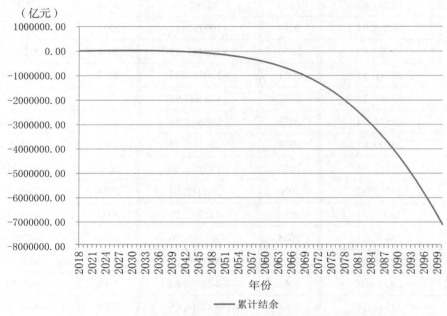

图 3-4　2018—2100 年城镇职工基本医疗保险基金累计结余状况

第四节　城乡居民基本医疗保险基金财务运行状况

本节运用第一节中城乡居民基本医疗保险基金收入模型、支出模型以及累计结余模型并带入相关参数，模拟了 2018—2100 年城乡居民基本医疗保险基金运行状况。本节将从城乡居民基本医疗保险参保人口结构和基金运行状况两方面来预测，探讨城乡居民基本保险基金可持续发展的能力。

一、城乡居民基本医疗保险参保人员的人口结构

城乡居民基本医疗保险参保人员总人数呈逐年下降的趋势。2018 年城乡居民基本医疗保险参保总人数为 10.7409 亿人，2019 年参保总人数为 10.7233 亿人，较 2018 年减少 0.0176 亿人，逐年下降至 2100 年，参保总人数为 2.4749 亿人。相比 2018 年，2100 年参保总人数减少了 8.266 亿人，减少了 76.96%。2018—2100 年的参保总人数年均降幅为 1.77%。

城乡居民基本医疗保险男性参保人数 2018 年为 5.5109 亿人，2019 年为 5.4991 亿人，

较 2018 年减少了 0.0118 亿人，逐年减少至 2100 年，男性参保人数降至 1.2741 亿人。相比 2018 年，2100 年男性参保人数减少了 4.2368 亿人，减少了 76.88%。2018—2100 年男性参保人数年均降幅为 1.80%。

城乡居民基本医疗保险女性参保人数 2018 年为 5.2299 亿人，2019 年为 5.2242 亿人，较 2018 年减少了 0.0057 亿人，逐年减少至 2100 年，女性参保人数降至 1.2008 亿人。2100 年相比 2018 年女性参保人数减少了 4.0291 亿人，减少了 77.04%。2018—2100 年女性参保人数年均降幅为 1.78%。具体见表 3-14。

表 3-14   2018—2100 年城乡居民基本医疗保险参保人数（单位：人）

年份	男性	女性	总人数
2018	551091830	522994208	1074086038
2019	549912234	522420062	1072332296
2020	548112591	521367184	1069479775
2021	546149402	520182274	1066331676
2022	543469376	518421489	1061890865
2023	540404797	516336352	1056741149
2024	537082602	514024203	1051106805
2025	533509527	511491310	1045000837
2026	529157937	508287730	1037445666
2027	524553076	504850074	1029403150
2028	519571359	501075940	1020647298
2029	514310809	497044914	1011355723
2030	508736960	492777770	1001514730
2031	502935443	488342007	991277450
2032	497726016	484254426	981980442
2033	491497743	479247121	970744865
2034	485085187	474033329	959118515
2035	478523789	468643243	947167032
2036	471837618	463094600	934932219
2037	465056085	457411176	922467261
2038	458201004	451614826	909815829
2039	451307042	445729507	897036549
2040	444422846	439800320	884223165
2041	437545584	433815334	871360918

年份	男性	女性	总人数
2042	430681248	427781242	858462490
2043	423813299	421685333	845498633
2044	416942233	415526718	832468950
2045	410057954	409294277	819352231
2046	403145287	402976692	806121980
2047	396184294	396559067	792743361
2048	389166417	390037310	779203727
2049	382083008	383405419	765488427
2050	374923651	376650883	751574534
2051	367722173	369809051	737531224
2052	360486290	362891721	723378011
2053	353196221	355868910	709065131
2054	345886996	348783476	694670472
2055	338563763	341630960	680194723
2056	331257429	334449746	665707175
2057	323990388	327262819	651253208
2058	316769374	320074093	636843467
2059	309643496	312942892	622586388
2060	302646221	305911909	608558130
2061	295743691	298923408	594667099
2062	288979214	292048075	581027288
2063	282266416	285155889	567422306
2064	275637315	278294476	553931791
2065	269170302	271602413	540772714
2066	262829547	265020723	527850269
2067	256618475	258545383	515163858
2068	250545825	252204548	502750373
2069	244542843	245887231	490430074
2070	238673926	239700936	478374862
2071	232898433	233574927	466473360
2072	227255652	227575147	454830800

续表

年份	男性	女性	总人数
2073	221733468	221674377	443407844
2074	216345365	215891201	432236566
2075	211099927	210232779	421332706
2076	206007083	204715642	410722725
2077	201060773	199331656	400392430
2078	196286233	194117406	390403639
2079	191656312	189031474	380687787
2080	187183950	184102312	371286262
2081	182885976	179354045	362240022
2082	178752950	174781013	353533964
2083	174770865	170363350	345134215
2084	170983108	166177685	337160793
2085	167358175	162181084	329539259
2086	163891470	158373872	322265342
2087	160559126	154722105	315281231
2088	157352867	151221800	308574667
2089	154293224	147916061	302209285
2090	151343658	144749477	296093135
2091	148498810	141716951	290215760
2092	145809063	138903452	284712516
2093	143216825	136212454	279429280
2094	140707835	133619219	274327054
2095	138288453	131136478	269424930
2096	135941763	128738015	264679779
2097	133678360	126432377	260110737
2098	131530756	124259661	255790417
2099	129439353	122138954	251578307
2100	127411797	120082906	247494703

如图 3-5 所示，城乡居民基本医疗保险参保人数呈逐年下降趋势。总参保人数从 2018 年开始缓慢下降，到 2030 年下降幅度扩大，2078 年参保人数下降速度变缓。2030 年之后

参保人数小于 10 亿人。男性参保人数和女性参保人数呈现几乎同步的趋势变化。

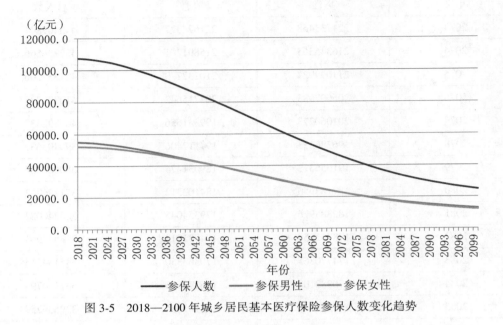

图 3-5　2018—2100 年城乡居民基本医疗保险参保人数变化趋势

二、城乡居民基本医疗保险基金收支状况

(一)基金收入

从表 3-15 可知,城乡居民基本医疗保险基金收入在 2018—2100 年呈现先上升后下降再上升的走势。2018 年城乡居民基本医疗保险基金收入为 7394.85 亿元,2019 年基金收入为 7899.57 亿元,较 2018 年增长了 504.72 亿元,逐年增长到 2065 年,基金收入为 30790.33 亿元。2018—2065 年基金收入持续上涨,年均增长速度为 3.08%。从 2066 年开始,城乡居民基本医疗保险基金收入出现下降趋势,从 2066 年的 30655.64 亿元下降至 2091 年的 27651.90 亿元,2066—2091 年基金收入年均降幅为 0.41%。从 2092 年开始,城乡居民基本医疗保险基金收入出现缓慢增长,从 2092 年的 27670.10 亿元增长至 2100 年的 28181.98 亿元,增长了 511.88 亿元,2092—2100 年基金收入年均增长速度为 0.23%。

表 3-15　2018—2100 年城乡居民基本医疗保险基金收入状况(单位:亿元)

年份	基金收入	年份	基金收入	年份	基金收入
2018	7394.85	2046	25186.03	2074	29411.86
2019	7899.57	2047	25758.76	2075	29243.30

续表

年份	基金收入	年份	基金收入	年份	基金收入
2020	8430.06	2048	26331.56	2076	29077.04
2021	8951.58	2049	26902.81	2077	28912.62
2022	9493.74	2050	27470.36	2078	28755.15
2023	10061.79	2051	27900.57	2079	28600.32
2024	10658.68	2052	28322.94	2080	28451.88
2025	11285.55	2053	28734.23	2081	28313.83
2026	11876.19	2054	29136.18	2082	28186.01
2027	12491.17	2055	29527.54	2083	28066.65
2028	13128.02	2056	29765.59	2084	27966.61
2029	13789.02	2057	29992.90	2085	27881.11
2030	14474.14	2058	30209.15	2086	27811.01
2031	15114.13	2059	30418.84	2087	27752.46
2032	15795.85	2060	30625.43	2088	27705.36
2033	16473.95	2061	30674.53	2089	27676.52
2034	17171.87	2062	30720.23	2090	27658.72
2035	17890.57	2063	30750.93	2091	27651.90
2036	18542.45	2064	30770.31	2092	27670.10
2037	19209.99	2065	30790.33	2093	27699.77
2038	19893.86	2066	30655.64	2094	27737.87
2039	20595.15	2067	30517.24	2095	27787.05
2040	21316.02	2068	30377.53	2096	27843.61
2041	21951.21	2069	30225.76	2097	27910.22
2042	22599.46	2070	30072.44	2098	27995.58
2043	23259.80	2071	29910.76	2099	28085.27
2044	23931.91	2072	29747.51	2100	28181.98
2045	24614.80	2073	29580.41		

（二）基金支出

从表 3-16 可知，城乡居民基本医疗保险基金支出在 2018—2100 年的变化趋势与基金收入趋势相同，呈现先上升后下降再上升的走势。2018 年基金支出为 7117.59 亿元，2019 年为 7747.23 亿元，较 2018 年增长了 629.64 亿元。基金支出逐年上涨，到 2065 年基金支出为 51656.53 亿元，相比 2018 年基金支出增长了 44538.94 亿元。与基金收入趋势相同，2018—2065 年基金支出处于上涨趋势，年均增长速度为 4.31%，可见，这期间的基金支出增速大于基金收入增速。从 2066 年开始，基金支出出现下降趋势，一直从 2066 年的 51418.41 亿元下降至 2092 年的 43258.87 亿元，与 2066 年相比，2092 年基金支出减少了 8159.54 亿元。2066—2092 年基金支出的年均降幅为 0.66%。从 2093 年开始，基金支出出现缓慢增长趋势，从 2093 年的 43276.00 亿元增长至 2100 年的 44309.49 亿元，基金支出增长了 1033.49 亿元，2093—2100 年的基金支出年均增长速度为 0.34%。

表 3-16　2018—2100 年城乡居民基本医疗保险基金支出状况（单位：亿元）

年份	基金支出	年份	基金支出	年份	基金支出
2018	7117.59	2046	37317.95	2074	48643.10
2019	7747.23	2047	38572.58	2075	48191.33
2020	8420.99	2048	39803.08	2076	47755.35
2021	9099.62	2049	41037.83	2077	47314.36
2022	9807.72	2050	42290.07	2078	46884.13
2023	10574.33	2051	43374.69	2079	46450.36
2024	11364.58	2052	44433.80	2080	46025.70
2025	12222.23	2053	45463.52	2081	45623.72
2026	13038.62	2054	46512.67	2082	45243.46
2027	13954.11	2055	47589.53	2083	44877.87
2028	14951.32	2056	48301.86	2084	44563.68
2029	15980.59	2057	48979.86	2085	44284.16
2030	17064.84	2058	49644.00	2086	44041.76
2031	18130.46	2059	50280.04	2087	43823.40
2032	19224.36	2060	50915.39	2088	43629.72
2033	20406.27	2061	51249.34	2089	43484.63
2034	21632.87	2062	51430.34	2090	43365.47
2035	22936.56	2063	51567.13	2091	43273.81

续表

年份	基金支出	年份	基金支出	年份	基金支出
2036	24149.85	2064	51626.46	2092	43258.87
2037	25424.53	2065	51656.53	2093	43276.00
2038	26717.80	2066	51418.41	2094	43319.95
2039	28047.37	2067	51141.03	2095	43399.43
2040	29410.61	2068	50844.25	2096	43502.45
2041	30689.78	2069	50522.76	2097	43639.88
2042	31979.61	2070	50183.00	2098	43843.51
2043	33305.31	2071	49819.99	2099	44063.31
2044	34685.79	2072	49438.83	2100	44309.49
2045	36108.64	2073	49047.96		

从图 3-6 可以清晰地看到，2018—2100 年，城乡居民基本医疗保险基金收入和基金支出的变化趋势都是先上升后下降再缓慢上升的。基金收入与支出都是从 2018 年起显著上升至 2065 年，然后从 2065 年开始出现缓慢下降走势，至 2092 年左右又开始缓慢上升。基金支出在 2021 年开始高于基金收入，出现收不抵支的情况，并且在此之后，基金支出与基金收入的差距逐步扩大。基金支出的变化幅度高于基金收入的变化幅度，基金支出的增长速度快于基金收入的增长速度。

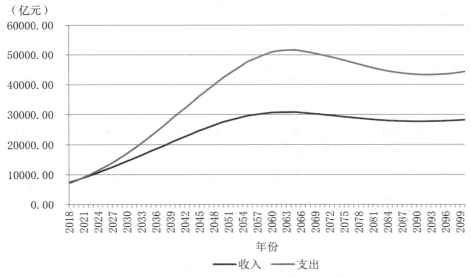

图 3-6 2018—2100 年城乡居民基本医疗保险基金收支状况

三、城乡居民基本医疗保险基金结余状况

(一)基金当期结余

结合表 3-15 和表 3-16,2018 年的城乡居民基本医疗保险基金当期结余为 277.26 亿元,2019 年为 152.34 亿元,2020 年减少至 9.07 亿元。从 2021 年开始,基金当期结余出现赤字,一直逐年下降,到 2065 年基金当期结余为-20866.20 亿元,相比 2018 年减少了 21143.46 亿元。从 2066 年开始当期结余赤字情况出现回暖,从 2066 年的-20762.77 亿元回升至 2093 年的-15576.23 亿元。2094 年开始基金当期结余继续减少,赤字在 2094—2100 年再次出现增大,年均增长速度为 0.49%,基金当期结余从 2094 年的-15582.08 亿元缓慢减少至 2100 年的-16127.52 亿元(见表 3-17)。

表 3-17　2018—2100 年城乡居民基本医疗保险当期结余状况(单位:亿元)

年份	当期结余	年份	当期结余	年份	当期结余
2018	277.26	2046	-12131.92	2074	-19231.23
2019	152.34	2047	-12813.82	2075	-18948.03
2020	9.07	2048	-13471.51	2076	-18678.32
2021	-148.04	2049	-14135.02	2077	-18401.74
2022	-313.99	2050	-14819.71	2078	-18128.98
2023	-512.54	2051	-15474.12	2079	-17850.04
2024	-705.91	2052	-16110.86	2080	-17573.82
2025	-936.69	2053	-16729.30	2081	-17309.88
2026	-1162.43	2054	-17376.49	2082	-17057.45
2027	-1462.93	2055	-18061.99	2083	-16811.22
2028	-1823.29	2056	-18536.27	2084	-16597.06
2029	-2191.57	2057	-18986.96	2085	-16403.05
2030	-2590.70	2058	-19434.86	2086	-16230.75
2031	-3016.33	2059	-19861.21	2087	-16070.95
2032	-3428.50	2060	-20289.95	2088	-15924.37
2033	-3932.31	2061	-20574.81	2089	-15808.11
2034	-4461.01	2062	-20710.11	2090	-15706.75
2035	-5045.98	2063	-20816.21	2091	-15621.92

续表

年份	当期结余	年份	当期结余	年份	当期结余
2036	−5607.41	2064	−20856.15	2092	−15588.77
2037	−6214.54	2065	−20866.20	2093	−15576.23
2038	−6823.94	2066	−20762.77	2094	−15582.08
2039	−7452.22	2067	−20623.79	2095	−15612.38
2040	−8094.60	2068	−20466.73	2096	−15658.84
2041	−8738.57	2069	−20296.99	2097	−15729.65
2042	−9380.15	2070	−20110.56	2098	−15847.93
2043	−10045.51	2071	−19909.24	2099	−15978.04
2044	−10753.88	2072	−19691.32	2100	−16127.52
2045	−11493.85	2073	−19467.55		

从图 3-7 可以看出，城乡居民基本医疗保险基金在 2018—2100 年的当期结余呈现出 V 字形变化趋势。2018—2065 年基金当期结余逐年下降，下降速度逐年加快，在 2065 年出现基金当期结余最低值，2066 年开始基金当期结余出现缓慢上升，上升趋势持续到 2094 年，2094 年之后基金当期结余再次出现缓慢下降的趋势。

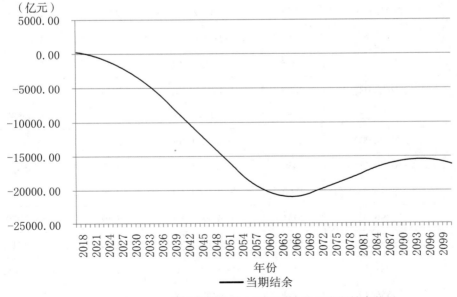

图 3-7　2018—2100 年城乡居民基本医疗保险基金当期结余状况

（二）基金累计结余

由表 3-18 可以看出，城乡居民基本医疗保险基金累计结余在 2018 年为 4372.30 亿元，2019 年为 4637.76 亿元，较 2018 年增长了 265.46 亿元。持续增长至 2020 年的 4763.00 亿元后基金累计结余出现下降，逐年下降至 2027 年，基金累计结余仅为 33.03 亿元，相比 2020 年下降了 99.31%，较 2026 年下降幅度最大，下降了 97.79%。从 2028 年开始，城乡居民基本医疗保险基金累计结余出现赤字，为 −1835.02 亿元。随后赤字逐年加大，赤字程度不断加深，直至 2100 年基金累计结余赤字高达 2593128.79 亿元，赤字程度不断加深。2028—2100 年赤字年均增长速度为 9.25%。

表 3-18　2018—2100 年城乡居民基本医疗保险基金累计结余状况（单位：亿元）

年份	累计结余	年份	累计结余	年份	累计结余
2018	4372.30	2046	−148620.83	2074	−1039284.30
2019	4637.76	2047	−165470.52	2075	−1084688.14
2020	4763.00	2048	−183415.58	2076	−1130950.62
2021	4730.33	2049	−202489.37	2077	−1178086.17
2022	4526.76	2050	−222741.81	2078	−1226120.53
2023	4114.57	2051	−244171.33	2079	−1275069.83
2024	3493.88	2052	−266789.24	2080	−1324959.74
2025	2621.13	2053	−290606.51	2081	−1375826.36
2026	1495.16	2054	−315682.57	2082	−1427705.91
2027	33.03	2055	−342088.17	2083	−1480630.06
2028	−1835.02	2056	−369640.05	2084	−1534657.80
2029	−4127.25	2057	−398342.68	2085	−1589837.37
2030	−6885.90	2058	−428221.98	2086	−1646219.83
2031	−10149.79	2059	−459285.27	2087	−1703848.05
2032	−13917.75	2060	−491564.60	2088	−1762766.72
2033	−18296.31	2061	−524942.89	2089	−1823039.21
2034	−23326.25	2062	−559294.33	2090	−1884714.61
2035	−29081.54	2063	−594613.30	2091	−1947844.94
2036	−35556.17	2064	−630856.18	2092	−2012519.55
2037	−42814.97	2065	−668015.44	2093	−2078798.17

续表

年份	累计结余	年份	累计结余	年份	累计结余
2038	−50879.88	2066	−705997.66	2094	−2146739.76
2039	−59790.41	2067	−744786.98	2095	−2216410.94
2040	−69582.13	2068	−784385.05	2096	−2287871.52
2041	−80278.72	2069	−824799.10	2097	−2361191.21
2042	−91900.33	2070	−866032.40	2098	−2436465.12
2043	−104494.49	2071	−908090.17	2099	−2513754.23
2044	−118129.57	2072	−950976.03	2100	−2593128.79
2045	−132864.01	2073	−994704.67		

　　从图 3-8 可以看到, 城乡居民基本医疗保险基金累计结余在 2018—2100 年总体呈现下降趋势。2028 年基金累计结余出现赤字现象, 随后赤字逐年扩大, 累计结余下降速度加快, 降幅加大。可见, 城乡居民基本医疗保险基金在测算期 2018—2100 年内基金的内源性融资不足以保证医疗保险待遇的兑现。若维持现有筹资制度不变, 我国城乡居民基本医疗保险基金在 2028 年及以后不具备财务可持续性, 迫切需要政府采取相关政策干预, 以改善城乡居民基本医疗保险基金的财务运行状况。

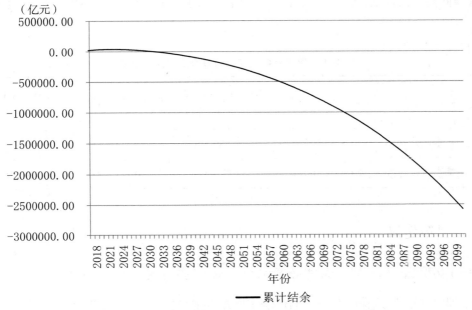

图 3-8　2018—2100 年城乡居民基本医疗保险基金累计结余状况

第五节　小结与对策建议

一、结论

城镇职工基本医疗保险基金和城乡居民基本医疗保险基金将成为我国社会医疗保险基金的两大主要组成部分。本章运用精算模型对两种医疗保险基金的运行状况进行预测以及对基金可持续发展能力进行评估，发现以下趋势。

第一，城镇职工基本医疗保险参保职工人数变化趋势总体都是先上升后下降，2066年开始参保总职工人数开始下降，参保退休职工相比参保在职职工的人数趋势总体是上升的，在2086年开始出现下降。从2075年开始，参保退休人员人数超过参保在职职工人数。城镇职工基本医疗保险基金支出相对于基金收入一直处于上涨趋势，2028年开始基金出现收不抵支的情况，且基金支出的年均增长速度快于基金收入的年均增长速度，而累计结余从2030年开始出现下降并最终在2040年出现赤字。

第二，城乡居民基本医疗保险参保人员总人数从2018年开始呈逐年下降趋势。城乡居民基本医疗保险基金支出与基金收入的变化都是呈先上涨后下降再缓慢上涨的趋势，2021年开始基金出现收不抵支的情况，且基金支出的年均增长速度快于基金收入的年均增长速度，基金累计结余从2028年开始出现赤字，且赤字逐年扩大。

精算模型测算结果（见表3-19）显示，我国城镇职工基本医疗保险和城乡居民基本医疗保险基金运行情况不是很乐观，迫切需要政府提前采取政策干预以及实施风险防范措施，以降低基金累计结余赤字，增强基金保值增值的能力，促进社会医疗保险基金可持续发展。

表3-19　我国社会医疗保险基金财务运行状况

险种	当期结余赤字时点	2100年当期结余赤字（亿元）	累计结余赤字时点	2100年累计结余赤字（亿元）
城镇职工基本医疗保险	2028—2100年	149880.96	2040—2100	7093603.26
城乡居民基本医疗保险	2021—2100年	16127.52	2028—2100	2593128.79

二、对策建议

（一）拓宽筹资范围，调整筹资机制，逐渐实行延缓退休政策

城镇职工基本医疗保险和城乡居民基本医疗保险分别在2028年和2021年会出现当期结余赤字，在2040年和2028年出现累计结余赤字，基金收支出现不平衡。目前城镇职工基本医疗保险退休职工不缴费，所以在人口老龄化加速的形势下，医保基金支出必然会造

成严重压力，甚至一些地区已经出现赤字。建议逐步在部分地区展开试点，实施参加城镇职工基本医疗保险的退休人员缴费和逐渐实行延迟退休政策，延迟退休可以将退休人群在一定时间里从医保基金消费群体转变为缴费人群，增加医保基金的收入，逐步缓解医保基金筹集压力。可以适当提高医保基金的统筹层次，参照养老保险省级统筹的方式，学习其经验规避其问题，逐步实现全国统筹。通过提高统筹层次可以使医保基金盈余地区弥补亏空地区的医保基金，必然会引致部分地区利益受损而不满，形成对提高统筹层次的阻力。城乡居民基本医疗保险可以通过适当提高个人缴费比例来补充医保基金收入，逐步完善财政补贴与个人缴费的合理分担机制，强化个人保险意识和费用控制意识，避免制度的"福利化"倾向，使得个人缴费水平与社会经济发展水平相适应。

(二)进一步明确财政对城镇职工基本医疗保险的责任

城镇职工基本医疗保险基金主要以用人单位和参保人员缴费为筹资渠道，同时，政府对于医保基金承担最后兜底的责任。由于我国财政体制的缺陷，目前各级政府对于医保基金的兜底责任尚不明晰，以致医保基金主要是以地方财政的保障为主，而缺乏中央财政的保障。目前，需要尽快落实的城镇职工基本医疗保险的财政责任主要有：城镇职工基本医疗保险制度建立前的老职工的医疗费用，这是因制度转轨而显性化的历史债务；破产企业退休人员和困难企业职工的医疗保险费用(主要在东北地区)；转制企业的有关社会医疗保险成本(主要在东北地区)；部分政策性提前退休者的社会医疗保险成本。

(三)深化改革医保基金偿付方式，积极推进复合偿付方式

我国已进入"未富先老"的老龄化社会。在这个过程中，医疗费用快速增长和负担加重是造成医保基金支出快速增长的主要原因之一，对我国医保基金的长期收支平衡带来了巨大压力。各国医疗保险制度发展与改革的实践证明，医疗保险偿付方式改革特别是供方偿付方式可以改变医疗服务提供方的行为，推动医疗卫生机构规范医疗服务，控制医药费用不合理增长。通过医保基金偿付方式改革，可以有效控制医疗费用不合理上涨，对控制基金风险、提高保障水平、改善保障绩效具有重要意义。深化改革医保基金偿付方式，采用以总额预付制为基础，重点推进按病种付费、按人头付费、按服务项目付费等多种偿付方式复合使用，防止医疗费用不合理支出。

(四)健全分级诊疗制度，合理配置医疗资源

我国医疗保险改革过程中，分级诊疗制度是当前改革的重点，实现"基层首诊、双向转诊、急慢分诊、上下联动"，有利于医疗资源的合理配置与使用，促进优质医疗资源下沉。应该通过定点医疗机构合理控制转诊率，将待遇支付向基层医疗卫生机构倾斜，引导患者合理就医。根据分级诊疗制度的不断推进发挥社会医疗保险对参保患者就医流向的引导和调节作用，科学引导患者选择医院及医疗服务，避免参保患者盲目偏爱二级及以上医疗机构，从而减缓医保基金的支出负担，因此倡导合理就医、健全分级诊疗制度是减轻医保基金压力的有效途径。

（五）创新发展长期护理保险制度

长期护理保险是为因年老、疾病（一般为慢性病）等而需要长期照顾的被保险人提供护理服务费用补偿的健康保险或医疗保险。目前，我国的社会医疗保险制度承担了一部分长期护理保险的功能，支付了老年人的相关护理费用。应明确长期护理保险制度和社会医疗保险制度的功能定位，使社会医疗保险基金支付压力有所减轻，老年人的相关护理费用也会得到保障。我国长期护理保险制度建设仍处于试点阶段，国家层面对于长期护理保险尚没有统一、明确的定位和制度设计。我国应加快推进体制机制改革，推动长期护理保险专业化发展，建立市场化的经办管理体制，政事分开、管办分离，政府负责制定规则和标准，由有资质的商业健康保险公司经办管理，引入竞争效应，完善运行机制，改进服务质量，创新发展商业长期护理保险，以此满足多层次、多样化的长期护理保障需求。

（六）建立社会医疗保险精算系统

社会医疗保险基金的运行状况关乎社会医疗保险制度的发展情况，需要建立社会医疗保险精算系统，来对医保基金的收支、偿付能力以及面临的各种不确定因素或者风险进行有效评估。首先，对社会医疗保险政策进行定量评估，运用精算方法对医保基金的收支和偿付能力进行分析，选择最佳的实施方案，并在方案实施过程中定期评估实施效果，短期评估主要看五年内的基金收支状况，长期评估主要是对未来数十年的基金运行情况进行分析并反映出未来的发展趋势，只有短期评估与长期评估相结合才能共同反映一项社会医疗保险运行情况的全貌。其次，对医保基金可能面临的不确定因素与风险进行评估，如对人口变化、疾病谱变化、医疗服务机构生产成本、职工工资收入水平、居民收入水平等作出准确的预测和估算，进而获得详尽的信息，确保医保基金的财务稳定，从而保障医疗保险制度平稳运行。

第四章 湖北省社会医疗保险基金运行效果评估

本章对湖北省城镇职工基本医疗保险、城镇居民基本医疗保险、新型农村合作医疗以及整合后的城乡居民基本医疗保险基金的运行状况进行分析，明确当前存在的问题，并提出对策建议，为促进湖北省社会医疗保险基金可持续发展提供依据。

第一节 湖北省社会医疗保险制度的形成与发展

一、湖北省社会医疗保险制度的主要政策

改革开放 40 年，在中国社会医疗保险制度改革的指导下，湖北省基本完成了从公费医疗、劳保医疗和合作医疗到全民社会医疗保险制度的历史性转变，先后建立了城镇职工基本医疗保险制度、城镇居民基本医疗保险制度和新型农村合作医疗制度，并实施了城乡居民基本医疗保险制度整合的尝试与探索。表 4-1 反映了湖北省自 1999 年以来至今社会医疗保险制度的变迁。

表 4-1 湖北省社会医疗保险制度的主要政策

时间	政策文件	政策重点
1999 年	《湖北省城镇职工基本医疗保险制度的总体规划》(鄂政发〔1999〕57 号)	对湖北省监利城镇职工医保制度作了详细规定，以孝感市、荆州市等地区为试点完成方案的组织实施
2003 年	《湖北省新型农村合作医疗试点工作方案》(鄂政办发〔2003〕72 号)	选择武穴、长阳、谷城、老河口、公安、丹江口、云梦、大冶 8 个县(市)启动新农合试点工作
2003 年	《关于城镇灵活就业人员参加基本医疗保险的指导意见》(鄂劳社函〔2003〕186 号)	将非全日制、临时性和弹性工作等灵活就业人员纳入城镇职工医保范围
2004 年	《关于推进混合所有制企业和非公有制经济组织从业人员参加医疗保险的意见》(劳社厅发〔2004〕5 号)	将混合所有制企业和非公有制经济组织从业人员纳入城镇职工医保范围

续表

时间	政策文件	政策重点
2006 年	《关于省属国有困难企业退休人员参加医疗保险实施意见》（鄂劳社文〔2006〕130 号）	将省属国有困难企业和已改制关闭破产原省属国有困难企业退休人员纳入城镇职工医保范围
2006 年	《关于开展农民工参加医疗保险专项扩面行动的通知》（鄂劳社厅发〔2006〕11 号）	将农民工纳入医疗范围
2008 年	《关于建立城镇居民基本医疗保险制度的意见》（鄂政发〔2008〕25 号）	在武汉、孝感、荆门为试点的基础上，逐步覆盖全体城镇非从业居民，建立以大病统筹为主的城镇居民医保
2008 年	《关于全面推进新型农村合作医疗制度建设的指导意见》（鄂政发〔2008〕22 号）	要求新农合制度覆盖到全省所有有农业人口的县（市、区），将参加新农合的农民全部纳入财政补助范围
2009 年	《关于完善城镇居民基本医疗保险制度指导意见》（鄂政办发〔2009〕162 号）	筹资标准和待遇标准分两档执行，建立缴费年限与待遇水平挂钩的激励机制，完善门诊统筹制度，将生育医疗费用纳入报销范围，规范医疗服务管理
2009 年	《关于完善城镇职工基本医疗保险制度指导意见的通知》（鄂政办发〔2009〕163 号）	所有用人单位及其职工、退休人员都应依法参保，完善灵活就业人员参保办法，多途径提高医疗保险待遇
2015 年	《关于进一步做好城乡居民大病保险工作的通知》（鄂政办发〔2015〕79 号）	探索建立覆盖职工和城乡居民的有机衔接、政策统一的大病保险制度
2016 年	《湖北省整合城乡居民基本医疗保险制度工作方案》（鄂政发〔2016〕20 号）	整合城镇居民医保和新农合两项制度，建立管理体制、覆盖范围、筹资政策、保障待遇、医保目录、定点管理、基金管理"七统一"的城乡居民医保
2017 年	《湖北省人民政府关于城乡居民基本医疗保险制度的实施意见》（鄂政发〔2017〕9 号）	除职工医保应参保人员以外的其他所有城乡居民均纳入城乡居民医保覆盖范围，不受户籍限制；医保基金按照个人缴费与政府补贴相结合的方式筹集；保障待遇包括门诊、住院及生育待遇；完善基金管理制度，实行风险预警，强化监督检查

二、湖北省社会医疗保险制度的发展状况

1998 年我国开始建立城镇职工基本医疗保险制度，湖北省在 1999 年印发《湖北省城镇职工基本医疗保险制度的总体规划》（鄂政发［1999］57 号），以孝感市、荆州市等地区为试点完成方案的组织实施，并逐步推进城镇职工医保。湖北省不断完善职工医疗保险制度，其覆盖范围迅速扩大。到 2017 年底，湖北省参加城镇职工基本医疗保险的人数达 1018.89 万人，其中参保退休人员 316.2 万人。

新型农村合作医疗制度从 2003 年起在全国部分县（市）试点，随后快速向全国推开，截至 2010 年基本覆盖全国农村居民。2003 年颁布《湖北省新型农村合作医疗试点工作方案》（鄂政办发［2003］72 号），要求建立和发展新型合作医疗制度。湖北省选择武穴、长阳、谷城、老河口、公安、丹江口、云梦、大冶 8 个县（市）启动新农合试点工作。2008 年实现湖北省农业人口的全覆盖。2009 年深化医药卫生体制改革启动后，国家加大了医疗保障体系建设力度，各级政府对新型农村合作医疗补助标准大幅度增加。同时，根据国家和省政府要求，湖北省从 2013 年开始在全省范围内大力推进新农合大病保险工作。截至 2015 年，全省参合人数达 3909 万人，平均参合率为 99.7%。

2007 年国务院决定开始城镇居民基本医疗保险试点工作，以解决城镇非从业人员等群体的医疗保障问题。湖北省于 2008 年颁布《关于建立城镇居民基本医疗保险制度的意见》（鄂政发［2008］25 号），在武汉、孝感、荆门为试点的基础上，逐步覆盖全体城镇非从业居民。截至 2016 年底，全省参保人数为 1020.8 万人。

随着我国城乡一体化进程的不断加快、人力资源流动的日益频繁，城乡医疗保险面临制度分设、管理分割、资源分散的"三分格局"，同时带来了重复参保、重复统计、重复补贴、资源浪费的"三重复一浪费"的严重弊端，三项社会医疗保险制度迫切需要系统性、制度化整合。截至 2014 年底，鄂州市、神农架林区、黄石市市直、襄阳高新区、荆门掇刀区、荆门屈家岭管理区、孝感临空经济区等 7 个地区已陆续开展医疗保险城乡统筹，即整合城镇居民基本医疗保险和新型农村合作医疗制度，管理职能划归人社部门，建立城乡一体化的居民基本医疗保险制度。为了全面推进城乡基本医疗保险制度，2015 年，湖北省人民政府办公厅颁布《关于进一步做好城乡居民大病保险工作的通知》（鄂政办发［2015］79 号），探索建立覆盖职工和城乡居民的有机衔接、政策统一的大病保险制度。2016 年 5 月，湖北省出台《湖北省整合城乡居民基本医疗保险制度工作方案》，整合城镇居民基本医疗保险和新型农村合作医疗两项制度，建立管理体制、覆盖范围、筹资政策、保障待遇、医保目录、定点管理、基金管理"七统一"的城乡居民基本医疗保险制度，目标是到 2017 年全省实施统一的城乡居民医保制度。在管理体制方面，将卫生计生部门承担的新农合管理职能及人力资源社会保障部门承担的城镇居民医保管理职能合并，统一由人力资源社会保障部门承担。将卫生计生部门有关新农合的机构、编制、人员、经费整体划入人力资源社会保障部门。整合后的医保制度覆盖现有城镇居民医保和新农合所有应参保（合）人员，继续实行个人缴费与政府补助相结合为主的筹资方式，鼓励集体、单位或其他社会经济组织给予扶持或资助。2017 年 3 月，湖北省人民政府发布了《关于城乡居民基本医疗保险制度的实施意见》（鄂政发［2017］9 号），对全省实施城乡居民基本医疗保险制

度的基本原则、覆盖范围、基金筹集、保障待遇及医保管理等方面做了详细要求，标志着湖北省社会医疗保险制度进入了新局面。截至 2017 年底，全省城乡居民基本医疗保险参保人数为 4603.26 万人。

第二节　城镇职工基本医疗保险基金运行效果评估

一、基本情况

（一）参保情况

2013—2017 年，全省城镇职工基本医疗保险参保人数不断增加（如图 4-1 所示）。截至 2017 年底，城镇职工基本医疗保险参保人数为 1018.89 万人，比 2016 年同期增加 57.90 万人，同比增长 6.02%。其中，企业参保人数为 578.50 万人，同比增长 2.2%，事业单位人数为 162 万人，同比增长 2.9%，机关单位人数为 60.2 万人，同比下降 0.4%。同时，农民工参保人数也呈现逐年增加的趋势，其参保人数由 2013 年的 66.61 万人增加至 2016 年①的 67.90 万人，增加了 1.29 万人。2017 年人社厅未做统计，无数据。

图 4-1　2013—2017 年湖北省城镇职工基本医疗保险参保人数情况

2017 年全省参保人数最多的是武汉市，有 446.58 万人，参保人数最少的是神农架市，有 1.39 万人。参保人数大于 50 万人的有黄石市 50.24 万人、宜昌市 85.30 万人、襄阳市 80.64 万人。其他的参保人数都低于 50 万人（见表 4-2）。

---

①　2017 年未做统计。

表 4-2 2017 年湖北省各地市州城镇职工医疗保险参保人数（单位：万人）

地区	参保人数	地区	参保人数
全省	1018.89	鄂州市	17.50
武汉市	446.58	孝感市	38.84
黄石市	50.24	黄冈市	49.98
十堰市	48.51	咸宁市	25.91
荆州市	65.42	恩施州	25.36
宜昌市	85.30	随州市	15.89
襄阳市	80.64	仙桃市	12.30
荆门市	38.24	天门市	9.66
潜江市	8.15	神农架	1.39

（二）基金收支结余情况①

2013—2017 年，全省城镇职工基本医疗保险基金收入和支出均呈现增长态势（见表 4-3）；统筹基金结余方面，2013—2016 年统筹基金结余较为稳定，但 2017 年统筹基金结余增加较多，增幅加大。2013 年当期结余 4.36 亿元，统筹基金结余 49.19 亿元；2014 年当期结余-0.05 亿元，出现收不抵支的情况，但是统筹基金结余 40.90 亿元；2015 年当期结余 28.94 亿元，统筹基金结余 42.23 亿元；2016 年当期结余 29.38 亿元，统筹基金结余 49.53 亿元。2017 年全省城镇职工基本医疗保险基金收入 331.69 亿元，支出 286.27 亿元，统筹基金结余（不含一次性趸缴）102.95 亿元，比 2016 年增加 53.42 亿元，同比增长 107.8%。

表 4-3 2013—2017 年湖北省城镇职工基本医疗保险基金收支结余情况

年份	收入（亿元）	支出（亿元）	当期结余（亿元）	统筹基金累计结余（亿元）	收入增幅（%）	支出增幅（%）
2013	188.88	184.52	4.36	49.19	17.17	18.33
2014	214.78	214.83	-0.05	40.90	13.71	16.43
2015	261.43	232.49	28.94	42.23	21.72	8.22
2016	289.09	259.71	29.38	49.53	10.58	11.71
2017	331.69	286.27	45.42	102.95	14.73	10.23

---

① 若无特别说明，本节结余所指不含一次性趸缴。

　　2013—2017 年城镇职工医保基金收入和支出呈增长趋势，基金支出和基金收入增幅变化大、不稳定，基金当期结余在 2014 年出现收不抵支的情况（如图 4-2 所示）。

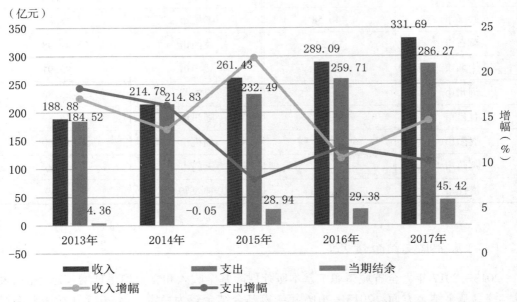

图 4-2　2013—2017 年湖北省城镇职工基本医疗保险基金收支结余情况

　　2017 年湖北省各地市州基金收入绝对额中武汉市最多，为 152.07 亿元，占全省收入的 45.85%；神农架市最少，为 0.49 亿元。2017 年基金支出绝对额中，武汉市最多，为136.38 亿元，占全省支出的 47.64%；神农架市最少，为 0.39 亿元。从当期基金使用率来看，最高的是鄂州市，高达 101.37%，说明鄂州市当年收不抵支，其次是黄石市，达94.39%，基金使用率最低的是潜江市，仅为 59.84%，其次是天门市和黄冈市，分别为62.96% 和 71.89%，这三个地区的当期结余率相应也较其他地区列居前位，潜江市高达40.16%，天门市和黄冈市分别为 37.04% 和 28.11%，说明这几个地区基金没有得到有效利用，应提高基金使用率。从当期结余情况来看，全省当期结余 45.42 亿元，当期结余率为 13.69%，统筹基金结余 102.95 亿元。基金各地市州平均统筹基金结余（不含一次性趸缴）6.06 亿元，其中襄阳市结余最多，为 21.41 亿元；武汉市结余最少，为 -17.90 亿元（见表 4-4）。

表 4-4　2017 年湖北省各地市州城镇职工基本医疗保险收支结余情况

地区	收入（亿元）	支出（亿元）	当期基金使用率（%）	当期结余（亿元）	当期结余率（%）	统筹基金结余（亿元）
全省	331.69	286.27	86.31	45.42	13.69	102.95

续表

地区	收入(亿元)	支出(亿元)	当期基金使用率(%)	当期结余(亿元)	当期结余率(%)	统筹基金结余(亿元)
武汉市	152.07	136.38	89.68	15.69	10.32	-17.90
黄石市	15.87	14.98	94.39	0.89	5.61	6.80
十堰市	14.21	11.97	84.24	2.24	15.76	5.94
宜昌市	28.18	22.82	80.98	5.36	19.02	14.30
襄阳市	28.09	25.79	91.81	2.3	8.19	21.41
鄂州市	5.82	5.90	101.37	-0.08	-1.37	2.73
荆门市	10.54	9.24	87.67	1.3	12.33	6.10
孝感市	11.74	10.01	85.26	1.73	14.74	8.09
荆州市	17.76	13.86	78.04	3.9	21.96	15.22
黄冈市	15.33	11.02	71.89	4.31	28.11	11.84
咸宁市	8.50	6.77	79.65	1.73	20.35	6.97
随州市	4.48	3.62	80.80	0.86	19.20	3.10
恩施州	11.38	8.36	73.46	3.02	26.54	12.01
仙桃市	2.59	2.31	89.19	0.28	10.81	1.27
潜江市	2.49	1.49	59.84	1.0	40.16	2.51
天门市	2.16	1.36	62.96	0.8	37.04	2.46
神农架	0.49	0.39	79.59	0.1	20.41	0.10

(二)医保统筹基金赤字情况

2013—2017年，湖北省除武汉市出现医保统筹基金赤字之外，其他地市州均未出现统筹基金赤字情况。武汉市城镇医保统筹基金赤字在2016年最大，为47.77亿元，2013年赤字最小，为2.59亿元。统筹基金赤字2013—2016年不断增加，到2016年达到顶峰。赤字原因主要有：政策内住院报销比例不断升高；离休人员医疗费用占用过多城镇职工医保基金；退休人员一次性缴费额度偏低等。2017年赤字下降，主要原因是2017年加大了基金征缴力度，增加了基金收入以及开展支付方式的改革后实施总额预算制，对医疗费用进行了有效控制，从而减少了基金开支(如图4-3所示)。

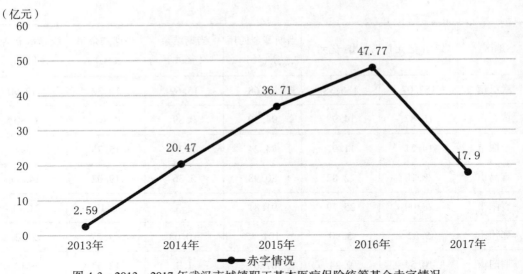

图 4-3　2013—2017 年武汉市城镇职工基本医疗保险统筹基金赤字情况

二、城镇职工基本医疗保险基金运行情况分析

(一) 医保基金五年间收大于支，年均收入增幅大于年均支出增幅

全省城镇职工医疗保险基金在 2013—2017 年的基金收入大于支出。收入从 2013 年的 188.88 亿元增长到 2017 年的 331.69 亿元，支出从 2013 年的 184.52 亿元增长到 2017 年的 286.27 亿元。五年间，基金的收入年均增幅为 15.12%，支出的年均增幅为 11.60%，收入年均增幅大于支出年均增幅，其间，2015 年收入增幅最大 (如图 4-4 所示)。

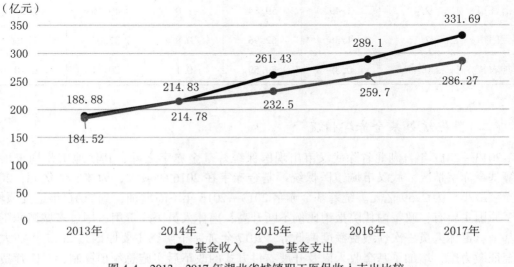

图 4-4　2013—2017 年湖北省城镇职工医保收入支出比较

（二）医保基金征缴收入增幅和支出增幅速度交替运行

城镇职工医疗保险在 2014 年和 2016 年的收入增幅小于支出增幅，而 2015 年和 2017 年的收入增幅大于支出增幅。收入增幅和支出增幅速度呈现交替运行的局面。2014 年收入增幅为 13%，到 2015 年增长到 21%，但是在 2016 年增幅下降，为 11%，2017 年开始上升，基金支出增幅 2014 年为 16.4%。2015 年下降到 8.2%，2016 年开始上升为 11.7%（如图 4-5 所示）。

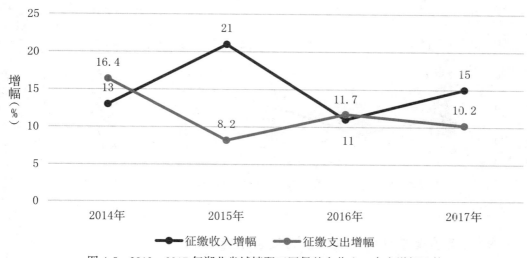

图 4-5 2013—2017 年湖北省城镇职工医保基金收入、支出增幅比较

（三）城镇职工医保基金五年来统筹基金累计结余增幅总体上升，2015 年增幅最大。

2013—2017 年，湖北省城镇职工医保统筹基金累计结余在 2015 年首次扭转了逐年递减的趋势。2015 年的变化原因在于以下几个方面：一是缴费基数有所增长，其中主要原因是 2017 年湖北省城镇单位在岗职工年平均比上年增长 8.7%，机关事业单位工资改革，职工工资收入提高以及根据审计要求加强了缴费基数的核定；二是非常规性收入增多，根据全省医保基金审计整改要求，将垫支离退休干部、伤残军人、老红军的医疗费用和税务压库的医保基金及时追回财政专户，加大查处违规两定医疗机构力度；三是全省深入开展以总额控制为基础的医保支付方式改革，对医疗服务行为实行智能监控，以医保基金审计为契机自查整改，健全基金财务制度，加大稽核力度，打击欺诈骗保。2017 年湖北省进一步深化医保支付方式改革，在继续完善医保基金总额控制管理的基础上，推进以按病种付费为主，按人头、按床日等多种付费方式相结合的复合式支付方式，医疗费用控制效果明显，医保统筹基金累计结余增幅在 2017 年陡然增大。2013 年统筹基金累计结余为 49.19 亿元，2014 年下降到 40.90 亿元，2015 年又回升到 42.23 亿元，2016、2017 年分别为 49.53、102.95 亿元。统筹基金结余增幅从 2013 年的 -3.74% 上涨到 2017 年的 107.85%，其间，2014 年统筹基金结余增幅最低，为 -16.85%。累计结余增幅的上涨一方面保证了城镇职工医疗资源利用方面的支付安全，避免医保基金穿底；另一方面，医保基金的过多积累从侧面反映了医疗卫生服务资源的非充分利用（如图 4-6 所示）。

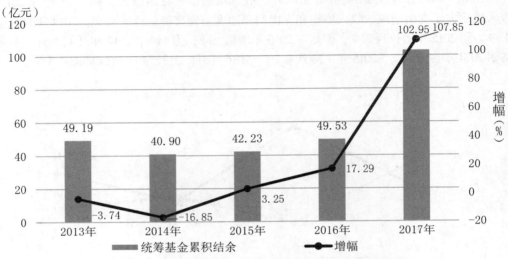

图 4-6　2013—2017 年湖北省城镇职工医保统筹基金累计结余情况

（四）统筹基金累计结余支撑能力还需不断加强

2013—2016 年，湖北省医保统筹基金累计结余可支撑的月数都不长，分别为 3.2、2.8、2.2、2.3 个月，截至 2017 年底，医保统筹基金累计结余为 102.95 亿元，可支撑 4.3 个月，明显低于全国平均水平（2017 年全国平均 20.2 个月）（如图 4-7 所示）。

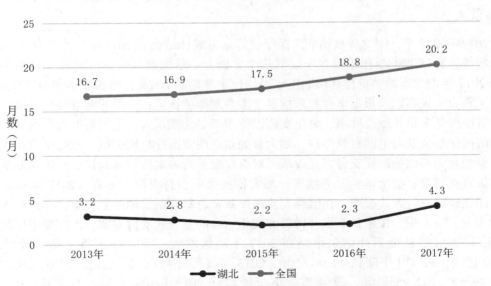

图 4-7　2013—2017 年湖北省城镇职工医保统筹基金累计结余可支付月数

三、样本地区城镇职工基本医疗保险基金风险分析

(一)基金收入和基金支出起伏大，收入和支出增幅不稳定

武汉市 2014 年基金收入为 98.52 亿元，基金支出为 109.14 亿元，当期结余率为 -10.78%，出现收不抵支的情况；2015 年基金收入为 118.17 亿元，基金支出为 115.70 亿元，当期结余为 2.47 亿元，当期结余率为 2.09%，扭转赤字实现结余；2017 年基金收入增长至 152.07 亿元，相比 2016 年度增长 15.66%，基金支出为 136.38 亿元，相比 2016 年基金支出增长额为 10.85 亿元，增长 8.64%，当期结余率为 10.32%，较 2016 年多 5.79%。武汉市基金收支在 2014 年出现赤字，基金支出增幅高于基金收入增幅，2015 年基金收入增幅为 19.95%，2016 年基金收入增幅为 11.27%，同比下降 8.68%。支出增幅在 2014 年为 18.86%，2015 年下降至 6.01%。基金收入和支出增幅不稳定，2015 年基金收入增幅最大，为 19.95%，2014 年基金支出增幅最高，为 18.86%。基金收入增幅 2015 年上升，但是 2016 年又开始下降，近几年基金变化说明基金管理措施缺乏有效稳定的干预手段(见表 4-5)。

表 4-5 2014—2017 年武汉市城镇职工基本医疗保险基金收支情况

年份	收入(亿元)	支出(亿元)	当期结余(亿元)	当期结余率(%)	收入增幅(%)	支出增幅(%)
2014	98.52	109.14	-10.62	-10.78	10.86	18.86
2015	118.17	115.70	2.47	2.09	19.95	6.01
2016	131.48	125.53	5.95	4.53	11.27	8.50
2017	152.07	136.38	15.69	10.32	15.66	8.64

武汉市 2014—2017 年基金收支增幅除了 2014 年基金支出高于基金收入增幅，其他年份基金收入增幅都是高于基金支出增幅的，2016 年基金收入和基金支出增幅相差较小，基金收入增幅为 11.27%，基金支出增幅为 8.5%(如图 4-8 所示)。

宜昌市 2014 年基金收入为 17.44 亿元，支出为 16.66 亿元，当期结余 0.78 亿元；2015 年基金收入增幅最大，高达 47.80%；而 2016 年基金收入为 25.12 亿元，比 2015 年减少 0.65 亿元，收入增幅为-2.55%；2017 年基金收入为 28.18 亿元，基金支出为 22.82 亿元，当期结余为 5.36 亿元。从当期结余率可以发现，2014 年的当期基金使用率最高，2015 年最低，2016 年和 2017 年趋于平缓，但仍需提高基金使用率，合理有效控制基金支出(见表 4-6)。

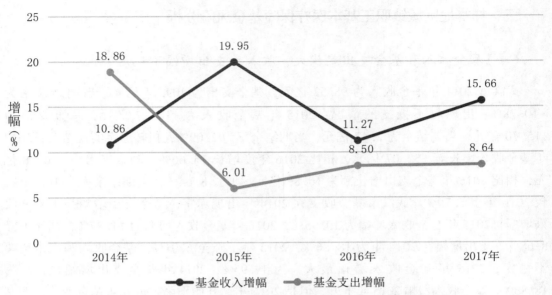

图 4-8　2014—2017 年武汉市城镇职工医保基金收入及支出增幅情况

表 4-6　2014—2017 年宜昌市城镇职工基本医疗保险基金收支情况

年份	收入（亿元）	支出（亿元）	当期结余（亿元）	当期结余率（%）	收入增幅（%）	支出增幅（%）
2014	17.44	16.66	0.78	4.47	17.81	6.32
2015	25.77	18.61	7.16	27.78	47.80	11.69
2016	25.12	20.56	4.56	18.15	-2.55	10.52
2017	28.18	22.82	5.36	19.02	12.18	10.99

　　宜昌市 2014—2017 年城镇职工医保基金收入增幅起伏较大，2014 年收入增幅为 17.81%，2015 年却增长到 47.8%，2016 年又急剧下降至-2.55%，出现负增长。基金支出增幅趋于平缓，2014 年为 6.32%，2017 年为 10.99%（如图 4-9 所示）。

　　襄阳市 2014 年基金当期结余为 1.33 亿元，2015 年为 1.24 亿元，基金结余下降，2016 年基金结余开始上升，收入增幅在 2014 年为 19.66%，2015 年收入增幅下降至 9.94%，2016 年收入增幅上升至 18.54%，支出增幅同趋势变化。2017 年基金收入 28.09 亿元，基金支出 25.79 亿元，当期结余 2.3 亿元。从当期结余率来看，襄阳市近几年的基金结余率均保持在 10% 以内，说明基金利用率较高（见表 4-7）。

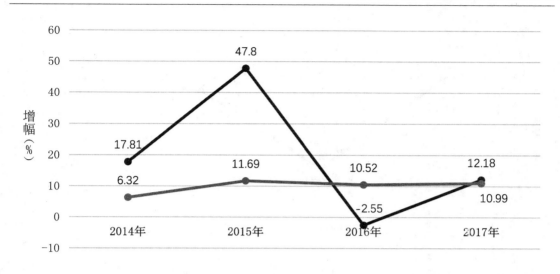

图 4-9　2014—2017 年宜昌市城镇职工医保基金收入及支出增幅情况

表 4-7　2014—2017 年襄阳市城镇职工基本医疗保险基金收支情况

年份	收入（亿元）	支出（亿元）	当期结余（亿元）	当期结余率（%）	收入增幅（%）	支出增幅（%）
2014	17.97	16.64	1.33	7.40	19.66	14.75
2015	19.76	18.52	1.24	6.28	9.94	11.27
2016	23.43	21.66	1.77	7.55	18.54	16.95
2017	28.09	25.79	2.3	8.19	19.89	19.07

　　襄阳市医保基金收入增幅和支出增幅差异不显著，除了 2015 年基金支出增幅高于基金收入增幅，其他年份基金收入增幅都高于基金支出增幅，2015 年基金收入增幅为 9.94%，基金支出增幅为 11.27%，2014 年基金收入增幅为 19.66%，2017 年为 19.89%，变化不显著（如图 4-10 所示）。

　　荆州市 2014 年基金收入为 12.21 亿元，基金支出为 10.39 亿元，当期结余为 1.81 亿元，此时的支出增幅高于收入增幅，分别为 19.87% 和 11.87%；2016 年基金收入为 16.39 亿元，基金支出为 12.45 亿元，基金当期结余为 3.94 亿元，收入增幅 13.69%，支出增幅 7.01%；2017 年基金收入为 17.76 亿元，基金支出为 13.86 亿元。从近几年的当期结余率来看，荆州市在 2016 年当期结余率最高，最低是 2014 年，为 14.82%，平均结余率为 20.03%，说明医保基金的管理效率及使用效率还有待提高（见表 4-8）。

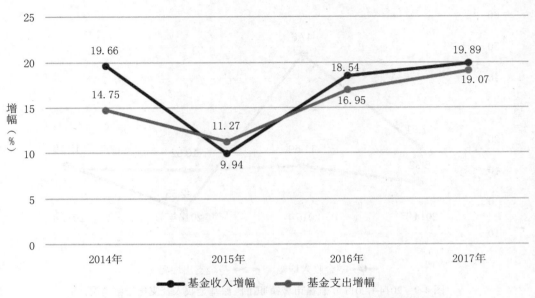

图 4-10　2014—2017 年襄阳市城镇职工医保基金收入及支出增幅情况

表 4-8　2014—2017 年荆州市城镇职工基本医疗保险基金收支情况

年份	收入(亿元)	支出(亿元)	当期结余 (亿元)	当期结余率 (%)	收入增幅 (%)	支出增幅 (%)
2014	12.21	10.39	1.81	14.82	11.87	19.87
2015	14.41	11.64	2.78	19.29	18.06	11.93
2016	16.39	12.45	3.94	24.04	13.69	7.01
2017	17.76	13.86	3.9	21.96	8.36	11.33

荆州市从基金收入和基金支出增幅来看,荆州市 2014 年基金支出增幅高于基金收入增幅,2017 年基金支出增幅高于基金收入增幅,其他年份基金收入增幅都高于基金支出增幅(如图 4-11 所示)。

(二)各地城镇职工基本医疗保险统筹基金累计结余可支付月数差异较大,个别地区统筹基金累计结余支撑能力还需加强

各地区预计可支付月数差异明显,武汉统筹基金累计结余出现负数,预计可支付月数为零。17 个地区中预计可支付月数高于全国平均数 20.2 个月的只有潜江市(20.9 个月)和天门市(22.4 个月);其他预计可支付月数超过 12 个月的有荆州市、黄冈市、咸宁市和恩施州,分别可支付 13.2、12.9、12.5 和 17.2 个月;预计可支付月数不足 6 个月(含 6 个月)的有黄石市、鄂州市、神农架三个地区,分别是 5.5、5.6、2.8 个月(见表 4-9)。随着医疗服务需求进一步释放与医疗费用持续增加,医保基金可能面临难以为继的困境。

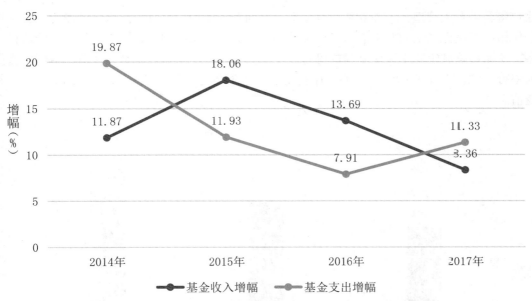

图 4-11　2014—2017 年荆州市城镇职工医保基金收入及支出增幅情况

表 4-9　2017 年湖北省城镇职工医保统筹基金累计结余可支付月数

地区	统筹基金累计结余(亿元)	预计可支付月数	地区	统筹基金累计结余(亿元)	预计可支付月数
全省	102.95	4.3	荆州市	15.22	13.2
武汉市	-17.90	0	黄冈市	11.84	12.9
黄石市	6.80	5.5	咸宁市	6.97	12.5
十堰市	5.94	6.0	随州市	3.10	10.4
宜昌市	14.30	7.5	恩施州	12.01	17.2
襄阳市	21.41	10.0	仙桃市	1.27	6.6
鄂州市	2.73	5.6	潜江市	2.51	20.9
荆门市	6.10	7.9	天门市	2.46	22.4
孝感市	8.09	9.8	神农架	0.10	2.8

（三）个人账户严重影响了基金效率

湖北省城镇职工基本医疗保险基金 2014、2015 和 2016 年的累计结余分别为 192.6 亿、222.1 亿和 262.2 亿元，年均增长率为 10.83%。统筹基金累计结余在 2014、2015 和 2016 年分别为 40.9 亿、42.23 亿和 49.53 亿元，年增长率为 10.05%。如图 4-12 所示，在基金累计结余不断增加的同时，统筹基金累计结余增幅并不大，说明个人账户累计结余已成为基金结余的最重要因素，并且占比有不断加大的趋势。而统账结合模式下的医保个人账户资金由个人管理，不能够在所有参保人之间互济使用，没有分散风险的作用，这意味着城镇职工医保基金的共济能力将面临减弱趋势，将严重影响城镇职工医保基金的运行效率，从而影响城镇职工医保制度的可持续发展。另外，个人账户的基金保值、增值渠道仅为银行存款，近几年 CPI 指数和医疗费用过快上升的态势，使得个人账户沉淀基金不断贬值。

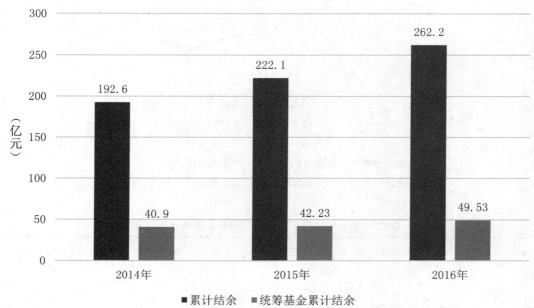

图 4-12　湖北省城镇职工医保基金累计结余情况

（四）退休人员参保比例不断增加，退休人员医疗费用支出过高，对基金的可持续形成巨大压力

对于退休人员，《中华人民共和国社会保险法》第二十七条规定："参加职工基本医疗保险的个人，达到法定退休年龄时累计缴费达到国家规定年限的，退休后不再缴纳基本医疗保险费，按照国家规定享受基本医疗保险待遇；未达到国家规定年限的，可以缴费至国家规定年限。"随着我国人口老龄化的加速，退休人员在参保人数中的占比随之逐年增加，2011—2016 年全国参保人员的职工退休比①逐年下降，2017 年稍微有所回升（如图 4-13 所示）。从 2011—2017 年湖北省的情况来看，表 4-10 数据显示，湖北省退休人员人数逐年上涨，2011—2016 年退休人员占参保人数占比逐年上升，2017 年占比稍微有所下降，主要原因是参保职工的人数增加了。图 4-13 显示，湖北省职退比在 2011—2016 年逐年下降，2017 年职退比稍微有所回升，结合图 4-14 来看，湖北省职退比在 2011—2017 年均低

①　职工退休比：指职工人数与退休人员人数之比。

于全国水平，退休人员占比的增加将给全省基金带来更大压力。退休人员不缴纳城镇职工基本医疗保险费用，而退休人员的医疗需求和医疗服务利用却远高于在岗职工，退休人员的医疗费用开支已成为影响基金收支平衡的重要因素。因此，各地应充分考虑到退休人员在未来占参保人数比例增加的趋势，以及退休人员客观存在的医疗需要和医疗服务利用等问题，建立与老龄化社会加速发展相适应的科学合理的城镇职工基本医疗保险筹资政策，已成为关乎城镇职工医保基金可持续发展的关键因素。

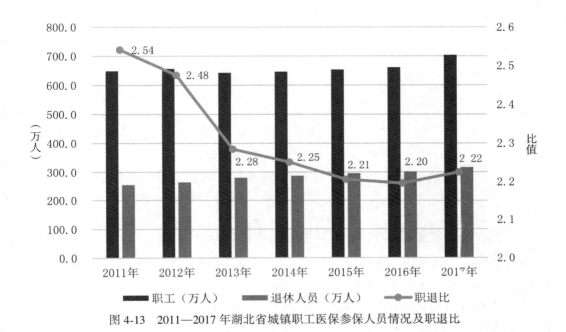

图 4-13　2011—2017 年湖北省城镇职工医保参保人员情况及职退比

表 4-10　2011—2017 年湖北省城镇职工医保退休人员参保情况

年份	退休人员（万人）	职工（万人）	参保总人数（万人）	退休人员占参保人数（%）
2011	255	648	903	28.24
2012	265	656	921	28.77
2013	281	642	923	30.44
2014	287	646	933	30.76
2015	296	653	949	31.19
2016	301	661	961	31.32
2017	316	703	1019	31.01

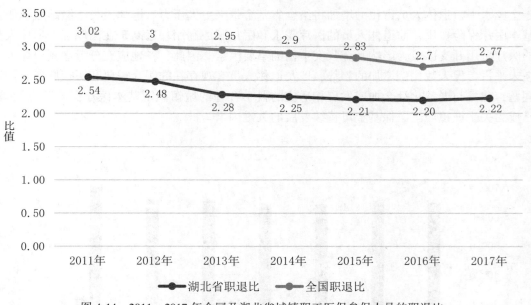

图4-14　2011—2017年全国及湖北省城镇职工医保参保人员的职退比

（五）统筹基金支付比例不断上升，就医流向仍不合理

2018年武汉市一级医疗机构统筹支付88%，二级机构统筹支付85%，三级机构统筹支付82%；宜昌市一级医疗机构统筹支付90%，二级机构支付88%，三级医疗机构统筹支付85%，统筹支付比例都高于80%，医保待遇水平较高。黄石市一级机构统筹支付90%，二级医疗机构为88%，三级医疗机构为86%，而黄石2012年一级医疗机构统筹支付80%，二级医疗机构为60%，三级医疗机构为50%，但是在2018年一级医疗机构报销比例为90%，二级医疗机构为75%，三级医疗机构为60%。医保统筹基金报销比例的上升，一方面可以提升医疗服务利用水平，但另一方面会带动医疗费用的快速上涨，并影响卫生决策机制与卫生资源分配。目前，在三级医疗机构就医住院的参保人员仍占主体。其住院费总费用占比更高达75.2%，且逐年递增。这说明在三级医疗机构的医疗服务还存在不少非理性就医情况，必然造成城镇职工医保基金在当前保障水平有待提高的同时被大量浪费，甚至出现赤字，影响城镇职工医保基金的平稳运行和城镇职工医保制度的可持续发展。

四、政策建议

（一）加强基金征缴力度，完善筹资机制

目前基金征缴力度有待加强，应该实行全民参保登记计划，不断克服经济阻力，推动所有用人单位及时全员参保，真正实现社会医疗保险的内在含义。要不断落实农民工等流动人口的医保关系的转移接续工作。严格把控缴费基数申报核定，确保用人单位足额缴纳

医疗保险费，并且加强医保基金的征缴核实力度。要在科学做好医保精算的基础上调整费率水平，费率调整应该在确保基金安全运行的条件下实施。

城镇职工基本医疗保险与城镇职工基本养老保险不同，养老保险通过职工在职时缴纳一定比例的保险费用以保障退休后的生活，但是，医疗保险却是无论退休与否，只要发生了健康风险，均可受到一定程度的保障。因此，城镇职工基本医疗保险像城镇职工基本养老保险那样实行退休后不缴费政策是不具有公平性和可持续性的。同时，由于人口老龄化加速，老年人远超过年轻人的疾病负担日渐加重，退休人员统筹基金支出占比大，已经对统筹基金造成越来越大的压力，这种压力通过代际转移，对年轻一代造成巨大负担，将引发代际公平问题，同时也将导致最直接、最严重的问题，便是加大基金风险，影响城镇职工基本医疗保险制度可持续性问题。因此，应当改变退休人员不缴费的规则，让退休人员适当缴纳医疗保险费。在具体操作上，可通过进一步完善退休人员医疗保险筹资机制来进行相关改革，从退休人员的养老金中提取一定比例金额，作为他们的医疗保险费用；对于部分经济困难的退休人员，应主要由政府给予适当的财政补贴。

(二)深化医保支付方式改革，加强城镇职工基本医疗保险预决算管理

随着社会医疗保险制度的全面覆盖，对医疗费用的控制显得越来越重要，需方控制难以抑制医疗费用的过快增长，供方控制是国际管理的趋势，医疗保险费用支付方式是其中一个关键环节。目前，湖北省医疗保险支付方式改革的方向是总额预算制，总额预算制能够有效控制医疗卫生费用过快增长，起到医保基金支付控费的作用。根据不同定点医疗机构的级别、特点以及承担的服务量等因素，把总额控制落实到每一个定点医疗机构。将预算和医疗管理、基金管理挂钩，发挥预算调剂基金风险的作用。要将城镇职工基本医疗保险支出增长幅度控制在收入增长范围内。继续推进 DRGs 等复合式支付方式，避免单一支付方式的缺点，对各环节明确监管，加大待遇审核力度，严格把控异地就医转诊率。

(三)创新老年人医疗方式改革，不断推行医养结合，降低医疗费用增长

人口老龄化加速是导致城镇职工基本医疗保险运行不安全的重要因素。"银发族"不断增多，将会带来医保基金收入减少的同时医保基金支出增加。目前，退休职工参保人数是总参保人数的 31%，但是却消耗了近 60% 的医保基金，这对基金的支撑能力和平稳运行带来了极大的挑战。因此，必须改革老年人的医疗方式，当前老年人尤其是失能老年人在养老过程中过度依赖医疗，甚至以医疗服务代替养老，长期住院治疗等，这导致了医保基金的不合理支出。医养结合的养老方式可以有效剥离失能老人的养老需求和医疗需求，防止过度利用医疗服务资源，规避"赖床养老"现象，减轻医保支出负担。医养结合的推行也可以为老年人提供更加优质化、差异化和多元化的健康养老医疗服务。

(四)加强医保基金监管，创新监管方式

城镇职工医疗保险的基金监管要从"收"和"支"两方面进行。在征缴环节，要利用科学方法对征收主体、缴费主体进行全过程监管，防止出现征收主体"寻租"行为以及缴费

主体瞒缴、少缴现象；在支出环节，主要监控医疗机构的行为，制定科学的监控规则，规范医生行为，对医生的行为做到事前提醒、事中告诫以及事后处罚的监管体系，确保基金监管及时到位。

（五）坚决打击骗保套保行为，发挥反欺诈联合工作机制

骗保套保指的是欺诈、伪造证明材料或者其他手段骗取医疗保险基金的行为。骗保套保以骗取社会医疗保险基金为目的，给医疗保险基金的稳定运营带来巨大的风险。因此，应针对不规范医疗行为和骗保套保行为给予专项整治。充分利用各类媒体手段加强骗保套保严重后果的宣传，营造诚信就医氛围。利用"互联网+"和"大数据"手段，查找骗保大案、要案，对典型案例曝光学习，威慑不法行为。要着力加强薄弱环节的改造，加大处罚力度，健全完善长效机制。

（六）不断健全分级诊疗制度，积极引导患者在不同级别医院就医

分级诊疗制度是我国当前医改的重要内容，通过分级诊疗将供方和需方有机连接起来，重视医疗资源的配置与使用，促使优质医疗资源下沉。应该通过定点医疗机构合理控制转诊率，将待遇支付向基层医疗卫生机构倾斜，引导患者合理就医。适当降低三级医疗机构的报销比例，并适当提高基层和二级医疗机构的报销比例，适度增大不同级别医院之间的报销比例的差距。根据分级诊疗制度的建设发挥城镇职工基本医疗保险对参保患者就医流向的引导和调节作用，促进合理有序地就医。进一步探索完善社区首诊、双向转诊、人头付费等工作机制。

（七）改革个人账户划入比例，探索取消个人账户

湖北省医保基金划入个人账户的比例居高不下，挤占了统筹基金的收入，占到整个医保基金的40%左右，个人账户累计结余逐年增加，结余过多导致大量医保基金使用效率低下。湖北省已经实现全民医保，目前基金收入增幅已进入中高速增长阶段，完全靠粗放式扩大覆盖面来增加基金收入的路径已不起作用。通过对湖北省的调研不难发现，靠提高缴费率和扩大覆盖面的方式增加基金收入已经不合时宜。因此，必须调整个人账户的规模，逐步减少个人账户资金划入的比例，增强统筹基金的支撑能力。目前，湖北省已通过扩大个人账户的支付范围等措施提高个人账户沉淀基金的使用效率。可通过设置过渡期来适当取消个人账户，在过渡期内，职工个人账户中的原有资金可继续用于本人的门诊及住院中的自付部分。以后通过科学测算后逐步减少统筹基金进入个人账户的比例，逐步使个人账户过渡到门诊统筹账户，实现门诊和住院双统筹，用报销基本医疗门诊费用的办法代替个人账户资金的支出；在过渡期后，凡新加入医疗保险的个人，不再建立个人账户，所有缴费全部进入统筹基金，原有参保对象也停止向个人账户供款。

（八）加快推进医药卫生体制改革，实现"三医联动"

一是加快推进公立医院改革，合理把控三级医疗机构规模和医务人员收入，使公立医院回归公益性；二是慎重提高医保待遇水平，目前的报销比例已经是较高水平，不宜短期

内继续提高；三是坚持依托基层医疗，积极完善基层首诊、双向转诊等机制，适度拉大不同级别医疗机构的报销比例，不再提高三级医疗机构的报销比例；四是探索建立医疗保险基金财政支撑体制。根据财政承受能力，在财政预算中安排一定资金用于城镇职工基本医疗保险基金的补偿，解决人口老龄化和困难群体政策扶持所带来的基金平衡压力，尤其是加大财政对破产关闭企业退休人员的医疗资金缺口的保障。

第三节　城镇居民基本医疗保险基金运行效果评估

一、基本情况

根据《关于整合城乡居民基本医疗保险制度的意见》(国发[2016]3号)以及《湖北省整合城乡居民基本医疗保险制度工作方案》(鄂政发[2016]20号)的规定，湖北省城镇居民基本医疗保险和新型农村合作医疗保险于2016年开始整合，因而，本节仅分析2013—2016年的城镇居民基本医疗保险基金运行状况。

（一）参保情况

2013—2016年，湖北省城镇居民基本医疗保险参保人数基本稳定，略有下降。2013年参保人数为1037.8万人，2014年为1034.74万人，2015年为1022.73万人，2016年总参保人数为1020.8万人，比2015年减少1.93万人，同比减少0.19%(如图4-15所示)。

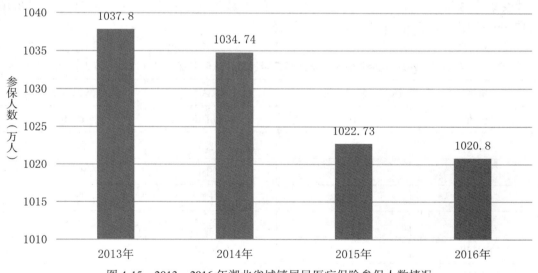

图4-15　2013—2016年湖北省城镇居民医疗保险参保人数情况

湖北省近几年来大力做实参保人数。部分地区剔除了重复参加新农合的中小学生人数，2013—2016年，中小学生参保人数不断减少，2013年为469万人，2014年为456.1万人，2015年为444.5万人，2016年为428万人，比2015年减少16.5万人，同比减少

3.7%（如图4-16所示）。

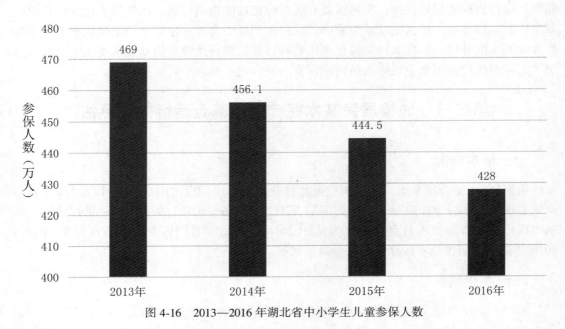

图4-16　2013—2016年湖北省中小学生儿童参保人数

　　湖北省2016年参保人数最多的是武汉市，参保人数为223.18万人；参保人数最少的是神农架，参保人数为9.77万人。其中参保人数高于100万人的有武汉市、荆州市（117.99万人）、襄阳市（114.88万人）（见表4-11）。

表4-11　2016年湖北省各地市州城镇居民医疗保险参保人数（单位：万人）

地区	参保人数	地区	参保人数
全省	1020.8	鄂州市	15.14
武汉市	223.17	孝感市	96.09
黄石市	43.40	黄冈市	87.03
十堰市	51.88	咸宁市	45.32
荆州市	117.99	恩施州	37.59
宜昌市	60.13	随州市	26.70
襄阳市	114.88	仙桃市	30.49
荆门市	50.23	天门市	19.80
潜江市	12.10	神农架	9.77

（二）基金收入情况

湖北省城镇居民基本医疗保险的基金收入从 2013 年的 35.37 亿元增长到 2016 年的 53.60 亿元，年平均增长 14.86%。其中个人缴费部分从 2013 年的 5.46 亿元增长到 2016 年的 12.71 亿元，年均增长率为 32.53%，个人缴费部分在保险基金收入中占比由 2013 年的 15.44% 上升到 2016 年的 23.71%，年均增加 2.7%。各级财政补助从 2013 年的 29.91 亿元增加到 2016 年的 40.89 亿元，各级财政补助部分在医疗保险基金收入中占比由 2013 年的 84.54% 下降到 2016 年的 76.29%，年均减少 2.7%（见表 4-12）。

表 4-12　2013—2016 年湖北省城镇居民医保基金收入情况

年份	基金收入（亿元）	个人缴费收入		各级财政补助	
		金额（亿元）	占比（%）	金额（亿元）	占比（%）
2013	35.37	5.46	15.44	29.91	84.54
2014	35.43	5.52	15.58	29.91	84.82
2015	45.50	10.33	22.70	35.17	77.30
2016	53.60	12.71	23.71	40.89	76.29

（三）基金支出情况

2013—2016 年，湖北省城镇居民基本医疗保险基金支出不断增加，从 2013 年的 28.49 亿元增加至 2016 年的 41.33 亿元，年均增长率为 13.20%。城镇居民基本医疗保险待遇（住院、门诊统筹和门诊大病）三大支出从 2013 年的 25.98 亿元增加至 2016 年的 38.64 亿元，年均增长率为 14.15%，基本医疗保险待遇支出中以住院支出为主，平均占 83.66%。住院支出从 2013 年的 23.47 亿元增加至 2016 年的 34.67 亿元，年均增长率为 13.89%；门诊统筹支出从 2013 年的 1.83 亿元增加至 2016 年的 2.46 亿元，年均增长率为 10.36%；门诊大病支出从 2013 年的 0.68 亿元增加至 2016 年的 1.51 亿元，年均增长率为 13.46%。城镇居民大病保险支出从 2013 年的 1.34 亿元增加至 2016 年的 3.30 亿元，年均增长率为 14.29%（见表 4-13）。住院支出和门诊统筹支出占基金支出的比重有下降趋势，而门诊大病支出占基金支出的比重呈现上升的趋势。2015 年城镇居民医保基金用于医疗保险待遇的三大支出增长率相比前两年有所下降，因此总支出有同趋势变化，但都在 2016 年有所反弹（如图 4-17 所示）。

表 4-13　2013—2016 年湖北省城镇居民医保基金支出及占比情况（单位：亿元）

年份	基金支出	住院支出		门诊统筹支出		门诊大病		大病保险	
		金额	占比（%）	金额	占比（%）	金额	占比（%）	金额	占比（%）
2013	28.49	23.47	82.38	1.83	6.42	0.68	2.39	1.34	4.70

续表

年份	基金支出	住院支出		门诊统筹支出		门诊大病		大病保险	
		金额	占比(%)	金额	占比(%)	金额	占比(%)	金额	占比(%)
2014	32.99	27.56	83.54	2.08	6.30	0.94	2.85	3.19	9.67
2015	35.41	30.04	84.83	2.26	6.38	1.12	3.16	2.86	8.08
2016	41.33	34.67	83.89	2.46	5.95	1.51	3.65	3.30	7.98

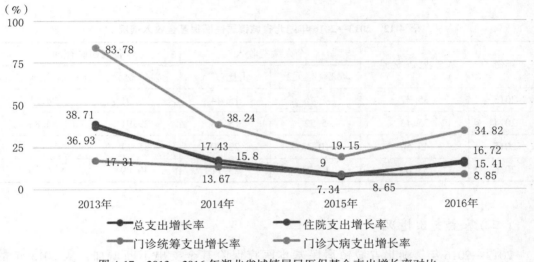

图 4-17　2013—2016 年湖北省城镇居民医保基金支出增长率对比

(四)基金结余情况

湖北省城镇居民基本医疗保险基金 2016 年当期结余 12.27 亿元，当期结余率 22.89%。从 2013 年的 6.88 亿元上升至 2016 年的 12.27 亿元，结余率从 19.45%上升至 22.89%，其间，2014 年基金当期结余最低，仅为 2.44 亿元，且结余率最低，为 6.89%（见表 4-14）。

表 4-14　2013—2016 年湖北省城镇居民医保基金当期结余对比

年份	2013	2014	2015	2016
当期结余(亿元)	6.88	2.44	10.09	12.27
当期结余率	19.45%	6.89%	22.18%	22.89%

累计结余中，城镇居民医保基金从 2013 年的 55.79 亿元上升为 2016 年的 87.32 亿元，较 2015 年增加 6.66 亿元。各地市州医保基金运行情况不一，2016 年武汉市城镇居民医疗保

险累计结余最多，为 23.72 亿元，神农架市累计结余最少，为 0.054 亿元(见表 4-15)。

表 4-15　2016 年湖北省各地市州城镇居民医保基金累计结余情况

地区	累计结余(亿元)	地区	累计结余(亿元)
全省	87.32	鄂州市	0.55
武汉市	23.73	孝感市	7.24
黄石市	4.90	黄冈市	8.96
十堰市	3.89	咸宁市	3.29
荆州市	10.74	恩施州	1.64
宜昌市	3.27	随州市	2.55
襄阳市	7.45	仙桃市	2.30
荆门市	4.59	天门市	0.79
潜江市	1.38	神农架	0.054

二、城镇居民基本医疗保险基金运行情况分析

(一)全省城镇居民医保基金当期结余和累计结余整体增加

2013—2016 年，湖北省城镇居民基本医疗保险基金当期结余均为正，且结余整体提高。累计结余不断增加，2013 年为 50.49 亿元，2014 年为 55.59 亿元，2015 年为 70.66 亿元，2016 年增加至 87.31 亿元，预计可支付 25.4 个月(见表 4-16)。

表 4-16　湖北省城镇居民基本医疗保险基金收支结余情况(单位：亿元)

年份	基金收入	基金支出	当期结余	累计结余	可支付月数(月)
2013	35.37	28.49	6.88	50.49	21.3
2014	35.43	32.99	2.44	55.79	20.3
2015	45.5	35.41	10.09	70.66	23.9
2016	53.6	41.33	12.27	87.31	25.4

(二)基金收入增幅和支出增幅交替运行

2013—2016 年，湖北省城镇居民基本医疗保险基金收入增幅和支出增幅交替运行，2013 年和 2014 年收入增幅小于支出增幅，其中 2014 年增幅最小；2015 年和 2016 年收入增幅大于支出增幅，其中 2015 年收入增幅最大，而 2015 年的基金支出增幅相较 2014 年下降到 7.34%。2015 年收入增幅和支出增幅之间相差约 21%(如图 4-18 所示)。

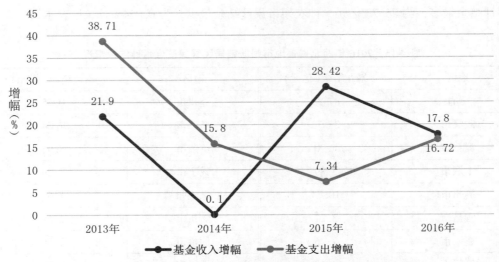

图 4-18　2013—2016 年湖北省城镇居民医保基金收入及支出增幅比较

三、城镇居民基本医疗保险基金存在的问题

（一）城镇居民住院率上升，住院费用呈现快速上涨态势

2013—2016 年城镇居民的住院率从 7.07% 上涨为 10.88%，年均增长率为 15.5%；在住院率上升的同时，次均住院费用也在上升，从 2013 年的 5288 元上升到 2016 年的 6711 元，年均增长率为 8.3%（如图 4-19 所示）。住院率的上升和次均住院费用的提高意味着医

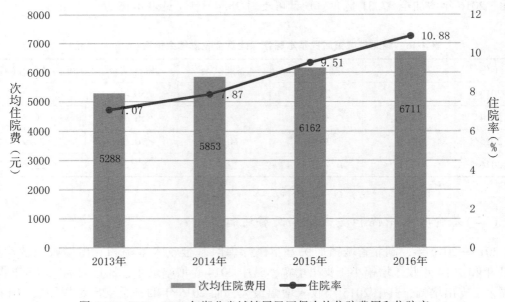

图 4-19　2013—2016 年湖北省城镇居民医保次均住院费用和住院率

疗服务支出的增加，这在一定程度上使得参保患者个人负担的绝对费用也在增长，加大了患者疾病经济负担，也给基金的可持续发展带来压力。究其主要原因有两点：一是部分地区医保基金监管力度不够，对于定点医疗机构分解住院的行为监管不力，住院率不断增大，加大了基金超支的风险；二是还需进一步深化医保支付方式改革，按病种付费的覆盖率还不高，支付标准确立和费用考核结算制度还不健全，定点医疗机构的管理机制还未真正转变。

（二）参保患者就医偏爱选择三级医疗机构，医疗服务利用不均

湖北省城镇居民医保的参保患者在 2016 年住院共 111 万人次，其中一级及以下医疗机构住院 21 万人次，占比 18.92%，费用支出占比 5.55%；二级医疗机构住院 40 万人次，占比 36.03%，费用支出占比 36.40%；三级医疗机构住院 50 万人次，占比 45.05%，费用支出占比 58.05%。由此可见，城镇居民医保参保患者就医住院偏爱选择二级及以上医疗机构，这无疑会增加医保基金的负担，因此倡导合理就医、健全分级诊疗制度是减轻医保基金压力的有效途径。

（三）异地就医增量较快

2015 年全省异地就医人数 6.92 万人次，2016 年增至 7.17 万人次，同比增长 3.61%。2015 年异地就医住院费用为 11.87 亿元，比 2014 年增长 19.70%，2016 年增至 13.37 亿元，比 2015 年增长 12.64%，增幅放缓，比 2015 年增幅下降 7.1%。2015 年异地就医次均住院费用为 17154 元，比 2014 年增长 1807 元，增长率为 11.8%，是城镇居民医保次均住院费用（6162 元）的 2.78 倍，2016 年异地就医次均住院费用为 18655 元，同比增长 8.75%，是城镇居民医保次均住院费用（6711 元）的 2.80 倍。异地就医住院费用需要控制快速增长趋势，保障城镇居民医保基金的稳定运行。

四、政策建议

（一）以城乡居民医疗保险整合为契机，推进医保制度有效衔接

城乡居民医疗保险的整合能够实现更广范围的统筹，可以充分利用保险的大数法则分散风险，在整合过程中要推进两种医保制度的有效衔接。根据待遇和缴费相匹配的原则，科学合理地制订各类人群的缴费比例和报销比例，避免医疗待遇中的过分攀比，要努力实现医疗保险整合的可持续发展。

（二）积极推进异地就医阶段服务工作

要在省级层面推进异地结算工作，搭建异地结算工作平台，全省范围内实现异地联网及时结算。要求各地利用"互联网+"等信息化平台及时准确地将异地就医人员以及相关支出费用录入信息管理系统，对所发生的费用做到及时审核和费用清算，以减少就医人员因

看病而回到户口所在地过程中发生的费用。

（三）积极稳妥提高医保基金统筹层次，利用更高统筹层次实现互助共济

目前，湖北省各地市州城镇居民基本医疗保险基金结余虽然并未出现赤字，但是随着人口老龄化以及疾病谱的变化以及人们就医意识的提高，未来势必会对基金运行带来巨大的压力。提高医保基金的统筹层次有以下优点。一是能够增强风险分散能力，提高基金的保障能力。统筹层次的提高能够及时利用结余较多的医保资金调剂到结余为负的地区，促进医保在地区间的均衡发展，提高医保互济共助的能力。二是能够促进劳动力的合理流动。这需要和异地就医相结合，小范围的就医和结算以及统筹层次太低都会影响到劳动者在地区之间的平滑流动，从而不利于经济的发展。三是能够降低医保基金管理成本，提高医保基金管理效率。各自为政的医保基金管理会带来极高的管理成本，形成较低的管理效率，医保基金统筹层次的提高将大幅度减少这种管理成本，还会由于机构精简而促使效率提升。

（四）继续深化医保支付方式改革

一是要坚持"总额预算、过程管理、超支分担、结余留用"的原则，健全医保经办机构与医疗服务机构之间的谈判机制，控制医疗费用过快增长。推行以总额预算为基础的多种复合付费方式，如按病种付费（DRGs）和按人头付费（如慢性病）相结合，在重点实行预付制的前提下对医疗机构的服务进行监督，努力实现公平和效率兼顾。医保支付方式要起到规范、引导、激励和约束医疗服务机构行为的作用，推进"三医联动"。二是对于2016年以来医保基金结余数额不断增加的情况，建议建立医保基金使用的预测预警机制，适当控制医保结余率和累计结余率，提高基金使用率。

（五）创新管理机制，强化医保服务的社会监督，探索医保服务第三方参与

要完善医保机构协议管理，明确医保机构与医药定点机构之间的权利和义务，建立健全医药定点机构的准入和退出机制，增强对医疗服务人员的监管，建立医疗服务人员的声誉机制。要强化对医保服务的监督，引进第三方评估主体对医保机构和医疗服务机构的运营效率进行客观评定，督促医保机构和医疗服务机构不断改进。同时可以利用政府购买的方式，将一部分医保基金的收支授权商业医疗保险机构参与，提高医保基金的运营效率。

（六）强化医保基金的预决算管理，制定合理调度政策

提高各地医保基金的预算编制水平，严格实行预算管理。要积极落实城镇居民大病保险工作，防止因病致贫，因病返贫。要完善基金可持续的预警制度，提高政策调整的科学性。

第四节 新型农村合作医疗基金运行效果评估

一、基本情况

根据《关于整合城乡居民基本医疗保险制度的意见》(国发[2016]3号)以及《湖北省整合城乡居民基本医疗保险制度工作方案》(鄂政发[2016]20号)的规定,湖北省城镇居民基本医疗保险和新型农村合作医疗保险于2016年开始整合,因此,本节仅分析2007—2015年的新型农村合作医疗基金的运行状况。

(一)参合情况

2007年湖北省开展新农合的县(市、区)有80个,到2011年增加到103个。2007—2015年参合人数由3177.93万人增长到3909万人,增加了731.07万人,2008年参合人数的增幅最大,为11.5%,2014年参合人数达到3951.3万人。2012年和2015年参合人数出现了负增长,这与部分地区制度整合有关;湖北省新型农村合作医疗的参合人数在全国占比是逐年提高的,从2007年的4.38%增长到2015年的5.83%,占比增长了1.45%,湖北省对于中央文件的落实情况逐年变好(见表4-17)。

表4-17 2007—2015年湖北省新型农村合作医疗参合情况

年份	参合人数(万人)	增幅(%)	全国占比(%)
2007	3177.93	—	4.38
2008	3543.49	11.50	4.35
2009	3714.50	4.83	4.46
2010	3833.0	3.19	4.59
2011	3890.0	1.49	4.68
2012	3877.6	-0.32	4.82
2013	3925.3	1.23	4.89
2014	3951.3	0.66	5.37
2015	3909	-1.07	5.83

(二)基金收入情况

2007年湖北省新农合的总筹资为17.98亿元,截至2015年总筹资达到190.61亿元,增额为172.63亿元,年均增长率为34.32%;人均筹资由2007年的56.57元增加到2015年的488元,增长了431.43元,年均增长率为30.91%。人均筹资的增长比从2008年的64.84%变为2015年的21.67%;总筹资增长比由2008年的83.76%变为2015年的

20.27%。人均筹资和总筹资在 2008 年增长幅度最大，分别为 64.84%、83.76%（见表 4-18）。

表 4-18　2007—2015 年湖北省新型农村合作医疗基金收入情况

年份	人均筹资（元）	人均筹资增长比（%）	总筹资（亿元）	总筹资增长比（%）
2007	56.57	—	17.98	—
2008	93.25	64.84	33.04	83.76
2009	106.19	13.88	39.44	19.37
2010	150.3	41.54	57.62	46.10
2011	235.2	56.49	91.51	58.82
2012	298.0	26.70	115.50	26.22
2013	365.1	22.52	143.32	24.09
2014	401.1	9.86	158.48	10.58
2015	488	21.67	190.61	20.27

　　新型农村合作医疗基金收入增长变化较大，人均筹资在 2008 年、2011 年达到两个高峰值，分别为 64.84%、56.49%，2009 年和 2014 年达到两个低峰值，分别为 13.88% 和 9.86%。总筹资增长比与人均筹资同趋势变化。人均筹资增长比和总筹资增长比在 2009—2011 年增长速度显著，在 2011—2014 年增长速度减缓（如图 4-20 所示）。

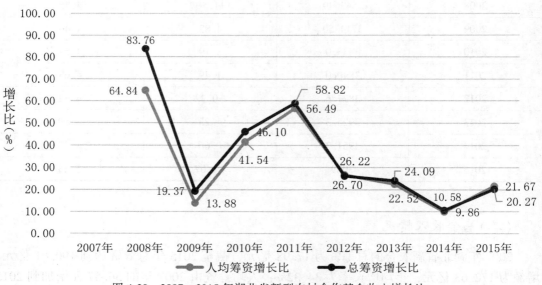

图 4-20　2007—2015 年湖北省新型农村合作基金收入增长比

（三）基金支出情况

2010年基金总支出为53.3亿元，截至2015年，基金总支出达到170.7亿元，增长额为117.4亿元，年均增长率为26.21%；住院补偿从2010年的43.3亿元增加到2015年的134.8亿元，年均增长率为25.50%；门诊补偿从6.1亿元增加到18.42亿元，年均增长率为24.73%（如图4-21所示）。

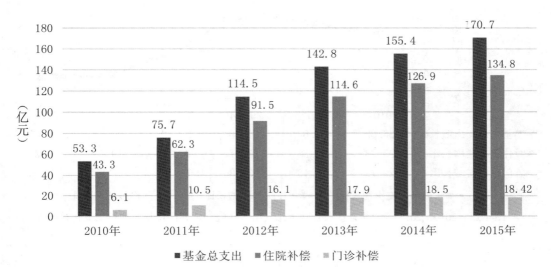

图4-21　2010—2015年湖北省新型农村合作医疗基金支出情况

基金总支出增长比在2012年达到最高值，为51.25%，2014年增长速度最慢，为8.82%；住院补偿增长比在2012年增长速度最快，为46.87%，2015年最低，为6.23%；门诊补偿增长比在2011年最快，达到了72.13%，2015年出现负增长，为-0.43%（见表4-19）。

表4-19　2010—2015年湖北省新农合基金总支出、住院补偿和门诊补偿增长比

年份	总支出增长比（%）	住院补偿增长比（%）	门诊补偿增长比（%）
2010	36.32	33.23	29.79
2011	42.03	43.88	72.13
2012	51.25	46.87	53.33
2013	24.72	25.25	11.18
2014	8.82	10.73	3.35
2015	9.85	6.23	-0.43

基金总支出、住院补偿和门诊补偿是逐年增长的，但是增长幅度差异较大，基金总支出增长比在2010—2012年都是上升的，说明这三年基金总支出增速较快；从2013年开始

基金总支出和住院补偿的增速放缓，呈下降趋势；门诊补偿在 2010—2011 年增长比较快，出现了高峰值。2012 年开始门诊补偿增长速度放缓，直到 2015 年出现了负增长（如图 4-22 所示）。

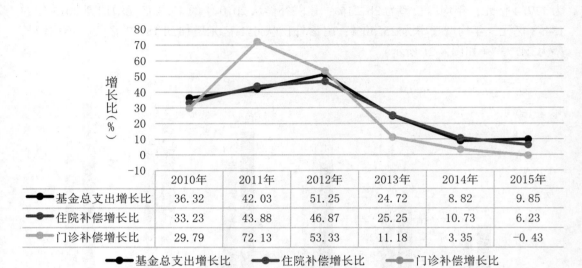

	2010年	2011年	2012年	2013年	2014年	2015年
●基金总支出增长比	36.32	42.03	51.25	24.72	8.82	9.85
●住院补偿增长比	33.23	43.88	46.87	25.25	10.73	6.23
●门诊补偿增长比	29.79	72.13	53.33	11.18	3.35	-0.43

●基金总支出增长比　　●住院补偿增长比　　●门诊补偿增长比

图 4-22　2010—2015 年湖北省新农合基金总支出、住院补偿和门诊补偿增长比变化情况

（四）基金结余情况

由表 4-20 可以发现，2010—2015 年湖北省新农合基金在 2015 年当期结余过多，当期基金使用率总体上保持在 82.73%～99.65%，基本实现了"收支平衡、略有结余"。2011 年的当期基金使用率为 82.72%，而累计结余占比却达 33.01%，说明结余过多，主要是由于当年基金收入增幅过大，高达 58.82%。继 2011 年之后，2015 年基金再次出现结余过多，2015 年累计结余达 58.8 亿元，累计结余占比达 30.85%。

表 4-20　2010—2015 年湖北省新农合基金收支结余情况

年份	收入（亿元）	支出（亿元）	当期结余（亿元）	当期基金使用率(%)	累计结余（亿元）	累计结余占比（%）
2010	57.6	53.3	4.3	92.53	14.4	25.00
2011	91.5	75.7	15.8	82.73	30.2	33.01
2012	115.5	114.5	1	99.13	31.2	27.01
2013	143.3	142.8	0.5	99.65	34.3	23.94
2014	158.5	155.4	3.1	98.04	38.9	24.54
2015	190.6	170.7	19.9	89.56	58.8	30.85

（五）参合人员受益情况

如表4-21和图4-23所示，2010—2013年新农合参合人员享受补偿人次逐年增加。2010年新型农村合作医疗补偿人次为8652万人次，到2013年补偿受益人次达到14253万人次，增长额为5601万人次，2010年湖北省全省推行门诊统筹后，门诊补偿人次比2009年增长了186.44%，使得总体上补偿人次增长了157.43%，受益面相比2009年增长了226%。2014年开始新型农村合作医疗补偿人次和受益面开始下降，补偿人次增长比从2010年的157.19%变化为2012年的26.94%，到2013年增长速度急剧下降，降至2.87%，2014年开始补偿人次出现负增长。但住院补偿人次却呈现增加的趋势，2014年增加到547万人次，比2013年增长7.25%，2015年住院补偿人次达560万人次，较2014年增长2.38%。

表4-21　2010—2015年湖北省新型农村合作医疗补偿人次

年份	补偿人次（万）	受益面（%）	补偿人次增长比（%）	住院补偿人次（万）	住院补偿人次增长比（%）	门诊补偿人次（万）	门诊补偿人次增长比（%）
2010	8652	226.00	157.19	297	13.36	7926	186.44
2011	10915	286.00	26.16	369	24.24	10031	26.56
2012	13855	357.00	26.94	420	13.82	12713	26.74
2013	14253	363.54	2.87	510	21.43	13400	5.40
2014	13586	343.84	-4.68	547	7.25	12800	-4.48
2015	13163	336.37	-3.11	560	2.38	12200	-4.69

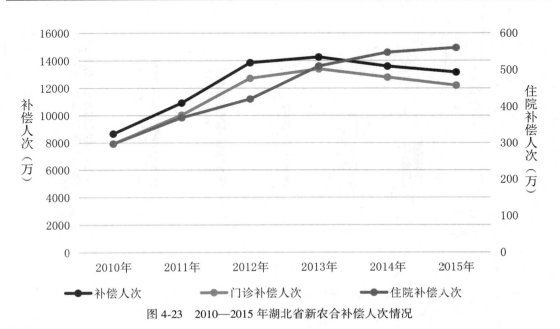

图4-23　2010—2015年湖北省新农合补偿人次情况

　　湖北全省新农合参合人员住院率逐年增长，年均增长率达 14.14%，从 2012 年开始住院率出现快速攀升的趋势，增幅升到 12.1%，截至 2015 年，住院率已达 15.0%。住院率的持续升高会带来新农合基金承压增加，医疗资源浪费。湖北全省参合患者住院补偿从 2010 年 43.3 亿元增长至 2015 年 134.8 亿元，增长额为 91.5 亿元，年均增长率为 25.50%。住院补偿率和住院实际补偿比逐年增长，年均增长率分别为 3.65% 和 6.45%。住院补偿率和住院实际补偿比 2014 年以前都一样，在 2015 年开始出现差异，住院补偿率为 56.7%，住院实际补偿比为 64.8%（见表 4-22）。

表 4-22　2010—2015 年湖北省新农合住院补偿情况

年份	住院率（%）	住院补偿（亿元）	住院补偿率（%）	住院实际补偿比（%）
2010	8.6	43.3	47.4	47.4
2011	9.5	62.3	49.6	49.6
2012	12.1	91.5	56.5	56.5
2013	13.7	114.6	58.5	58.5
2014	14.6	126.9	57.8	57.8
2015	15.0	134.8	56.7	64.8

二、新型农村合作医疗基金运行情况分析

（一）基金使用情况

从图 4-24 可以看到，湖北省新型农村合作医疗基金收入和支出都是逐年增长的，

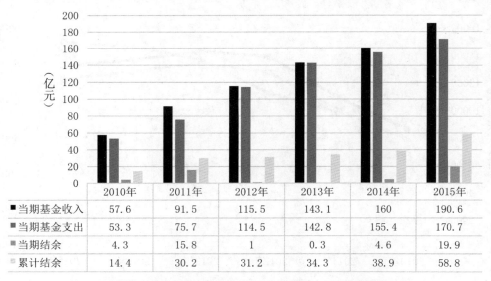

	2010年	2011年	2012年	2013年	2014年	2015年
■ 当期基金收入	57.6	91.5	115.5	143.1	160	190.6
■ 当期基金支出	53.3	75.7	114.5	142.8	155.4	170.7
■ 当期结余	4.3	15.8	1	0.3	4.6	19.9
累计结余	14.4	30.2	31.2	34.3	38.9	58.8

■ 当期基金收入　■ 当期基金支出　■ 当期结余　　累计结余

图 4-24　2010—2015 年湖北省新型农村合作医疗基金使用情况

2010 年的基金收入为 57.6 亿元，截至 2015 年基金收入增长至 190.6 亿元，年均增长率为 27.12%；2010 年的基金支出为 53.5 亿元，截至 2015 年基金支出为 170.7 亿元，年均增长率为 26.12%；2010—2015 年当期结余额最低的 2013 年仅 0.3 亿元，当期基金使用率最高，为 99.65%，当期结余额最高的是 2015 年，为 19.9 亿元。基金累计结余由 2010 年的 14.4 亿元增长到 2015 年的 58.8 亿元，年均增长率为 32.50%。2010—2015 年累计结余占比为 27%～33.01%，年均增长率为 4.10%。

湖北省 2010—2015 年当期基金使用率为 82.72%～99.65%，年均增长率为 2.16%，基金使用率相对稳定。期间，2011 年基金使用率为 82.72%，2013 年为 99.65%，2015 年基金使用率降至 89.56%（如图 4-25 所示）。

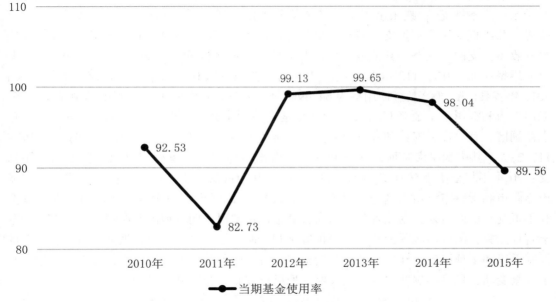

图 4-25　2010—2015 年湖北省新型农村合作医疗当期基金使用率

表 4-23 显示了湖北省部分县（市、区）新农合基金使用率的变化情况，我们选取武汉市的东西湖区和新洲区、宜昌市的远安县和当阳市、襄阳市的老河口市和枣阳市以及孝感市的云梦县和汉川市为样本地区。

表 4-23　2010—2015 年湖北省各地新农合基金使用率（单位：%）

县（市、区）	2010 年	2011 年	2012 年	2013 年	2014 年	2015 年
东西湖区	97.70	91.31	105.60	117.28	85.09	100.40
新洲区	112.40	97.48	98.40	100.30	104.96	93.30
远安县	96.10	92.22	114.50	96.24	103.30	102.00

县(市、区)	2010 年	2011 年	2012 年	2013 年	2014 年	2015 年
当阳市	101.70	86.43	95.30	91.64	93.38	88.80
老河口市	90.70	81.31	94.00	94.71	89.68	85.00
枣阳市	82.20	64.49	93.40	116.58	114.16	85.90
云梦县	93.90	96.02	112.60	95.33	89.66	96.80
汉川市	96.70	86.60	97.30	105.80	102.65	89.50

由表 4-23 可以发现，各地区的新农合基金使用率波动较大。例如，武汉市东西湖区在 2010—2015 年基金使用率依次经历了"超支临界—超支临界—收不抵支—收不抵支—略有结余—收不抵支"，襄阳市枣阳市基金使用率依次经历了"略有结余—结余过多—超支临界—收不抵支—收不抵支—略有结余"，武汉市新洲区在 2010—2015 年基金处于超支临界和收不抵支两种状态，其他地区存在波动较大的同类性问题。2010 年各县(市、区)基金使用率在 82.20%~112.40%变化，其中武汉新洲区区和宜昌市当阳市基金收不抵支；2011 年各县(市、区)基金使用率为 64.49%~97.48%，其中襄阳市枣阳市基金结余过多，老河口市和汉川市基金略有结余；2012 年基金使用率为 93.40%~114.50%，其中武汉市东西湖区、宜昌市远安县和孝感市云梦县基金收不抵支；2013 年基金使用率为 91.64%~117.28%，其中武汉市东西湖区、新洲区、襄阳市枣阳市和孝感市汉川市基金均收不抵支；2014 年基金使用率为 85.09%~114.16%，其中武汉市新洲区、宜昌市远安县、襄阳市枣阳市和孝感市汉川市基金均收不抵支；2015 年武汉市东西湖区和宜昌市远安县基金收不抵支。由此看来，湖北省各地新农合基金使用情况说明各地区普遍缺乏稳定有效的基金管理措施，部分地区既无基金风险预警预测机制，也无当基金收不抵支后对基金采取的控制手段和干预措施，部分地区应对措施缺乏科学的测算依据，因此也伴随着基金使用政策频繁变动，最终影响新农合基金长期平稳运行和新农合制度的可持续发展。

（二）次均住院费用及补偿比情况

表 4-22 已说明 2010—2015 年新农合参合人员住院率逐年增长，年均增长率为 11.77%，与此同时，次均住院费用也从 2010 年的 2981 元上涨到 2015 年的 4545 元，年均增长率为 8.80%，住院补偿率从 2010 年的 47.4%增至 2015 年的 56.7%，年均增长率为 3.64%。住院率、次均住院费用以及住院补偿率三者共同作用导致住院补偿支出从 2010 年的 43.3 亿元增至 2015 年的 134.8 亿元，年均增长率达 25.50%(见表 4-24)，这无疑给新农合基金的可持续发展带来了压力。

表 4-24　2010—2015 年湖北省新农合住院费用及补偿情况

年份	住院补偿(亿元)	次均住院费(元)	住院补偿率(%)
2010	43.3	2981.0	47.4

年份	住院补偿(亿元)	次均住院费(元)	住院补偿率(%)
2011	62.3	3416.0	49.6
2012	91.5	3767.0	56.5
2013	114.6	4006.0	58.5
2014	126.9	4281.0	57.8
2015	134.8	4545.0	56.7
年均增长率	25.50%	8.80%	3.64%

图4-26表示了2010—2015年次均住院费用的变化趋势以及增幅的变化趋势，期间2011年次均住院费用增幅最大，2015年增幅最小，2013—2015年次均住院费用的增幅趋于平缓。由此可以发现，控制医疗费用达到瓶颈期，如何有效持续控制不合理医疗费用的支出仍然是基金风险防范的难点所在。

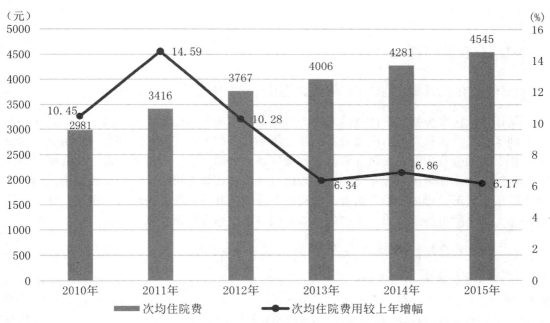

图4-26 2010—2015年湖北省次均住院费用及较上年增幅变化趋势

(三)参合患者就医流向情况

表4-25数据显示，2013—2015年湖北省样本地区新农合参合患者县域内就诊率呈现先升后降的趋势。2013年、2014年、2015年样本地区新农合参合患者县域内平均就诊率分别为88.0%、89.1%和88.3%。期间宜昌市的远安县、襄阳市的老河口市和枣阳市县域

内就诊率每年均达 90% 以上，而武汉市的东西湖区和新洲区、孝感市的云梦县和汉川市每年均低于平均水平，说明这几个地区还需提高县域内就诊率，不断推进县域综合医改，逐步实现"大病不出县"，降低县外就诊率。

表 4-25　湖北省各地新农合参合患者县域内就诊率情况（单位：%）

县（市、区）	2013 年	2014 年	2015 年
东西湖区	86.1	87.8	82.9
新洲区	82.6	82.9	84.4
远安县	90.4	93.5	90.2
当阳市	89.7	88.4	88.7
老河口市	93.9	94.6	94.6
枣阳市	90.3	91.2	90.9
云梦县	85.2	86.6	87.4
汉川市	86.1	88	87.6

三、存在的问题

（一）部分地区新型农村合作医疗基金使用率过高，出现超支现象

从样本地区基金使用率的数据来看，有部分样本地区基金使用率过高，例如武汉市的东西湖区、新洲区和宜昌市的远安县，基金历年处于收不抵支和超支临界两种情况。部分地区新农合基金管理需要继续加强基金收缴管理，控制基金支出范围。由于住院率得不到有效控制、次均住院费用逐年增加，少数地区政策设计缺乏可操作性，导致报销比例高于资金的承受范围。再加上参合患者就医流向不合理，部分地区县外就诊率过高，都会共同作用加大基金的可持续压力。所以各地应采取多种措施合理调控基金支出。

（二）住院费用、住院率逐年增加，经济负担沉重

住院补偿支出从 2010 年的 43.3 亿元增至 2015 年 134.8 亿元，住院率从 2010 年的 8.6% 增至 2015 年的 15%，次均住院费用从 2010 年的 2981 元增至 2015 年的 4545 元，基金风险防范的重点依然是如何有效控制不合理医疗费用的支出。由于个别地区新农合基金管理措施不完善，对于定点医疗机构分解住院行为监督不力，既加重了患者的经济负担，又使得基金更易超支；部分地区医保支付方式改革还需进一步加强，总额预算下的按病种付费、按单元付费等复合式支付方式还未完全实施，并且很多地区支付标准和费用考核制度还需科学合理地制定。

（三）参合患者者住院补偿水平还需提高

各地对于参合患者住院的补偿政策在政策范围内的补偿比例应该稳定在 75% 以上的

水平，门诊补偿比例应该提高到 75% 以上，并且对于特定对象，例如低保五保户，住院补偿逐渐取消起付线。但是很多地区的报销比例低于政策要求，不能很好地保障参合者的权益，医疗服务利用不足。应积极发挥新农合的保障能力，提高参合患者的保障水平，合理调整新型农村合作医疗的补偿方案。

（四）部分地区参合患者就医流向缺乏合理性

部分地区县域内就诊率有待提高。参合患者就医流向不够合理的原因主要有以下几点：一是由于基本药物目录的种类比新农合药品目录少，很多时候难以满足参合患者的医疗需求，从而使其流向上级医疗就医住院；二是基层医疗机构的技术水平和服务质量不足，导致县外就诊率持续增加，给基金支出增大了压力。

四、政策建议

（一）合理调控基金使用

各地依据定点服务协议，加强对定点医疗服务机构的考核制度，对于年度次均住院费用不合理增长和目录外药占比情况严格控制，对于超标的机构以及参合人员平均自费比例较上年度增加的，视情况采取给予警告、降低等级等措施，并根据参合患者住院病人数、超标比例相应扣减垫付补偿款。定点医疗机构的年度考核结果与次年的基金分配额挂钩，以此合力调控基金的使用，避免基金超支。

（二）深化支付方式改革，完善支付制度

医保支付方式的合理选择对于基金的抗风险能力有着突出的作用。应建立总额预付制基础上的按病种付费为主、按单元付费等复合式支付方式，提高复合支付方式的覆盖面，提高农民的受益度。例如，孝感市出台了《孝感市新农合支付方式改革实施方案》，孝感市在所有的新农合定点机构建立以总额预付制为基础，按病种定额付费、按床日付费等方式相结合的混合支付制度。混合式支付方式不仅激励和约束相结合，确保了参合人员和医疗机构的利益，也降低了新农合基金的风险。

（三）充分利用商业保险，提高补偿比例，分解基金风险

各地区逐步将补偿比例提高至政策文件要求的标准，提高保障水平，鼓励各个地市级大胆探索以新型农村合作医疗向大病保险承办机构购买意外伤害的保险模式，充分利用商业保险的优势，强化意外伤害补偿报销监管，提高新型农村合作医疗基金使用效率；适当扩大特殊疾病的病种范围，利用商业保险可以保障新农合参合农户的多方面需求，得到政府无法提供的医疗保障，提高医疗资源的使用效率；科学、合理地调整新型农村合作医疗的补偿方案。除此之外，可以通过保险行业同行的"保险再保险"方式来分解基金风险，根据新农合基金的结余情况，购买用于稳定新农合基金安全的再保险产品，将新农合基金的安全放置于更大的范围内，更好地保障基金的稳定性。

（四）提高市直医疗机构起付线，提高县域医疗机构服务能力

由于市直医疗机构住院报销起付线相对较低，而报销比例相对较高，部分地区非正常转诊报销又缺乏约束机制，因此部分地区的县外就诊率较高，应适当提高市直医疗机构的起付线，降低报销比例，拉开与基层医疗机构住院报销档次，通过政策引导参合患者在县域内就诊，提高县域内就诊率。同时提高县域医疗机构特别是基层医疗机构的技术水平和服务能力，改善基层医疗机构条件，既要"城市医院强"，也要"县级医院强"。针对城乡医疗卫生资源配置不均衡问题，应推进城市医院和医生下沉，提升县级医院服务能力和群众满意度，各地三甲医院与县级医院开展了可以加强合作建立各种类型的医联体，不仅实现"县级医院强"，也要实现"县域医疗强"。完善各级医疗机构疾病诊疗目录、上转、下转标准，严禁基层医疗机构不合理推诿或截留病人，严格按程序进行病人上下转。

第五节　城乡居民基本医疗保险基金运行效果评估

一、城乡居民基本医疗保险整合的政策现状

2008 年起，湖北省鄂州市、荆门市掇刀区、襄阳市高新区、孝感市临空经济区等地就开始陆陆续续进行城乡居民基本医疗保险制度整合的试点工作。2016 年 1 月 3 日，国务院印发《关于整合城乡居民基本医疗保险制度的意见》（国发［2016］3 号），指出要在全国范围内建立统一的城乡居民基本医疗保险，整合城镇居民基本医疗保险和新型农村合作医疗制度。2016 年 5 月 26 日，湖北省人民政府印发《湖北省整合城乡居民基本医疗保险制度工作方案》（鄂政发［2016］20 号），提出城镇居民基本医疗保险和新型农村合作医疗整合方案，并且提出 2016 年上半年全省完成机构整合，下半年开始实施城乡居民医保政策拟订、医保经办服务设计、医保信息系统开发对接和医保基金审计、整改等工作，2017 年开始全面实施。2016—2018 年，湖北全省各地都出台了本地城乡居民基本医疗保险实施政策。

城乡居民基本医疗保险整合实践中困难主要集中在两个方面：一个是医保管理权归属安排问题；另一个是筹资和待遇的差异问题。湖北省对于医保管理权的归属问题在 2016 年 5 月已明确将卫生计生部门承担的新农合管理职能与人社部门承担的城镇居民医保管理职能合并，统一由人社部门承担。随着 2018 年国务院机构改革方案的公布以及国家医疗保障局的成立，湖北省医疗保障局于 2018 年 11 月成立，各地于 2019 年纷纷成立医疗保障局，城乡居民医保的管理职责由医疗保障局承担。而由于各地经济发展水平、地方财政能力不同，湖北省各地区在筹资标准与待遇政策上还存在较大差异（见表 4-26）①。

---

① 数据首先来源于各地社保局、医保局官方网站上的最新政策文件，同时通过百度搜索各地主要的门户网站查找最新的有关筹资和待遇政策的信息，但是仍然有一些数据无法获取。

表 4-26　湖北省城乡居民基本医疗保险筹资标准与待遇水平

地区	筹资(元)	待遇			
		报销类型	起付线(元)	封顶线(元)	报销比例
武汉市 (2018年)	个人缴费标准为每人每年200元	门急诊	200	400	50%
		一级住院	200	15万元	90%
		二级住院	400		70%
		三级住院	800		60%
黄石市 (2018年)	个人缴费标准为每人每年220元	门急诊	无	统筹报销最高限额300元/人，贫困建档人群400元/人	60%
		一级住院	200	13万元	90%
		二级住院	500		75%
		三级住院	800		60%
十堰市 (2018年)	个人缴费标准为每人每年180元	门急诊	无	无	无
		一级住院	200	10万元，精准扶贫人口12万元	85%
		二级住院	500		75%
		三级住院	1000		65%
荆州市 (2018年)	个人缴费标准为每人每年210元	门急诊	无	每天10~15元，年度不超过350元/人	55%
		一级住院	300	12万元	90%
		二级住院	800		75%
		三级住院	1200		60%
襄阳市 (2018年)	个人缴费标准为每人每年220元	门急诊	无	无	无
		一级住院	200	10万元	90%
		二级住院	500		70%
		三级住院	900		60%
宜昌市 (2018年)	人均筹资660元，个人缴费180元，各级财政补助480元	门急诊	无	单日支付限额20元	累计100元至900元，报销比例50%
		一级住院	200	12万元	80%~90%
		二级住院	500		65%~75%
		三级住院	1000		50%~60%

地区	筹资(元)	待遇			
荆门市 （2018年）	个人缴费标准为每人每年220元	门急诊	无	无	无
		一级住院	200	年度支付最高限额1300元	85%
		二级住院	600		70%
		三级住院	1000		65%
鄂州市 （2018年）	个人缴费标准为每人每年220元	门急诊	无	无	无
		一级住院	100	6万元	80%
		二级住院	300		70%
		三级住院	500		65%
孝感市 （2018年）	每人每年180元，财政补助270元	门急诊	无	无	无
		一级住院	300	年度累积最高支付限额3万元	55%
		二级住院	500		50%
		三级住院	800		40%
黄冈市 （2018年）	个人缴费标准为每人每年180元	门急诊	无	每人每年300元	无
		一级住院		10万元	90%
		二级住院			75%
		三级住院			65%
咸宁市 （2018年）	个人缴费标准为每人每年220元，财政补助270元	门急诊	无	无	无
		一级住院	200		85%
		二级住院	600		70%
		三级住院	1000		60%
恩施州 （2018年）	个人缴费标准为每人每年180元	门急诊	无	无	无
		一级住院	300	12万元	85%
		县二级住院	500		70%
		县市三级住院	800		65%
		州二级住院	500		60%
		州三级住院	1000		55%
随州市 （2018年）	个人缴费标准为每人每年220元	门急诊	无	无	50%
		一级住院	300	12万元	90%
		二级住院	600		80%
		三级住院	1000		70%

续表

地区	筹资(元)	待遇			
仙桃市 (2018年)	个人缴费标准为每人每年180元	门急诊	无	无	无
		一级住院	300	年度最高支付限额为30万元	90%
		二级住院	600		80%
		三级住院	1000		70%
天门市 (2018年)	个人缴费标准为每人每年180元	门急诊	10元/次	无	60%
		一级住院	300	12万元	80%
		二级住院	500		75%
		三级住院	800		65%
潜江市 (2018年)	个人缴费标准为每人每年180元，财政补助480元	门急诊	无	350元	无
		一级住院	200	年度内最高支付限额为30万元	85%
		二级住院	500		75%
		三级住院	1000		65%
神农架 (2018年)	个人缴费标准为每人每年180元	住院起付标准按上年度同级医疗机构城乡居民医保参保人员次均住院费用10%左右的比例，政策范围内的住院费用支付比例保持在75%左右，各级医疗机构的支付比例差额控制在15%左右			

通过表4-26的比较可以发现：

其一，各地城乡居民基本医疗保险的筹资标准不一。2018年湖北省各地筹资个人缴费标准为每人每年180~220元，其中9个地区是每人每年缴费180元，例如仙桃市、神农架、天门市等地；6个地区是每人每年缴费220元，例如襄阳市、黄石市、荆门市等地；唯有武汉市是每人每年缴费200元。由于各地人均财政补助具体信息无法获取，在后文中将通过测算来分析。

其二，从保险待遇来看，地方政府在各地的政策上表现出了对于中央政策的跟从状态，从各地官方网站的信息来看，有的地区对于中央政策落实较快，有的地区则落实较慢。绝大多数地区住院报销比例保持在75%左右，孝感市的报销比例相对较低。但各地仍存在待遇补偿上的差异。首先，起付线各地区标准不一，例如武汉市的一级医院住院的起付线是200元，而襄阳市是200元，鄂州市是100元；其次，不同级别医疗机构住院费用的支付比例存在差异，三级医院住院报销比例最低的是孝感市，为40%，最高的是仙桃市和随州市，报销比例为70%；再次，各地各级别的医疗机构之间报销比例的差距不等，例如仙桃市，各级别的医疗机构报销比例均相差10%，而黄冈市三级医疗机构与二级医疗机构的报销比例相差10%，而二级医疗机构与一级医疗机构的报销比例却相差15%，类似情况还有咸宁市、黄冈市等。

二、城乡居民基本医疗保险基金运行情况分析

（一）参保情况

2016 年和 2017 年湖北全省逐步完成新型农村合作医疗与城镇居民基本医疗保险整合，2017 年全省实施统一的城乡居民基本医疗保险制度。截至 2017 年底，全省城乡居民基本医疗保险参保人数 4603.26 万人，其中，中小学生儿童 901.6 万人，占参保总人数的19.57%。湖北省 17 个市州参保情况不一样，其中黄冈市参保人数最多，为 605 万人，神农架最少，为 5.58 万人；参保人数前五位的城市是黄冈市（605 万人）、荆州市（502.09万人）、武汉市（469.42 万人）、襄阳市（441.54 万人）、孝感市（422.46 万人）（如图 4-27所示）。

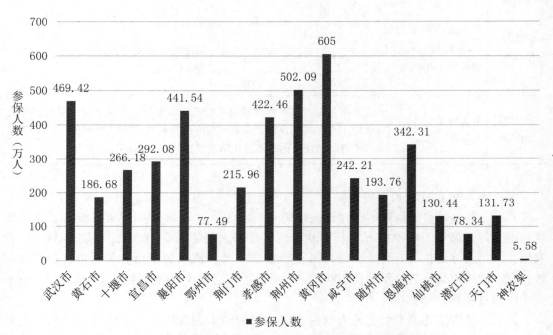

图 4-27　2017 年湖北省城乡居民基本医疗保险参保情况

（二）基金收入情况

2017 年湖北省城乡居民基本医疗保险基金总收入 284.99 亿元，其中个人缴费 80.98亿元，财政补助 204.01 亿元，财政补助占总筹资的 71.58%。各地基金收入差异显著，基金收入最高的是黄冈市，为 40.01 亿元，最低的是神农架，为 0.34 亿元，基金收入处于前五位的地区为黄冈市 40.01 亿元、武汉市 32.14 亿元、荆州市 31.19 亿元、孝感市26.66 亿元，襄阳市 23.87 亿元(见表 4-27)。

表 4-27　2017 年湖北省城乡居民基本医疗保险基金收入情况

地区	总收入 （亿元）	人均缴费 （元）	个人缴费 （亿元）	财政补助 （亿元）	人均财政补助 （元）	财政补助占总筹 资的比例（%）
合计	284.99	619	80.98	204.01	443	71.58
武汉市	32.14	685	10.71	21.43	457	66.68
黄石市	8.54	457	1.52	7.02	376	82.20
十堰市	16.60	624	4.68	11.92	448	71.81
宜昌市	19.99	684	6.41	13.58	465	67.93
襄阳市	23.87	541	6.32	17.55	397	73.52
鄂州市	4.62	596	1.19	3.43	443	74.24
荆门市	16.27	753	6.01	10.26	475	63.06
孝感市	26.66	631	6.80	19.86	470	74.49
荆州市	31.19	621	11.06	20.14	401	64.57
黄冈市	40.01	661	11.16	28.85	477	72.11
咸宁市	10.97	453	2.08	8.90	367	81.06
随州市	11.94	616	2.94	9.00	464	75.38
恩施州	21.54	629	5.81	15.73	460	73.03
仙桃市	7.96	610	1.69	6.27	481	78.77
潜江市	4.72	603	1.07	3.65	466	77.33
天门市	7.63	579	1.42	6.21	471	81.39
神农架	0.34	609	0.10	0.23	412	67.65

　　如图 4-28 所示，湖北省各地城乡居民基本医疗保险筹资中，各地区的个人缴费收入和财政补助差距明显，个人缴费收入最高的是黄冈市，为 11.16 亿元，其次是荆州市和武汉市，分别为 11.06 亿元和 10.71 亿元，这与三个地区参保人数排列前三有关。其余地区个人缴费收入都低于 10 亿元，其中仙桃市 1.69 亿元、黄石市 1.52 亿元、天门市 1.42 亿元、鄂州市 1.19 亿元、潜江市 1.07 亿元、神农架只有 0.1 亿元，这六个地区个人缴费收入都低于两亿元，与其他 11 个地区差距较大。财政补助最高的是黄冈市，达 28.85 亿元，其次是武汉市和荆州市，分别为 21.43 亿元和 20.14 亿元，最低的是神农架，只有 0.23 亿元。从各地财政补助占总筹资比例来看，基金收入来源的重要渠道是财政补助，高于 80% 的有黄石市、天门市和咸宁市，其中黄石市的财政补助占总筹资比例为全省最高，达 82.20%，天门市为 81.39%，咸宁市为 81.06%。全省财政补助占总筹资比例为 71.58%，低于这个平均数的全省有 5 个地区，从高到低依次是武汉市（66.68%）、宜昌市（67.93%）、神农架（67.65%）、荆州市（64.57%）、荆门市（63.06%）。

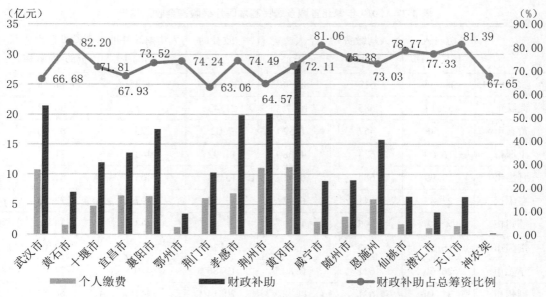

图 4-28　2017 年湖北省城乡居民医保基金个人缴费与财政补助情况

由图 4-29 可以看出，从单个地区来看，地区之间的基金收入的绝对差距也较大，人均基金收入最高的地区是荆门市，人均基金收入 753 元，而人均基金收入最低的是咸宁市，仅 453 元。除了个别地区（神农架）外，绝大多数地区的人均财政补助与个人基金收入成正相关。并且财政补助并没有减少基金收入的地区差异，而且只靠中央筹资来减少各

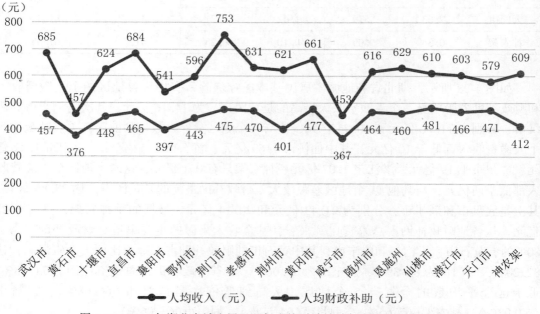

图 4-29　2017 年湖北省城乡居民医保人均财政补助与人均基金收入情况

地区的基金筹资差异是很困难的，因此中央与省级都应该加大对欠发达地区的倾斜度，并同时加大对这些地区的支持力度，降低基金收入的地区差异。

（三）基金支出情况

2017 年，湖北省基金支出 252.27 亿元。其中基金支出最高的是黄冈市，基金支出达 33.56 亿元，其次是荆州市和武汉市，基金支出分别为 25.97 亿元和 25.38 亿元，基金支出高于 20 亿元的还有孝感市 24.81 亿元、襄阳市 24.07 亿元和恩施州 20.58 亿元。基金支出最低的是神农架，仅为 0.36 亿元，其余低于 10 亿元的地区有黄石市、天门市、仙桃市、鄂州市和潜江市，基金支出分别为 8.72 亿元、7.43 亿元、6.11 亿元、4.43 亿元和 3.79 亿元（如图 4-30 所示）。

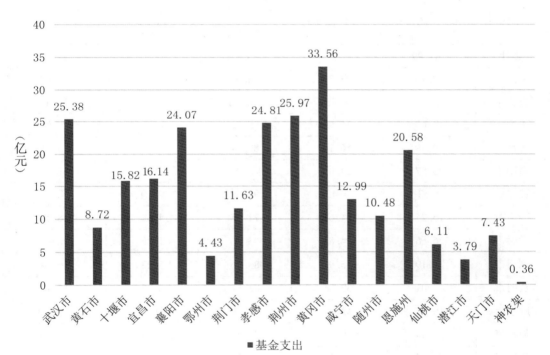

图 4-30　2017 年湖北省城乡居民基本医疗保险基金支出情况

（四）基金结余情况

由表 4-28 的数据可知，2017 年全省城乡居民基本医疗保险基金当期结余为 32.72 亿元，当期结余率为 11.58%。各地区当期结余最高的是武汉市，当期结余 6.76 亿元，其次是黄冈市和荆州市，当期结余分别为 6.45 亿元和 5.22 亿元；当期结余最低的是咸宁市，当期结余为 -2.02 亿元，其次是襄阳市、黄石市和神农架，当期结余分别为 -0.2 亿元、-0.18 亿元和 -0.02 亿元，说明这四个地区当期收不抵支；达到超支临界值的有 5 个地区，分别是恩施州（当期结余 0.96 亿元）、潜江市（当期结余 0.93 亿元）、十堰市（当期结余

0.78 亿元)、天门市(当期结余 0.2 亿元)、鄂州市(当期结余 0.19 亿元)。从当期结余率来看,基金超支的四个地区咸宁市、襄阳市、黄石市和神农架,当期结余率相应为负数,但由于基金使用率的不同,因此这四个地区的当期结余率从低往高依次排序为咸宁市(-18.41%)、神农架(-5.88%)、黄石市(-2.11%)、襄阳市(-0.84%)。当期结余率最高的是荆门市,当期结余率为 28.52%,其次是仙桃市和武汉市,当期结余率分别为23.24% 和 21.03%。其余当期结余率高于 10% 的地区有 5 个,分别是宜昌市、荆州市、黄冈市、随州市和潜江市。当期结余率较高说明城乡居民基本医疗保险制度的利用率不足,需要进一步扩大受益面,提高报销比率,增加基金利用效率。

表 4-28　2017 年湖北省各市州城乡居民医保基金当期结余情况

地区	收入(亿元)	支出(亿元)	当期基金使用率(%)	当期结余(亿元)	当期结余率(%)
合计	284.99	252.27	88.52	32.72	11.48
武汉市	32.14	25.38	78.97	6.76	21.03
黄石市	8.54	8.72	102.11	-0.18	-2.11
十堰市	16.60	15.82	95.30	0.78	4.70
宜昌市	19.99	16.14	80.74	3.85	19.26
襄阳市	23.87	24.07	100.84	-0.2	-0.84
鄂州市	4.62	4.43	95.89	0.19	4.11
荆门市	16.27	11.63	71.48	4.64	28.52
孝感市	26.66	24.81	93.06	1.85	6.94
荆州市	31.19	25.97	83.26	5.22	16.74
黄冈市	40.01	33.56	83.88	6.45	16.12
咸宁市	10.97	12.99	118.41	-2.02	-18.41
随州市	11.94	10.48	87.77	1.46	12.23
恩施州	21.54	20.58	95.54	0.96	4.46
仙桃市	7.96	6.11	76.76	1.85	23.24
潜江市	4.72	3.79	80.30	0.93	19.70
天门市	7.63	7.43	97.38	0.2	2.62
神农架	0.34	0.36	105.88	-0.02	-5.88

从图 4-31 和表 4-29 可以发现,2017 年湖北省城乡居民基本医疗保险基金累计结余202.47 亿元,人均结余 439.8 元,预计可支付月数 9.6 个月。17 个地市州中,累计结余绝对额最高的是武汉市,累计结余为 35.7 亿元,其次是黄冈市和荆州市,累计结余分别为 25.24 亿元和 24.75 亿元。从累计结余占比来看,黄石市和武汉市分别高达 130.44% 和

111.08%，其次是仙桃市，累计结余占比为 92.34%，累计结余占比最低的是神农架，为 26.47%。17 个地市州中，基金累计结余预计可支付月数最高的是武汉市，为 16.9 个月，其次是黄石市、荆门市和仙桃市，预计可支付月数分别为 15.3 个月、14.4 个月和 14.4 个月；最低的是神农架，为 3.0 个月。按照人社部财政部关于基本医疗保险基金管理的指导意见的标准，基金累计结余原则上应控制在 6～9 个月上一年月均支付水平，低于 3 个月为存在运行风险，高于 15 个月为大量结余闲置，目前基金累计结余预计可支付月数超过 15 个月的有武汉市、黄石市，荆门市和仙桃市处于临界点，说明这几个地区的城乡居民医保基金在基金管理和政策方向上存在不小的风险，削弱了对参保人员的医疗保障功能。

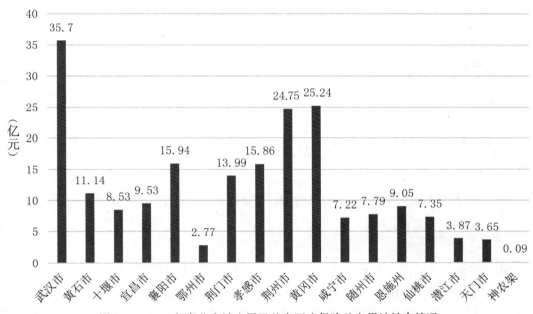

图 4-31　2017 年湖北省城乡居民基本医疗保险基金累计结余情况

表 4-29　2017 年湖北省各市州城乡居民医保基金累计结余可支付月数

地区	累计结余(亿元)	累计结余占比(%)	预计可支付月数
合计	202.47	71.04	9.6
武汉市	35.7	111.08	16.9
黄石市	11.14	130.44	15.3
十堰市	8.53	51.39	6.5
宜昌市	9.53	47.67	7.1
襄阳市	15.94	66.78	7.9

地区	累计结余(亿元)	累计结余占比(%)	预计可支付月数
鄂州市	2.77	59.96	7.5
荆门市	13.99	85.99	14.4
孝感市	15.86	59.49	7.7
荆州市	24.75	79.35	11.4
黄冈市	25.24	63.08	9.0
咸宁市	7.22	65.82	6.7
随州市	7.79	65.24	8.9
恩施州	9.05	42.01	5.3
仙桃市	7.35	92.34	14.4
潜江市	3.87	81.99	12.3
天门市	3.65	47.84	5.9
神农架	0.09	26.47	3.0

三、城乡居民基本医疗保险基金风险分析——以宜昌市为例

(一)参保情况

2018 年宜昌市参保人数为 286.98 万人，其中成年人有 232.80 万人，中小学生儿童 50.16 万人，大学生 4.02 万人。这三大类人群中不同特征的人群参保人数也有差异，其中成年人参保人员中低保人群为 12.59 万人，重度残疾人 5.77 万人，低收入老年人 0.15 万人，其他困难人员 34.30 万人；中小学生儿童参保人员中低保人群为 1.22 万人，重度残疾人 0.19 万人，低收入家庭未成年人 0.0014 万人，其他困难人员 3.86 万人；大学生参保人员中困难人员 0.05 万人(见表 4-30)。

表 4-30 2018 年宜昌市城乡居民基本医疗保险参保情况

人群类别		参保人数(万人)	合计	占比
成年人	常规	179.99	232.80	81.12%
	低保	12.59		
	重残	5.77		
	低收入老人	0.15		
	其他困难人员	34.30		

人群类别		参保人数(万人)	合计	占比
中小学生儿童	常规	44.89	50.16	17.48%
	低保	1.22		
	重残	0.19		
	低收入家庭未成年人	0.0014		
	其他困难人员	3.86		
大学生	常规	3.97	4.02	1.40%
	困难人员	0.05		
合计		286.98		

(二)基金收支情况

2018年底,宜昌市城乡居民基本医疗保险基金收入196438.9万元,基金支出186089.6万元,当期结余10349.3万元,当期基金使用率为94.73%。其中有5个地区出现了收不抵支的情况,赤字最严重的是夷陵区,当期结余为-6589.82万元,其次是兴山县,当期结余为-587.71万元,再次是点军区,当期结余为-157.26万元,当阳市为-155.86万元、五峰县为-54.22万元。面临超支临界的有秭归县和猇亭区,当期结余率分别为0.99%和3.25%。当期结余过多的地区有伍家岗区、远安县、枝江市和西陵区,结余率都在20%以上(见表4-31)。

表4-31　2018年宜昌市城乡居民基本医疗保险基金收支情况

地区	收入(万元)	支出(万元)	当期基金使用率(%)	当期结余(万元)	当期结余率(%)
夷陵区	27752.53	34342.35	123.74	-6589.82	-23.74
宜都市	21386.9	18429.08	86.17	2957.82	13.83
当阳市	26003.46	26159.32	100.60	-155.86	-0.60
远安县	11341.83	8742.29	77.08	2599.54	22.92
兴山县	8644.61	9232.32	106.80	-587.71	-6.80
秭归县	20246.57	20046.38	99.01	200.19	0.99
长阳县	21956.48	18484.56	84.19	3471.92	15.81
五峰县	10692.66	10746.88	100.51	-54.22	-0.51
枝江市	23624.06	18404.3	77.90	5219.76	22.10
西陵区	8368.87	6546.38	78.22	1822.49	21.78

续表

地区	收入（万元）	支出（万元）	当期基金使用率（%）	当期结余（万元）	当期结余率（%）
伍家岗区	5347.67	4068.38	76.08	1279.29	23.92
点军区	4526.76	4684.02	103.47	-157.26	-3.47
猇亭区	2217.71	2145.71	96.75	72	3.25
高新区	4328.76	4057.6	93.74	271.16	6.26
合计	196438.9	186089.6	94.73	10349.3	5.27

从宜昌市 14 个区县城乡居民基本医疗保险基金 2018 年的收支结余情况来看，基金收不抵支与利用水平较低的现象并存。从出现赤字的夷陵区、兴山县、点军区、当阳市和五峰县这五个区县来看，出现基金收不抵支的情况主要有以下几方面原因：一是医疗费用控制不当；二是医保整合后实施的是待遇就高不就低原则，制度整合后释放参保人员的就医需求导致就诊人次大幅度增长；三是医保待遇标准不断提高而个人筹资标准却没有相应调整。而与此现象相反的是伍家岗区、远安县、枝江市和西陵区，当期结余率较高，说明城乡居民医疗保险制度利用不足，需进一步扩大受益面，提高报销比例，增加基金利用效率。

由表 4-32 可以发现，2018 年底，宜昌市城乡居民基本医疗保险基金累计结余110208.8 万元，人均结余 384.03 元，预计可支付月数 7.1 个月。14 个区县中，预计可支付月数最高的是枝江市，为 10.1 个月，最低的是猇亭区，为 4.0 个月。累计结余绝对数中，最高的是当阳市，为 18489.97 万元，其次是枝江市和宜都市，累计结余分别为15487.69 万元和 13517.81 万元；累计结余绝对数最小的是猇亭区，为 719.05 万元，其次是高新区和点军区，累计结余分别是 1691.3 万元和 2445.88 万元。结合表 4-31 来看，宜昌市城乡居民医保基金出现当期结余率为负而累计结余占比却较高并存的现象，14 个区县累计结余占比为 32.42%~71.11%，而表 4-32 中基金出现赤字的五个区县的累计结余占比却较高，分别为当阳市 71.11%，兴山县 64.92%，五峰县 57.53%，点军区 54.03%，夷陵区 43.48%，此现象说明城乡居民基本医疗保险利用率应增加，各地区还有提高利用比例的空间，应建立城乡医保基金使用的预测预警系统，适当控制基金结余率与累计结余率，提高基金使用率，推行加强基金管理的有效措施。

表 4-32　2018 年宜昌市城乡居民基本医疗保险基金累计结余可支付月数

地区	累计结余（万元）	累计结余占比（%）	预计可支付月数
夷陵区	12067.72	43.48	4.2
宜都市	13517.81	63.21	8.8
当阳市	18489.97	71.11	8.5

续表

地区	累计结余(万元)	累计结余占比(%)	预计可支付月数
远安县	5656.62	49.87	7.8
兴山县	5612.04	64.92	7.3
秭归县	9829.11	48.55	5.9
长阳县	11066.18	50.40	7.2
五峰县	6151.53	57.53	6.9
枝江市	15487.69	65.56	10.1
西陵区	4627.26	55.29	8.5
伍家岗区	2846.62	53.23	8.4
点军区	2445.88	54.03	6.3
猇亭区	719.05	32.42	4.0
高新区	1691.3	39.07	5.0
合计	110208.8	56.10	7.1

(三)参保人员受益情况

2018年底,宜昌市城乡居民基本医疗保险享受门诊待遇人数为75.85万人,占总人数的26.43%。普通门急诊人次为392.96万人次,其中成年人就诊人次为332.80万人次(含老年人177.42万人次),学生儿童就诊人次为60.16万人次,大学生就诊人次为22人次。门诊大病就诊人次为18.78万人次,其中成年人就诊人次为17.14万人次(含老年人11.22万人次),学生儿童就诊人次为1.63万人次,大学生就诊人次为0。住院总人次为41.88万人次,其中成年人住院人次为33.07万人次(含老年人19.17万人次),学生儿童住院人次为8.81万人次,大学生住院人次为0。

由表4-33、表4-34、表4-35可以看到,截至2018年底,宜昌市城乡医保基金医疗费用总额190557万元,其中普通门急诊、门诊大病和住院费用分别为18771万元、6124万元和165662万元,分别占比为9.85%、3.21%和86.94%。普通门急诊费用支出中,成年人的费用占比为83.25%(其中老年人的费用在其中占比50.88%),学生儿童的费用占比为16.75%。门诊医疗费用中门诊统筹支付占比为22.80%。门诊大病费用支出中,成年人的费用占比为80.09%(其中老年人的费用在其中占比62.55%),学生儿童的费用占比为19.91%。门诊大病费用中统筹支付费用占比为50.34%。住院费用支出中,成年人的费用占比为82.33%(其中老年人的费用在其中占比46.75%),学生儿童的费用占比为17.67%。住院费用中统筹基金支付占比为63.33%。从整个城乡医保基金医疗费用支出来看,老年人的医疗费用支出占比最高,老年人的普通门急诊、门诊大病和住院费用的支出分别是学生儿童费用的2.53倍、2.52倍和2.65倍。结合前文分析,在大多数区县基金当期结余和累计结余较高的情况下,统筹基金的支付比例还可适当提高,以提高医疗保障水平。

表 4-33 2018 年宜昌市城乡医保基金普通门急诊费用支出情况

人群类别	普通门急诊						
	就诊人次（万人次）	费用（门诊统筹医疗费）（单位：万元）					
		门诊统筹支付	门诊统筹支付占比	自付	自付占比	费用合计	费用合计占比
成年人	332.80	3833	89.56%	11793	81.38%	15626	83.25%
学生儿童	60.163	447	10.44%	2698	18.62%	3145	16.75%
大学生	0.0022						
总计	392.96	4280		14491		18771	

表 4-34 2018 年宜昌市城乡医保基金门诊大病费用支出情况

人群类别	门诊大病								
	就诊人次（万人次）	费用（门诊大病）（单位：万元）							
		统筹支付	统筹支付占比	自付	自付占比	自费	自费占比	费用合计	费用合计占比
成年人	17.14	2404	77.98%	2444	82.21%	57	83.82%	4905	80.09%
学生儿童	1.63	679	22.02%	529	17.79%	11	16.18%	1219	19.91%
大学生	—	—	—	—	—	—	—	—	—
总计	18.78	3083		2973		68		6124	

表 4-35 2018 年宜昌市城乡医保基金住院费用支出情况

人群类别	住院								
	住院人次（万人次）	费用（住院）（单位：万元）							
		统筹基金支付	统筹基金支付占比	自付	自付占比	自费	自费占比	费用合计	费用合计占比
成年人	33.07	88287	84.16%	39072	79.67%	9033	77.12%	136392	82.33%
学生儿童	8.81	16622	15.84%	9968	20.33%	2680	22.88%	29270	17.67%
大学生	—	—	—	—	—	—	—	—	—
总计	41.88	104909		49040		11713		165662	

从表 4-36 的数据可以发现，宜昌市城乡医保基金住院费用的支出结构中，药品费占住院总费用支出的 28.51%，其中目录内的药品费占住院总费用的 27.31%；检查治疗费

用占住院总费用的 71.49%，其中政策内的检查治疗费占住院总费用的 65.62%。总体来说，医疗费用的支出结构趋于合理。

表 4-36　2018 年宜昌市城乡医保基金住院费用支出结构

人群类别	住院费用（单位：万元）				
	住院人次（万人次）	药品费		检查治疗费	
		目录内	目录外	政策内	政策外
成年人	33.07	37836	1373	89522	7661
学生儿童	8.81	7408	605	19185	2072
大学生	—	—	—	—	—
总计	41.88	45244	1978	108707	9733

四、存在的问题

（一）各地区城乡居民基本医疗保险整合进程不一样，基金统筹层次较低

湖北省 17 个地区整合新型农村合作医疗和城镇居民基本医疗保险进程不一样，2016 年 3 月，国务院颁布《关于整合城乡居民基本医疗保险制度的意见》（国发〔2016〕3 号），但是鄂州市、神农架及襄阳高新区、荆门掇刀区等地区从 2008 年开始进行城乡居民医疗保险整合试点，而一些地区在 2016 年后才开始整合，各地区缴费标准和待遇水平差距明显，地区发展不平衡，各地区参保者享受的医疗保障水平不一样，对于医疗服务的享受层次差距较大，不利于参保者公平享受医疗保障权，医疗服务需求不能得到充分的满足。2017 年开始，城乡居民基本医疗保险实施市级统筹，有的地区到 2018 年才实行市级统筹。由于医保基金统筹层次过低，基金的抗风险能力就相应较低，因此各地医保基金都需要尽可能多地预留风险金来应对，各地的风险金加起来就达到较大的累计结余规模。医疗保险较低的统筹层次不仅不利于进一步分散风险，也不利于在全省范围内发挥更大的互助共济作用。

（二）各地城乡居民医保基金使用不充分与收不抵支并存

从湖北省各地城乡居民医保基金的收支结余情况来看，一种现象是部分地区例如武汉市、荆门市、仙桃市 2017 年的当期基金使用率都未超过 80%；另一种现象是部分地区基金出现收不抵支的情况，例如咸宁市、黄石市、襄阳市等地区，但这两种情况的地区都有一个共同点，就是累计结余占都比较大，例如武汉市高达 111.08%，黄石市高达 130.44%。以宜昌市为例，从 2018 年城乡居民医保基金收支结余情况来看，14 个区县的当期结余情况和累计结余情况也存在上述两种情况。基金结余率反映了医保基金的运行效率。医保基金应始终坚持"收支平衡，略有结余"的原则，不可过高也不可过低。结余率过高则医保基金筹资沉淀太多，没有使参保人员获得本应可得到的更高的保障水平；结余

率过低则应对风险的能力不够，影响医保基金的平稳运行，不利于医保制度的可持续发展。部分区县当期结余为赤字，说明需要加大城乡居民基本医疗保险扩面征缴力度，确保应保尽保，应收尽收，基金累计结余占比较高而基金使用率却不高说明基金管理缺乏科学有效的措施以及前控的风险防范措施。

(三) 医保支付方式改革难度较大

从目前的医保支付方式改革实践来看，医保支付方式改革存在以下几点困难：一是测算难，工作量大，定点医疗机构较多，有些一级医疗机构和二级医疗机构基础数据不全；二是工作人员本身的知识结构难以应对改革工作中的需求，出现两种尴尬情形，一种是从事医疗管理工作的人员大多医科专业出身却无医疗保险管理知识，缺乏制度化的培训，另一种是原人社部门的管理人员中大多无医学背景，因此，增大了改革实践的难度；三是医疗机构尤其是具有垄断性的大医院改善服务工作的动力不足。

(四) 城乡居民基本医疗保险基金预警机制和干预措施不健全

从调研过程中发现，基金运行中存在以下几个难点：一是各地数据难以提取，各地对基金运行作为基金支出预警体系重要组成部分的认识不足，这一点从各地基金收支结余情况和宜昌市各区县的基金运行情况可以看出；二是部分地区缺乏当基金收不抵支后对基金采取的控制手段和干预措施，部分地区应对措施也缺乏科学的测算依据。

五、政策建议

(一) 加大医疗保险扩面征缴力度，加强参保对象管理

在巩固各地现有参保人员的基础上，全面分析各地参保人群分布和结构，突出重点，有针对性地加强困难群体、在校学生和流动人口等群体的参保工作，充分利用现代信息技术，建立动态的监管机制，充分实现医保信息化。

(二) 提高统筹层次，降低基金风险

总体上来说，湖北省城乡居民基本医疗保险基金的统筹层析还是较低的。低层次的医疗保险统筹不仅增加了基金的风险，也不利于更大程度上保障参保人员的医疗保障权益。关于如何提高统筹层次的问题涉及选择什么样的方式提高统筹层次。国际上的主要做法有两种：一种是实行单纯统收统支模式，做法是新建全国医保基金作为唯一保险人，整合旧的医保基金作为新的全国医保基金的分支机构，新的分支机构负责筹资并上缴总部，总部负责报销医疗费用；另一种是基于风险管理与评估进行统收统支的模式，做法是分支机构基金仍为独立法人，但筹资权交给全国风险管理与评估基金，该基金通过科学设定的计算方式，借助信息系统和数据库计算各个基金所覆盖群体中每个人的风险程度，以此核定人头费数额，并将相应的人头费拨付给分支机构基金。第二种模式成本较高，且考虑到医保的复杂性和地区经济、医疗服务发展水平，笔者认为城乡居民医保在统筹层次上的终极目标是实现全国统筹，但这一目标的实现为期尚远，应该首先将统筹的基本单位依次由县级

提高到市级再提高到省级，采用第一种模式。

（三）建立健全城乡居民基本医疗保险基金风险预警机制和监管机制

城镇居民基本医疗保险和新型农村合作医疗制度在建立之初，就是分管于不同的管理体系，二者在筹资模式、缴费标准和待遇水平方面都不一样。新农合的待遇水平较城镇居民医保低，在制度整合原则上待遇就高不就低的要求下，更需要对整合后的基金风险有准确的预见及应对措施。所以在整合时，筹资模式和保障水平趋于统一的过程中，参保人员的缴费标准和待遇水平会发生变化，财政压力也相应会变大，再加上经济下行压力，基金将进入低增长期，应通过科学测算，以控制风险为导向，逐步调整筹资结构，并且对于基金收不抵支的情况采取前控的风险防范措施，引导参保人员合理有效地使用基金。在监管机制上，原先城镇居民医保参保人员数量相对较少，居住相对集中，监管工作相对于新农合容易，监管成本也相对较低。制度整合后的新监管机制的建设会直接影响到基金安全。目前整合后的城乡居民医保经办机构与高效能的监管机构还是有一定的差距，主要体现在医保信息系统、医保即时结算信息系统、医保监控系统三大信息系统还不够完善，再加上基金经办业务量大幅度增大，对现有的经办能力带来了巨大的压力。因此，除了加强信息系统建设，还需出台具体的基金监管具体办法，建立完善的基金监督管理机制。选聘专业人士组建医保基金运行监管机构，负责监督基金征收、流动、支付和存储等情况。定期将基金收支具体情况进行公开，接受社会监督，加强对医保基金监管。

（四）完善支付方式改革，控制医疗费用不合理增长

首先，认真落实基层医疗机构按床日付费制、门诊统筹总额预付制、单病种付费制以及住院统筹限额拨付制度，确保支付方式改革取得成效，有效控制医疗费用不合理增长。其次，拓宽支付方式的覆盖面。医保支付方式改革面对的不仅仅是公立医院及其住院服务，虽然这部分服务占据医保支付的大量经费，但未来医保必须发挥其在医疗服务提供中的基础性、引导性的作用，针对不同的医疗机构开展不同的支付方式改革，调动不同类型、层级和功能的医疗机构的积极性，从而推动供方的能力建设和服务水平的提升，这样，参保患者流向才有可能逐步地趋向合理，医疗服务的供给进入一个合理的循环，从而提升医保基金的使用效率，增强患者的满意度，实现分级诊疗的目的。

第六节　小　　结

湖北省城镇职工基本医疗保险基金在2013—2017年的运行状况呈现出以下几个特点：第一，医保基金五年间收大于支，年均收入增幅大于年均支出增幅；第二，医保基金征缴收入增幅和支出增幅速度交替运行；第三，城镇职工医保基金5年来统筹基金累计结余增幅总体上升，2015年增幅最大；第四，统筹基金累计结余支撑能力还需不断加强。

省内样本地区的城镇职工基本医疗保险基金运行存在的风险主要有：基金收入和基金支出起伏大，收入和支出增幅不稳定；各地城镇职工基本医疗保险统筹基金累计结余可支付月数差异较大，个别地区统筹基金累计结余支撑能力还需加强；个人账户严重影响了基

金效率；退休人员参保比例不断增加，退休人员医疗费用支出过高，对基金的可持续形成巨大压力；统筹基金支付比例不断上升，就医流向仍不合理。因此，对于湖北省城镇职工基本医疗保险基金管理的建议有以下几点：第一，加强基金征缴力度，完善筹资机制；第二，深化医保支付方式改革，加强城镇职工基本医疗保险预决算管理；第三，创新老年人医疗方式改革，不断推行医养结合，降低医疗费用增长；第四，加强医保基金监管，创新监管方式；第五，坚决打击骗保套保行为，发挥反欺诈联合工作机制；第六，不断健全分级诊疗制度，积极引导患者在不同级别医院就医；第七，改革个人账户划入比例，探索取消个人账户。

湖北省城镇居民基本医疗保险基金在 2013—2016 年的运行中基金当期结余和累计结余整体增加，基金收入增幅和支出增幅交替运行，但存在以下几个问题：第一，城镇居民住院率上升，住院费用呈现快速上涨态势；第二，参保患者就医偏爱选择三级医疗机构，医疗服务利用不均；第三，异地就医增量较快。因此，对于湖北省城镇居民基本医疗保险基金管理的建议有以下几点：一是以城乡居民医疗保险整合为契机，推进医保制度有效衔接；二是积极推进异地就医阶段服务工作；三是积极稳妥提高医保基金统筹层次，利用更高统筹层次实现互助共济；四是继续深化医保支付方式改革；五是创新管理机制，强化医保服务的社会监督，探索医保服务第三方参与；六是强化医保基金的预决算管理，制定合理调度政策。

湖北省新型农村合作医疗基金在 2007—2015 年的运行状况是以武汉市的东西湖区和新洲区、宜昌市的远安县和当阳市、襄阳市的老河口市和枣阳市以及孝感市的云梦县和汉川市为样本地区来重点分析的。其中存在的问题有：部分地区新型农村合作医疗基金使用率过高，出现超支现象；住院费用、住院率逐年增加，经济负担沉重；参合患者住院补偿水平还需提高；部分地区参合患者就医流向缺乏合理性。因此提出的建议有：第一，合理调控基金使用，加强对定点医疗服务机构的考核制度；第二，深化支付方式改革，完善支付制度；第三，充分利用商业保险，提高补偿比例，分解基金风险；第四，提高市直医疗机构起付线，提高县域医疗机构服务能力。

由于 2017 年湖北全省才开始全面实施城乡居民基本医疗保险整合工作，因此对于城乡居民基本医疗保险基金的运行状况主要是针对 2017 年的基金收支结余状况进行了分析，并且以宜昌市为样本地区进行了调查分析，发现整合不久的城乡居民医保基金存在以下几方面的问题：第一，各地区城乡居民基本医疗保险整合进程不一样，基金统筹层次较低；第二，各地城乡居民医保基金使用不充分与收不抵支并存；第三，医保支付方式改革难度较大；第四，城乡居民基本医疗保险基金预警机制和干预措施不健全。因此，对于城乡居民医保基金的管理提出以下几点建议：第一，加大医疗保险扩面征缴力度，加强参保对象管理；第二，提高统筹层次，将统筹的基本单位依次由县级提高到市级再提高到省级，降低基金风险；第三，建立健全城乡居民基本医疗保险基金风险预警机制和监管机制，以控制风险为导向，逐步调整筹资结构，并且对于基金收不抵支的情况采取前控的风险防范措施，引导参保人员合理有效使用基金；第四，完善支付方式改革，拓宽支付方式的覆盖面，控制医疗费用不合理增长。

第三篇
我国社会医疗保险基金风险防范机制研究

第五章 社会医疗保险基金偿付制度的现状与改革

医疗费用能否有效控制在合理的范围内是确保社会医疗保险基金可持续性以及社会医疗保险制度健康稳定发展的必要条件。而成熟完善的社会医疗保险基金偿付制度对于有效控制医疗费用快速增长、确保医保基金的收支平衡有着重要意义，偿付制度改革一直贯穿我国社会医疗保险制度的发展与变革过程并日趋完善。本章首先分析医疗保险基金偿付与医疗保险费用控制、维持医保基金平衡的内在机理，其次探讨医疗保险基金偿付机制改革的作用机制及其费用控制效能，梳理我国社会医疗保险基金偿付制度改革发展进程，通过典型案例分析，把握医保基金偿付制度改革的现状与问题，为建设医保基金风险化解与防范机制、深化社会医疗保险制度改革提供现实依据。

第一节 医疗保险基金偿付制度与医疗费用控制的内在机理

一、偿付机制与医疗费用控制

偿付机制是社会医疗保险基金偿付制度运行机制的简称，包括医疗保险机构向医疗服务机构以多种具体方式偿付参保人医疗费用的运行机制，以及调整医疗保险参与主体各方共同分担医疗费用机制。从狭义上来说，偿付机制特指医疗保险机构向医疗服务机构偿付参保人的医疗费用的机制，因而偿付机制也称为"结算机制"或"支付机制"。本章研究的是狭义上的偿付机制。

从医疗保险机构与医疗机构根据合同结算参保人的医疗费用的视角来看，医疗保险机构向医疗机构的基金偿付机制可分为预付制和后付制两大类，这两类偿付机制对医疗服务机构的行为(包括医生的医疗服务行为和医院内部管理行为等)会产生不同的影响，且在费用控制效能方面具有明显的差异。

医疗保险基金偿付的预付制和后付制，不是先付钱和后付钱的问题。预付制是指在医疗行为发生之前，医疗保险机构就按某种标准(如预计接受医疗服务的人数、医疗机构的服务量)与定点医疗机构协商确定支付给医疗机构年度医疗费用总预算额。在该年度内，医疗机构获得医疗费用预算总额后，如果实际发生的医疗费用小于预算额，医疗机构可留用结余；反之，如果实际发生的医疗费用大于预算额，即发生超支，医疗保险机构不补偿超支部分的费用。通俗的解释是：预付制是事先医生或医院说好医疗服务价格，相当于包工包料，花钱多医生亏，花钱少医生赚。预付制的优点是：改变了医疗保险作为第三方局外人的被动局面，通过制定预付标准在宏观上有效地控制医疗费用的总支出，医院的预算额度一旦确定，医院的收入就不会随着医疗服务量的增加而增加，并以此来强迫医疗服务提供方承担经济风险，自觉规范自己的行为，从而促使医疗机构降低医疗服务成本和医院管理成本，提高医疗资源的利用效率。另外，医疗保险基金偿付的预付制在为医疗服务提供者提供一笔相对稳定并可预见的周转资金的同时，也将这部分医疗保险基金的使用、管理权交给医院和医生，调动他们精打细算、合理使用医疗保险资源的积极性，且达到了控制医疗费用的目的。当然，预付制的缺陷显而易见，即医疗服务供给方在预付总额既定的硬约束下，可能出现医疗服务提供不足和医疗服务质量下降的现象。而且，由于医疗费用的影响因素较多，事先难以准确预测和确定年度的医疗费用预算总额。因此，如果一个国家的医疗保险制度不成熟，预付制则较难实施。尤其是在医疗保险基金监管机制不健全的情况下，有可能影响医疗服务提供者的积极性。换句话说，预付制的道德风险出现在医生治疗不足，即医疗服务的供方可能出于自身经济利益的考虑，不合理地减少医疗服务的供给，从而导致不能满足参保人合理的医疗服务需求。

医疗保险基金偿付的后付制是指在医疗费用发生之后，医疗保险机构以被保险人（或称"参保患者"）实际发生的医疗费用为基础，向医疗服务机构结算支付被保险人的医疗费用。时间上可采用按月结算或年终结算。后付制被认为是导致医疗费用不合理增长的制度因素之一，因而谈不上具有费用控制功能。当然，在后付制情况下，加强对医疗费用账单的审核，对于不合理的费用延缓支付，甚至拒绝支付，在一定程度上也可以控制不合理费用的增长。但是，这显然是一种被动的、效能比较低的费用控制方式，医疗保险部门为了加大监督审核力度，需要投入大量的人力、物力和财力，导致监督成本过高。实际上，后付制的道德风险出现在医生滥开大处方，即鼓励医疗服务提供方多投入要素，形成供方诱导需求、过度医疗问题，也进一步造成医患关系的紧张与恶化。

二、偿付方式与医疗费用控制

(一)偿付方式的概念及意义

如果说把医疗保险基金比喻为"蓄水库"，基金的筹集好比"入水口"，医疗费用的偿付则好比"出水口"，那么医生好似"水库"的水龙头，而无数水龙头的控制器是水闸，水闸就是社会医疗保险基金的偿付方式。偿付方式是否合理，也就是水闸开启程度的可控程度是否合适，直接关系到社会医疗保险基金蓄水库中蓄水量的多少以及流出量；若医疗保险基金的偿付方式不完善，"水闸"失灵，"水龙头"是关不住的，医疗保险费用将无法控制，费用膨胀必然导致社会医疗保险基金"出险"，酝酿支付危机，医疗保险制度将难以为继。

偿付方式是指医疗保险基金管理机构向医疗服务机构偿付参保人医疗费用的具体做法，是偿付机制运作的具体表现，因而偿付方式与偿付机制不是同一个概念。在作为预付制的基金偿付机制下，可以采用总额预算，也可以采用按人头付费、按病种付费(DRGs)等具体的偿付方式；在后付制偿付机制下，通常采用按服务项目付费、按服务单元付费等具体的偿付方式。

医疗保险基金偿付是医疗保险机构作为第三方付费的一种医疗费用支付方式，由支付单位、支付价格和支付范围构成。其中，支付单位是支付主体即医疗保险机构对医疗服务提供方支付时的计费单元，它决定了对供方支付的依据，即按照什么单位进行支付；支付价格是支付主体给予供方的支付价格水平；支付范围是支付方对供方的服务内容和支付范围进行约定，要求供方提供的服务项目，即服务包。偿付方式的不同将直接影响医患双方的责任意识和行为方式，并最终影响医疗费用的支出情况。所以，医疗保险基金的偿付方式直接影响医疗费用控制的效果。

各国医疗保险制度发展与改革的实践证明，医疗保险偿付方式改革特别是供方偿付方式可以改变医疗服务提供方的行为，推动医疗卫生机构规范医疗服务，控制医药费用不合理增长。通过医疗保险偿付方式改革，可以有效控制医疗费用不合理上涨，对控制基金风险、提高保障水平、改善保障绩效具有重要意义，在当前我国深入推进医改各项有效举措的背景下，医疗保险偿付方式的改革可以有力推进我国医疗卫生机构运行机制改革，促进医疗卫生机构服务模式转变，实现各项基本医疗保险制度的可持续发展。

(二)偿付方式的分类

医疗保险偿付方式按照支付与服务发生的时间先后可分为后付制和预付制。常用的偿付方式主要有五种：按服务项目付费、总额付费、按单元付费（人头付费、按床日付费）、按病种付费和按绩效付费，其中按项目付费属于后付制，其他支付方式均属于预付制。有关研究表明，预付制的费用控制效果明显高于后付制的费用控制效果。在预付制框架下，费用控制的效果强弱依次为：总额预算、按人头付费、按病种付费①。

1. 总额预算

总额预算是预先根据某种支付标准确定一个支付总额。在总额预算下，一旦确定了付费总额，支付给医疗机构的总额不能随服务量的增长而增长，超出部分医疗保险机构不再追加支付而由医疗机构承担，结余部分可以适当给医疗机构。根据支付标准的不同，预算总额可以按人头计算、按有效服务量计算、按服务人次计算和按综合因素计算。总额预算支付方式在门诊和住院均可实施。

总额预算的优点是医疗费用控制效果最为明显，医疗服务提供方能主动控费医保机构，对医疗服务提供方的监管成本比按服务项目付费的成本低，容易控制医疗费用的不合理上涨，减少不必要的医疗资源浪费；将医保机构的基金偿付费用控制传递到医院内部自主管理领域的成本费用控制，有利于调动医院自主管理的积极性、规范性和科学性。其缺点是确定预算总额有一定的难度，因为合理支出的概念难以界定，过高的预算额会导致医疗服务供给的不合理增长；过低的预算额会导致医疗服务供方过度减少医疗服务供给，医院的行为取向如果不被约束，医院必然会尽可能减少服务量，以不至于发生医院财务方面的亏损，或者医院从一开始就想追求一定的盈余；抑制患者的合理医疗需求，还可能阻碍医疗服务技术的更新和发展，影响医疗机构的运行效率，导致医务人员缺乏工作积极性。因此，必须对医疗机构实施必要的激励约束机制，既要激励医院确保一定的医疗服务数量与质量，又要防止医院在结算期末(月度、季度、年度末)出现限制医疗服务，甚至出现推诿危重病人的现象。

---

① 张晓、刘蓉：《社会医疗保险概论》，中国劳动社会保障出版社 2004 年版，第 86 页。

20 世纪 70~90 年代，德国开始实施总额预算偿付方式改革，主要做法是根据医疗保险基金收入增长水平设置医疗费用支出上限，限制医保费用支出增速，此外，还有提高个人支付比例(Co-payment)、调整医保药品目录、改革药品定价方式等其他政策，其后逐步实行单病种付费、床日付费，最后过渡到 DRGs 付费。

2. 按人头付费

不同于总额预算下的按人头计算预付总额。按人头付费是指医疗保险机构支付给医疗服务提供方(主要是全科医生或家庭医生)的基金额度，是按医疗服务所覆盖的人口数(即注册人数)为一定标准计算，并按规定提供医疗保健服务。实施这种偿付方式的主要计量标准是医院提供服务的人数，当年的实际服务人数为下一年预算人数提供依据。按人头付费会使医生有很强的动机去降低成本，注重预防性药品的使用，以避免日后提供更加昂贵的治疗性服务。因此实行此种偿付方式的前提是医疗服务和公共卫生服务的捆绑，统一将服务经费按照人头计算预付总额。其缺点是医生可能会限制所提供的医疗服务的数量和放弃某些高质量、高成本的治疗方案；医生为了节约成本，限制病人转诊；医生更愿意接受相对健康的病人。为了避免此类现象的发生，将按人头付费与总额预算结合使用，既可以控制医疗费用总量，又可以控制医疗服务人数。

英国的家庭与社区医疗的签约医生实行按人头付费，主要做法是医疗保险组织根据医疗服务提供机构的规模、技术、服务对象的特点等情况，按照事先确定的每个服务对象(人)的支付标准及所服务的人口数，向该医疗机构预先支付一笔固定费用，医疗机构则负责向目标群提供相应的医疗服务，如提供服务的总成本超出了支付总额，经济风险由医疗机构自己承担。

3. 按病种付费

按病种付费是以病种为计费单位，在疾病分级基础上制定病种付费标准额，医疗保险机构按照病种标准额支付给医疗服务提供方。按病种支付是目前国际上最常见的支付方式，也是公认比较合理的支付方式之一。DRGs(diagnosis related groups)的指导思想是：为了控制医疗费用，减少诱导性医疗费用，实现医疗资源利用的标准化，激励医院加强医疗质量管理，医疗保险机构不是按照病人的实际医疗费用付账，而是按照疾病种类、严重程度、治疗手段等条件所确定的疾病相关分组的费用标准付账，依病情的不同、病人的不同、治疗手段的不同，制定不同的 DRG 编码及其相应的费用标准，这样就迫使医院主动降低成本，控制住院天数，重视医疗效果。DRGs 常应用于住院服务，包括单病种付费以及疾病诊断相关组付费，都属于这个范畴。单病种付费仅限于单一病种为付费单元，是以每单一病种成本作为核算对象，归集与分配费用，计算出每单一病种成本后确定病种的单次支付额。在实际应用中，单病种付费又可分为单病种定额支付和单病种限额支付。单病种定额付费是将事前确定好的病种单次费用，支付给医疗服务提供方。单病种限额付费是给单一病种医疗过程所发生的费用限定一个最高额，医疗保险经办机构只承担最高限定额之内实际发生的费用，超出最高额的费用由医疗机构自行承担，这种方式严格上说只是一种限费措施。

诊断相关组(DRGs)与预定额付费(Prospective Payment System，PPS)是目前国际上最常见的支付方式，常用于住院服务，其是依据国际疾病诊断分类(ICD-10)、国际手术操作分类(ICD-9)将住院病例等分为若干组，又根据病种病情轻重程度及有无合并症、并发症确定诊断相关组的风险等级。

DRGs 最初产生于美国，1983 年起美国对老年医疗保险实行诊断相关组与预定额付费(DRGs-PPS)制度，包括 330 个基础 DRGs 分组，每个基础的 DRGs 分组包括三个严重性程度次级分组，附加两个误差型国际单病种分组共计(600)DRGs 分组。从 2000 年正式应用于美国卫生费用预付款制度，并在应用中不断地改进和完善。DRGs-PPS 在美国正式颁布实施后，大大减缓了医疗费用增长速度，减少了医疗服务中的不合理消费，降低了平均住院天数，提高了医疗机构经营能力及管理效率，并对世界范围的医疗费用控制产生了深远影响。

澳大利亚从 1988 年开始引进 DRGs，到 1999 年转变为比较完善的 AR-DRG①，它共有 24 个系统诊断类目和 661 个 DRG 组，使用的诊断为 11450 个，手术操作为 3624 个。给每个病组赋予一个编号，根据每个病种的病情程度、诊治技术复杂程度和费用的消耗，经讨论分析给予不同的权重系数。政府对公立医疗机构住院病人的补偿采用病种权重累计数支付，私营保险公司为投保病人支付住院费用时也按此法支付。

4. 按服务项目付费

这是传统的、也是运用最普遍的支付方式，属于后付制的偿付方式。其做法是医疗保险机构根据参保人在医疗机构接受服务(如诊断、治疗、化验、药品和护理等)项目所规定的收费标准付费，按照报销比例支付给医疗机构，所支付的数额取决于各种服务项目的价格和实际服务量。其公式为：总费用=服务项目数×各项目的价格。在此种偿付方式下，参保人就医付费相对简单易操作，医疗保险机构、参保人和医疗服务提供者三者之间关系简单。但缺点也是显而易见的：因为医院的收入与所提供的服务量相关，容易造成医疗服务提供方缺乏成本控制意识，刺激医疗服务提供方引入尖端诊疗设备和推销高价药物，导致过度医疗，且将所有风险都转移给医疗服务购买方，而供方并不承担任何风险，从而导致造成医疗资源的浪费，医疗费用上涨，医疗保险方对医疗费用账单进行逐项审核，监管成本较高。

按服务项目付费简单易行，且与医疗机构现行的收费制度相一致，目前在国内的医保支付中被普遍使用。无论是城镇职工医保、城镇居民医保还是新农合，多数地区仍采用这种支付方式。

5. 按服务单元付费

按服务单元付费也是后付制的偿付方式之一。这种医疗保险基金费用偿付方式具体包括按住院床日、住院天数和人次支付等付费方式，即将整个医疗服务过程划分为一个个服务单元，例如 1 人次的门诊、1 张住院床位、1 个住院日等，医疗保险机构按照服务单元确定预算额度，然后向医疗服务提供方(医院)偿付医疗服务费用。

按床日付费是指按照覆盖一个住院日所发生的所有费用进行支付。按床日支付一般应用于对医疗机构(住院患者)的支付，以床日为支付单元。

按住院天数付费是事先确定住院一天的费用，然后按照总的住院天数支付一般应用于

---

① 澳大利亚诊断相关分组(Australian Refined Diagnosis Related Group，AR-DRG)

对医疗机构的支付，支付单元为住院天数。

　　按人次付费是根据统计资料确定平均每人次费用的标准，然后按照总的人次进行支付，一般用于普通疾病的门诊支付，也可用于住院。

　　此种偿付方式的优点是对于医疗服务提供方而言，由于同一医疗机构所有病人每单元的支付费用都是相同的，与治疗的实际花费无关，因此能鼓励医生降低单元成本，提高工作效率。对于医疗保险机构而言，无需逐项审核医疗服务账单，从而大大降低管理成本；对参保人（病人）而言，不同情况的病人获得单一的固定的支付标准，对病人一视同仁。其缺点表现为：医疗机构通过诱导需求和分解服务人次以及延长住院时间等增加单元数量来增加收入；医疗机构还可能出现推诿病重患者、减少服务量、降低服务水平等现象。

　　日本于 2003 年起实施新的疾病诊断群分类（Diagnose Procedure Combination，DPC）定额支付制度，实际上是对急性住院和慢性病治疗实施疾病诊断分类的定额支付（是一种 DRGs 与按日付费的方法），根据诊断群组的平均住院天数相对于某医疗机构的平均住院天数的比例，每天预付的医疗费用标准根据疾病的病程和费用水平分为三个阶段。这项调整是为了保证每个医疗机构都能够获得上一年度应得的补偿。DPC 系统实际上是一个按天数计算的预计费系统，这类似于我国新农合采用的分类分组床日付费制度，每日费用支付率随住院天数的增加而降低，其主要目的就是减少住院天数。这种新的支付方式降低了住院患者的平均住院日，但是也增加了再住院率。

　　6. 按绩效付费

　　绩效支付是发达国家目前正在探讨的一种偿付方式，其基本出发点是支付金额与医疗服务的质量与效率挂钩，首先确定一个可测量的医疗服务绩效目标，然后在此绩效目标的基础上对医疗服务的质量与效率进行测评，再依据测评的结果进行费用或者物品的转移，绩效支付额以产出为支付依据。为了提高医疗服务质量和效率，发达国家多采用将绩效支付方式与其他的偿付方式结合起来实施。考虑到以 DRGs 为代表的预付制没有将医疗质量的测量结果考虑在内，美国在 21 世纪初开始尝试依据质量指标计算结果来进行绩效支付，质量最好的 10%的医疗机构将得到原来应得的费率额外 2%的奖励。

　　以上几类偿付方式各有利弊（见表 5-1），因此，选择何种偿付方式都决定着整个医疗保险基金支出情况及医疗费用的支出水平，且影响着医疗服务提供方的收入和服务质量，因此要结合实际，权衡利弊，做到扬长避短。

表 5-1　偿付方式的经济风险、费用控制、管理成本

偿付方式	医疗保险机构承担的风险	医疗服务提供方的风险	费用控制	管理成本	服务质量
总额预算	无	所有风险	遏制费用增长	低，简单易行	服务质量和服务内容不容易控制
按人头付费	封顶线以上	封顶线以下	有利于成本控制及医疗费用	较高，需要人群特征、健康状况等信息支持	服务内容与质量难以保证

续表

偿付方式	医疗保险机构承担的风险	医疗服务提供方的风险	费用控制	管理成本	服务质量
按病种付费	病例数及病例严重程度	治疗成本	有利于费用控制	较高，操作复杂，需要各类信息支持	医疗机构可能鼓励患者二次住院
按服务项目付费	所有经济风险	无	容易导致医疗费用增加	高，医疗保险方对医疗费用账单进行逐项审核	医生积极性较高，易于采用新技术及高精尖技术
按服务单元付费	入院人次数量	每住院人次的服务量	容易导致医疗费用增长	管理简单	易造成推诿病重患者或减少服务量
按绩效付费	绩效评价指标体系是否科学合理、可操作性强	无	提高医保基金使用效率	较高，需建立完善的考核机制和科学的信息系统，操作复杂	激励医疗服务提供方改善医疗服务过程质量

（三）医保支付方式与医疗费用控制关系的研究①

国内外研究医保支付方式的重点集中在其控制医疗费用的效果上。大多理论成果和实践经验都聚焦在医保支付方式与费用控制关系的研究。

国外学者 Ellis & McGuire（1986）提出单纯的预付制激励作用，医疗机构作为代理人并非完美，采用预付制可能会对供方产生负向激励，从而导致医疗服务质量下降，而将预付制与后付制混合使用会有更好的效果。② Allen Robin（1992）发现后付制中按项目付费方式会引起医院之间无效的品质竞争，"医备竞赛"导致医疗费用增速加快。③ Abelsmith B，Mossialos E（1994）分析对比了欧盟各国通过使用不同的医保支付方式对费用控制产生的不同影响，指出利用合理的复合医保支付方式可以综合各种支付方式起到取长补短的作用。④

Karen Eggleston（2009）从比较美国不同医保支付方式的研究中，发现后付制在药占比、平均住院人数等方面明显高于按人头付费的医疗成本，且同意产生过度医疗，控费效

---

① 目前已有文献中很多将偿付方式、偿付机制用"支付方式"表达。

② Ellis R P，McGuire T G. Provider Behavior under Prospective Reimbursement. Journal of Health Economics，1986（5）：129-151.

③ Allen Robin. Policy Implications of Recent Hospital Competition Studies. Journal of Health Economics，1992（11）：347-351.

④ Abelsmith B，Mossialos E. Cost Containment and Health Care Reform：a Study of the European Union. Health Policy，1994，28（2）：89-132.

果不及预付制。① Yip Winne C(2001)将按服务项目付费与按人头支付进行比较，发现两者在资源利用情况方面存在差异：后者的资源利用水平高于前者，认为后者比前者更能有效控制医疗费用增长，并且在对我国海南省医保支付方式的实证研究中进一步证明采用预付制使得住院平均医疗费用减少，有效遏制了药品和检查费用的增速。但是预付制会造成医疗服务供给和需求矛盾。② 因此，建议将预付制和后付制相结合，可以较好地达到控费与保质双重效果。Brosig-Koch J，Hennig-Schmidt H(2017)认为按项目付费与按人头付费各有利弊，通过采用复合式的医保支付方式可以避免运用单一支付方式的弊端。③

国内较早提出控制医疗保险费用应从医疗保险付费方式改革入手的学者有胡善联(1997)，其认为通过医保付费方式的改革可以加强对医疗服务供方的制约。④ 孟庆跃(2002)通过对深圳、镇江、九江、海南、牡丹江、珠海这六个医疗保险改革试点城市的不同支付方式的改革效果研究发现支付制度的改革对于医疗费用控制具有正向作用，但仍有局限性。⑤ 王阿娜(2012)探究了医疗费上涨的原因，认为医疗保险支付方式的改革是解决医疗费用上涨最根本和最为有效的措施，对于传统的按服务项目付费所存在的问题，建议我国选择以供方支付方式为主的综合性、多元性的医保支付方式。⑥ 王颖、苌凤水等人(2011)利用中国卫生统计年鉴和全国财务年报进行定量模拟测算，论证了"总额预算+按服务单元付费"的医疗保险组合支付方式可以降低看病费用，消除参保人员看病贵感觉，有利于医、药、保、患四方问题的解决。⑦ 刘石柱、詹长春等人(2012)研究发现，在以预付制为主的复合支付方式下，"总量预算控制"为首选，总额预算标准结合年底结算方案限制了医院整体医疗费用增长幅度，医保费用支出有所下降。⑧ 张宝嫦(2013)研究发现，总量预付制缺乏服务质量效率激励机制，预付标准如何科学合理精准地界定是实践过程中必须审慎面对的问题。⑨ 余廉、庞玉芳等(2014)通过研究国外发达国家支付制度改革的经验，认为用多种形式的预付制代替后付制是医保支付方式改革的方向，医保支

---

①　Karen Eggleston. Provider Payment Incentives：International Comparisons. Int. J Health Care Finance Econ，2009，9(2)：113-115.

②　Yip Winne C，Siripen Supkankunti，Jiruth Sriratanaban. Impact of Capitation Payment：The Security Scheme of Thailand. Partnerships for Health Reform Project，Abt Associates，2001.

③　Brosig-Koch J，Hennig-Schmidt H，Kairies-Schwarz N，et al.. The Effects of Introducing Mixed Payment Systems for Physicians：Experimental Evidence. Health Economics，2017，26(2)：243.

④　胡善联：《国际医疗保险经验的借鉴》，载《中国卫生经济》1997 年第 4 期，第 53～56 页。

⑤　孟庆跃：《医疗保险支付方式改革对费用控制的影响分析》，载《卫生经济研究》2002 年第 9 期，第 18～20 页。

⑥　王阿娜：《医疗费用的控制与医疗保险支付方式的改革》，载《宏观经济研究》2012 第 5 期，第 76～79 页。

⑦　王颖、苌凤水、励晓红等：《消除百姓看病贵及其担忧："总额预算+按服务单元付费"组合支付方式预期效果之一》，载《中国卫生资源》2011 年第 1 期，第 16～17 页。

⑧　刘石柱、詹民春、周绿林：《医疗保险费用影响因素及控制对策》，载《中国卫生经济》2012 年第 8 期，第 33～35 页。

⑨　张宝嫦：《医疗费用支付方式对医疗费用影响分析》，载《医院管理论坛》2013 年第 10 期，第 16～18 页。

付方式改革对公立医院的医疗行为、医疗质量、内部管理、资金运营等方面具有正向激励作用。① 王翔（2011）②、林枫（2014）③、朱铁林（2016）④总结镇江医保支付方式改革经验时指出，镇江经验是以总额预付费制为基础，以按病种付费、人头付费、服务单元付费等支付方式为辅的复合支付方式，有利于促进医疗卫生资源均衡化的作用，对维持医保基金平衡具有促进作用。

国内外学者大多数在研究支付方式的过程中都发现后付制向预付制转变是医保支付方式改革的总体方向，采取复合支付方式才能规避各种单一支付方式的弊病，扩大优势。支付方式的多元化有利于保障医疗资源最优利用率，有效控制医保基金支出快速增长，维持医保制度可持续发展。

第二节　医疗保险基金偿付机制改革的作用机制及控费效能

一、医疗保险基金偿付机制改革的作用机制

偿付机制运作的具体表现是预付制及后付制的各种具体做法，偿付机制的改革实际上是以偿付方式为核心内容的改革。偿付方式改革作用于医疗服务的供方和需方，对二者形成一定的支配作用。其作用机制主要包括以下几个方面。

（一）激励约束机制

激励约束是指激励约束主体根据组织目标、人的行为规律，通过各种方式去激发人的动力，使人有一股内在的动力和要求，迸发出积极性、主动性和创造性，同时规范人的行为，朝着激励主体所期望的目标前进的过程。在偿付方式改革中，医疗保险经办机构作为参保人的委托代理人，与定点医疗机构签订服务协议，明确医疗机构的服务内容、支付单位和支付水平以及相应的经济责任。医疗机构可以通过降低成本、提高效率、落实经济责任使经济效益最大化，这是偿付方式改革的激励作用。医疗保险经办机构通过与医疗机构签订协议管理形式，对医疗机构医疗服务行为进行约束，要求医疗机构遵守服务内容，保证医疗服务质量，促使医疗机构加强医疗质量管理，主动降低成本，缩短住院天数，减少诱导性医疗费用支付，有效控制费用支出。医保基金偿付方式改革正是通过这种激励和约束相容的机制作用于医疗服务提供方，通过转变医疗服务行为来实现偿付方式改革的目的。

---

① 余廉、庞玉芳、肖文璧：《医保支付方式改革对公立医院影响的研究综述》，载《行政事业资产与财务》2014年第10期，第36~39页。

② 王翔：《医保付费改革的方略选择——基于镇江市17年改革实践》，载《中国医疗保险》2011年第7期，第35~36页。

③ 林枫、王海荣：《镇江市慢性病管理与医疗保险支付方式探索》，载《中国卫生资源》2014年第3期，第211~212页。

④ 朱铁林、左海萍、陈民等：《基于医保支付方式改革的医疗卫生资源配置均衡化研究——以镇江市为例》，载《中国民族民间医药》2016年第10期，第67~72页。

（二）风险分担机制

医保基金超支是医疗保险长期应对的重大风险，导致医保基金风险的主要因素包括医疗机构诱导需求；经办机构补偿方法不科学，基金监管审计不到位；参保对象过度利用医疗服务，以及政府顶层政策设计与筹资水平不匹配等。特别是传统的按项目付费，经济风险完全由医疗保险机构和参保人承担，医疗机构不承担风险。因此，偿付方式改革重在形成经济风险分担机制，属于哪方的经济责任则由哪方承担。支付方式改革后，医疗机构要对不合理的医疗费用增长承担风险，从而增强医疗机构的费用控制意识，提高医保基金的使用效率。

（三）自我控费机制

偿付方式改革是控制医疗费用不合理增长的重要手段，是通过对医疗服务按照一定标准进行打包付费，在医疗保险机构可承受的范围内通过与医疗机构的协商确定医疗服务的购买价格，从而促使医疗机构通过降低成本、提高效率等手段实现医疗费用自我控制的过程。医疗费用自我控制机制是偿付方式改革的重要机制。

（四）质量保证机制

保证医疗质量是医疗保险机构对医疗服务提供的基本要求，但不同偿付方式各自既有优点也有缺点，偿付方式旨在控费的同时，可能会带来医疗机构减少服务提供、降低医疗服务质量等弊端。因此，设计和实施偿付方式改革时，必须针对可能出现的影响医疗质量的不良行为，同步设计规范医疗机构诊疗行为的管理措施，通过规范临床路径①，加强监管、监测和考核等方式，建立质量保证机制，确保参保人获得应有的医疗服务。

二、医疗保险基金偿付机制改革的控费效能

我国的医疗保险基金偿付机制改革存在两种费用控制取向：其一是指向医疗保险基金外部的、作用于医疗服务机构的外部费用控制；其二是指向医疗保险基金内部的、作用于参保人（患者）的内部控制费用控制。两种不同的基金偿付机制改革的费用控制取向具有不同的功能目标与费用控制效能。

（一）基于医疗公平与效率的外部费用控制

医疗卫生体制改革和医疗保险制度改革的根本目的是提高医疗公平与效率，不仅要公

---

① 临床路径（Clinical Pathway）是指针对某一疾病建立一套标准化治疗模式与治疗程序，是一个有关临床治疗的综合模式，以循证医学证据和指南为指导来促进治疗组织和疾病管理的方法，最终起到规范医疗行为、减少变异、降低成本、提高质量的作用。临床路径是相对于传统路径而实施的，传统路径即是每位医师的个人路径，不同地区、不同医院、不同的治疗组或者不同医师个人针对某一疾病可能采用的不同治疗方案。采用临床路径后，可以避免传统路径使同一疾病在不同地区、不同医院、不同的治疗组或者不同医师个人间出现不同的治疗方案，避免了其随意性，提高准确性、预后等的可评估性。

平地保障国民的健康权益和医疗权益，而且要节约医疗卫生资源，避免不必要的资源浪费，抑制医疗费用的不合理增长，避免医保基金出险。上述的总额预算、按人头付费、按病种付费这几种偿付方式都是指向医疗保险基金外部的、作用于医疗机构的外部费用控制手段，虽然其功能性目标是要控制医疗费用的不合理增长，但归根到底是为了促进医疗公平，提高医疗资源利用效率。

理论与实践都证明总额预算是一种强有力的宏观控制手段，可以有效地控制医疗总费用的快速增长和不合理增长。同时，总额预算还具有调节医疗资源公平配置的功能，对于一些医疗资源不足的医院，通过总额预算在一定程度上可以弥补医疗资源的不足。对于医疗资源充足的医院，可以调动其提高医院管理效率和资源利用效率的积极性。

按人头付费，虽然在本质上仅仅是利用了统计意义上的每个病人的平均医疗费用，但在理念层次上体现了对于每个病人的医疗公平性。从理论上来说，如果在医院内部管理层面，或者医保机构对医院的外部评估（第三方评估）层面，将医疗费用总体或样本的方差作为一个评估考核指标，也可以引导医院提高医疗公平与效率。

按病种付费（DRGs）作为目前国内外比较流行的一种偿付方式，代表着我国医疗卫生体制改革和医疗保险基金偿付机制与付费方式改革的方向。按病种付费与按人头付费相比较，前者更能具体地体现医疗的公平与效率。同一病种收费基本一致不仅约束了医院收费的随意性，可以有效地控制医疗费用的不合理增长，而且体现了"同病同费"的公平性。

（二）基于医疗保险基金收支平衡的内部费用控制

指向医疗保险基金内部的费用控制，其出发点是为了维持医疗保险基金的收支平衡，确保医疗保险基金的可持续发展。当然，内部费用控制在一定程度上也会对外部（医疗机构）产生影响。之所以区分外部控制和内部控制，不仅是为了在学理上区分两类不同目的和不同指向性的费用控制，而且是为了区别对待社会医疗保险基金偿付机制改革，有利于合理设计或理性选择改革路径，制定更加科学有效的改革策略。如果把医疗费用控制作为一个复杂的系统工程来看待，可以将内外部控制作为一个整体来考量，寻求内外部协调或集成控制的效果。

前述的"总额预算"的费用控制，既指向医疗保险基金的外部也指向内部。当它指向基金内部时，可以强化基金收支的预算管理，有效地控制社会医疗保险基金的长期平衡。

内部费用控制相对于外部控制来说更加简单和有效，其作用对象参保人将切身感受到费用控制所带来的影响。内部费用控制可以抑制所谓"医患合谋"所带来的道德风险，也可以促进参保人的健康管理，提高疾病预防意识，从而在根本上控制医疗费用的不合理增长。

第三节　偿付方式的演变和适用条件

从国际和我国偿付方式改革的发展趋势来看，偿付方式改革的演变规律呈现从简单到复杂、支付单元由粗到细的基本特点。不同偿付方式改革的支付单元划分的粗细程度不同且支付标准的计算也不同，实施时对所需收集基础数据的详细程度要求也不同，并需要相应的配套措施来保障。

一、偿付方式的演变趋势及变化特点

从国际医疗保险基金偿付方式的演变进程来看，偿付方式改革作为控制医疗费用避免医保基金出险的重要手段，在制度选择、趋势变化方面主要呈现特点如下。

从国际趋势来看，1980 年以前，大多数国家实行的是传统的按项目付费，由医疗服务提供方主导。20 世纪 90 年代，在西方国家福利改革过程中，医疗保险偿付方式改革成为各个发达国家医改的重要内容，这个时期的改革以强化医保购买方功能和责任（保险方、购买方主导）、促进积极的购买为前提，改革方向从后付制到预付制，从单一的费用控制到兼顾费用控制与服务质量（DRGs 成为主流偿付方式）。

从各国经验来看，医保基金的偿付方式改革大多从总额预算约束开始（从医疗服务提供方主导的按项目付费转向购买方主导的总额预算），由住院按人次、单元支付向 DRGs 发展，门诊支付实行医药分开，医生服务实行按人头付费并精细化人头费计算方法，门诊药品实行总额控制下的按量付费，且增加了个人对药品的支付方责任。同时，各国的医保偿付机制都演变为寻求各种偿付方式的多元优化组合。

根据各种医保基金偿付方式的特点，可以看出以按项目付费为代表的后付制有利于医疗服务提供方提高服务质量，但容易导致医疗费用的增长及不可控，医保基金支出过多；按人头付费和总额预算有利于遏制医疗费用的增长及成本控制，但不容易控制医疗服务内容与服务质量。总体而言，没有任何一种医保基金的偿付方式是完美无缺的，各有利弊。相对而言，要想兼顾费用控制与服务质量，按病种付费这种偿付方式则成为全球较为主流的偿付方式，越来越被实施社会医疗保险的国家所广泛采用。

按病种付费（DRGs）被公认为可以深刻变革医院诊疗与运营模式，是目前世界公认的比较先进的医保偿付方式之一。它根据病人的临床诊断、手术操作以及反映风险程度的合并症与并发症和转归等因素把病人分为 500~600 个诊断相关组，在分级上进行科学测算，给予定额预付款。换句话说，DRGs 就是医疗保险机构就病种付费标准与医疗机构达成协议，医疗机构在收治参保人的时候，医疗保险机构就该病种的预付费标准向医疗机构支付费用，超出部分由医疗机构承担的一种付费制度。这种偿付方式兼顾了参保人、医疗机构、医疗保险机构等各方面的利益。它可以起到有利于医院节约成本、减少诱导性需求、保证服务质量和提高医院管理水平的效果，具有较强的医疗费用控制激励。这也推动医疗机构内部管理制度及医疗机构运营管理的变革，促进了医疗机构质量管理、财务管理、绩效管理体系的转变，涌现出像临床路径、战略成本管理、数字化医疗机构等先进管理方法。

为了应对和解决医疗服务费用迅速上涨问题，许多国家对医疗保险制度不断进行修改和完善，逐步认识到医疗服务的提供和医疗保险之间具有不可分割的管理关系。在发展商业医疗保险的过程中，以美国为典型的一种特有的医疗保险模式——管理式医疗起到了举足轻重的作用。自 20 世纪 60 ~ 70 年代以来，以健康维护组织（Health Maintenance Organization，HMO）为代表的美国管理式医疗形式成为以控制医疗费用为主要目的的医疗保障新模式。管理式医疗集医疗服务提供和费用管理为一体，其关键点在于保险机构直接参与医疗服务体系的管理，这形成了一种医、患、保三方关系的新规则。管理型医疗保险的覆盖内容已从传统的一般住院和门诊服务，扩展到理疗、精神治疗、牙科、推拿、护理等专科治疗，在控制医疗费用、保证病人得到妥善的医疗服务方面取得明显成效。

二、偿付方式的适用条件

根据上述偿付方式的特点和做法，不同偿付方式的实施需要具备一定的适用条件。从我国各种医保偿付机制的改革探索来看，城镇职工医保、城镇居民医保和新农合都开展了不同程度的偿付方式改革，各地偿付方式改革的实施和方式的选择均考虑了当地的实际情况。

总的来看，偿付方式改革的实施条件包括基本条件、技术条件等，其中基本条件包括领导重视和政府支持、主管部门决心、经办机构支持、监管能力、医疗机构配合、部门政策配套等；技术条件包括医疗机构信息系统（HIS）和医保（新农合）信息系统以及信息系统之间的互相互通、财务收费系统、诊疗规范系统和医疗机构管理水平等[1]，见表5-2。目前，全国各地的情况差异较大，尤其是技术条件千差万别，而管理水平提高则需要一个过程。

表 5-2　不同偿付方式改革的使用条件

偿付方式	基础条件								技术条件	
	领导重视和政府支持	主管部门决心	经办机构支持	医疗机构配合	监管能力	相关政策	信息系统	测算能力	收费系统	诊疗系统
总额预算	√	√	√	√	√	√				
按人次付费	√	√	√	√	√	√				
单病种付费	√	√	√	√	√	√	√			√
按床日付费	√	√	√	√	√	√	√	√	√（日收费清单）	
单病种分组付费	√	√	√	√	√	√	√	√		√
DRGs 付费	√	√	√	√	√	√	√	√	√	√（诊断分类手术分类、分组器）

---

[1]　张朝阳：《医保支付方式改革案例集》，中国协和医科大学出版社 2016 年版，第 16~17 页。

从不同偿付方式改革的适用条件来看，总额预算与按人次付费的技术条件要求不高，仅需要具备基本条件，如政府有决心即可开展。但开展总额预算和按人次付费需要提高卫生服务体系的综合管理和改革水平，实行县乡纵向合作或分级诊疗，加强对基层卫生机构的管理，如加强乡镇卫生院的管理和实施乡村一体化管理等。

按床日付费对医疗机构的收费系统具有一定要求，要求能够出具每日收费清单，测算工作量大，但对精细化管理和信息化要求不高，一般管理水平即可实施。但随着按床日付费制度的实施，需要逐步开展临床路径，保证服务质量。

住院单病种付费在基本条件的基础上，对医疗机构信息系统（HIS）和临床路径有一定要求，能够明确疾病诊断，对常见疾病的费用进行分析统计即可。而单病种分组付费和DRGs付费除了基本条件外，对技术条件和政策条件都具有较高的要求，如要求医疗机构病案管理水平较高、住院病历信息系统和疾病诊断编码系统完备、医疗机构逐步开展成本核算等。

第四节　我国医保偿付方式改革进展

近年来，随着医疗费用的不断上涨，医疗保险的控费压力逐渐增大，医疗保险管理部门逐步认识到开展偿付方式改革的重要性，医改以来，城镇职工基本医疗保险、城镇居民基本医疗保险和新型农村合作医疗偿付方式改革全面推开。

一、城镇医疗保险偿付方式改革进展

（一）基金偿付制度改革历程

社会医疗保险基金偿付机制改革已经成为关系我国医疗保险制度能否可持续发展的重要前提，我国医疗保险基金偿付制度的改革一直贯穿我国整个社会医疗保险制度的发展和变革过程，也是在社会医疗保险制度的发展和改革中得到进一步深化和完善。自我国城镇医疗保险制度创建以来，政府各部门一直致力于医疗保险基金偿付制度改革的探索，其核心目的就是确保医疗保险基金保持可持续性，有效控制不合理医疗费用的增长，促进医疗、医药体制机制改革（见表5-3）。

表5-3　我国城镇医疗保险偿付方式的改革探索进程

时间	政府文件	主要内容	意义
早期探索			
1998年12月	国务院发布《关于建立城镇职工基本医疗保险制度的决定》	明确医保基金"以收定支、收支平衡、略有结余"的管理原则	建立"低水平、广覆盖、双方负担、统账结合"的城镇职工医疗保险

续表

时间	政府文件	主要内容	意义
全面推行			
2009 年 1 月	国务院常务会议通过《关于深化医药卫生体制改革的意见》	完善支付制度，积极探索实行按人头付费、按病种付费、总额预付等方式，建立激励与惩戒并重的有效约束机制	确立了适应社会主义市场经济体制的社会医疗保险基金偿付制度，强化医疗保障对医疗服务的监控作用
2011 年 6 月	人社部印发《关于进一步推进医疗保险付费方式改革的意见》	根据基金收支预算实行总额控制；将定点医疗机构总额控制指标与其定点服务考评结果挂钩；居民医疗保险门诊统筹探索实行以按人头付费为主的付费方式；住院及门诊大病医疗费用的支付，探索实行以按病种付费为主的付费方式	对社会医疗保险基金偿付制度改革做了更加具体的决策部署，预示着允许各地开展以总额预算为核心的按人头付费、按病种付费等多种偿付方式的复合
2011 年 7 月	北京市人社局、卫生局、财政局和发改委联合下发《关于开展按病种分组（DRGs）付费试点工作的通知》	选取了包括北京大学第三医院在内的 6 家三甲综合医院作为第一批试点医院，医保基金实行预付，药品耗材自主采购，严格控制自费费用	北京成为全国首个使用 DRGs 付费的城市，试点下来，患者负担有所减轻，医保费用增长可控，此项改革引起了全社会的广泛关注
2011 年 7 月	卫生部下发《卫生部办公厅关于推广应用疾病诊断相关分组（DRGs）开展医院评价工作的通知》	要求在全国卫生系统推广北京市的经验做法，其中包括运用诊断相关疾病组（DRGs）方法开展医院评价	肯定北京试点的成果并进一步开展 DRGs 在医院服务能力评价体系中的应用
2012 年 11 月	人社部、财政部和原卫生部联合印发《关于开展基本医疗保险付费总额控制的意见》	用两年左右的时间，开展总额控制目标细化分解到各级各类定点医疗机构，逐步建立"保证质量、控制成本、规范诊疗"为核心的医疗服务评价与监管体系	明确了医疗费用控制的前提是保证医疗服务质量，核心是总额控制
2015 年 5 月	国务院办公厅下发《关于城市公立医院综合改革试点的指导意见》	建立以按病种付费为主，按人头付费、按服务单元付费等复合型付费方式，逐步减少按项目付费。鼓励推行按疾病诊断相关组（DRGs）付费方式	进一步深化医保支付方式改革

时间	政府文件	主要内容	意义
2015年10月	卫计委、发改委、财政部、人社部和国家中医药管理局联合发布《关于控制公立医院医疗费用不合理增长的若干意见》	规范医务人员诊疗行为；强化医疗机构内控制度；严格控制公立医院规模；降低药品耗材虚高价格；推进医保支付方式改革；转变公立医院补偿机制；构建分级诊疗体系；实施全民健康促进和健康管理	指出医疗费用不合理增长问题依然存在，明确了医疗费用控制的综合措施
2015年8月	国务院办公厅印发《关于全面实施城乡居民大病保险的意见》	明确提出推进按病种付费等支付方式改革	强调卫计部门加强对医疗机构、医疗服务行为和质量的监管，强化诊疗规范，规范医疗行为，控制医疗费用
2016年6月	人社部发布《关于积极推动医疗、医保、医药联动改革的指导意见》	结合医保基金预算管理，全面推进付费总额控制，加快推进按病种、按人头等付费方式，积极推动按病种分组付费（DRGs）的应用，探索总额控制与点数法的结合应用，建立复合式付费方式	进一步确立医保在医改中的基础性作用，坚持发挥医保对医疗服务的外部约束作用，促进医疗、医药体制机制改革
2017年1月	发改委、卫计委、人社部《关于推进按病种收费工作的通知》	明确各地二级及以上公立医院都要选取一定数量的病种实施按病种收费，城市公立医院综合改革试点地区2017年底前实行按病种收费的病种不少于100个	通过DRGs付费试点城市深度参与，探索推进路径，制定并完善全国基本统一的DRGs付费政策、流程和技术标准规范
2017年6月	国务院颁布《关于进一步深化基本医疗保险支付方式改革的指导意见》	进一步加强医保基金预算管理，全面推行以按病种付费为主的多元复合式医保支付方式	进一步将医保支付方式改革提到了新的高度
2018年3月	人社部办公厅发布《关于发布医疗保险按病种付费病种推荐目录的通知》	推荐性公布《医疗保险按病种付费病种推荐目录》，共涉及130个病种	进一步健全医保支付机制和利益调控机制、调节医疗服务行为、引导医疗资源合理配置、控制医疗费用不合理增长
2018年12月	发改委、卫计委、人社部《关于推进按病种收费工作的通知》	各省、自治区、直辖市医疗保障局，推荐1~2个城市作为DRGs试点城市	DRGs从点到面逐步推开，对深化医药卫生体制改革有着重要的推动作用，预示着下一步DRGs将得到全面铺开

（二）典型地区改革的类型

自我国城镇医疗保险实施改革以来，全国各医保统筹地区结合本地实际，广泛开展了基于医保基金总额控制的多形式医保偿付方式改革。截至 2017 年，全国各省有代表性的地区都开展了不同形式的偿付方式改革（见表 5-4）。

表 5-4　全国各地开展医疗保险偿付方式改革的类型

地区	偿付方式	开始时间
上海市	总额预算付费制	2002 年
北京市	总额预算付费+DRGs 付费	2006 年
淮安市（江苏）	总额控制下按病种分值付费制	2003 年
青岛市（山东）	复合式付费：总额控制下的单病种付费	2005 年
成都市（四川）	住院医疗费用统筹基金总额控制	2014 年
广州市（广东）	复合式付费：按病种付费+按人次限额结算	2011 年
南昌市（江西）	总额预算付费制+按病种分值付费制	2013 年
济宁市（山东）	以单病种付费为主体的复合式付费方式	2004 年
唐山市（河北）	总额预付制+按病种付费制	2010 年
重庆市	总额预付制	2009 年
杭州市（浙江）	以总额预算为核心的复合式付费	2010 年
株洲市（湖南）	复合式付费：总额控制下按单病种付费+项目付费	2010 年
宁波市（浙江）	总额预算控制下的按服务单元浮动付费的混合支付制度	2012 年
锦州市（辽宁）	总额控制下按服务单元（单病种）与服务项目相结合	2001 年
镇江市（江苏）	总额预算+部分疾病按病种付费	2001 年
泉州市（福建）	复合式付费：按服务项目+单病种付费+总额预付	2015 年
柳州市（广西）	复合式付费：按病种付费+DRGs+按人头付费+按床日付费	2017 年
宜昌市（湖北）	总额预算+按病种分值点数结算制	2017 年

以上是部分省份典型地区实施医疗保险偿付方式改革的基本概况，从各地的改革办法可以看出，无论采用何种偿付方式抑或复合式付费方式，都是在坚持总额预算付费的机制下进行的。医保偿付机制（支付制度）改革的关键性前提是实施总预算管理。

二、新型农村合作医疗偿付方式改革进展

我国新农合偿付方式改革在卫生部的领导和部署下，自 2004 年开始试点研究，2010年发出改革要求，2012 年出台政策文件，之后在全国全面展开。截至 2017 年，全国偿付方式改革的县（区）基本实现全覆盖，偿付方式改革呈现多种方式并存、各具特色的局面。

（一）早期探索

2004 年 10 月，吴仪副总理在中南海会见新农合技术指导组专家时，要求专家充分发挥专业优势，深入研究新农合制度的发展规律，做前瞻性的研究，控制新农合基金的超支风险。当时新农合中央专家指导组专家根据卫生部农卫司工作部署，在部分试点县开展了偿付方式改革的研究。如陕西省镇安县从 2004 年开始探索住院单病种付费，云南省禄丰县从 2005 年开始探索门诊总额付费、住院按床日付费。这些试点探索为后来支付改革的全面实施起到了引领和示范作用。

（二）逐步推开

2010 年，卫生部在云南省昆明市召开全国新农合支付方式改革现场会，会议要求各省选择部分县（市、区）开展新农合门诊和住院支付方式改革试点，要在全国 10% 的统筹地区开展试点，力争在 2～3 年内，在全国 50% 的统筹地区开展新农合支付方式改革。2012 年在总结全国支付改革经验的基础上，卫生部、发改委、财政部联合下发《关于推进新农合支付方式改革工作的指导意见》，明确了新农合支付方式改革的基本政策，要求 2012 年开始试点工作，并逐步扩大实施范围，争取到 2015 年在所有统筹地区全面实施。此后，国家卫生计生委鼓励各地根据本地实际先行先试，通过实践创新探索不同支付方式改革，实现支付改革县（区）的全面覆盖。

（三）多种形式

目前，我国新农合支付方式改革采取了多种形式，大多数地区门诊以总额定额支付方式为主，占 90%；住院以混合支付模式为主，占 67%，说明新农合门诊支付方式重在简单易操作，住院支付方式改革重在全覆盖，大多采取了混合支付方式。

第五节　国内典型改革模式及案例分析

2009 年"新医改方案"出台后，我国各地积极推动展开了各种完善偿付机制的改革探索。这些改革探索并不完全照搬教科书提高的理论模式，也不全盘输入国外模式，而是因地制宜，根据各地面对现实中出现的千变万化的现象，积极探索实行按人头付费、按病种付费、总额预付等方式，创造出适合当地当时实际情况的灵活多样的医疗保险基金偿付方式。以下对上海市、北京市、淮安市和青岛市这几个有代表性的改革模式作案例分析。

一、上海市医疗保险总额预算付费制度改革

（一）改革动因

1. 医疗费用迅速增长是直接动因

2001 年上海在全面实施城镇职工基本医疗保险制度后，由于需求释放和管控不足，

出现医疗需求快速膨胀和医疗服务无序扩张的状况，当年职工医保费用增长率就超过30%。① 及时开展医保偿付方式改革，成为确保医疗保险基金平衡、维护医疗保险制度健康运行和持续发展的紧迫任务。上海医保部门开始将工作重点逐步转移到加强与完善医保基金管理方面，着力推行医保偿付制度改革。

2. 切实加强医保管理是内在动因

在建立城镇职工基本医疗保险制度之初，上海医保部门的工作重点主要是建立健全各项基本政策，确保医保制度平稳起步和实施。但医保制度正常运行后，医保部门发现仅凭一个部门的事后监管是不够的，医保基金压力与日俱增，势必要将工作重点转移到日常管理工作中来。与此同时，上海医保部门也开始考虑健全医保费用管理机制的长远目标，将管理工作的核心转变为保证基本医疗的前提下，确保医保基金的收支平衡，制约不合理的医疗服务行为，让医疗费用的增长得以有效控制。

3. 实施总额付费有利于全面控制费用

在权衡各种偿付方式改革的利弊之后，结合上海市实际情况，上海医保部门于2002年实行"总额控制、按月预留、年度考核"的办法，对医保定点医疗机构实行了总额付费。经过多年的探索和实践，医保基金的偿付方式逐步趋向成熟。2009年，上海市人力资源社会保障局、医保办发布了《上海市定点医疗机构医保支付费用预算管理试行办法》。目前，总额付费方式主要适用于在全市医保定点医疗机构发生的由职工医保基金支付的医疗费用，上海市已经形成了比较系统、完整的医疗保险总额预算付费制度。

（二）主要做法

1. 总额预算管理

上海市医疗保险总额预算付费制度改革经过多年逐步完善（见表5-5）。从2002年起，上海市对城镇职工基本医疗保险实施总额付费，逐步建立和完善以年初预算、按月预付、过程监控、动态调整、年终清算为五个核心环节的过程管理办法。期间，管理办法有着诸多不确定因素，每年都要根据实施的具体情况进行相应的调整和完善。2002年实行的是"总额控制、按月预留、年度考核"的办法，对医保定点医院的医保支付费用实行总额控制。按平均每月的预算定额数，每月支付医保费用，对于医院超支部分暂不支付。年终超出总额控制的费用，由定点医院按照一定比例分担。2003—2004年实行的是"总额预算、按月预付、按季结算、半年考评、年终清算、风险共担"办法。"按月预付"就是将定点医院年度预算指标按月均摊，如果当月的医院费用发生超支，超预算费用按70%的比例预付，年终超支部分实行分担。2005—2008年，对于超预算指标的，试行"分类缓付""通报公示""监督检查"等更加有力的措施。同时，建立了医保与医院的协商机制，逐步缩小城郊之间、同级同类医院之间费用水平的差异，并促使门诊向基层医院分流，从而促进医疗资源的优化配置。至2009年7月，随着经验逐步积累和条件逐步成熟，依据《上海市城镇职工基本医疗保险办法》等规定，经市

---

① 周海洋：《上海探索医保混合支付模式，利弊并存量力而行》，搜狐网，http://health.sohu.com/20120609/n345170164.shtml。

政府常务会议同意，上海市医保部门制定并发布了《上海市定点医疗机构医保支付费用预算管理试行办法》，总额付费方式基本定型。上海的实践表明，偿付方式改革是一个渐进的过程，不可能一蹴而就，分阶段进行才能使改革稳步推进，一蹴而就反而会造成社会强烈反响，陷于被动局面。

表 5-5 上海市医疗保险总额预算付费支付改革进程

时间	改革内容
2001 年	全面实施城镇职工基本医疗保险制度
2002 年	采用"总额控制、按月预留、年度考核"，对于每月超出总额预算的费用，医保基金暂不支付，待年终审核的时候，超支费用由医院按比例分担
2003 年	采用"按月预付"，增加"按季结算"，每个季度对医院的超额费用进行评估，超出预算费用按 70% 的比例进行预付
2004 年	增加"半年考评"，主要是针对次均费用、复诊率、7 天重复住院率等指标的考核
2005 年	增加"暂缓支付"，主要是针对费用增长过快、超总额比较高的医院采用
2006—2007 年	采用"分类缓付"，主要是对医院当月累计费用超出指标 4%~7%、7%~10% 的情况，分别按最高 75%、50% 比例拨付；超出指标 10% 以上的医院，全部暂缓支付
2008 年	采用三轮协商办法，进一步促进总控管理工作更加透明化、常规化和制度化
2009 年	颁布《上海市定点医疗机构医保支付费用预算管理试行办法》，总额付费方式基本定型

（1）基本原则

上海市总额付费管理坚持三大原则：一是以收定支原则，以医保基金年度收支预算为基础，对定点医疗机构医保支付费用进行合理的预算安排；二是风险共担原则，建立超预算费用由定点医疗机构和医保基金合理分担机制；三是公开透明原则，以公开促公平，以透明促共识，建立多方参与、协调协商的工作机制，形成职责明确、流程规范的工作程序。[①] 这三大原则体现了改革政策内涵：充分体现了面对医保基金有限使用与无限需求的矛盾需要坚持量入为出；通过医疗机构与参保人双方费用分担，以增强供需双方的费用节约意识，提高医保基金和医疗服务资源的使用效率，确保医保基金平衡发展；偿付方式改革涉及医保方、医院方、参保人方三方利益，需要处理好三方关系，让三方在充分了解改革背景前提下达成共识，减少改革的阻力，作为医保管理方的医保部门，应当本着公开透

---

① 上海市人力资源和社会保障局、上海市医疗保险办公室：《上海市定点医疗机构医保支付费用预算管理试行办法》，上海市人力资源和社会保障局网站，http://www.12333sh.gov.cn/201712333/xxgk/flfg/gfxwj/shbx/02/201711/t20171103_1270805.shtml。

明的原则，规范操作流程，避免暗箱操作。

（2）全市年度预算总额的确定

每年年终，由市医保部门按照以收定支原则，留存必要风险储备等资金后，以当年医保基金实际收入加上次年医保基金收入预期增长，拟定下一年度医保基金预算。在下一年度医保基金预算的基础上，市医保部门按照医保基金支付项目情况，扣除必要的预留部分（风险储备、零星报销医疗费用等），合理拟定全市医疗机构预算总额付费的指标，报请市政府同意后执行。

（3）协商确定医疗机构预算总额付费指标

上海市医保部门在确定全市医疗机构预算总额付费指标的基础上，对全市各级各类定点医疗机构的总额付费指标进行分解，并推行"四个公开"：公开年度基金收支预算和医疗机构预算总额付费指标、全市医疗机构预算总额付费指标及实际执行情况、全市医疗机构预算总额付费指标分配全过程以及年终清算全过程，以提高医保预算管理的合理性、公平性。上海市医保部门在 2008 年起改变了原来由医保等相关行政部门单方面确定分配指标的做法，进一步创新医保预算管理模式，积极探索医保统筹协调、医疗机构自主协商的工作机制。基于公开透明原则以促共识，采取三轮协商程序：考虑到平衡兼顾各级医疗机构的实际情况，由全体医疗机构代表参与第一轮协商，确定三级医疗机构和一、二级医疗机构预算控制总额划分比例；再由三级医疗机构和一、二级医疗机构进行第二轮协商，在此次协商过程中三级医疗机构代表协商将总额付费指标分配到各医疗机构，一、二级医疗机构代表（区县医保部门参加）协商确定各区县医保预算总额付费指标；最后一轮协商完成区县内一、二级医疗机构分配，确定各一、二级医疗机构预算总额付费指标。[①]

（4）年中调整和年终考核分担机制

年度中期，按照分级管理原则，由市医保部门组织区县医保部门和医疗机构对各级医疗机构年度预算指标进行调整，以应对可能影响预算指标的情况变化。每年年终，由市医保部门根据医疗机构代表意见拟定预算管理年终清算方案，对于全年实际申报费用未超年度预算指标的医疗机构，原则上年终考核不扣减、不分担。对于全年实际申报费用超出年度预算指标的医疗机构，在对医疗机构诊疗行为规范性、医疗费用合理性等进行考核的基础上，兼顾医保基金和医疗机构承受能力，由医保基金和医疗机构对超预算部分按比例进行合理分担。考核指标主要包括按病种付费和精神病住院按床日付费部分住院医疗费用、门诊复诊率、门诊和住院均次费用等。

2. 探索医保费用预付管理

推行医保预付改革，旨在原有预算管理超额扣减约束机制的基础上，探索建立结余留用的政策，以进一步形成约束和激励并重的管理机制，通过经济调节作用，充分发挥医疗机构自主管理的积极性和主动性，推动医疗机构运行机制改革，促进医疗卫生和医疗保障事业科学、良性、可持续发展。鉴于结余留用是一项重大的偿付方式改革政策，留多留少都会影响改革的成效，必须通过探索逐步形成科学合理的留用机制，上海市医保部门为此

---

① 郑树忠：《上海医保总额预算管理的实践探索》，载《中国医疗保险》2013 年第 3 期，第 25 页。

采用了先试点再稳步推行的方法。

（1）试行社区医保费用预付

自 2005 年开始，上海结合发展社区卫生服务的有关工作，开展以一级医疗机构社区卫生服务中心为主的医保费用预付试点工作。试点工作分为三个阶段逐步推进（见表5-6）。

表 5-6　上海市一级医疗机构医保费用预付制改革进程

阶段	时间	试点区域	备注
第一阶段	2005 年	松江、长宁	松江区试行所有医疗机构全面预付
第二阶段	2006—2007 年	黄浦、卢湾等 9 个区县	
第三阶段	2008 年	全市 19 个区县	

（2）推进二级医疗机构和三级医疗机构医保预付

从 2009 年开始，有 3 家三级医疗机构基于自愿申请的原则，先行启动医保预付试点，2010 年进一步扩大至 10 家。随后 2010 年、2011 年全市所有公立二级医疗机构和三级医疗机构全部实行医保预付试点。

（3）落实结余留用，形成激励机制

2010 年，医保部门会同财政、卫生、审计、纪检等部门制定了医保费用的财务规定，明确医疗机构实行预付制，通过预付制政策的实施对医疗机构加强管理并控制不合理费用支出，对医疗机构采取了实际申报费用低于预付额度的结余部分自行留用的激励机制。

上海市医保预算总额管理框架下的医保预付制作为全国的先行试点，经过多年发展推广，已经成为上海市主体医保偿付方式。

（三）实施成效

上海市实施总额付费方式以来，有效建立了"两个管理机制"，即以公开透明为基础的协商协调谈判机制、以医保预付为核心的约束激励复合机制，取得了三方面成效，即控制医保费用增速、促进医疗机构主动控费、创造医改良好环境。

①医疗费用增速得到有效控制，确保职工医保基金收支平衡。总额预算管理试点工作实施十余年以来，有效控制了医疗费用及医疗成本。2002—2011 年十年期间，上海市城镇职工基本医疗保险基金收入年均增长 15.29%，基金支出年均增长 12.87%，基金支出增速低于基金收入，也低于本市同期 GDP 年均 14.98% 的增速，与社会经济发展基本协调。2011—2016 年统筹基金当年结余连年盈余，累计盈余稳定增长。截至 2016 年底，统筹基金累计盈余丰厚，是 2016 年统筹基金支出金额的 1.78 倍。截至 2017 年底，全市城镇职工基本医疗保险参保人数为 1469 万人，基金收入 849.7 亿元，基金支出 554 亿元，纳入总额付费范围的基金支出 428.06 亿元，占全年基金支出的 94.7%，占全年定点医疗

机构基金支出的 97.3%。①

②奖罚机制并举，激励医疗机构管理积极性。预付试点促进费用节约机制效应明显，医疗机构自主管理的积极性和主动性得到发挥，医保费过快增长的趋势得到遏制。医保预付试点首批 3 家三级医疗机构（仁济、华山和第一人民医院）中，当年费用增速明显低于医疗机构同比上年水平及三级医疗机构平均水平的有 2 家，另一家在试点第二年费用增速水平也出现了回落趋势。2010 年扩大试点的 7 家医疗机构中，同比上年增速全面回落，低于三级医疗机构平均增速的有 5 家。试点实践证明，通过激发医疗机构管理积极性，合理控制医疗费用过快增长，总额付费方式具有现实操作可行性，通过落实结余留用政策，起到了较好的激励示范作用。

③与深化医改相结合，优化卫生资源配置。经过数年来医保偿付机制改革，特别是在总额付费管理中注重和不断调整卫生资源分布不平衡的关系，调整各级医疗机构门诊与住院功能错位的状况，调整同级同类医疗机构医疗费用水平的显著差异，使上述现象得到了逐步纠正。努力营造医疗机构改革环境，正是卫生事业和医保事业协调发展所需要的重要基础，也推动了全市医疗卫生体制改革，初步达到了社会总体稳定、医疗机构适度发展的阶段性目标。

（四）经验与启示

上海通过十多年医保偿付方式改革历程，主要的改革经验和启示有以下几点。

①医保偿付方式改革需要医保、医疗和医药系统的共同应对与协同作用，必须坚持多方参与、共同推进。上海市在医保偿付方式改革中，由市政府医改办牵头、以医保部门为主，卫计、药监、物价、财政等部门积极参与，共同解决偿付方式改革的重大问题，协力解决偿付方式改革中的突出矛盾，形成改革的合力，有效保证了偿付方式改革的顺利推进并不断取得实效。

②医保偿付方式形式多样且有其相应的适用范围和特点，必须根据本地区实际情况及主要矛盾灵活运用，坚持突出重点、注重实效。上海市在偿付方式改革中，抓住总额预算付费这一主线，同时在不同的局部采用按病种付费、按服务单元付费等方式，在医保费用总额得到有效控制的前提下，使不同的偿付方式各得其所，相得益彰。

③医保偿付方式改革是一项复杂的系统工程和矛盾综合体，必须循序渐进，逐步完善。偿付方式改革之难，就在于改革初期政府部门普遍面临缺乏成熟经验，可谓摸着石头过河，而改革涉及多方利益，如有不慎就会引发突出的社会矛盾。上海市偿付方式改革历经十余年，年年都要根据实施情况进行适当调整，既完善方法又调节指标，尽最大可能做到方法科学易行，各方接受程度较高而相关弊端最小，才能使偿付方式改革之路能够持续完善。

④在偿付方式改革中，由于医保基金支出与定点医疗机构医疗服务行为以及经济利益

---

①　根据 2009—2011 年《中国劳动统计年鉴》《上海统计年鉴》和 2010—2018 年上海市人力资源和社会保障局"本市社会保险基本情况"整理。

相结合，虽然有利于医疗机构增强费用控制意识，提供适宜的医疗服务，但是如果管理不当，很容易产生一定的负面反应。如医疗机构如何将年度总额付费指标合理分配到每个月份，避免前松后紧、寅吃卯粮的问题，上海市在改革之初少数医疗机构曾发生全年费用指标前三个季度就已用完的状况，医保管理部门先后采用按季度、按月核算的方式，督促医疗机构有计划地使用医保基金。

⑤医保偿付方式改革是各级政府部门责任所在，并涉及各方利益的调整，必须坚持分级管理，公开透明。在实施偿付方式改革中，市医保部门始终坚持发挥两级政府部门的作用，除市级定点医疗机构的总额付费归属医保部门直接管理外，区县医保部门则承担着辖区内一、二级定点医疗机构的总额预算付费管理，在确定全市医保费用总额及基本指标分配原则的基础上，区县医保部门掌握一定的调节权，可根据区域内医疗机构及医疗服务状况的局部变动进行指标调整。这样，既实现了总额付费实施过程的公开透明，解决了区县之间可能产生的不平衡问题，也减轻了市医保部门的管理压力，达到分级负责的目的。

⑥在改革过程中仍然存在医院落实总额预算的内部管理不足的问题，有些医院直接仿照医保部门的做法，将预算指标分解落实到各科室，有的科室就进一步落实到医生，从而产生部分科室限制医疗服务或费用转嫁等情况。医疗需求与费用控制的矛盾依然存在，由于缺乏对参保人的需求控制，导致参保人的费用节约意识不强，在医疗服务过程中往往提出过高要求，尤其是在新技术与新药品不断涌现的背景下，医院受制于费用总额控制，处境被动。此外，医疗保险基金偿付制度相关的政策尚不完善，部分医院存在人为分解服务、人为分解均次费用、限制处方金额、提高病人门诊就诊次数等情况，出现推诿重病人、减少医保用药等常见问题，必须采取有效措施，既对医疗机构收治重病人的高额费用进行合理处置，也要对医疗机构人为的错误行为进行惩治，防止损害参保人员的正当权益，这也是确保偿付方式改革持续发展的必要条件。

⑦上海城镇职工医疗保险和城镇居民医疗保险都由人社部门管理，而使用医保基金的医疗机构隶属卫生行政部门，上海人社医保系统的改革初衷是从相对粗放但也容易实施的医保总额预付制度入手，同时研究精细化的控费模型，乃至更为有效的医疗费用控制方式，比如按病种付费（DRGs）；同时积极探索医保角色的转型，从单纯的控费逐步接手药品乃至耗材的招标，力图充分发挥"支付方"的功能。但人社医保系统根本无法有效监管强势的三甲医院。反过来，随着总额预付制度的推进，医疗机构方面也时常怨声载道：总额预付的制度基础是定点医疗，而上海实行参保人员自由就医政策，使得总额预付成为"无本之木"，基金预算缺乏科学依据。① 上海目前提出要逐步强化按病种和按人头付费等医保偿付方式，其中按病种付费的基础是临床路径，而各学科临床路径的制订是由卫计委系统召集的医疗专家负责；按人头付费主要适用于基层医疗机构的签约模式，服务内容也主要由卫计委来制订。医保基金的实际运作牵涉两大系统，还需在实践中不断磨合，才能解决医保制度运行中的种种现实问题。

---

① 《上海将逐步取消医保总额预付》，搜狐网，https://www.sohu.com/a/113917835_489805。

二、DRGs 在北京市医疗保险支付管理中的应用

(一)实施背景

为推进医疗保险管理精细化,20 世纪 90 年代初,北京市开始进行 DRGs 可行性分析,参照美国 AP-DRGsVol8 编制分组器①,组织十家医疗机构摘录 10 万份病历进行可行性分析,认为国内病历记载的相关信息可以满足 DRGs 分组需要,但是鉴于当时的信息技术水平,还不能直接用于实际工作,未能实施。随着信息化和管理水平的不断提高,2003 年,北京市开始探索 DRGs 与 PPS(预定额付费制度,是依据社会经济水平、医疗保险缴费水平确定社会医疗服务预算总额)的结合应用研究,成立了北京市 DRGs-PPS 项目组。2005年,建立了以病案首页数据(出院病人调查表)基础上的 DRGs 分析模型。2006 年,开始组织病案分类、收费分类、药品分类,专家编制统一的病案首页数据字典、疾病诊断分类(ICD-10)②临床版、手术操作分类(ICD-9)临床版、医疗服务项目收费分类、药品分 类(ATC)等标准,夯实信息基础。2008 年,完成了国内第一个 DRGs 分组系统——BeiJing-DRGs(BJ-DRGs)开发,应用于北京市医疗机构评价。③ 2011 年发布了《关于开展按病种分组(DRGs)付费试点工作的通知》,在 6 家定点医疗机构试点按 DRGs 付费,2013 年应用于医保总额付费。

(二)主要做法

1. 病组定额付费(DRGs-PPS)在北京市医疗卫生机构的试点

2011 年 7 月,北京市人力资源社会保障局、卫生局、财政局、发展改革委等四部门联合发布了《关于开展按病种分组(DRGs)付费试点工作的通知》(京人社医发〔2011〕207号),北京成为全国首个使用 DRGs 付费的城市。北京大学人民医院、北京大学第三医院、首都医科大学附属北京友谊医院、首都医科大学附属北京朝阳医院、首都医科大学宣武医院、首都医科大学附属北京天坛医院等 6 家医院成为 DRGs 付费的首批试点医疗机构。2012 年扩大到 33 家二级、三级医院;2013 年在全市 196 家二级及以上医院全面推行总额预付。北京市的具体做法如下。

第一,基于近年来北京市定点医疗机构实际发生医保费用数据,按照临床诊断、治疗过程、病情(即风险)进行分类,将流程近似、资源消耗近似的病例组合为一个病例组,将所有病种分组。选择组内差异较小、病例数量相对集中的 108 个病种组为试点病种,对在试点医院住院治疗、纳入 108 个病种组的医疗保险覆盖人员的医疗费用支付实行定额

---

① 第一代 DRGs 产生于美国,由耶鲁大学 Mill 等学者采集 70 万份出院病历,通过主要诊断条目和第一诊断、第二诊断、主要手术和年龄等分组要素,将疾病分成 492 个诊断组,经过近 10 年研究并于 1976 年完成。

② DRGs 系统是以"国际疾病分类"(International Classification of Diseases,ICD)为基础,实际应用中各国通常将其转换为适用于本土版本的临床版本,以区分不同疾病的临床过程和资源消耗的差异。

③ 陈吟、郭默宁:《DRGs 在北京的发展应用与推广》,载《科技新时代》2017 年第 9 期,第 35 页。

管理。

第二，采用社会平均成本法确定定额标准。因 2010 年进行成本核算的条件不成熟（国家卫生计生委已于 2015 年推出县级公立医院成本核算标准），无法从医务人员劳务成本和药品定价等消耗成本进行测算，从而借鉴国外病组定额付费管理经验，按照北京市 2010 年基本医疗保险定点三级医疗机构诊治同一病种分组医保患者、实际发生的符合基本医疗保险报销范围的次均费用测算。

第三，病种分组费用的定额支付标准，由参保人员支付和医疗保险基金支付两部分组成。参保人员支付部分包括住院起付线以下费用、封顶线以上费用、医保制度内规定个人按比例负担的费用。病种分组定额标准与参保人员所支付医保相关费用的差额部分由医疗保险基金予以支付。

第四，配套政策：一是对试点医院在试点病种范围内发生的符合医疗保险报销范围的医疗费用，医疗保险基金实行基金预付，即根据试点医院同期纳入试点病种范围的病例数，测算试点期间医保基金给付金额，将第一个月给付金额的 90% 预付给定点医疗机构，此后根据医疗服务量审核结算，年终根据试点医院当年实际医疗服务量予以清算；二是药品耗材自主采购，试点医院使用的药品和医用耗材，在全市药品和医用耗材集中采购中标目录范围内自主采购，但采购价格必须低于现集中采购价格；三是严格控制自费费用，试点医院在 108 个病种组诊疗过程中，自费比例不应高于试点医院上年同期水平，综合计算试点病种费用，如当年自费比例高于上年同期水平，其超出部分在年底结算时医保基金将同比扣减。为激励医院控费，DRGs 付费方式下，医院结余部分全部由医院留用，超支则不予补贴。

2. 应用于基本医疗保险总额付费

近年来，北京市在总额控制的基础上，在部分医疗机构探索"按月预付，结余留用，超支分担"的总额付费管理办法。其中，如何科学合理地测算总额付费指标，是平稳推行总额付费政策的关键一环。

由于病种不同、疾病复杂程度不同、治疗难易程度不同、住院天数和消耗不同，费用就会产生差异。以往通过与自身历史同期数据的纵向比较来制订总额付费标准，不同的医疗机构之间难以比较，例如以收治老年病、常见病为主的医疗机构与以收治恶性肿瘤患者、重症患者为主的医疗机构，二者的次均费用不宜用来进行横比，即使收治同样疾病的患者，也因治疗难易程度难以区分，使得不同的医疗机构之间也无法进行科学的比较。传统的按项目收费所反映出的经济数据无法真实反映实际卫生资源的投入程度，也无法反映不同医疗机构之间的效率，使得医保资金划分简单化，难以做到公平、合理，医疗机构也缺乏控费动力。

2013 年起，北京市对医疗保险基金住院指标额测算中采用以 DRGs 为技术支撑的费用效率评价指标，发挥了重要作用，主要办法是 DRGs 分组后，可以通过历史数据对每一个分组设置一个相对权重系数作为标准值。对医疗机构全部病例进行汇总，可以得到一个医疗机构的权重数，即反映了一个医疗机构的总服务量。将所有医疗机构的权重数汇总即可以算出全市医疗机构的总服务量。在医保总额划分的时候，权重点作为价格，即每一个权重点所获得的费率是一样的，就解决了不同医疗价格可比的问题，实现了费用计算科学透明。以 2014 年指标测算为例,甲医疗机构 2013 年住院次均费用为 17993 元,其同级同类乙医疗机构次均费用为 18822 元,二者费用相近,按照住院次均费用计算,给甲、乙两机构拨付的费用相差不大,但通过 DRGs 技术进行病种分组、按费用权重进行标化后,甲医疗机构费用消耗指数(即次均费用为同级同病组标化次均费用的比值)为 0.8366,单位权重费用为 21507 元,乙医疗机构的费用消耗指数为 1.3547,单位权重费用为 13894 元,两者单位权重费用相差 7613 元。[1] 相比来说,这意味着同一种病在乙机构看病更为省钱,相应的医保支付就要考虑向乙机构多划分。

(三) 实施成效

DRGs 无论在医疗保险病种定额支付还是在总额付费管理方面都取得了一定的成绩,使各方责任、权利、义务范围更加明确,有利于各方利益达成平衡。

①参保人员基本医疗需求得到有效保障,服务质量得到提升。2014 年全市城镇职工医保普通门诊人次同比增长 9.1%,住院人次同比增长 7.4%,未出现因实施总额控制而导致医疗机构压缩费用支出、推诿病人的反应及负面报道以及未接到因结算方式改变而拒收病人的投诉。

②避免医疗保险基金不合理支出,医保基金管理质量有所提高。在就诊量上升的同时,全市城镇 2014 年职工医保基金申报费用比上年同比增长了 12.3%,增速比 2013 年下降 4.3%,医疗服务量稳步增长,基金支出增速进一步放缓。药占比同比降低了 1.1%,说明实行总控管理后,医疗机构能够及时转变管理理念,通过规范诊疗行为,减少不合理用药。大部分医疗机构将费用管理纳入医院绩效考核范围,积极控制不合理费用发生,减少医疗资源浪费,降低成本,提高质量效益。

③促进医疗机构主动自身加强管理,提高效率。由于按定额支付,将资源配置的权力下放给医疗机构,药品、检查、耗材的使用纳入医疗机构的成本管理,使得医疗机构有更大动力提高效率,减少过度医疗。2013—2014 年平均住院日试点组均较对照组短,药品耗材占比试点较对照低,说明单位固定资产产出效率得到进一步提高,直接资源消耗相对减少。

④促进卫计委主管部门和医疗保险基金管理部门对医疗机构进行标准化管理。其一是实现病例标准化,实现医疗机构服务费用可比性。以往医疗保险评价医疗机构服务费用高低采用例均费用,由于病例难度不同,医、保、患三方对费用很难达成一致。利用 DRGs 将诊断近似、治疗过程近似、并发症和合并症近似的病例分在一组,以及引进相对权重,使病例能够标准化和可比较。其二是实现医疗质量可比可评价。在北京市 6 家医疗机构试点中,采用病例组合难度系数(CMI)[2]和两周再住院率来衡量医疗服务质量。6 家试点医疗机构和 8 家对照医疗机构医疗保险出院病人试点组病例进行比较。2013 年及 2014 年

---

① 张萌萌、胡牧:《DRGs 在北京医保支付管理中的应用》,载《中国医疗保险》2015 年第 4 期,第 53 页。

② 数量和病例组合指数(CMI)是评判医疗服务技术难度指标,CMI=核算对象的总权重数/该部门的总病例数。

CMI 试点组均较对照组高。2013 年两周再住院率试点组较对照组高，2014 年低于对照，说明试点医疗机构救治的病例难度高、质量好，也说明医疗保险基金管理机构可以使用 DRGs 系统为参保人员购买更好的医疗服务。

(四) 经验与启示

①抓试点且面向基层，县级也可使用 DRGs。北京市从 20 世纪 90 年代开展 DRGs 的应用研究，逐步建立了本土化的 DRGs 分组标准和费率标准，并通过试点稳步推进，且运用于县级医院，县级因为常见病多，诊疗路径清晰，更容易分组，费用标准也比较稳定，有助于 DRGs 的推广和使用，进一步证明了 DRGs 应用的可行性和成效。从医保基金角度看，采用 DRGs 偿付方式具有明显优势，相比按项目付费，按病组付费医保基金支付额稳定许多，有利于强化医保基金收支管理，实现优化监管和有效控费。而且，与按项目付费时费用异常高的病例所占比例逐步增加的趋势明显不同，按 DRGs 付费时该比例逐步缩小。

②促进提升医疗质量，加强病案首页①和过程管理。实施 DRGs 定额付费的一个重要依据即病案首页，因此保证病案首页质量是推行 DRGs 的重点环节。一是统一标准：2006 年开始，在北京市卫生系统组织病案分类、收费分类、药品分类，专家编制统一的病案首页数据字典、疾病诊断分类(ICD-10)临床版、手术操作分类(ICD-9)临床版、医疗服务项目收费分类、药品分类(ATC)等标准，并每年更新，确保与临床诊疗实际相符。二是要加大培训和检查：北京市采用缺陷管理方法，从缺陷界定、测量、分析数据、改进、控制等方面对病案首页质量进行管理；组织 38 名临床医师、病案编码、物价、药品信息等相关技术人员组成的检查组，每年对 6 家试点及 8 家对照医疗机构入组病例数据信息进行一次专项检查，最终使全市首页填报合格率达 95% 以上，信息基础得以保障。

在实践中，还会存在医疗机构"选择病例"的行为，即部分医疗机构管理者尚未认识到 DRGs-PPS 应当在保证医疗质量和医疗安全的基础上合理控费，而是研究如何规避 DRGs-PPS 低补偿组，增加高补偿组病例，以获取更多收入。这需加大检查和管理力度，同时，还要选择条件成熟的医疗机构进行住院病人全员全病试点，费率计算应包括全部费用，以便医疗机构更好地建立内部的费用约束机制。

③提升医疗机构和医保管理机构效率。从国外和国内的实践来看，推行 DRGs 可对医疗机构加强内部管理、提高效率起到很好的促进作用，调动了医院和医生的积极性，约束并优化医疗行为，控制医疗成本，保障质量安全，有效帮助医疗机构实现降本增效，达到社会效益和经济效益的同步提高。同时，医保部门内部管理也得到加强。随着医药卫生体制改革的不断深化、信息化水平和管理水平的不断提升，推广和使用 DRGs 是大势所趋，随着改革的深入，DRGs 偿付方式将成为医保基金偿付制度的主流，也将成为医改的重头戏。

④医保基金偿付方式改革必须除了考虑医保费用如何有效控制外，还需要考虑医疗质量及安全的问题及完善的医院服务能力评价体系，自 2013 年起，北京市使用 DRGs 的方

---

① 主要是指住院病历首页。

法对部分试点医院的住院服务能力、医疗费用、时间成本情况进行评价，完善细致和科学严谨的 DRGs 评价体系能够从质量、效率和成本这三个维度很好地体现出医院和医院内部科室的整体服务能力，并对促进医院精细化管理、降低消耗、提高质量作用明显。在改革进一步深化的过程中，还需进一步完善医疗质量标准等作为配套政策，并建立相应的监管机制，确保政策可持续发展。

三、淮安市按病种分值付费方式改革

在我国，目前在医疗保险付费方式改革中实行按病种付费的地方为数不少，但绝大部分均采用单病种付费方式。淮安市采用的按病种付费方式，是基于总额控制基础上的病种分值法，其核心思想是赋予每一个被纳入试点的病种一个固定分值，医保机构根据定点医疗机构一定时期内完成的病种总分值，作为对其费用偿付的结算依据①，较好地解决了付费方式中因参保人员疾病状况不同而导致的医疗费用差异，避免了偿付方式改革中容易产生的推诿病人、降低医疗服务质量等弊端，体现了偿付方式改革的科学性与合理性，具有一定的典型意义。

（一）改革动因

淮安市城镇职工基本医疗保险于 2000 年 1 月 1 日启动，实施之初实行按项目付费的结算办法，2000—2003 年造成了次均住院医疗费用年均增幅达到 39.6%。到 2003 年上半年出现当期医保基金"收不抵支"的情况，赤字 300 多万元。在此情况下，通过与医疗机构反复沟通协商，经过精密测算、专家论证和政府决策，2003 年 10 月起，开始探索实施以按病种分值结算的医保支付方式改革，采取"病种赋值，总量控制，按月结算，质量考核，年终决算"的综合结算模式，这种医保支付方式在全国首次推出。

（二）主要做法

总额控制下的病种分值结算办法的基本思路是：对病种进行分类—确定病种分值—设定调整系数—费用结算，即根据不同疾病所需的不同医疗费用之间的比例关系，给每一病种确定相应的分值，大病重病分值高，小病轻病分值低，各定点医疗机构以出院病人累计的分值与医保经办机构按照预算的可分配基金结算费用。

月结算公式为：某医疗机构的医保偿付费用=医保当月可分配额度/期内总分值×该医疗机构的当期分值-该院个人负担超比例的部分（约定个人负担水平是为遏免医疗机构将医疗费用支付压力向个人转移）。

1. 筛选病种

依据世卫组织"国际疾病分类标准"（ICD-10），淮安医保部门在广泛全面调查统计医疗机构近三年实际发生的病种的基础上，遵循"每年大约 60 个病种可覆盖全年出院总人数 75%~80%"的统计标准，剔除儿科、产科等病种，筛选出涵盖全市病例数 90% 以上的

---

① 胡大洋、冷明祥、夏迎秋：《江苏省三种基本医疗保险支付方式改革与探索》，载《中国医院管理》2011 年第 2 期，第 48 页。

常见病、多发病，将每年实际发生数在 10 例以上的病种挑出作为常见病种进行分类汇总①，共筛选出涵盖全市病种数 892 种。

2. 确定分值

淮安市按病种分值付费的支付方式可以比喻为"医保分类定分值、医院服务挣工分"。考虑到医疗水平与费用情况的对应关系，将筛选出来的 892 种常见病、多发病中近三年所有出院病人的病种及实际发生的医疗费用数据（以出院第一诊断为准，包括职工医保、居民医保、新农合及自费病人的所有病例）进行分类汇总，根据各病种平均费用的比例关系测算出初步分值，使分值综合反映出各病种在一定技术条件下的诊疗工作量（成本）关系；请专家纠偏并综合各医疗机构反馈意见后确定各病种的分值②。再根据各病种在不同等级医疗机构的收费标准、运行成本来确定各级医疗机构相对应的分值系数（即计算分值时的折算系数），各医疗机构结算时按相应等级系数的折算分值来确定结算费用（三级医疗机构为 1.0、二级医疗机构为 0.85、一级医疗机构为 0.6，其中二级专科医疗机构中的专科病种为 1.0）③，以体现不同等级医疗机构医疗费用的差别。

3. 预算总量

每年初，根据参保人数、缴费基数、年度正常统筹基金收入、年度退休人员一次性缴费基金的分摊收入、改制企业退休人员缴费预计、年度困难企业退休人员缴费金额、年度统筹基金计划结余率、利息收入等因素，参照往年资金使用情况，测算出年度统筹基金支出的控制总量。在提取 5% 的综合调节金后（用于年终决算调剂），再提取总量的 15% 分别用于门诊特定医疗服务项目、在外地就医的参保人员及转入外地治疗的参保人员的医疗费用（实际比例每年酌情调整），剩余 80% 分配给定点医疗机构的住院医疗费用，按月进行分配。

4. 预付费用

年初依据上年度各定点医疗机构实际费用发生额，结合医疗机构分级管理所评定的等级，按照 8%～12% 的比例预付周转资金。

5. 按月结算

以各医疗机构月出院参保病人病种分值之和（按相应等级系数折算后的分值），计算出当月分值的具体价格，按各医疗机构出院病人的累计分值分别结算费用（当月实际应付费用小于月统筹基金可分配总额时，按实际发生总额在各医疗机构中进行重新分配）。

6. 预算调整

每年 7 月，根据缴费基数变化、扩面情况对可分配统筹基金进行重新测算并调整，使每月分配的基金与基金收入实际更加相符。

7. 年终决算

年终在对全年病种及费用进行系统、全面复核的基础上，根据当年统筹基金实际收入

---

①　刘也良：《江苏淮安：总额控制下的病种分值结算》，载《中国卫生》2017 年第 3 期，第 68 页。

②　陈树国：《以系统思维和理念创新改革医保付费方式》，载《中国医疗保险》2017 年第 11 期，第 41 页。

③　资料来源：《淮安市关于实行市区基本医疗保险按病种分值结算的意见（试行）》（淮政办发〔2003〕156 号）。

及支出情况结合门诊特定项目、住外及转外支付的超支或剩余情况，并考虑特殊材料使用、危重病例、长期住院病例、住院人次与人数之比以及个人支付比例等因素，进行年终决算调整。目前，纳入病种分值结算的医保费用占医保总费用的83.01%。

8. 配套机制

一是特例单议机制。专家评分，解决结算办法特殊性问题。针对病情显著特殊、治疗情况特别复杂、医疗费用较高等情况，按出院第一诊断确定的分值偏差明显的，经组织医疗机构代表和专家经过初审、复审，确定合理分值。

二是规范住院管理。为了防止医疗机构采取挂名住院、分解住院等错误的应对方式，制定《关于加强参保住院病人管理的通知》，规定医疗机构要严格掌握出入院标准，进行合理医疗，对查实的不合理的检查、治疗、用药和收费等，将不予结算费用，并在结算时处予3倍的扣款。同时，出台《关于住院病人临时离院进行登记管理的通知》，住院病人因特殊情况确需临时离开医疗机构的，应履行请假和批准手续，并在淮安医保网上及时登记上传，同时将批准手续材料集中在医疗机构医保科备查。

三是加强协议管理。将病种分值管理要求纳入医保定点医疗机构协议管理内容，明确规定医疗机构在诊疗过程中自觉遵守医疗保险的各项规定，严格执行首诊负责制和因病施治的原则，合理检查、合理治疗、合理用药，不断提高医疗质量。在对医疗机构的考核指标中，建立包括质量指标、管理指标、服务指标、专项指标四大指标考核体系，并不断调整充实有关指标，如引入住院人数和人次比控制指标等内容，确保年度考核与支付方式管理要求相一致。

四是建立诚信对照和周转金制度。在系统中建立自动对照功能，根据出院诊断自动生成病种分值，并由医疗机构医保科首先进行审核把关。同时，对医疗机构提供医保周转金，根据医疗机构等级水平，按照8%~12%的不等比例提供预付资金。

五是建立驻医疗机构代表制度。通过与商业保险合作，建设医保驻医疗机构代表制度，形成以医疗管理科、稽核审计科、驻医疗机构代表办共同组成的监管体系，对在市内住院的普通参保病人至少进行一次以上的走访。

（三）实施成效

十多年来，淮安市支付方式改革较好地体现了"以收定支、收支平衡、略有结余"的基金运作原则，成效明显。

①医疗费用增速趋缓，医保基金略有结余且运行效率提高。2004年实施按病种分值付费改革后效果立竿见影：医保费用控制当年取得了明显成效，次均住院医疗费用当年由8644.37元降到6692.81元，降幅达22.58%。2004—2017年，次均住院医疗费用年均增幅仅为3.13%，远低于全国同期7.6%，医保基金支出压力明显减小。在住院人次增加、门诊特定项目费用占比提高以及保障标准提升的情况下，医保统筹基金当期结余率始终稳定维持在2%~3%的合理水平，实现了"以支定收、收支平衡、略有结余"的目标。

②成本意识得到强化，医疗行为趋向规范。按病种分值付费方式抽象了病种与钱的直接对应关系，分值不直接代表"钱"，只是用来进行加权平均分配的"权数"。分值单价是动态的，医生推诿病人和分解住院难以找到合适的借口和理由。以2016年度三级医疗机

构结算情况为例，成本控制好的医疗机构住院费用结付率达到104.21%，而有的只有95.42%。①此办法有效激发了医疗机构强化内部管理、规范医疗服务行为、降低医疗费的内在动力。

③医疗保险制度的保障绩效稳步提升，惠民功能更加彰显。有效控制了统筹基金支出增长速度，统筹基金收入的增长有利于提高参保人群的医疗保障水平和医疗服务利用水平，也有利于减轻参保人群的个人负担。淮安十多年来对统筹基金支付比例进行调整，不断提高统筹基金的支付比例，支付限额由原来的15万元调整为不设封顶线。个人支付额（全口径，含丙类）年均增长率为3.32%，个人支付比例（全口径，含丙类）年均增长率为-1.49%。

④医保管理趋于主动，管理方式转向宏观。淮安市医保部门的总控管理不是针对具体某一家医疗机构，而是针对医保基金本身进行总量控制，从而对医疗机构采取放开政策，淡化了"三目录"，医保经办机构不仅减轻了大量的医疗明细审核工作量，进而避免了医疗信息不对称所带来的矛盾和纠纷，而且节约了管理成本，降低了管控难度，实现了医保经办管理由被动向主动、由微观到宏观的转变。

（四）经验与启示

①实现总量控制、确保收支平衡。按病种分值结算虽然看似"迷你"，却将总额控制下基金客观分配的理念融入其中。淮安市的经验办法可以总结为"病种+分值+总额"，类似早先农村实施的"工分制"的劳动计量和分配原则应用于医保基金的分配中，病种和总额之间加上了分值，分值的高低关系着分配，透明的分配依据和不确定的费用额度，使病种与实际费用形成了动态关系。这种支付方式既吸取了总额预算付费制控制医保基金支出的优点，也吸取了病种付费避免过度医疗的长处，同时也避免了推诿重病患者，促进了医、保、患三方形成和谐共赢的结果。病种分值支付方式实施后，有效地遏制了人均住院费用持续猛涨的势头，减少了泡沫医疗费用的发生，医保基金的发生数额呈现缓慢上升的趋势，扭转了医保管理的被动局面，使医保基金的收支平衡、略有节余成为可能。2003年当年基金曾经出现赤字，也正是这一年10月开始实施病种分值结算办法，此后医保统筹基金当期结余率始终维持在2%~3%。

②减轻个人负担、保障参保人群益收效显著。尽管由于住院总费用的上涨，个人支付的金额也相对增加，但是病种分值支付方式的实施使人均住院费用得到控制，统筹基金得以合理使用，这样可以提升政策调整空间。2012、2014年底通过政策调整，使个人负担显著降低。

③立足客观科学的病种分值、体现医学科学性。第一，医保部门"定工分"，医疗机构"挣工分"的这种形式源于在实际医疗过程中，人和病种都会与实际发生的医疗费用形成一个比例关系，各病种的各个分值综合反映出各个病种的轻重程度和资源消耗成本，具有合理性与公平性。第二，总额控制下的病种分值结算方式将预付制和后付制有机地结合

①　姚雪青：《江苏淮安破解医保支付难题》，载《人民日报》2017年6月14日第9版。

起来，达到了良好的效果。其特点是在对医疗机构进行医疗费用支付时，既体现出区别，即"病种有差异、医疗机构有等级"；又强调了联系，即在一定时段内(3～5年)每个病种间的价值比例关系是共通的，所消耗的成本是可以通过一个共同的"尺度"(分值)进行计量与测算的，反映出"同病同价"的内在规律。随着社会经济与医学的发展，病种分类方法与病种分值测算还需经医保经办机构、医院、临床专家多轮论证，不断加强，提高科学性与可行性，且考虑按病种分值付费与分级诊疗的有效衔接。

④管理上由被动变主动、方式上由微观转宏观。按病种分值计量医疗服务时，分值不直接代表"钱"，只是用来进行加权分配的"权数"，并且分值核算单价是动态的，每个月都会变化，这样就模糊了病种与费用的直接对应关系。医保部门只需对出入院标准、病种符合度、个人负担比例等指标进行总体把握和监测，而不需要耗费更多的人力、物力介入具体诊疗过程，避免出现事倍功半的现象。

⑤促进医疗机构竞争和成本的自我控制。凡是病种分值体系下的疾病，在同一等级的任何一家医疗机构的价格相同。这种"同病同价"机制使得参保人员有了更多的选择权，促进了医疗机构之间的竞争，保障了参保人员的利益。医疗费用控制的关键点在于医疗机构自我管理，通过充分引入竞争机制，有效地形成此消彼长的激励约束机制，营造"合理施治、合理用药、优劳优得"的氛围。

⑥淮安按病种付费分值付费机制的管控设计不仅包含主控设计，还包括一系列配套措施。主控设计包含病种分值生成确定机制、分值定期调整机制、预算调整机制，而淮安区别于其他同样实施了按病种付费机制的地区的成功经验得益于多项得力的配套措施，使其支付方式改革取得了显著的经济社会效益。特例单议机制针对特殊严重病例导致医疗投入增加情况，避免了推诿的病人现象；危重病例合议机制针对同类病种中病情危重、医疗费用较高且按分值结算差额较大的病例；规范住院管理制度遏制了分解住院、挂床住院的现象；诚信对照和周转金制度解决了人为造成的诊断升级、违规高套分值导致分值单价大幅下降的情况；驻医疗机构代表制度提升了对参保人员的医疗服务质量，加强了对医疗机构的现场监管。这些协同措施都是确保淮安医保支付机制稳健运行具有可持续性的重要因素，从而也促使了医保结算管理逐步趋向系统化、科学化、精确化。

四、青岛市城镇职工医保住院支付方式改革

不同的医保基金的支付方式对医疗费用、医疗服务质量以及管理成本的影响和作用各不相同。通常来说，复合式医保支付方式把总额预算制确立为宏观的支付方式，把按病种付费、按人头付费、按服务项目付费、按服务单元付费确立为微观的支付方式，将不同的支付方式适当进行混合，形成医保偿付方式最佳模式，能够起到优势互补、规避不足，确保控制医疗费用过度增长以及提高医疗服务质量的作用。

青岛市在城镇职工医疗保险制度支付方式改革过程中，曾先后采取了不同的手段，以达到控制医疗费用的目的。经过一段时间的探索和尝试，青岛市采取综合运用总额预算付费、单病种付费、门诊大额补偿等多种支付方式同步推进，有效规避各种支付方式在运行中的风险和问题，形成了复合型的支付方式改革模式。

（一）改革动因

①最初的住院费用限额结算方式导致服务人次增长失控。青岛市对于住院医疗费用的结算办法总共历经了三个阶段（见表 5-7），第一阶段即最早实施的"人均住院医疗费限额结算"办法（2000—2002 年），即对各定点医院下达人均住院医疗费限额结算指标，低于限额的据实结算，超限额以上部分由医院承担。这种办法简便易行，对于次均费用的控制有一定效果，但最突出的问题是"价"控制住了，而"量"却增长了——人次增长失控，医院通过诱导住院、分解住院来增加总的住院人次数。2002 年青岛全市住院人次比去年增长 38%，参保人群住院人次率比医改初期增长 5%，当年度医保统筹基金透支 2800 万元①，城职工医保基金入不敷出。

表 5-7　青岛市城职工医保住院医疗费用结算办法改革进程

阶段	时间	住院医疗费用结算办法	内容
第一阶段	2000—2002 年	人均住院医疗费限额结算	对各定点医院下达人均住院医疗费限额结算指标，低于限额的据实结算，超限额以上部分由医院承担
第二阶段	2003—2004 年	总量控制结算+最低住院人次指标	"双控"：总量指标+最低住院人次服务量
第三阶段	2005 年至今	总额预算、总量控制、年终结算	"总额预算、总量控制、年终决算"为主，以单病种结算、危重病大额医疗费补贴结算等多种方式为补充的复合式结算体系

②"双控"改革导致推诿病人，不利于医院合理竞争。面对 2000—2002 年住院限额结算的人次失控现象，青岛市从 2003 年开始对住院医疗费用的结算办法尝试实施"总量控制结算"办法（见表 5-7），即按照"以收定支"原则，将全年可用于住院结算的基金总量，根据各医院前两年的实际结算情况，分配到各定点医院，实行总量控制、超支不补。为防止医院推诿病人、减少服务量，同时下达最低住院人次指标，又称"双控"办法。这种结算办法的最大优点是实现了对医保基金支出的刚性控制，能确保基金没有超支风险，但同时产生两大问题：一是医院在内部操作时没有内在动力为更多的人提供医疗服务，医院推诿重病人、拒收患者现象较为突出；二是总量指标刚性控制，超支不补，下年指标又按统一比例增长，限制了医院合理的竞争、发展以及医疗技术水平与服务质量的提高。

③复合支付方式的需求呼之欲出，实施复合式结算体系是一种大胆的尝试。鉴于以上

---

①　侯俏俏：《青岛：从"固定靶"到"移动靶"的复合式结算》，载《中国社会保障》2011 年第 10 期，第 70 页。

两个改革阶段过程中存在的问题和矛盾，2005年青岛市在严格的总量刚性控制之余，试行了单病种结算和危重病大额住院医疗费补贴两种方式（见表5-7），实施"总额预算、总量控制、年终结算"办法，在一定程度上增强了结算的弹性和灵活性，缓解了上述矛盾。从2005年起至今，经过持续地探索和完善，青岛市逐步形成了"总量控制+单病种+危重病大额医疗费补贴"等多种方式为补充的复合式结算体系。

（二）主要做法

青岛市的城镇职工复合支付方式包括三种支付方式和一种补助措施。

①"总额预算，总量控制，年终决算"。"总额预算"，就是年初编制医保基金收支预算，预测年度基金收缴总量以及统、账划分比例，做好住院结算、门诊大病报销、社区门诊支出、异地费用报销等各项支出预算，并预留一定的风险金。通过预测各种影响基金收支的因素，提高预算编制的科学性和准确性。"总量控制"，是将全年预算的住院资金总量，预留一定的年终决算调剂金，按照一定办法，科学合理地分配到各定点医院，实行"按年度总量控制、按月协议分解执行、每月超支费用暂时扣拨、年终平衡决算"的办法。在具体分配每家医院的总量指标时，总体上考虑了历年住院医疗费实际发生情况，并综合供、需两方面的变化因素，有增有减，合理确定。对考核的诚信A级以上医院适当追加指标，体现管理导向。"年终决算"，是指定点医院由于规模扩大、医疗服务质量提高、医保业务量增加等原因所造成的实际发生住院医疗费超出年初下达总量控制指标的部分，年终经过考核认定，给予适当补贴的结算办法。即医保结算年度结束后，采用次均费用、人次人头比（即复诊率，防止医院分解住院）等客观指标，对定点医院进行年度绩效考核，并结合统筹外个人负担、住院病人满意度等考核情况，确定决算支付额。原则上讲，青岛市决算支付总额年增长幅度不超过医疗总费用增长幅度。年终决算资金纳入年度基金支出预算，一般占住院结算资金总量的5%~10%，青岛市每年预留7000万元左右，并可从年度其他预算结余中调剂。

通过上述办法，医保基金的支出由不可控变为了可控，医保管理部门掌握了管理的主动权，基本上只要年初预算不出现较大偏差，医保基金就没有超支风险。实行总量控制后，定点医院主动加强了内部控费管理。从青岛市实施多年的情况看，每年预算及执行情况良好，实现了"收支平衡、略有结余"的目标。

②单病种付费。单病种结算是指对临床路径相似、费用或治疗方式差异较小的疾病以单病种的方式实行单独结算的付费方式。自2005年起，为更好地控制医疗费用而又在一定程度和范围内避免总额付费的弊端，青岛市每年选择一些适宜按单病种结算而又体现医疗科技进步和发展方向的病种进行定额结算。2005年，在原来16个单病种基础上，使单病种结算总量扩大到33个。经过十余年的发展，通过对单病种的数量、病种和医保限额进行不断地调整，到2018年底，按病种付费的病种数量达150种①，并分甲、乙两类管理，其中甲类属于技术性要求较高、医疗费用较大的病种，例如冠脉支架植入术等，限定全市6家治疗医院治疗；乙类属于费用弹性较小的一般疾病，各医院均可治疗。

①　刘佳旎：《青岛深化社会医疗保险支付方式改革》，载《青岛日报》2018年6月20日第003版。

③按床日付费和费用包干结算办法。日均费用结算和费用包干结算办法均是该市医疗保险复合支付方式中的组成部分。综合考虑定点医院的性质、诊疗业务及服务人群等特点，青岛市有针对性地开展了"精神病定额包干结算"办法。早在 2008 年，青岛市就已经开始探索在精神病专科医院实行日均住院费用定额结算（按床日付费）的办法，同时为了防止延长病人住院时间的现象，还实行了人次限额与床日定额相结合的"双控"办法，床日支付标准和人次费用限额根据物价上涨等因素进行适时调整。此种结算方式一方面能促使医院规范诊疗行为，积极开展临床路径，从而促进医院的良性运转；另一方面可以减轻病人的经济负担，让更多的精神病人能接受住院治疗。

④危重病人大额医疗费用补贴。在总量控制管理下，部分医院受总量指标影响，不愿意收治重病患者。为此，青岛市补充实施了危重病大额住院医疗费补贴结算办法，针对因收治危重大额患者较多造成总量指标超支的定点医院，年终给予优先单独补贴的政策。通过这种措施，使危重病患者得到及时收治。同时，一些大医院的危重病大额补贴多于该医院一般的年终结算补贴，从而有效地杜绝了拒收危重病人的现象。

（三）实施成效

①复合支付方式的实施保障了医保基金的收支平衡。实行复合支付方式以来，年度基金使用基本保持平衡，且略有结余。截至 2016 年底，青岛市参加职工基本医疗保险的人数共有 339 万人，参保率 97.85%，筹资总额达 100.5 亿元，年度统筹基金使用率为 85.69%，结余 14.73 亿元。①

②医疗费用的增幅得到有效控制。从 2012—2015 年的数据来看，青岛市一、二、三级医院的次均住院费用环比增长基本上在 5% 左右，增幅较合理。② 此外，从近几年的统计数据来看，青岛市单病种（包括甲类和乙类）付费的实施在控制医疗费用方面具有明显的成效。实施单病种结算的医院与同级普通住院结算的医院相比，同一种疾病（特殊材料除外）的医疗费用总额普遍较低。如甲类单病种中心脏永久起搏器安装术，不包括心脏永久起搏器，人均住院费用普通结算是单病种结算的 3 倍；冠状动脉球囊扩张及支架置入术，不包括冠状动脉支架、球囊，普通结算比单病种结算高 25%；乙类单病种中的白内障超声乳化+人工晶体植入术和人工关节置换术，不包括特殊材料，采取普通结算方式的人均住院费用分别比单病种结算方式高出 30% 和 150%。可见单病种结算对控制费用起到了较好的作用。

③病人流向得到改善，外转率得到一定的控制。青岛市复合支付方式的设计，如按单病种、按住院床日等定额付费方式，对于定点医疗机构的诊疗行为具有较强的规范作用，同时按总额付费加上大额危重患者医疗费用的补贴两种方式，对定点医院也具有较强的激励作用，因此，青岛市外转的病人只有 2% 左右，远远低于同类城市的外转率。总体来

---

① 青岛市统计局：《青岛统计年鉴》（2013—2017）；青岛市统计信息网：http://www.stats-qd.gov.cn。

② 青岛市统计局：《青岛统计年鉴》（2013—2017）；青岛市统计信息网：http://www.stats-qd.gov.cn。

说，复合支付方式改革的实施使得病人流向得到了一定的改善。

（四）经验与启示

①做好科学的设计工作、制定科学合理的指标是开展复合支付方式改革的前提。每种支付方式都有其利弊，在进行复合支付方式设计时，要把控费的主动权交给定点医院，由"要你控费"变为"我要控费"。科学合理地测算年度医保基金支付总额是复合支付方式的重要一环，否则控费效果无从谈起。例如总额付费，要充分考虑该医院前几年的费用、住院人次以及业务和技术发展情况，进行相对科学、精细的测算，给予定点医院合理的发展空间，并实行年终弹性结算和结余留用，把结余留用作为定点医院节约成本、规范行为和控制费用的驱动力。青岛市经过持续不断的探索，把多种付费方式有机结合，通过科学的测算工作，既控制了医疗费用，又保证了医保基金的安全和效益。

②通过谈判机制确定支付标准和方式是提高定点医院依从性的重要保障，这也是保证复合支付方式改革得以推行的前提条件。青岛市医保管理部门建立了一套相对成熟、实用的谈判机制。例如，单病种的结算标准由医保经办机构与医院谈判确定。定点医院先根据单病种的临床路径和价格测算依据向医保经办机构提出结算标准申请，青岛市医保管理部门再根据医院的实际结算数据和专家意见就结算标准与医院进行谈判，谈判内容除了单病种的定额结算标准外，同时将医治单病种的服务范围、服务质量、付费方式和付费时间等内容纳入谈判范围。除此之外，医保经办机构经过测算得出的总额付费、按床日付费的数额以及各种评价机制等都是建立在与定点医院充分沟通再经过谈判确定的基础上，由此大大提高了医院的依从性和积极性，既保证了医疗服务质量和效果，又达到了有效控制费用的目的。

③建立相应的机制是确保复合支付方式达到预期目的的根本保障。在医、患、保三者关系中博弈的力量主要来自"医"和"保"。医保对医院的控费不是目的而是手段，控费与保障不矛盾，控费是为了更好地保障。不可否认的是，在当前医疗服务市场中，定点医院仍存在不少趋利行为。医保经办机构的使命是确保基金使用的安全和效益，定点医院在各种合理补偿不足的情况下，都有多获取医保基金的动机和驱动力，如何区分合理超支与恶意超支依靠的是有一把得力的指标工具，通过日常考核、年终检查、指标考核等考核方式，筛除费用中的不合理超支部分，同时每年对指标调整、合并和精简，防止指标固定，医院不容易摸清规律寻找对策。不论是何种支付方式，都要建立与之相应的各种配套机制，包括监督机制、考核机制、评价机制和奖惩机制。只有这些机制多方联动，使得定点医院在界限内规范行事，才能获利最大，反之损失最大。

第六节　小　　结

社会医疗保险制度运行过程中，医疗保险机构该如何为医疗机构付账，一直就是医改中的重点内容，也是医疗保险基金偿付机制中的难点和要点。医保偿付机制如何改革关系到医疗保险机构如何对医疗服务提供方实行有效制约，是一个复杂的系统工程，采用何种偿付机制直接影响着医保基金的支出、医疗机构的服务质量和参保人员的利益。实践证明，偿付机制改革可以推动医疗机构规范医疗服务行为，提高医疗服务质量，控制医药费用不合理增长，有效控制医疗费用不合理上涨，对控制基金风险、提高保障水平、改善保障绩效具有重要意义。

近年来，全国各地都积极开展了各种因地制宜的医保基金偿付机制改革，本章着重选取了几个典型地区的实践经验：历经十余年的上海市医疗保险总额预算付费制度改革、全国首次将DRGs应用于医疗保险支付管理的北京经验、全国首创的淮安按病种分值付费方式、青岛市城镇职工医保复合支付方式改革。

上海市的总额预算付费制度改革在全国先行淡出按服务项目付费制，最早引入总额预算制实施医保费用预付，有力控制了医保费用支出，使医保基金收支达到总体平衡，形成了有效的基金风险防范机制，保证医保制度的可持续发展。但仍然存在值得探讨与改进的问题：总额预算费用的确定基于医疗市场竞争性较强的情况，我国目前在总额预算设定机制方面还有待完善；总额控制不能体现不同病种、不同参保患者情况的差异；医保管理部门在宏观层面如何协调医疗费用总量控制指标与医保筹资增长的矛盾。

北京作为我国第一个成功开发并系统应用DRGs的地区，把DRGs视为重要的医疗管理工具，最大的功能就是实现医保控费，其次是有助于医院提升管理。DRGs可以有效规避单病种付费的以下缺陷：覆盖有限的病种，面对过多的单病种医保机构监管乏力；容易诱发医疗机构出现选择病人、降低服务标准道德风险。并且有效减少了病组数量，优化医保监管和有效控费。但是，DRGs的技术复杂性限制了其应用的范围和适用性。从长期看，DRGs应是一个自上而下的全国统一体系，需首先从标准化数据源开始，然后再到收费、病案、医保支付等体系的全部标准化。建议国家做DRGs的分类标准，由各地自己结合本地实际操作。

淮安按病种分值付费制度的支付方式以建立病种分值为基础，高度依赖临床和医保费用两部分数据，病种以及其分值作为基金支付分配的权重参数，直接影响着结算的科学性和公平性。不可否认，此种支付方式实行同病同价的方法，用经济杠杆从源头上约束医疗行为，激励医院规范医疗运作合理治疗，减轻患者负担。淮安在全国首创总额控制下的按病种分值付费方式，建立健全并完善了一系列配套措施，保证了付费机制稳健运行，由此说明，没有配套的协同措施，单枪匹马的改革都很难成功。值得一提的是，结合我国目前医改的重要任务之一分级诊疗，如何通过考虑通过调整不同级别医疗机构设置相应的等级系数来体现病种分值在各级医疗机构之间的差比关系，是未来的改革中引导分级诊疗形成所需要探索的问题。

青岛城镇职工医保复合支付方式改革采用的是综合运用总额预算付费、单病种付费、门诊大额补偿等多种支付方式同步推进，有效规避了各种支付方式在运行中的风险和问题。通过"总额预算，总量控制，年终决算"的办法让医保管理部门掌握了管理的主动权，定点医疗机构主动加强了内部控费管理，医保基金基本保持平衡，没有超支风险。青岛经验中一个很重要的亮点是医保管理部门建立了一套相对成熟、实用的谈判机制，通过谈判机制确定支付标准和方式，提高了定点医院的依从性。

面对医保基金池中医生开启的无数"水龙头"，作为支付方式的"水闸"怎么开、开多大的问题，决定着医保基金的流量和流速，直接关系到医保基金的使用效率和使用安全，最终影响医保制度的可持续。首先，从全国大部分试点地区的改革经验来看，总额预算付费制在我国具有相对适应性，这就需要坚持总额预算管理的原则，继续完善以总额预算制为主，其他方式为辅的医疗保险基金偿付机制。其次，医保偿付方式没有任何一种可以"包打天下"，所有医保基金的偿付方式均存在着本地化的问题，在总额预算的基础上，结合当地现实情况、区域政策、各医院运行特点采取不同的偿付方式，积极探索多元方式并存的复合型付费机制。再次，医疗保险基金的偿付方式改革是一项世界性的难题，偿付方式的合理性、科学性、可操作性需要尊重医疗规律，建立相应的配套机制，确保偿付机制有效运行，达到预期目标，例如医患保三方对话机制、监督考核机制、医保基金运行效率的评价激励机制等。

第六章　社会医疗保险基金的监管体制机制建设

社会医疗保险基金能否可持续决定了社会医疗保险制度能否可持续发展，其主要取决于两个方面：第一，医疗保险基金筹集与支付能力的持续性；第二，社会医疗保险基金应对各种不利风险冲击能力的连续性。为了保持和不断提高这两个方面的能力，就必须及早发现、防范并及时控制各种对医疗保险基金运行过程中产生负面影响的风险因素，以事前防范控制为主，事中控制为辅，事后弥补为底线，对社会医疗保险基金进行全面的管理，并最终落实到可见的各项监管体制与机制建设与完善措施上面。

第一节　社会医疗保险基金的风险监管体制机制

社会医疗保险基金风险是指在医疗保险基金筹集、支付、投资等过程中，不期望发生或不在计划内但可能发生且会产生负面影响的事件及其损失发生的不确定性。[①] 社会医疗保险基金对于参保人员抵御疾病风险以及分散参保人员罹患疾病的经济风险起到至关重要的作用，但同时也受到很多风险因素的影响，导致难以有效地实现社会医疗保险制度分散风险、分担损失的基本功能。因而，建立完备的社会医疗保险基金风险监管体制机制，对影响医保基金平稳运行的各种风险进行识别与分析，制定相应的监管办法和对策，能够使医保基金防患于未然，保障医保基金能切切实实地为民所用。

一、社会医疗保险基金的风险因素识别与分析

风险管理是社会生产力和科学技术水平发展到一定阶段的必然产物，是一种以风险控制为目的的全新管理职能[②]，用于对某一组织或社会系统所面临的风险进行识别和处理的过程。社会医疗保险基金风险管理是指由社会医疗保险基金的管理机构和其他相关部门与人员共同实施的，作用于社会医疗保险基金运动全过程的，通过识别、分析可能会影响医疗保险基金安全、完整的管理风险或潜在事项，以对其进行防范、规避和控制，从而实现社会医疗保险基金安全完整、平稳运行、保值增值等一系列科学化管理过程。社会医疗保险基金风险管理最直接的目标就是将各种影响社会医疗保险运行过程中的各种风险导致的损失最小化，以确保有限的医疗保险基金能够获得最大的补偿基金，进而使医疗保险的参保人员能够避免疾病风险损失带来的经济损失，维护社会秩序和生产生活秩序的正常进

---

① 罗健、方亦兵：《我国基本医疗保险基金的抗风险能力与影响因素》，载《求索》2013 年第 3 期，第 264 页。

② 刘新立：《风险管理》，北京大学出版社 2006 年版，第 29 页。

行，最终目标是使社会医疗保险制度能够以医疗保险基金收支的经济平衡为基础，有效分散社会成员的疾病风险。因此，只有系统地认识社会医疗保险基金运行过程中可能带来基金出险的风险因素，我们才能针对不同风险因素有效地采取风险防范与控制措施，对社会医疗保险基金实现高效的风险管理。

从社会医疗保险起源上看，医疗保险是人们对疾病风险从神灵惩罚的迷信认知，到理性科学认知转变过程中，逐渐形成和发展起来的规避疾病风险损失的工具或手段，是从民间社会成员之间的互助组织形式，转向社会化和市场化筹集保险基金，以对遭受疾病风险损失的人员提供经济补偿的手段。[①] 但在社会医疗保险制度运行过程中，从医疗保险基金的筹集、管理、投资和偿付等整个过程，同样也会面临各种制度实施风险因素的影响，包括逆向选择、道德风险、保险欺诈等与参保者有关的风险，也包括制度设计偏差、医疗服务引致需求和就诊管理不规范等与承保管理机构相关的风险，以及疾病治疗的变化、人口老龄化、劳动参与率下降、经济波动、医疗资源配置不当、医疗服务价格上升等各种制度环境风险因素等。对社会医疗保险基金的风险分析可以从制度环境和制度实施两个方面来进行（如图 6-1 所示），将这些基金风险因素准确识别出来，并制定相应的防范和控制措施，对社会医疗保险制度的可持续发展具有重要的影响作用。

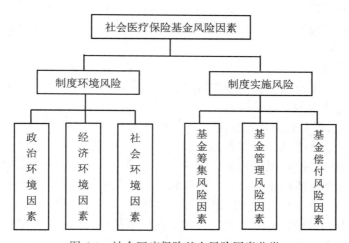

图 6-1 社会医疗保险基金风险因素分类

（一）制度环境风险

制度环境相对于社会医疗保险基金而言属于一种外生变量，制度环境风险涉及社会医疗保险制度外但又与社会医疗保险基金紧密相关的政治环境因素、经济环境因素、社会环境因素等，属于系统外风险，这些因素不能由社会医疗保险基金制度控制，但又对社会医疗保险基金产生风险影响。

---

① 吴传俭、王玉芳：《社会医疗保险可持续发展机制研究》，经济科学出版社 2014 年版，第 219页。

1. 政治环境因素

早在 1999 年财政部会同劳动和社会保障部下发了《关于印发〈社会保险基金财务制度〉的通知》（财社字[1999]60 号），首次规定社会保险基金（城镇职工基本医疗保险基金）应纳入单独的社会保障基金财政专户，实行收支两条线管理，专款专用；2008 年，针对新型农村合作医疗基金的财务管理，财政部和卫生部下发了《新型农村合作医疗基金财务制度》（财社[2008]8 号），其中基金纳入财政专户，实行收支两条线管理，专款专用。但在三项基本医疗保险制度运行过程中却出现了许多制度本身不能控制的制度环境风险。我国社会医疗保险的统筹层次实际上 90% 以上都定位在（县）市级或城市的市（区）统筹（据统计全国大约有 2700 个）。"地方统筹，地方管理"模式为地方政府的行为提供了一定的外部条件，其结果是：第一，由于社会医疗保险并不直接产生即期经济效益，相反，保险费对即期经济增长还具有某种短期的负效应，因此生产社会医疗保险公共产品数量相对于社会最优需求量短缺，无论哪种均衡都会缺乏配置效率；第二，面临预算约束时，地方政府易于将社会医疗保险资金列入补充预算，以高于最低可能的成本供给其他产品，减少对重要社会医疗保险公共产品的供给量，缺乏配置效率。因此，会出现在这种分散化管理下的社会医疗保险基金被挪用的现象。

同时，社会医疗保险经办机构的目标不够明确，业绩考核难以衡量，在接受外部信息的反馈过程中，不可避免地会产生信息损耗和迟滞，导致医疗保险的管理部门无法或者不能准确、及时地做出应有的反应，因而社会医疗保险机构不能有效地实现既定目标，呈现出工作效率低下的现象。

2. 经济环境因素

社会医疗保险制度是一项受经济发展状况制约的收入再分配形式，受宏观经济发展水平和企业微观经济效益两方面的影响。

（1）宏观经济发展对社会医疗保险基金的影响

一国或地区所能提供的经济资源总量，作为社会医疗保险支出的最终来源，其规模必然从根本上制约着社会医疗保险的实施范围、保障项目、保障水平和保障程度，对于社会医疗保险基金的远期平衡而言，会受到当前和未来一段时间内宏观经济增长和政府财政积累能力的影响。当社会医疗保险统筹基金在当期出现收不抵支的情况，需要财政资金来负担和补偿亏空，但如果国家财政实力不允许，就只好从个人账户基金透支，进而影响社会医疗保险基金的即期平衡。

（2）微观经济发展对社会医疗保险基金的影响

微观经济主体是社会医疗保险制度的参保主体和筹资主体，可以认为是参加社会医疗保险的企业（用人单位）。微观经济主体的筹资能力很大程度上决定了社会医疗保险基金的筹集规模。经济下行时，很多企业经济效益不好直接导致了医疗保险基金征缴率下降，这无疑会造成医疗保险基金筹资规模下降，基金负担加重。少缴、欠缴、拖缴、不缴的企业越多，则缴费企业负担费率就越高，于是就会有更多企业开始拖欠缴费，进而使医保基金陷入压力不断增大的恶性循环。

3. 社会环境因素

（1）人口老龄化

人口老龄化是指在总人口中，老年人口数量增加、青少年人口数量减少而导致的老年人口在总人口中所占的比重增加的动态过程。根据 1956 年联合国《人口老龄化及其社会经济后果》确定的划分标准，当一个国家或地区 65 岁及以上老龄人口数量占总人口比例超过 7% 或 60 岁及以上人口数量占总人口数的 10% 时，则意味着这个国家或地区进入老龄化。根据国家统计局统计数据，2018 年我国人口从年龄构成来看，16～59 周岁的劳动年龄人口为 89729 万人，占总人口的比重为 64.3%；60 周岁及以上人口为 24949 万人，占总人口的比重为 17.9%，其中 65 周岁及以上人口为 16658 万人，占总人口的比重为 11.9%，我国正在加速步入老龄化社会。

　　人口老龄化对社会医疗保险基金筹资的可持续带来巨大冲击。一方面，老龄往往伴随着日渐增多的健康问题、多种含混的不明确的病症、较高的慢性病的发生概率、老年病具有的并发症的特征等问题，这些使得老年人成为医疗服务的高消费人群。另一方面，在现行的《社会保险费征缴暂行条例》规定下，退休人员不需要负担医疗保险费用，资金来源少。城镇职工基本医疗保险分设个人账户和社会统筹基金，但是个人账户仍然难以满足未来医疗服务需要。我国还存在大量非正式就业的老年群体，虽然国家对老年群体筹资的补贴具有政策性倾斜，但总体筹资水平仍然较低，根本无法满足其不断增长的医疗卫生服务需求。随着人口老龄化速度加快以及高龄人口增加，在原有医疗保险筹资机制基础上筹集的资金将无法满足不断增长的医疗卫生服务需要，极大地影响了医疗保险筹资的可持续性。

　　（2）医疗费用因素

　　医疗费用的快速增长是造成我国社会医疗保险基金出险的直接原因。近十年，我国的医疗费用增长问题也比较严重，根据《中国卫生统计年鉴》《中国卫生健康统计年鉴》提供的数据，如表 6-1、图 6-2、图 6-3 所示，2007—2017 年，我国门诊病人次均医药费由 124.7 元增加到 233.9 元，年平均增长率为 6.49%；住院病人人均医药费从 4733.5 元增加到 8890.7 元，年平均增长率为 6.51%，其中 2008 年的费用增长最高，住院和门诊医药费增长率均超过 10%。2009 年以后，随着新医改方案的出台，医疗费用增长势头得到一定程度的控制，但医疗费用增长率依然超过 5%。

表 6-1　2007—2017 年综合医院门诊和住院病人人均医疗费用

年份	住院病人人均医药费（元）	住院病人人均医药费增长率（%）	门诊病人次均医药费（元）	门诊病人次均医药费增长率（%）
2007	4733.5	1.4	124.7	−3.1
2008	5234.1	10.6	138.3	10.9
2009	5684.0	8.6	152.0	9.9
2010	6193.9	9.0	166.8	9.7
2011	6632.2	7.1	179.8	7.8
2012	6980.4	5.3	192.5	7.1
2013	7442.3	6.6	206.4	7.2
2014	7832.3	5.2	220.0	6.6
2015	8268.1	5.6	233.9	6.3

年份	住院病人人均医药费(元)	住院病人人均医药费增长率(%)	门诊病人次均医药费(元)	门诊病人次均医药费增长率(%)
2016	8604.7	4.1	245.5	5.0
2017	8890.7	3.3	257.0	4.7

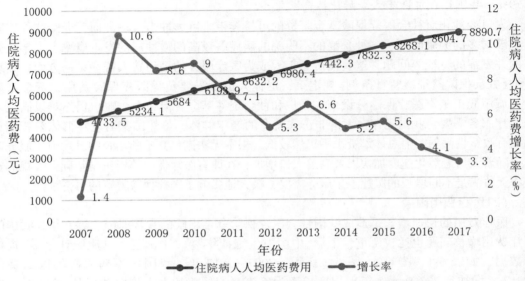

图 6-2　2007—2017 年综合医院住院病人人均医疗费用及增长率

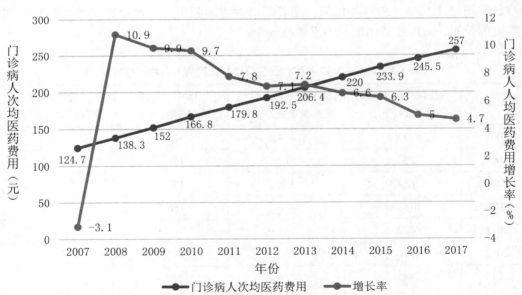

图 6-3　2007—2017 年综合医院门诊病人人均医疗费用及增长率

影响我国医疗费用增长的主要因素有人口老龄化、国民收入增加、医疗技术进步、疾病谱变化、医疗保险广覆盖和医方诱导需求等六大因素。其中人口老龄化、国民收入增加等因素为经济因素，医疗技术进步为技术因素，疾病谱变化为自然因素，医疗保险广覆盖和医方诱导需求等为制度因素。这些因素中绝大部分是由科技进步、经济社会发展引起的。经济、技术自然等方面的影响因素是不可避免的，属于合理因素，它将长期影响医疗费用的增长。医方诱导需求是制度不完善引起的，是可以避免的，属于非合理因素。

（二）制度实施风险

制度实施风险是指社会医疗保险基金在筹集、管理、投资和偿付过程中所产生的风险，贯穿医保基金由收到支的全过程。由于我国社会医疗保险基金目前在保值增值方面还没有完全采用市场化运作，没有进行大规模的投资，在此主要讨论我国社会医疗保险基金的筹集风险、管理风险和偿付风险。

1. 社会医疗保险基金的筹集风险因素

社会医疗保险基金的筹集风险就筹集过程而言主要来源于两个方面：一方面来自制度参与主体（用人单位、个人及政府）在追求自身效用最大化的过程中所产生的不确定性风险，一般称为社会医疗保险基金筹集过程中的内生风险；另一方面来自由于社会医疗保险制度安排和设计中存在的缺陷所导致的不确定性风险，一般则称为社会医疗保险基金筹集过程中的外生风险。这两方面的风险都会使社会医疗保险基金实际筹集额与预期目标计划不能达到持续、稳定的一致。

（1）内生风险

社会医疗保险基金筹集过程中的内生风险本质上属于管理风险，都是由于社会医疗保险经办机构管理力度不够、管理效率低下、缺乏激励机制、管理信息系统不完备等原因所致。2017 年 1 月 24 日，国家审计署公布了对医疗保险基金的审计结果中仍存在部分地区和单位医保基金筹集不到位的情况：2.65 万家用人单位和 47 个征收机构少缴少征医疗保险费 30.06 亿元；部分地区的医保财政补助、补贴资金 26.72 亿元未及时足额拨付到位；部分征收机构未及时上缴医疗保险费等收入 44.36 亿元；截至 2016 年 6 月，审计地区有 95.09 万名职工未参加职工基本医疗保险。① 背后的原因如下：由于内部管理缺乏效率影响基金征缴率的提高，并且从下令征缴到进入国家财政专户周期长，保险费用的实际征收没有达到目标计划额；社会医疗保险经办机构缺乏适当的激励机制，责任规定不明确，致使基金征缴过程中出现少收或漏收的现象；由于管理信息系统相对落后，数据收集和处理较困难，收缴基金的交易成本太高导致出现怠于征收的现象；银行多头开户的不规范性以及在收缴医保费用时票据传接不当导致记账不连贯，征收程序有待进一步完善；社会医疗保险经办机构可能联合企业以及个人合谋，以降低核定缴费工资总额的手段来方便自身的征收工作。

---

① 杜涛：《审计发现：医疗保险基金 15.78 亿元有违法违规问题》，经济观察网，http://www.eeo.com.cn/2017/0124/297052.shtml。

（2）外生风险

社会医疗保险基金筹集过程中的外生风险源于社会医疗保险制度安排和设计中存在的缺陷，主要包括以下几个方面。第一，城乡居民基本医疗保险采用现收现付下的自愿参保形式，但是医疗费用的增长是个世界性问题，实践中医疗保险基金的支出可能超出了"以收定支"的范畴，需要不断地提高医疗保险的筹资，假设政府财政实力有限，居民缴费增长较快，可能会出现自己身体状况较好的群体放弃参保的逆向选择的现象，从而产生医保基金的筹集风险。第二，城镇职工基本医疗保险基金的筹集是以单位职工工资总额作为核定缴费基数的。实践中不同性质的企业工资水平差异很大，很多民营企业的工资水平不稳定且不透明，这给确定其缴费基数带来很大困难。不少企业仍存在少报、瞒报缴费基数，少缴、欠缴医疗保险费用的现象。例如，河南省审计厅在 2017 年 6 月 1 日发布对该省部分市、县基本医疗保险基金审计结果的公告中，发现参保单位欠缴职工医保费情况依然存在，其中洛阳市 1757 家企业 2015 年和 2016 年上半年共计欠缴职工医保费 24227.32 万元，欠缴企业主要来自非公有制企业。① 第三，城镇职工基本医疗保险制度从建立之初就规定"退休人员参加基本医疗保险，个人不缴纳保险费"②，在当前老龄化加速背景下，退休职工不缴费将导致城镇职工基本医疗保险制度自身呈现出"系统老龄化"的趋势，即医疗保险基金实际缴费人数相对减少、享受人数相对增多的趋势，从而产生了医疗保险基金筹集风险。

2. 社会医疗保险基金的管理风险因素

社会医疗保险基金的管理风险源于社会医疗保险基金管理过程中存在的管理层次低、管理主体多、管理效率低等原因，致使医保基金未实现基金管理的预期目标，基金的完整性与调剂能力受到影响。基金管理过程中的外生风险源于医保制度所决定而表现的风险，是制度设计风险在基金管理过程中的延伸与传递。内生风险源于社会医疗保险经办机构在管理行为、管理决策等方面出现管理不当、管理低效、管理不到位等主观问题而导致的风险。

2018 年 3 月 17 日，第十三届全国人大第一次会议批准的《国务院机构改革方案》中明确指出，组建国家医疗保障局，将分散在人社、卫计委、民政、发改委等多个部门的管理职能整合，此次整合方案的核心特征是：首先，将三大基本医疗保险、生育保险以及医疗救助原先分散在人社部门、卫计委、民政部门的医保资金集中到一个部门统一管理，实现基金集中；其次，把医疗保障管理职责与医疗服务管理职责分离，医疗保障与医疗服务双方之间形成契约购买关系，同时解决此前职能重叠、职权分散导致的"政出多门、相互扯皮"问题。此次机构改革对于完善统一的医疗保险制度，提高保障水平，确保医保基金合理使用、安全可控，提高管理部门行政效力以及防范社会医疗保险基金的管理风险具有重大意义。

3. 社会医疗保险基金的偿付风险因素

社会医疗保险基金的偿付风险是一种不确定的风险，这种不确定性源于社会医疗保险

---

① 李鹏、孙清清：《审计发现：洛阳市 1757 家企业欠缴职工医保费 2.4 亿多元》，新华网，http://www.xinhuanet.com/2017-06/02/c_1121077832.htm。

② 《国务院关于建立城镇职工基本医疗保险制度的决定》（国发［1998］44 号）。

制度本身，也源于社会医疗保险经办机构自身的偿付管理过程，这种不确定性表现为社会医疗保险基金与计划目标不能保持持久、稳定的一致性。相应地，偿付风险因素也分为外生风险和内生风险。

（1）外生风险

社会医疗保险基金偿付过程中的外生风险源于社会医疗保险制度内部的规定以及制度规定所传递到社会医疗保险基金偿付环节中的风险，主要包括以下几个方面：第一，医疗技术的进步和第三方支付使得社会成员可获得的医疗资源不断增加，造成医疗价格的不断攀升，医疗费用增长加速，因而给社会医疗保险基金的偿付带来外生风险；第二，至今未实现延迟退休年龄，相对退休年龄较早的现象与人口老龄化加速的现实并存，因而产生了制度设计未预期到的偿付风险；第三，基本医疗消费水平高于工资总额增长速度，也会给社会医疗保险基金带来一定的偿付风险。

（2）内生风险

社会医疗保险基金偿付过程中的内生风险源于社会医疗保险管理部门监管不完善、管理方法落后、医疗信息的高度不对称、缺乏反欺诈机制、没有发挥偿付方式的激励作用等原因，例如，一些统筹地区定点医院采用虚假住院、伪造病历、检查化验报告单等骗取医疗保险基金，更有甚者利用信息优势联合患者共同欺诈医疗保险基金；定点药店以药易药、以药易物，为参保人员刷卡套现；参保人员就医资格作假，伪造或者冒用他人社保卡就医；医疗保险经办机构违反审批程序，在手续和资料不全的情况下支付医疗保险基金；医疗保险监管机构的工作人员出于各种利益的考虑，对医院、参保人员骗保问题不重视，甚至联合串通骗保收取回扣。①②

综上所述，社会医疗保险基金风险的防范主要从制度实施风险入手，贯穿医保基金由收到支的全过程，其中医疗保险基金偿付是医疗保险基金风险分析中最难把握也是最难控制的环节，已在上一章重点从社会医疗保险基金偿付制度的现状与改革情况来进行探讨分析，这里不再赘述。

二、社会医疗保险基金的风险监管机制建设

前文对社会医疗保险基金的风险进行了认识和分析，目的是更好地寻找风险防范的对策。社会医疗保险基金面临的来自制度环境和制度实施过程中的风险需要我们加强风险防范，其中最重要的防范措施是建立社会医疗保险基金的风险监管机制，以此提高处理和化解风险能力。

（一）社会医疗保险基金管理遵循的相关法律和政策

我国对于社会医疗保险基金管理并无单独立法，而是通过一系列政策法规来进行规制。从对社会医疗保险基金管理的相关法律政策的历史脉络梳理中可以发现，从时间上来

---

① 唐霁松：《打击医保欺诈，维护基金安全》，载《中国医疗保险》2018年第5期，第6页。
② 阳义南：《医疗保险基金欺诈骗保及反欺诈研究》，载《北京航空航天大学学报（社会科学版）》2019年第3期，第43页。

看，1992 年以来我国经济体制改革的步伐明显加快，包括医疗保险在内的社会保险制度改革提到议事日程，1992—1998 年以城镇职工医疗保险为主的社会医疗保险制度进行了全局性和根本性改革的探索，因此，最早涉及社会医疗保险基金管理的政策文件是 1995年的《社会保险审计暂行规定》，2011 年《社会保险法》的出台是一个重要的里程碑，社会医疗保险基金从此开始了执法阶段，使社会医疗保险基金管理有法可依。

1. 社会保险基金管理遵循的相关法律和政策

我国中央层面社会医疗保险基金管理遵循的相关法律政策的历史脉络，见表 6-2。

表 6-2 社会保险基金相关法律和政策

时间	发文部门	政策文件
1995 年 8 月	劳动部、审计署	《社会保险审计暂行规定》（劳部发［1995］329 号）
1999 年 1 月	国务院	《社会保险费征缴暂行条例》（国务院令第 259 号）
1999 年 6 月	财政部、劳动和社会保障部	《关于印发〈社会保险基金财务制度〉的通知》（财社字［1999］60 号）
1999 年 6 月	财政部	《社会保险基金会计制度》（财会字［1999］20 号）
2001 年 5 月	劳动和社会保障部	《社会保险基金行政监督办法》（劳社部令第 12 号）
2003 年 2 月	劳动和社会保障部	《社会保险稽核办法》（劳社部令第 16 号）
2005 年 1 月	劳动和社会保障部	《关于进一步加强社会保险稽核工作的通知》（劳社部发［2005］4 号）
2007 年 1 月	劳动和社会保障部	《社会保险经办机构内部控制暂行办法》（劳社部发［2007］2 号）
2010 年 10 月	全国人民代表大会常务委员会	《中华人民共和国社会保险法》（主席令第 35 号）
2017 年 8 月	财政部、人力资源和社会保障部、国家卫生计生委等	《社会保险基金财务制度》（财社［2017］144 号）
2017 年 11 月	财政部	新《社会保险基金会计制度》（财社［2017］144 号）
2018 年 9 月	人力资源和社会保障部	《关于加强社会保险基金管理风险防控工作的意见》（人社部发［2018］43 号）
2018 年 10 月	国家医疗保障局	《关于开展打击欺诈骗取医疗保障基金专项行动的通知》（医保发［2018］13 号）
2018 年 11 月	国家医疗保障局、财政部	《欺诈骗取医疗保障基金行为举报奖励暂行办法》（医保办发［2018］22 号）

1995 年 8 月 24 日，为加强社会保险基金管理，严肃财经法纪，劳动部、审计署根据《中华人民共和国审计法》《中华人民共和国劳动法》的有关规定发布了《社会保险审计暂行

规定》(劳部发[1995]329号),规定中要求:各级国家审计机关应当加强对劳动行政部门及社会保险基金经办机构和劳动就业服务机构管理的社会保险基金、资金的财务收支的审计,对其内部审计工作进行指导和监督;各级劳动行政部门负责对本级社会保险基金经办机构和劳动就业服务机构的审计监督;并且对审计的具体事项做了详细规定。

1999年1月22日,为了加强和规范社会保险费征缴工作,保障社会保险金的发放,国务院发布了《社会保险费征缴暂行条例》(国务院令第259号)。本条例中将基本医疗保险费的征缴范围界定为:国有企业、城镇集体企业、外商投资企业、城镇私营企业和其他城镇企业及其职工,国家机关及其工作人员,事业单位及其职工,民办非企业单位及其职工,社会团体及其专职人员。并且强调了社会保险经办机构应当定期向社会公告社会保险费征收情况,接受社会监督。劳动保障行政部门或者税务机关对有关社会保险费征缴的违法行为应当及时调查,按照规定处理,有关部门、单位应当给予支持、协助。

1999年6月15日,为了规范社会保险经办机构经办社会保险基金财务的行为,加强社会保险基金管理,维护参保人的合法权益,财政部会同劳动和社会保障部下发了《关于印发〈社会保险基金财务制度〉的通知》(财社字[1999]60号),制定了《社会保险基金财务制度》(1999年)。该制度适用于中华人民共和国境内社会保险基金经办机构(简称"经办机构")经办的包括城镇职工基本医疗保险基金(简称"基本医疗保险基金")在内的社会保险基金。该制度明确了社会保险基金的概念是为了保障保险对象的社会保险待遇,按照国家法律、法规,由缴费单位和缴费个人分别按缴费基数的一定比例缴纳以及通过其他合法方式筹集的专项资金。并且首次规定基金纳入单独的社会保障基金财政专户,实行收支两条线管理,专款专用,任何地区、部门、单位和个人均不得挤占、挪用,也不得用于平衡财政预算。

1999年6月22日,为了规范和加强包括城镇职工基本医疗保险基金在内的各项社会保险基金的会计核算,维护保险对象的合法权益,根据《中华人民共和国会计法》、国家有关社会保险基金管理的法律、法规和《社会保险基金财务制度》,财政部制定了《社会保险基金会计制度》(财会字[1999]20号),自1999年7月1日起执行,《职工医疗保险基金会计核算办法》同时废止,明确了经办机构编制社会保险基金财务会计报告的要求、社会保险基金财务会计报表的内容等。

2001年5月8日,为了保障社会保险基金的安全,规范和加强社会保险基金监督,劳动和社会保障部颁布了《社会保险基金行政监督办法》(劳社部令第12号)。该办法强调了劳动保障行政部门对社会保险基金收入户、支出户、财政专户以及其他与社会保险基金有关的账户收支和结余情况的监督工作应遵循的实施原则以及工作内容、工作程序等相关问题。

2003年2月27日,为规范社会保险的稽核工作,确保社会保险费应收尽收,劳动和社会保障部发布了《社会保险稽核办法》(劳社部令第16号),界定了稽核是指社会保险经办机构依法对社会保险费缴纳情况和社会保险待遇领取情况进行的核查,并且对于社会保险经办机构及社会保险稽核人员开展稽核工作的内容、程序、职权与义务做了具体规定。

2005年1月21日,为了针对一些参保单位少报缴费基数、缴费人数的突出问题,进一步加强社会保险稽核工作,有效防范社保基金流失,劳动和社会保障部印发了《关于进一步加强社会保险稽核工作的通知》（劳社部发［2005］4 号），强调了各地应抓好征缴稽核工作，确保社会保险费应收尽收；加大反欺诈力度，防止社会保险基金跑、冒、滴、漏；建立内部控制机制，优化经办管理制度；建立健全企业缴费信用记录等。

2007 年 1 月 18 日，为了加强社会保险经办机构内部管理与监督，提高内控执行力，确保社会保险基金安全，劳动和社会保障部制定了《社会保险经办机构内部控制暂行办法》（劳社部发［2007］2 号）。针对个别地区风险防范意识薄弱、制度不健全、管理不到位致使侵害社会保险基金的现象，该办法将社会保险基金管理机构内部控制与社会保险基金发展相结合，重点规范了基金管理的内部控制建设的原则、内容、管理与监督的范畴，从而进一步优化社会保险基金收支经办业务流程，强调了加强社会保险经办机构内部控制工作的重要性和必要性，社会保险基金的安全与否关系到社会保险事业的发展和社会保险经办机构基金管理的主体地位，关系到广大参保人员的切身利益和生活。

2010 年 10 月 28 日，全国人民代表大会常务委员会正式颁布了新中国成立以来第一部关于社会保险制度的综合性法律《中华人民共和国社会保险法》（主席令第 35 号），并于 2011 年 7 月 1 日正式施行。该法为社会保险基金强制性的特点提供了法律解释，在很大程度上规范了整个社会保险基金管理的基本体系，而且还包含了我国社会保险基金制度的基本内容，对于社会保险基金类别、管理原则、统筹层次、政府补贴责任、基金预算制定程序、基金的保值增值等作了详细规定。社会医疗保险基金从此开始了执法阶段，使社会保险医疗保险基金管理有法可依。

2017 年 8 月 22 日，为了适应当前社会保险制度中部分制度合并的变化，新的社会保险险种的出台对补充制定相应的社会保险基金财务制度提出迫切需求，为进一步规范社会保险基金财务管理行为，加强基金收支的监督管理，根据《中华人民共和国社会保险法》《中华人民共和国预算法》《中华人民共和国劳动法》等相关法律法规，财政部会同人力资源和社会保障部、国家卫生计生委等有关部门对《关于印发〈社会保险基金财务制度〉的通知》（财社字［1999］60 号）进行了修订，印发了《社会保险基金财务制度》（财社［2017］144 号）。该制度适用于中华人民共和国境内依据《社会保险法》建立的包括职工基本医疗保险基金、城乡居民基本医疗保险基金（包括城镇居民基本医疗保险基金、新型农村合作医疗基金、合并实施的城乡居民基本医疗保险基金）在内的社会保险基金的财务活动。生育保险与职工基本医疗保险合并实施的统筹地区，不再单列生育保险基金。该制度所称的社会保险基金是指为了保障参保对象的权益和社会保险待遇，根据国家法律法规规定，由单位和个人缴纳、政府补助以及通过其他合法方式筹集的专项资金。财政部门、社会保险行政部门及所属社会保险经办机构按照各自职责分工，加强对社会保险基金管理和监督，逐步实现部门间财务信息共享，促进基金管理科学化、规范化。

2017 年 11 月 28 日，为了适应近年来社会保险体系改革的快速推进所带来的社会保险基金会计核算的新要求，进一步规范社会保险基金的会计核算，提高会计信息质量，根据《中华人民共和国会计法》《中华人民共和国社会保险法》，财政部印发了新的《社会保险基金会计制度》（财社［2017］144 号），对 1999 年颁布的《社会保险基金会计制度》（财会［1999］20 号）进行了补充、修订和整合，自 2018 年 1 月 1 日起施行。此次对社会保险基金的会计核算进行了全面规范，社会保险基金会计制度是社会保险管理制度体系的重要基础性制度,是准确、完整记录"民生账本"的基本规则和依据。

2018 年 9 月,人力资源和社会保障部印发了《关于加强社会保险基金管理风险防控工作的意见(人社部发[2018]43 号)》,强化了通过健全社会保险基金管理风险内控制度、优化经办规程、严格业务流程控制、加强财务管理等措施来完善社会保险基金管理制度机制,从而控制风险增量,减少风险存量,以防社会保险基金系统性风险发生。充分说明加强社会保险基金管理风险防控是确保社会保险制度健康可持续发展的重要保障,也是维护社会保险基金安全的重要手段。

2018 年 10 月,为切实保障医疗保障基金安全,鼓励社会各界举报欺诈骗取医疗保障基金行为,加大对欺诈骗保行为的打击力度,国家医疗保障局下发了《关于开展打击欺诈骗取医疗保障基金专项行动的通知》(医保发[2018]13 号),界定了欺诈骗取医疗保障基金的行为范围,包括定点医疗机构及其工作人员、定点零售药店及其工作人员、参保人员、医疗保障经办机构工作人员的欺诈骗保行为。并且于同年 11 月 27 日,会同财政部办公厅制定了《欺诈骗取医疗保障基金行为举报奖励暂行办法》(医保办发[2018]22 号),并规定统筹地区医疗保障部门负责涉及本统筹地区医疗保障基金欺诈骗取行为的举报奖励工作。

2. 具体针对城镇医疗保险基金管理遵循的相关法律和政策

针对城镇医疗保险基金管理的相关法律和政策(见表 6-3)主要集中在医疗保险基金的支付环节,强调支付管理,近些年主要集中在通过医疗保险支付方式改革来实现对基金支付的有效管理。

表 6-3　城镇医疗保险基金管理的相关法律和政策

时间	发文部门	政策文件
1996 年 11 月	财政部	《关于发布〈职工医疗保险基金财务制度〉的通知》(财社字[1996]172 号)
1999 年 6 月	劳动和社会保障、财政部、国家经济贸易委员会、卫生部、国家中医药管理局	《关于加强城镇职工基本医疗保险费用结算管理意见》(劳社部[1999]23 号)
2009 年 7 月	人力资源和社会保障部	《关于进一步加强基本医疗保险基金管理的指导意见》(人社部发[2009]67 号)
2011 年 6 月	人力资源和社会保障部	《关于进一步推进医疗保险付费方式改革的意见》(人社部发[2011]63 号)
2012 年 11 月	人力资源和社会保障部、财政部和卫生部	《关于开展基本医疗保险付费总额控制的意见》(人社部[2012]70 号)
2014 年 3 月	人力资源和社会保障部	《关于印发基本医疗保险定点医疗机构医疗服务协议范本(试行)的通知》(人社险中心函[2014]112 号)

时间	发文部门	政策文件
2015 年 12 月	人力资源和社会保障部	《关于完善基本医疗保险定点医药机构协议管理的指导意见》（人社部〔2015〕98 号）
2017 年 6 月	国务院	《关于进一步深化基本医疗保险支付方式改革的指导意见》（国办发〔2017〕55 号）

1996 年 11 月 18 日，为了规范医疗保险经办机构经办职工医疗保险基金的财务管理，财政部印发了《关于发布〈职工医疗保险基金财务制度〉的通知》，对于当时的职工医疗保险基金的预算管理、基金筹集、基金支付、基金结余、基金决算、基金监督检查工作等方面做了具体规定。

1999 年 6 月 29 日，为加强城镇职工基本医疗保险基金支出管理，规范社会保险经办机构与定点医疗机构和定点零售药店的结算关系以及促进各统筹地区制定基本医疗保险费用结算办法，劳动和社会保障、财政部、国家经济贸易委员会、卫生部、国家中医药管理局印发了《关于加强城镇职工基本医疗保险费用结算管理意见》（劳社部〔1999〕23 号），强调了统筹地区社会保险经办机构要按照以收定支、收支平衡的原则合理确定基本医疗保险基金的支出总量，各地根据不同的结算方式合理制定医保费用的计算标准，加强基本医疗保险管理和费用支出审核。

2009 年 7 月 24 日，为了进一步加强基本医疗保险基金管理，提高基金使用效率，人力资源和社会保障部根据 2009 年 1 月新医改方案①的要求，发布了《关于进一步加强基本医疗保险基金管理的指导意见》，提出了加强基本医疗保险基金会计核算工作、基金监管以及支付管理，建立基本医疗保险基金运行情况分析和风险预警制度，对于统筹基金连续两年处于结余过多状态的，可阶段性降低基本医疗保险筹资比例或适当提高参保人员医疗保险待遇水平。

2011 年 6 月 2 日，为了适应医药卫生体制改革的深化对医疗保险付费体系提出的更新、更高的要求，人力资源和社会保障部印发《关于进一步推进医疗保险付费方式改革的意见》（人社部发〔2011〕63 号）。该意见中明确提出基金收支预算实行总额控制；将定点医疗机构总额控制指标与其定点服务考评结果挂钩；居民医疗保险门诊统筹探索实行以按人头付费为主的付费方式；住院及门诊大病医疗费用的支付，探索实行以按病种付费为主的付费方式。对社会医疗保险基金支付制度改革做了更加具体的决策部署，允许各地开展以总额预算为核心的按人头付费、按病种付费等多种偿付方式的复合。

2012 年 11 月 14 日，人力资源和社会保障部、财政部和原卫生部联合印发了《关于开展基本医疗保险付费总额控制的意见》（人社部〔2012〕70 号），要求用两年左右的时间，

---

①　2009 年 1 月国务院常务会议通过《中共中央国务院关于深化医药卫生体制改革的意见》（中发〔2009〕6 号）和《国务院关于印发医药卫生体制改革近期重点实施方案（2009—2011 年）的通知》（国发〔2009〕12 号），新一轮医改方案正式出台。

要求开展总额控制目标细化分解到各级各类定点医疗机构，逐步建立"保证质量、控制成本、规范诊疗"为核心的医疗服务评价与监管体系，明确了医疗费用控制的前提是保证医疗服务质量，核心是总额控制。

2014年3月28日，为了加强各地基本医疗保险医疗服务协议管理工作、提高保障和管理服务水平，建立医疗保险对医疗服务的激励约束机制，促进定点医疗机构规范服务行为，控制医疗费用过快增长，人力资源和社会保障部社会保险事业管理中心颁布了《关于印发基本医疗保险定点医疗机构医疗服务协议范本（试行）的通知》（人社险中心函〔2014〕112号），该通知重点强调了医疗保险经办机构与医疗机构建立协商机制，并且规定了医保部门与定点医疗机构签订协议的重点内容包括医疗服务内容和质量、医疗费用总额控制、医疗费用付费方式、支付标准和审核、结算时间等。

2015年12月2日，为了完善基本医疗保险协议管理，国务院决定取消社会保险行政部门实施的两定资格审查①，人力资源和社会保障部印发了《关于完善基本医疗保险定点医药机构协议管理的指导意见》（人社部〔2015〕98号），体现了简政放权的精神，从重准入转向重监管，进一步优化经办机构与医药机构的协议管理，建立沟通协商和激励约束机制，促进医药机构规范服务行为，提高医保基金使用效率。

2017年6月28日，鉴于新医改以来，医保对医疗服务供需双方特别是对供方的引导制约作用尚未得到有效发挥，国务院颁布了《关于进一步深化基本医疗保险支付方式改革的指导意见》（国办发〔2017〕55号），进一步加强医保基金预算管理，全面推行以按病种付费为主的多元复合式医保支付方式，将医保支付方式改革提到了新的高度。

3. 具体针对新型农村合作医疗基金管理遵循的相关法律和政策

自新型农村合作医疗制度建立以来，具体针对新型农村合作医疗基金管理的相关法律和政策不多，主要针对新农合基金的财务制度、支付管理方面（见表6-4）。

表6-4 新型农村合作医疗基金管理的相关法律和政策

时间	发文部门	政策文件
2008年1月	财政部、卫生部	《新型农村合作医疗基金财务制度》（财社〔2008〕8号）
2008年2月	财政部	《新型农村合作医疗基金会计制度》（财会〔2008〕1号）
2008年4月	财政部	《新农合补助资金国库集中支付管理暂行办法》（财库〔2008〕33号）
2011年5月	卫生部、财政部	《关于进一步加强新型农村合作医疗基金管理的意见》（卫农卫发〔2011〕52号）

2008年1月22日，为了加强新型农村合作医疗基金的财务管理，财政部和卫生部下发了《新型农村合作医疗基金财务制度》（财社〔2008〕8号），要求各统筹地区财政部门在

① 城镇基本医疗保险制度建立以来，各地按照国家规定普遍实施了"基本医疗保险定点医疗机构资格审查"和"基本医疗保险定点零售药店资格审查"，简称"两定资格审查"。

社会保障基金财政专户中设立新型农村合作医疗基金专账，专门管理和核算基金。基金纳入财政专户，实行收支两条线管理，专款专用，并对基金预算、筹集、支出、结余、财政专户、资产与负债、决算以及监督与检查等方面做了明确的规定。

2008年2月14日，为了规范新型农村合作医疗基金的会计核算，根据《中华人民共和国会计法》《新型农村合作医疗基金财务制度》，财政部印发了《新型农村合作医疗基金会计制度》(财会[2008]1号)，明确指出新农合基金应当作为独立的会计主体进行确认、计量和披露。新农合基金独立于经办机构的固有财产及其管理的其他财产，实行专款专用。对新农合基金账户管理、分配使用、基金划转、对账支付、会计核算、违规行为处理等都做了具体规定。

2008年4月14日，为了加强新农合医疗补助资金支付管理，确保资金及时足额到位，财政部会同卫生部制定了《新农合补助资金国库集中支付管理暂行办法》(财库[2008]33号)，强调了新农合补助资金国库集中支付，坚持资金直达、操作规范、信息透明、监控有力的原则，并按照县级(指县、县级市、市辖区)统筹和市级(指地级市、自治州等)统筹的不同管理方式，确定资金支付流程，并对资金支付情况进行动态监控，建立资金全过程动态监控机制。

2011年5月25日，为了保障新农合基金的使用效率与安全，卫生部会同财政部印发了《关于进一步加强新型农村合作医疗基金管理的意见》(卫农卫发[2011]52号)。文件强调了规范合理使用新农合基金，基金实行收支两条线管理，专款专用，加强对定点医疗机构的监管，建立基金运行分析和风险预警制度，严格执行新农合基金财务会计制度，规范新农合经办机构内部监督制约机制。

(二)社会医疗保险基金管理遵循的相关法律和政策存在的问题

通过以上对我国社会医疗保险基金监管的法律政策历史发展脉络的梳理，我们不难发现，我国社会医疗保险基金管理遵循的相关法律和政策存在以下几个值得反思的问题。

第一，我国在社会医疗保险基金监管方面的立法相对落后、立法层次较低，有关基本医疗保险基金监管的法律条文都是分散在各"规定""办法"当中，尚未建立一套独立、健全的法律监管体系。

第二，不论是社会保险基金监管还是具体医疗保险险种的基金监管，原则性的法律条款偏多，具体操作实施性细则偏少，重原则轻实施的监管法律条文会给社会医疗保险基金实际监管过程带来诸多争议和不便，例如，为一些"钻法律空子"的不法行为提供了可乘之机。

第三，目前大多数"骗保行为"或者医疗保险"违规行为"实质就是欺诈行为，这两年中央层面明确提出要防范医疗保险欺诈和建立反欺诈的机制，表明中央政府层面已经将"骗保"行为与欺诈行为相提并论，并且意识到反欺诈机制缺失是目前医疗保险基金监管存在的问题之一。但是我国对于医疗保险欺诈行为的监管方式和手段主要是对医疗行为的稽核和违规处理，存在几个值得探讨的问题。第一个问题，以医疗保险管理部门一己之力能否建立起一整套反欺诈机制？第二个问题，医疗保险管理部门对于医疗行为的审核、检查和违规处理能否真的实现有效监管？第三个问题，对于医疗保险欺诈行为如何追究刑事责任、各种复杂的医保欺诈行为如何适用法律、刑法和司法解释有关定罪量刑的具体标准还需进一步予以明确，只有解决好定量问题，各地才能有效执行。

第四，《社会保险法》中虽然有部分条款规定了社会保险欺诈行为的惩处措施，但是没有明确界定社会医疗保险基金欺诈的含义、类型，只有国家医疗保障局在2018年10月发布的《关于开展打击欺诈骗取医疗保障基金专项行动的通知》（医保发〔2018〕13号）中提及欺诈骗保的行为，虽然中央政府和地方政府也出台了有关医疗保险基金反欺诈的规范性文件，但是地方层面的规范性文件在法律效力上不够。

第五，缺乏对监管者的监管。对于社会医疗保险基金管理风险防控的相关规定，医疗保障管理部门监管医保经办机构如同让自己监管自己，左手监管右手。社会监督也并不是由代表公共利益的组织来进行监督的，形同摆设。医保经办机构实际上拥有非常大的监管权，却没有相应的机构和机制来监管制约，医疗保险基金监管缺乏健全的第三方监管体系。

（三）完善社会医疗保险基金风险监管机制的建议

为了有效规避社会医疗保险基金的风险，保证基金安全平稳运行，完善基金风险监管机制在完善社会医疗保险制度中显得尤为重要。

①健全社会医疗保险基金监管法制建设。社会医疗保险基金安全与基金监管制度是否合理完善息息相关，应该加强法律层次上对社会医疗保险基金的监管。第一，社会医疗保险基金的监管应该既包括对医疗医药服务机构、参保单位、参保人员等被监管者的监管，也包括对医疗保险管理部门、医疗保险经办机构等监管者的监管。制定的基金监管法律应明确针对监管者和针对被监管者的法律责任，明确不同主体发生违法违规行为之后的处罚登记和具体处罚措施。第二，国家立法部门需要认真分析社会医疗保险基金监管法律政策存在的漏洞或不足，结合我国的立法实际，有针对性、系统化地进行补充和完善，并在此基础上制定相应的实施细则，将每项规定尽量细化到具体行为上，保证各地职权的同时规范医疗保险基金监管行为，例如，针对被监管者的法律规定，应该把规范定点医疗机构、定点药店的行为作为重点监管内容，制定全面的医疗服务范围、医疗服务内容，细化医疗服务安全和质量标准，确保相关法律政策准确、完整、详细、可操作性。第三，各地各级政府还应该加强对我国社会医疗保险基金监管有关法律的研究，严格按照中央层面的基金管理法律法规行事，有效落实国家相关政策法规，努力创造良好的社会医疗保险基金监管执法环境。在此基础上，各地各级政府还需要根据各地自身社会医疗保险基金运行实际，分析其中蕴藏的风险或可能出现的问题，出台与之对应的具体管理办法。第四，建立法律层面的医疗保险反欺诈规范，在社会医疗保险体系下完善医疗保险基金反欺诈法律规范，如明确医疗保险基金欺诈的定义、类型和惩罚机制，实现有法可依的反欺诈基础。

②建立各地社会医疗保险反欺诈组织框架。医疗保险反欺诈是一项非常专业的执法工作，因此当地医疗保险行政部分和卫生行政部门应该紧密合作，通过一位主管副市长同时分管医保和卫生来做到。具体而言，可以当地医疗保险经办机构作为反欺诈的主要执行力量，受当地医疗保险行政部门和卫生行政部门共同领导，同时地方公安部门、检察机关、

物价部门、财政部门以及审计部门等支持和参与，并发动社会力量参与，社会力量包括参保人员及更广泛的公众、单位和社会组织。这一组织框架，如图6-4所示。

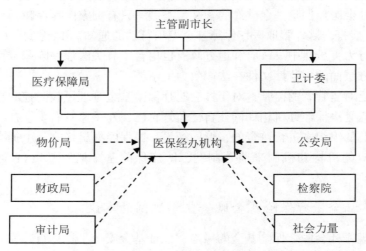

图 6-4 社会医疗保险反欺诈组织框架

注：图中实线表示领导关系，虚线表示支持关系。

③引入"第三方"监管制度。"第三方"基金监管机构应当是独立于医疗保险行政体系的部门，不仅要求机构性质的独立性，还要求内部成员保持独立性，不担任任何相关利益群体的职务，不受任何行政机关、医疗机构或者其他机构团体控制制约。同时，"第三方"基金监管机构应当由法律认可，并由法律赋予独立监管机构的地位，不受任何行政机关、医疗机构等其他机构团体的控制和制约，明确其法律责任、应当承担的权利与义务。"第三方"基金监管机构应当体现其专业性，机构的成员应当由有医科背景的专业人士组成，实施有针对性的专项监管，专业性不仅体现在机构成员的职业素养上，更体现在机构运作的规范化、专业化，保证社会医疗保险基金的安全运行。

④加强信息制度建设。通过建立专业完备的医疗信息服务系统，将定点医疗机构、医务人员的医疗服务信息和参保人员的就医购药信息纳入监控范围。政府通过完整的医疗信息服务系统获取有效信息，增加其决策的有效性。将定点医疗机构的门诊、药房、住院部和医保部门联网，对参保患者的病历、门诊和住院费用、药店所开的处方以及药店的购药账目等基础数据可以实施实时监控。将事后监管变成事前防控，事中监控预警和事后责任追溯。并且通过分析该信息系统得出的各项统计指标和分析结果，为医疗保险机构对参保人的就医购药过程提供一个全面、系统、专业的分析结果，从而对医保基金的使用实施有效控制，也实现了对医、患、保三方的监管。并且加强对医疗信息服务系统软件的优化升级，使医疗保险信息系统逐渐成熟和完善，进一步完善对医保基金的动态监控机制。同时建立信息披露制度。广大参保群众是社会医疗保险基金的参与者和最直接的受益者，所以他们有权对基金运行情况进行了解和监督，因此，医保基金的运行情况必须提高透明度。

在当前信息技术飞速发展的时代，应充分利用先进科学技术，优化管理，强化手段，努力实现医疗保险信息网络准确性、规范性、安全性、连续性的质量要求，同时开发网上监控系统，创新监督模式，定期公布、披露有关医保基金的监管信息，阳光运作，接受社会监督，进而对医疗保险基金的监督工作建立完整长效的协作机制，促进社会医疗保险基金的持续积累与平稳运行。

⑤引入商业医疗保险制度。在条件具备的情况下，社会医疗保险要利用商业保险中的再保险产品，根据社会医疗保险基金的结余情况，购买用于稳定医疗保险基金安全的再保险产品，将医疗保险基金的安全放置于更大的范围内，更好地保障基金的稳定性。社会医疗保险基金的再保险，主要用于防范年度内出现较大的聚集性风险带来的损失，缓解医疗保险基金年度内的收支波动过大的问题。目前我国对医疗保险基金的支付，一直采取的是控制医疗保险基金支出的方式，虽然能够避免医疗保险基金收不抵支的风险，但也会对参保人员造成较低的参保效用预期，并引发退保或者中断保险问题，这将对社会医疗保险基金的筹集造成损害，最终导致社会医疗保险基金的不可持续。我国社会医疗保险过度强调政府在医疗保险基金中的兜底责任，却忽视了通过再保险机制化解短期的风险波动问题。我国保险法对商业保险公司承保的巨灾保险和大额保险都有再保险的法律规定，而社会医疗保险虽然承保的是全社会成员的基本医疗风险，但由于其基数规模较大，任何尚未被识别出来的或者虽然识别出来但尚未对可能的规模做出准确判断，都将会影响到年度内的医疗保险基金收支平衡问题。而再保险的进入，则能够对医疗保险基金的波动起到再次调整的作用。因而建立社会医疗保险基金的再保险机制，对于促进社会医疗保险可持续稳定发展，防范经济环境波动带来较大的负面影响，将具有特殊的稳定作用。

第二节　社会医疗保险基金安全与绩效审计体制机制

除了建立社会医疗保险基金的风险监管体制机制，强化社会医疗保险基金审计工作也是基金风险防范的重要措施，能够提高社会医疗保险基金的使用效率，避免基金出险，确保基金的财务安全。

一、社会医疗保险基金的财务安全审计体制机制

(一)社会医疗保险基金审计的概念

"审计"一词最早出现在"二十四史"之一《宋史》中，最初对审计的定义来自字面上的理解："审"指审查，"计"指会计账目，审计即审查会计账目。人们对审计的定义众说纷纭，公认具有代表性且被广泛引用的是美国会计学会1972年颁布的《基本审计概念公告》中给出的审计定义，即"审计是指为了查明有关经济活动和经济现象的认定与所制定标准之间的一致程度，而客观地收集和评估与经济活动、经济事项认定有关的证据，并将结果传达给有利害关系的使用者的系统过程"①。有关审计的实践活动历史悠久，作为一种监

---

① 刘明辉、史德刚：《审计》，东北财经大学出版社2011年版，第7页。

督机制，审计活动是随着财产的所有权和经营权相分离而产生的。财产所有者把管理权和经营权赋予了财产经营者，财产所有者对经营者的受托经济责任进行监督和检查，通过两种方式：一种是由所有者自身来进行，这种方式存在一定的主观性和局限性；另一种由独立于二者、与二者无利害关系的第三方来进行。这种由独立的第三方来执行的监督和检查就是审计。换句话说，审计是指由专门的机构和人员接受被审计单位的委托，对被审计单位在一定时期内的主要财务资料和其他经济活动的有关资料，按照一定的标准对其真实性、合法性和经济活动的效益性、合规性等内容进行审查并评价的独立性经济监督活动。

社会医疗保险基金审计是指审计机关对政府部门和受政府委托的其他单位所管理的社会医疗保险基金征收、支出、结余、管理运营等情况进行监督，定期不定期地对社会医疗保险基金的收入户、支出户及财政专户基金管理情况进行监督检查。其审计机关是国家依照法律对国家各级政府及金融机构、企业事业组织的重大项目和财务收支进行事前和事后的审查而专门设计的机关。通过对我国城镇职工医疗保险、城镇居民医疗保险、新型农村合作医疗以及整合后城乡居民医疗保险的基金财务安全状况进行审计，能够对医疗保险的财务状况和运营成果、资金结余等情况做出公允的判断。在社会医疗保险制度不断改革和优化的同时，强化社会医疗保险基金审计工作能够有效地避免违法乱纪的行为发生，提高社会医疗保险基金的使用效率，确保社会医疗保险基金的财务安全。

社会医疗保险基金财务审计关注的是社会医疗保险基金的财务安全和使用的合规性，因而财务审计主要依据严格的政策法规，对筹集、使用和支付等环节的财务行为符合性进行监管。

为了严肃规范社会医疗保险运行的规范性，基于我国社会医疗保险的相关管理办法，对医疗保险制度的运行情况是否符合我国社会医疗保险的相关管理办法的情况做出审计，属于合规性审计①。由于目前我国社会医疗保险是按照属地化管理，针对不同群体实行不同的医疗保险制度安排，并涉及多方利益主体下的基金筹集、存储、保值增值和第三方支付等过程，因而社会医疗保险基金审计首先要解决好审计的职能边界问题，以便划定审计职责范围和相关利益主体的责任，对财务安全和基金使用的合规性做出判断。

(二)社会医疗保险审计的职能边界与组织分工

审计的职能边界分为两个层次，一是审计活动的监督范围，也就是审计涉及哪些资金范围。我国的政府审计的职能范围是监督国家财政预算资金是否合理、有效地使用，以及对财政决算情况作出客观的鉴定与公证，为财政管理提供改进措施，并揭露违法行为。其基本原则简言之，"财政资金到哪里，审计就跟进到哪里"。二是不同审计主体的审计范围。审计主体在经济制度运行过程中扮演着重要角色，包括政府审计、社会审计和内部审计。政府审计是由审计署和各地区的审计厅、审计局等主要负责的政

---

① 合规性审计目的在于揭露和查处被审计单位的违法、违规行为，促使其经济活动符合国家法律、法规、方针政策及内部控制制度等要求。

府财政资金和国有资产的审计。内部审计是由本单位内部专门的审计机构和人员对本单位财务收支和经济活动实施的独立审查和评价，既包括自有资产，也包括政府的财政资金。社会审计也称"注册会计师审计"或"独立审计"，是指注册会计师依法接受委托、独立执业、有偿为社会提供专业服务的活动，往往是基于政府和单位的审计需求，协助进行审计，或进行专项审计。

社会医疗保险涉及多方利益主体，是一个有多方财政资金进入的复杂系统，不仅具有复杂的系统边界，而且也难以由一个审计主体完成全部审计，甚至还需要成立专门的审计监管部门负责。在英国的国家医疗服务系统审计方面，审计主体不仅包括国家审计署和单位的内部审计、社会审计部门，还有专门负责审计责任的审计委员会和信托监管机构，他们相互合作和协同，完成国家医疗服务体系的审计工作。在我国的社会医疗保险制度运行过程中，当前社会审计机构介入社会医疗保险的审计较少，主要是政府审计和内部审计，包括国家审计署和各地审计机关参与的医疗保险基金审计、民政部门和财政部门主要的保险费用补贴资金审计、经办机构内部审计，以及卫生主管部门主导的医疗费用补偿审计和新型农村合作医疗基金审计等，由此形成了多方主导和参与的审计监管组织体系。因此将社会医疗保险审计的职能边界划分清楚，才能避免审计漏审和监管不清问题，规避部门之间的重复审计、多头审计，造成审计资源的浪费，才能确保社会医疗保险相关机构的正常工作。

对社会医疗保险基金审计的职能边界划分，要从社会保险法的法定范围角度，对各相关利益主体的责任承担情况进行审计，对医保基金的筹集、使用和补偿等各个环节进行全面审计。我国当前社会医疗保险审计主要针对筹集上来的医保基金进行财务安全和合规性进行审计，即主要针对基金征缴单位的审计监督。例如审计监督医保基金征收单位与管理机构有无依据规定的项目与比例，及时、足额地进行征缴；征收机构是否存在通过违规减免与少核缴费基数等方式随意减免企业应缴基金；是否存在擅自调整征收比例的情况；医疗保险基金征缴机构和管理部门是否将收入基金及时、足额上缴并存入财政专户，是否严格执行"收支两条线"，是否存在故意缓征、预征、截留、坐收坐支、隐瞒、转移、贪污以及挪用医保基金收入的问题，是否存在未及时征缴的医保基金存在长期未转入医保基金而用来作为医保基金调节金使用的情况，以及从总体上审计医疗保险基金总规模是否与账户基金理论比例的一致性。

而最突出的问题是尚未涉及对法定缴费单位进行全面审计监督，应包括缴费单位尤其是很多中小民营企业是否根据法律法规与相关规定中要求的项目与比例按时、足额地缴纳医保费用；是否存在截留应缴纳费用作为单位其他开支的情况；是否存在拒缴或故意拖缴的情况；是否存在对个人缴纳的医保费用在单位成本中重复列支的情况；是否存在违规领取医疗保险缴费补贴等问题。

另外，审计职能边界的划分，在确定各审计机构职能边界的基础上，还要充分认可和使用各机构的审计结果，尤其是上级审计机构和政府审计机构，要认可下级机构和社会审计机构的审计结果，在对审计情况进行抽样核定的基础上，对尚未审计的内容进行补充审计，以减少重复审计对审计资源的浪费。

(三)社会医疗保险基金财务安全审计的主要内容

按照社会医疗保险基金的筹集到补偿的全过程,可以将社会医疗保险财务安全审计分为医疗保险基金征缴、管理、支付以及从保险基金获得偿付的医疗服务提供机构等部分。① 按照现行的社会医疗保险制度的框架,又分别包括城镇职工基本医疗保险基金审计、城镇居民医疗保险基金审计、新型农村合作医疗保险基金审计以及城镇居民医保和新农合整合后的城乡居民医疗保险基金审计。城镇职工和城乡居民参加医疗保险的强制程度不同,城镇职工基本医疗保险要求与用人单位建立稳定劳动关系的职工,必须参加城镇职工基本医疗保险,而新型农村合作医疗、城镇居民基本医疗保险以及整合后的城乡居民基本医疗保险主要是按照自愿参保的原则。因而在基金筹集阶段的审计,不仅要审计医疗保险基金筹集过程中所筹集上来的基金是否及时足额到账,还要对筹集对象的合规性进行审计。特别是审计城镇职工基本医疗保险的时候用人单位是否按照规定参保,是否存在让职工违规以灵活就业人员的缴费基数、缴费方式以及缴费比例来参加医疗保险,以逃避对参保人员依法应该承担医疗保险费用的责任。

以城镇职工医疗保险为例,制度规定用人单位承担的缴费标准是职工工资总额的7%~9%,个人承担本人工资的2%~3%,而且用人单位缴费按30%左右计入个人账户,个人缴费全部计入个人账户。现实中有的用人单位为了达到少缴的目的,违规漏报职工人数,或者少报职工的工资收入水平,这将直接损害参保人员的合法权益和医保基金的筹集规模,是医疗保险基金筹集阶段需要重点审计监管的内容。

相对于城镇职工基本医疗保险,城乡居民医疗保险是按照自愿原则,以家庭为单位缴费参保,因而在医疗保险基金的筹集阶段,不仅要与城镇职工医疗保险基金审计那样对征缴程序进行审计,还要对家庭缴纳的保险基金额度与总的家庭人口数和家庭单元数的一致性进行审核,以发现是否存在家庭成员逆向选择参保问题,以及是否存在负责征缴代办人员违规挪用保险基金的问题,并查明存在问题的具体原因。由于部分省市还存在城镇居民医保和新农合分割运行的情况,两项制度的管理体制比较分散,尚未理顺,导致部分参保人员重复参保问题。重复参保最直接的后果便是导致了政府重复补贴和多次享受医保补偿,以致造成各级财政资金的巨大浪费。针对这种情况进行审计时,部门之间应通力合作,将新农合的参保人员数据与参加城镇居民医保的人员数据进行交叉比对,从而发现是否存在重复参保情况。除此之外,对于无力参保缴费的家庭,审计人员应关注其家庭收入情况,并向医疗保险管理部门和民政部门提出建议,对其进行适度的医疗救助补贴。

在社会医疗保险基金的管理阶段,重点审计社会医疗保险基金预决算的管理情况,由财政部门与社会保障部门负责审核医保经办部门对医保基金的预决算编制情况,审核预决算是否符合"以收定支、收支平衡、略有结余"的基本原则,是否充分考虑了地区财政的经济承受能力水平,是否存在违规缩减预算的问题。还需要对医保基金相关部门是否依据财政部门的有关规定对财务分析报告与收支报表进行查证,审计医保部

---

① 彭华章:《社会保障审计理论与实务》,中国时代经济出版社2007年版,第210页。

门是否建立审核基金预决算的有关制度，督促完善存在权限的管理制度，还需要审核是否根据相关规定向财政部门提交决算草案，并对编制医保基金预算的科学性以及决算的合理性进行审核分析。

（四）医疗服务机构合规性审计与社会医疗保险基金支付审计

在社会医疗保险第三方支付模式下，患者对医疗费用缺乏控制动力，而医疗服务提供方即医疗机构也存在供给诱导需求和套取医保基金的利益冲动，因此，对医疗服务机构在提供医疗、药品服务过程中的合规性进行审计既是医疗服务机构进行监管的需要，也是确保社会医疗保险基金安全完整和支付监管的重要环节。对于定点医院的审计，审计部门应该与医疗保险经办机构和行政管理部门，按照社会医疗保险基金的支付路径和支付结构，对医疗诊治方案的科学有效性进行综合评估，检查是否符合临床治疗基本路径，是否按照"安全有效方便价廉"的基本要求提供医疗服务、药品和检查；是否存在通过虚假宣传，以体检、返还现金等名目诱导参保人住院的行为；是否存在恶意挂床住院、虚构医疗服务、伪造医疗文书或票据的行为；是否存在分解收费、超标准收费、重复收费等违规收费的行为以及不合理诊疗和其他违法违规及欺诈骗取医保基金的行为。对于定点药店的审计，则重点检查药店是否存在医保目录范围之外的项目按目录内项目申报医保结算的行为，是否存在伪造虚假凭证或串通参保人员通过空刷卡或采用刷卡后现金退付、药品回购等手段套取医保基金的行为，是否存在为非定点零售药店或其他机构提供费用结算及其他违法违规的行为。通过对账目登记药品目录与实际销售目录进行比照审计，对药店经营行为的合规性进行检查监督。

在社会医疗保险基金的支付方面，一方面是对医疗保险经办机构与医疗服务机构的结算进行审计，审核对基金的运用是否符合有关规定，是否按照相关法律规定进行足额支付，是否与医疗服务机构进行了及时结算；另一方面，对于基金征缴单位要审计是否存在将医保基金违规用于平衡预算、行政经费等规定开支范围以外的情况以及违规增加基金支出，基金支付的过程中有无遵守相关法律法规与政策，有无违规对支出的标准进行提高或降低。我国当前很多经济欠发达地区，由于社会医疗保险基金筹集能力较弱，财政补贴能力较低，存在恶意拖欠定点医院补偿费用的问题，而医院为了避免更大的保险基金拖欠，进而出现推诿参保病人的问题，最终损害了参保者的合法权益。

二、我国社会医疗保险基金的审计困境与纾解路径——以城镇职工医疗保险基金为例[①]

为了提升城镇职工医疗保险基金的使用绩效，需要通过对城镇职工医疗保险基金进行审计，最大限度地避免违法违纪现象，并以此提升医疗保险基金的使用效果。为此，医疗保险基金管理需要在顶层设计的过程中，使其使用和保值增值等都处在监督管理之中，通过审计工具的介入，保证医疗保险基金能够获得合理使用，使城镇职工的切身权益获得更

---

① 李礼：《城镇医疗保险基金的审计困境与纾解路径》，载《劳动保障世界》2018 年第 15 期，第 30~31 页。

为全面的维护。

(一)城镇职工医疗保险基金审计的现实意义

近年来，我国城镇职工医疗保险基金的使用和绩效评估成为全社会普遍关注的焦点问题。尤其当我国进入新时代，新制度和新环境都要求城镇职工医疗保险基金的筹措、使用和保值增值等管理活动接受审计和监督，在这一过程中，最大限度发挥政府审计、内部审计以及独立审计的团队协作作用，可以共同监管社会公众的保命钱和养命钱，还能确保城镇职工医疗保险基金的有效运行。第一，借助对城镇职工医疗保险基金的审计可以维护城镇职工的切身利益，强化对城镇职工医疗保险基金使用环节的审计，让基金的使用行为更为规范，提升基金的安全性，最大限度释放审计监督的价值；第二，通过对城镇职工医疗保险基金审计的开展，能够为社会公众排忧解难，为政府的决策提供更多信息参照，从源头上对基金的筹集不规范、缴费不实和少缴保费等问题加以重视，能够规范城镇职工医疗保险基金的使用模式；第三，对城镇职工医疗保险基金进行审计，首先是要管好基金，才能用好基金，确保基金处于安全与合理的范围之内。借助对城镇职工医疗保险基金的审计，能够有效提升用款单位与医保经办机构的责任意识，实现城镇职工医疗保险基金的专款专用，确保基金分配规范化。

(二)城镇职工医疗保险基金的审计困境

自我国城镇职工医疗保险基金开始确立试点直到逐步推广之后，对城镇职工的医疗起到了极大帮助，甚至成为城镇居民就医结算的关键方式。从这个角度讲，就应该对城镇职工医疗保险基金予以重点监管。但在实际操作中，我国城镇职工医疗保险基金的审计工作却面临着审计手段相对单一、审计处理效果滞后、审计依据标准不一、审计实施难度较大等问题。

1. 审计手段相对单一

对城镇职工医疗保险定点医院来说，医疗费用的支出包括医疗机构药费和住院诊疗费用等。但是，因为我国医疗卫生体制存在的"惯性问题"，其生存和发展主要依赖自身的经济效益。这样，即便在国家层面上对上述问题给予了高度关注，也出台了很多有针对性、前瞻性的措施，但是药价居高不下、回扣促销盛行、以药养医的情况还是或明或暗地出现，增加了很多不必要的检查项目和医疗费用支出，在很大程度上造成了资源的浪费。根据已有的审计测算，在我国一个地级城市的城镇职工医疗保险定点医院中，药费占医疗总费用的比例能够达到50%以上，部分医院的这一比例会超过70%。而在检查费用方面，一些大城市(比如省会城市)的检查费用会占到医疗总费用的80%以上甚至更高。据此，也就能够印证，为何很多医院要花费巨资采购国外先进的检查设备，为何医生在诊断的过程中要更多地依靠仪器，而不是经验。如此一来，在对城镇职工医疗保险基金进行审计时，就出现了审计手段无法与之相适应的情况。加之城镇职工医疗保险的信息系统建设较为滞后，即便医疗保险制度能够正常运行，审计工作也难以与之保持一致，审计绩效大打折扣。

2. 审计处理效果滞后

城镇职工医疗保险基金审计工作除了要发现制度运行方面存在的问题，还应重点关注是否出现挪用基金，或者自城镇职工医疗保险基金内提取管理费以及违反制度规定报销医疗费用的问题。此类问题的出现与医疗保险经办机构的主观因素有关，也和大量外部因素有关。这是因为无论是挪用城镇职工医疗保险基金还是提取基金管理费，一般都是在各级政府同意或者授意下进行的。此外，在对城镇职工医疗保险基金进行审计时发现的违反规定报销的医疗费用，有很多都是人情费和关系费，甚至包括特殊人群的医疗费用。对于上述费用，城镇职工医疗保险部门也束手无策，只能听之任之。更为重要的是，此类费用一般并不会依据制度规定个人自付与按比例报销，相反，这一费用会以100%的比例支付然后划入统筹基金支出体系，这不但让城镇职工医疗保险出现了不公平、不公正的事实，还极大侵害了其他参保人员的合法利益。

3. 审计依据标准不一

城镇职工医疗保险基金的来源虽然多样，但一般都用在城镇用人单位与职工个人方面。期间，用人单位与职工个人依据特定比例缴纳医疗保险基金，然后可以享受到医疗保险服务。可以说，城镇职工医疗保险基金是城镇职工的救命钱。但是，对于这个"救命钱"，对其进行的管理工作却并没有得到人们的充分认可，究其原因是我国城镇职工医疗保险制度还处在起步阶段，医疗保险的政策法规体系并不完善，在不同地区和不同时期，对城镇职工医疗保险基金开展审计工作，无法参照唯一的、客观的标准，使得即便在国家大的政策下，也无法按照既定的标准对审计对象的相关数据进行综合评估。在多种因素的影响下，我国很多地区衍生出了很多险种，但和其适应的配套制度却十分滞后，对违反法规的处理缺少明确规定和依据，审计处理的难度较大。

4. 审计实施难度较大

对城镇职工医疗保险基金进行审计是审计机构的重要工作。借助审计工作的开展，能够规范城镇职工医疗保险基金的征收、管理和使用绩效，还能让有关工作有条不紊地推进，最大限度避免违法乱纪的行为发生，让城镇群众能够享受到医疗保险服务，降低其医疗负担。但一个基本的事实是，我国城镇职工医疗保险基金的来源十分广泛，涉及的利益主体较多，加之管理使用层次多样、部门分化较为严重，使得在对城镇职工医疗保险基金进行审计时，除了应重点审查医保部门基金筹集、管理和使用绩效外，还应针对审计财政部门的拨付和管理情况进行审查。在这一过程中，审计人员还要深入定点医疗机构以及缴费单位，对其医疗费用支出与缴费情况等进行信息搜集和研判。期间，部分审计机关的社保基金审计与医疗机构审计要通过不同职能科室开展，审计工作间的协调难度较大。更为重要的是，对城镇职工医疗保险基金进行审计时，会出现审计任务重但审计资源匮乏的矛盾，审计时间和审计经费之间的矛盾，使得在城镇职工医疗保险基金审计工作中无法投入过多，这无形中增加了审计实施难度，无法让审计工作更加透彻，一些深层次的问题无法被发现。

(三)城镇职工医疗保险基金审计困境的纾解路径

对城镇职工医疗保险基金进行审计的过程中，除了要全面认识其中存在的审计困境和可能产生的消极后果外，还应通过深化改革全面促进城镇职工医疗保险事业健康发展。为此，一方面要建立健全审计制度和审计体系，让城镇职工医疗保险基金处在合理监管之中；另一方面，应采取优化医疗保险基金审计体系、强化审计信息系统建设、注重对基金管理环节的监督、突出医疗保险费用支付审计等措施。

1. 优化医疗保险基金审计体系

近年来，很多西方国家在基本医疗保障系统的基础上，不断优化医疗保险基金审计体系，借此提升城镇职工医疗保险基金的使用绩效。为了达到这一效果，与国际社会接轨，在我国，对城镇职工医疗保险基金进行审计监督时，需要在医疗保险审计队伍的建设方面做出更多努力，吸收和培养更多高素质、多技能的审计人员，保证在熟悉有关城镇职工医疗保险方面法律法规的同时，具备更多有关医药卫生等方面的专业知识。

2. 强化审计信息系统建设

需要在传统手工审计的基础上，让更多审计人员能够对计算机审计、大数据审计、云计算审计、物联网审计等形成全面而正确的认识，同时要根据审计工作开展的需要，让审计人员通过继续教育和参加培训的形式，掌握更多有关计算机管理、网络建设、移动通信等领域专业知识，以便在医疗保险基金审计实践中，及时转变审计方式，开展更为全面有效的审计监督，比如，实现系统使用的通用性，各省（区）的保障体系是通用的，省内居民临时在其他省（区、市）就医也能够获得医疗服务。

3. 注重对基金管理环节的监督

城镇职工医疗保险基金审计工作在很大程度上影响城镇职工的切身利益与医疗保险机构之正常运行。因此，需要对其基金管理环节进行切实监督，保证基金有效、合理、安全地使用。比如，在审计技术和方法上，除按常规的办法检查资金拨付是否及时、资金使用是否合规外，还需要医疗部门提供医院数据信息（包括病历记录等数据信息）。在审计计划编制、执行过程中防止随意性决策的出现，要对决策者的行为予以严格约束，让审计具有不可替代的作用。比如，要对城镇职工医疗保险基金的结算余额开展审计，外聘其他卫生部门的审计人员参与其中，以便保证基金处在安全可控的范围，实现保值和增值。

4. 突出医疗保险费用支付审计

参照国内外有关医疗卫生审计的特点和成功经验，合理而有效的支付模式可以对城镇职工医疗保险的供方予以有效控制。医疗服务与医疗载体是城镇职工医疗保险基金的重要组成部分。因此，为了保证筹集到的城镇职工医疗保险基金得以正确、有效地使用，就需要对医疗保险基金的流量与流向进行监控，突出城镇职工医疗保险费用支出审计工作，使医疗保险基金的支付更加高效，可以对提供者起到更为理想的激励作用，提升城镇职工医疗保险的服务效率和服务质量。比如，通过审计工作的开展，要重点对医疗费的支付方式的有效性进行审查，对医疗费用开支范畴的合理性进行审查，对医疗费用支付标准的合法性、科学性进行审查，对医疗费支付结构和支付效果等进行审查。

按照国内外的审计经验，对城镇职工开展医疗保险的关键问题便是医疗保险基金的筹集、使用与管理，这与医、患、保三方利益都直接相关，甚至会影响医保改革的顺利推进。为了破除城镇职工医疗保险基金的审计困境，除了要建立健全医疗保险基金管理机制，为城镇职工医疗保险基金审计提供机遇和条件，不断丰富审计监督内容与方法外，还应在审计思维和观念上进行创新，使城镇职工医疗保险制度运行能够取得显著的成效。

三、社会医疗保险基金绩效审计的体制机制

长期以来，我国社会医疗保险基金的审计工作主要集中在财政财务收支合规性、真实性上，但这种审计方式已不能满足改革变化的社会医疗保险制度的发展要求了。社会公众不仅仅关心医疗保险经办机构和行政管理部门在财政资金和公共基金的使用上能否"取之于民，用之于民"，还更关心基金使用上是否"用得合理，用得经济"。因此，审计工作将更加关注医疗保险基金使用管理中的社会效益和经济效益一体化，开展医疗保险基金绩效审计成为医疗保险审计工作发展的必然趋势。

（一）绩效审计与社会医疗保险基金绩效审计

关于绩效审计的定义存在多样性且具有多种界定方式。在英语词汇中，人们习惯将"Performance"翻译成"绩效"，在"绩效"的英语翻译中也习惯用"Performance"一词。但实际上，绩效审计中的绩效是与审计紧密关联的概念，也就是说很难将绩效的定义与审计的定义，通过简单的合并作为绩效审计的界定。在我国早期审计法规和审计工作发展规划中，绩效审计通常用效益审计（Benefit Auditing）一词表达。直到2012年审计署审计长刘家义在"世界审计组织第六届效益审计研讨会上"表示："我国所有的审计项目都将开展绩效审计，绩效审计是指审计机关对政府行为经济性、效率性和效果性的评价。相对于传统的财务收支审计，绩效审计更注重促进被审计单位加强管理、提高效益。"由此以后，绩效审计也成为国家治理的一项重要手段。

各国和地区对于绩效审计的称谓各不相同，例如，美国审计署使用绩效审计（Performance Auditing），加拿大使用综合审计（Comprehensive Auditing），瑞典使用效果审计（Effectiveness Auditing），而英国和我国香港地区使用货币价值审计（Value for Money Study）等。为了统一国际上对绩效审计的定义和用词规范，1986年在悉尼召开的最高审计机关第十二届国际会议上，发布了《关于绩效审计、公营企业审计和审计质量的总声明》，声明中将绩效审计界定为"由国家审计机关对被审计单位（政府及其各隶属部门）的经济活动的经济性、效率性、效果性及资金使用效益进行的审计"[1]。绩效审计的范围被界定在政府部门经济活动的经济性、效率性与效果性。经济性是指在获得一定数量和质量的产品或者服务及其他成果时所耗费的资源最少、成本最低；效率性是指一定的投入与产出的比例关系，即一定的投入是否得到最大的产出；效果性则是指被审计单位预期目标的实现程度。经济性、效率性与效果性之间的联系，如图6-5所示。

社会医疗保险基金绩效审计是在对社会医疗保险基金收支管理核算的真实性、合法性进行审计的基础上，对医疗保险基金收支过程中所产生和实现的经济、效率和效果程度进

---

① 彭华彰等：《社会保障审计理论与实务》，中国时代经济出版社2007年版，第97页。

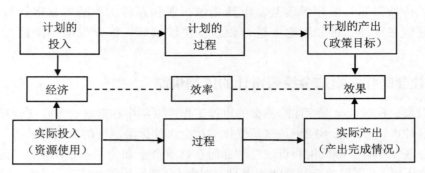

图 6-5 经济性、效率性与效果性之间的联系

行分析、评价的审计行为，并根据审计结果提出合理建议，优化基金管理和使用。[1] 社会医疗保险基金绩效审计不像基金的财务审计那样有严格的组织和职能边界。其实质是对医疗保险基金的使用是否实现了效率和效果的最大化进行监督，强调的是对基金使用效果的事后监督，以便于全面推动和改进医疗保险基金的使用方式和工作效率，促进医疗保险基金的有效管理和规范使用。因此，社会医疗保险基金绩效审计既是完善社会医疗保险制度的基础依据与评价医疗保险基金风险问题的关键，也是确保医疗保险基金安全的重要手段。

(二) 英国绩效审计及医疗福利审计的发展趋势

英国是世界上开展绩效审计最早的国家之一，在当前各国评价社会保障制度绩效产出的手段中，英国的医疗保险绩效审计方法被很多国家认可、借鉴和采用。在此，讨论分析以英国医疗保险绩效审计为代表的国外社会保障绩效审计情况，以资借鉴我国社会医疗保险绩效审计体制机制的建立。

英国对绩效(Performance)与绩效审计(Value For Money，VFM)含义下所做出的绩效审计概念，有很大差别，绩效只是绩效审计概念上的 VFM 中的一个环节，如图 6-6 所示。[2] 英国的绩效只是绩效审计中所考察绩效的非货币化产出部分，其投入也不仅是经济投入，对于经济的产出与经济投入部分，并不是管理意义上的绩效问题所研究的范围，绩效审计中的绩效要比管理绩效的概念外延更大。

1983 年英国颁布了《国家审计法》，赋予主计审计长开展绩效审计的职责，确保了审计机关开展绩效审计有法可依。英国国家审计署在 1997 年制定了《绩效审计手册》，确保了审计机关开展绩效审计工作有法可依。2003 年发布了更新版的《绩效审计手册》，对绩效审计的三个要素——经济性、效率性和效果性作出了全新解释：经济性，是指在政府的公共物品与服务供给行为中，在保证产出质量的前提下，要将对社会资源的消耗量降低至最低水平；效率性，则是指产品或服务的产出，在消耗资源数量的同时，

---

① 郭宁：《如何实现医疗保险基金绩效审计目标》，载《理论探讨》2015 年第 7 期，第 85 页。

② 吴传俭、王玉芳：《社会医疗保险可持续发展机制研究》，经济科学出版社 2014 年版，第 228 页。

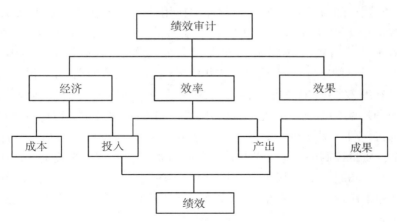

图 6-6　英国绩效与绩效审计的关系

更加强调特定投入的最大产出，或者产出一定的情况下确保投入最少；效果性，主要反映既定目标的实现程度与实际效果、预期效果关系对比分析。2011 年发布了新的《绩效审计手册》，将可持续性和支付能力引入绩效审计，并对绩效审计环节的质量控制等进行了更为详细的阐述。

英国绩效审计有以下几个方面突出特点：一是强调审计证据的充分性、可靠性和相关性，必须能用档案和其他证据证明绩效审计的结论；二是采用的技术方法灵活多样，既包括传统的审阅法、数据分析法，也包括以数理统计为基础的建模分析；三是绩效审计立项始终贯穿着对公共资源、公共资金、公共资产的使用，大多涉及医疗、教育、住房等民生问题；四是相对于财政财务收支审计，更重视绩效审计的事后总结和评估，更强调审计结论的有效性和改进建议，使其结论能够帮助被审计对象提高业务管理水平；五是要有特定的目的性，绩效审计并非研究工作，审计工作和结果要能够支持对政府的问责并且促进其整改。

英国绩效审计的根本目标在于促进被审计单位改善管理，提高效益。其具体目标则包括帮助被审计单位提高服务质量、以较低的成本实现既定目标、节省资金、改进工作方法、避免浪费，帮助被审计单位改进内部控制。自 1997 年颁布《绩效审计手册》以来，经过近 20 年的理论研究和实践探索，英国的绩效审计已经形成了一套行之有效、较为完整的审计体系。英国审计署每年大约能够完成 60 个单独的绩效审计项目，部分财务审计项目也扩展到绩效审计，其中社会医疗保障(医疗福利)审计是其绩效审计的重要内容之一，维护了公共财政资金的安全有效运行，尤其是在近些年英国大幅度削减财政资金的背景下，审计机关的绩效审计无疑成为保证公共部门服务质量、各部门节能降耗的推手。由于很多好的绩效审计项目是无法以节省多少财务开支加以衡量的，英国绩效审计的许多成果还表现在改进被审计单位服务的质量、提高工作效率和节约各种资源等方面。

2010 年以来，随着英国政治经济的地方化发展趋势，包括社会保障相关的公共服务提供模式，开始倾向由社会合作机构(Partnership)授权基本服务外包，因此公众对政府提供的公共服务质量提出了更高要求，政府及其公共服务的绩效逐渐成为公众和政府监管部门关注的焦点问题。随着公众对独立绩效评估作用的不断质疑，绩效审计工作也面临很大的挑战，推动中央和地方绩效审计出现了较大的变化，主要包括为了应对公众的争议，增强绩效审计报告的精确措辞，确保绩效结论的独立充分。英国国家审计署于2011年再次修订了《绩效审计手册》，将可持续性引入绩效审计和支付能力绩效审计，要求审计人员在绩效评估中考虑可持续性，将可持续性定义为决定和政策对经济、社会和环境的长期影响的状态，考虑财政和赋税主体的未来支付能力，将英国绩效审计的内涵扩展为经济性、效率性、效果性、可持续性和可支付性，将绩效审计实施过程中强调质量控制，质量控制的关键环节构成绩效审计循环，要求分为确定审计项目、制订审计计划、审计实施和起草审计报告、交换意见、发布审计报告、提交公共账目委员会审查、政府答复和跟踪检查九个关键环节(如图6-7所示)。绩效审计人员围绕这九个关键环节完成审计任务。

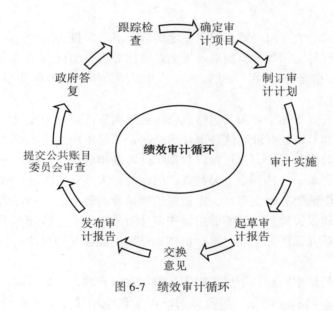

图6-7　绩效审计循环

(三)英国可持续发展绩效审计与医疗福利审计的内容、方法

随着英国社会保障福利需求的持续增长所带来的财政支付压力，英国包括医疗福利在内的社会保障绩效审计，在关注支付能力(Financial Affordability)的基础上，更加关注社会保障的可持续发展(Sustainable Development)问题。特别是20世纪70年代以来，在英国社会保障发展过程中，面临着越来越大的财政收入增长能力的挑战和内外部风险因素的困扰，因此，在对包括医疗福利在内的社会保障绩效审计时，特别强调被审计的政策或项目的可持续性发展。在2011年9月新修订的《绩效审计手册》中，对可持续发展的绩效做出了详细的说明和解释，并明确了判断一个被审计项目是否可持续的10个关键问题，成为新的绩效审计框架中非常重要的组成部分(见表6-5)。

表 6-5　判断绩效审计项目是否包含可持续性因素的关键问题

问题的类别	问题的具体描述
与结果相关的问题	政策(项目)的主要目标,是否与可持续发展,或者与社会及环境的挑战具有相关关系
	政策(项目)的目标,是否与政府碳减排的计划或其他公众关心的可持续性问题具有相互关系
	用于评价政策(项目)的成本效益分析,是否包含与环境和社会成本相关的效益分析
	政策(项目)的评价是否包括对环境或社会的间接影响,与经济、社会和环境因素的平衡,以及是否违反了可持续发展原则
	政策(项目)是否涉及可能影响后代的长远后果
	从更广泛的利益相关者关注的视角看,是否有证据表明政策(项目)存在潜在的负面环境或社会影响
与资源消耗有关的问题	政策(项目)是否涉及大量消耗非财务的资源,如能源、水和垃圾
与可持续性有关的常见的情况	绩效审计项目是否包括建设项目或主要基础设施项目的内容
	绩效审计项目是否打算对主要的采购工作和政府本身运行的有效性进行评估
	政策(项目)是否来自以可持续性或气候变化为重点考虑事项的政府领域和政策领域

从表 6-5 中可以看出,英国的社会保障可持续发展绩效审计主要关注结果、资源消耗和其他与可持续发展相关的问题,不仅关注经济产出的最大化,更加关注社会效益产出的最大化和负面影响的最小化;不仅简单地关注社会保障政策或项目的短期福利促进,还关注对后代的长远影响,这与英国社会福利在第二次世界大战以后快速建立时期,对福利水平的过度强调有显著的关系。英国的社会福利在内的改革中,将福利削减和国民健康服务体系(National Health Service,NHS)的效率作为改革的重点,尤其是关注医疗服务系统内部的市场竞争,以减少医疗服务系统的效率损失,提高系统决策的准确性和保障效果。

英国是较早实施全民免费医疗的西方国家之一,其国民健康服务体系自 1948 年成立以来一直承担着保障英国全民公费医疗保健的重任,遵行救济贫民的选择性原则,并提倡普遍性原则,其资金主要来源于国家税收,成为世界上国家财政负担规模最大的医疗服务体系。然而,该体系预算一直是困扰英国政府的难题,机构臃肿、人员冗余,日渐低下的效率也饱受民众诟病。因此医疗福利审计一直是英国审计署和审计委员会在整个社会保障领域审计中投入力量最多、涉及面最广的领域。具体来看,主要分为四个方面。一是针对不同类型疾病或服务群体开展审计。医疗领域里的 41 个审计项目中,有 15 个是对服务成本和效益问题的绩效审计,涉及癌症、老年痴呆症、类风湿性关节炎、中风等疾病,以及对干预酗酒问题、新生儿护理等方面。二是以提高医疗系统效率和管理水平为目的的审计。审计内容从医护人员的实际工作效率，到卫生部门用工政策对生产力的影响；从卫生部部署单位管理，到医疗机构的财务管理、资产管理；从医院低值易耗品采购，到审查药物处方成本，力求在宏观和微观层面提高医疗机构的效率，节约医疗成本。三是卫生部门具体建设或投资项目的审计。主要是对全国医疗信息系统建设、与私营公司合作成立联合公司，以及投资建设医疗园区项目的审计。审计署在这些报告中提出要吸取项目的经验教训，加强项目前期调研、选择项目合作方时引入市场竞争机制、及时获得项目有关信息并强化过程监督等意见建议。四是对医疗服务市场化和医疗机构社会化改革情况的审计。配合英国医疗体制改革方向，审计署陆续对医院的私人融资计划、新成立的社会化医疗服务机构、护理市场的客户自主选择、市场竞争等医疗服务与市场相结合等领域开展审计。

在绩效审计的方法上，社会保障领域技术方法的主要特点有以下几点。一是技术方法灵活多样。社会保障领域的绩效审计项目所采用的审计方法有质量控制法、观察法、咨询法、调查法、问题解析法、碰头会、统计分析法、成本分析法。二是使用频率最多的方法依次是访谈法、调查法和统计分析法（包括财务分析和其他定量分析），对审计对象进行统计学分析或通过构建经济模型进行分析，这些都是开展绩效审计工作的坚实基础。三是咨询法近年来日益受到重视，使用的频率上升。这意味着英国审计机构在开展审计时，更多地听取公共服务对象、公共服务提供商及相关利益人群的意见，反映出英国审计署站在纳税人的角度，试图在绩效审计报告中反映纳税人的观点。四是调查法和案例走访相结合，通过网站、电话或问卷等方式广泛开展调查，从而取得所研究问题的整体概念；同时通过现场抽查和走访，直接获得审计的一手数据。五是在综合运用各种方法的同时，特别重视专题研究和比较分析，在开展绩效审计时都十分重视比较分析方法的运用，分别与本地和外地的类似项目、实际的公共需求、相关的法规政策和技术标准、产出和预算相比较，找出差距，得出结论，并借鉴先进的经验提出审计建议。

从英国的医疗福利绩效审计的经验来看，绩效审计的指标构成主要包括国际社会制定的有关准则、国家立法机构颁布的各项规则，以及审计部门制定的各类指标，并定期推出绩效审计手册。2010年3月9日，英国议会通过了现行的《国民健康服务2010年审计实践准则》，明确规定了地方审计工作的性质、程度和范围，基本内容包括基本原则、准则的状态和应用、准则范围、审计范围和审计师目标、审计方法、廉正和客观与独立性、数据的安全和一致性；审计师与财务报表相关的职责；审计师与资源利用相关的职责；报告审计工作结果。

在具体的审计指标方面，英国国民健康服务体系的指标分为投入指标和影响指标两大类（见表6-6）。1983年通过的《国家审计法》设立了向议会负责的、自成组织体系但又在一定程度上受制于议会的国家审计署（National Audit Office），并在议会设立公共账目委员会（Parliamentary Public Accounts Committee）。《国家审计法》规定，国家审计署有权就政府部门和其他公共机构使用公共资源的经济性、效率性和效果性展开检查，而公共账目委员会负责讨论和审议国家财政事务和审查审计长的审计报告。

表 6-6　英国国民健康服务体系绩效评价指标

国民健康服务体系的投入指标	国民健康服务体系的影响指标
①通过规划预算的 NHS 花费统计分析； ②成年人保健花费的统计分析； ③病人在院期间接受已选择治疗的单位治疗成本； ④病人在院期间急症治疗的单位成本； ⑤病人到访医院寻求治疗的单位成本； ⑥接受社区保健的单位成本； ⑦病人因精神健康问题的单位治疗成本； ⑧全科医生询诊单位成本； ⑨社区药品处方单位成本； ⑩老年人、学习障碍残疾人和其他顾客群的居住与护理保健单位成本； ⑪(家庭帮助/保健的)在家社会医疗保健的单位成本； ⑫老年人、学习障碍残疾人和其他顾客群接受日间保健的单位成本	①地区之间生存期望值与健康期望值差异； ②期间存活新生儿中低体重新生儿数量； ③按照父亲职业划分为管理者、技术人员或中间群体的所有存活新生儿中低体重新生儿数量； ④按照父亲职业划分为常规群体和手工业者、从未就业和长期失业人员的存活新生儿中低体重新生儿数量； ⑤通过更好治疗可能避免的死亡(因健康保健原因致死)； ⑥因预防原因致死的死亡率； ⑦患长期疾病人员的生存质量； ⑧接受社会保健的成年人生存质量； ⑨不能通过常规要求住院的急诊住院数量； ⑩出院 28 天内急诊重新住院数量； ⑪民众对初级保健的感受； ⑫正在住院人员的感受(满意度)； ⑬对成年人社会保健服务的满意度； ⑭NHS 报告的安全事故/健康保健机构导致的严重伤害； ⑮NHS 报告的安全事故/健康服务机构

　　绩效审计范围包括公共部门或机构和年度收入有一半以上来自公共资金的机构。绩效审计的内容主要包括：通过检查掌握和使用公共资源组织的行为，评价其绩效，提出改善公共服务的建议；主要检查公共资源的经济性、效率性和效果性；仅限于对政策执行情况进行审计，对政策本身不提出任何质疑；以财务审计为基础，以特定审计项目设定的目的为标准。英国审计署在考虑公共账目委员会的建议后，有权决定是否进行绩效审计以及审计的时间和方式；有权决定是否向议会报告审计结果以及报告的时间和措辞；有权在合理的情况下查阅所要求的各种文件，并获取其他必要的资料和说明。

　　审计署的绩效审计重点放在各级政府社会保障部门履行职能的绩效。每年，英国审计委员会都会派出审计人员对地方政府进行审计调查，对这些政府及所属机构履行政府职能情况进行重点评估，尤其是社会保障过程中是否发挥作用、办事效率是否达到要求、办事人员工作是否敬业等，对此进行打分并进行档次划分，并且向议会和纳税人提供政府是否取得绩效的独立保证，并建议如何改善服务。对办事效率低下、不能发挥作用的政府机构，有权向议会提出建议，撤销该部门并进行重新组建。依据打分情况与排名，审计委员会将有重点地进行审计。绩效审计的目标是建立在特定情况下对绩效的深刻理解基础上得出明确结论。

　　《1998 年审计委员会法案》赋予了审计师审查被审计单位确保资源利用经济性、效益性、效果性的计划安排的特定职责。以前年度，审计师通过在国民健康服务信托机构实施"审计师地方评估"，在战略卫生局和初级保健信托机构实施"资源利用评估"履行上述职责，并发布绩效审计结论。目前设定的标准有：一是该机构为确保财务弹性，已做出恰当的计划安排；二是该组织已做出恰当的计划安排，并确保经济性、效益性和效果性。当审计师做出计划安排不到位的结论时，将对整个计划安排的缺陷性出具保留审计意见。当审计师认为发现的问题不会对整个计划安排产生重大影响时，他们将发布"例外"结论。对于更严重或普遍并对整个计划安排有重大影响的问题，审计师将发布否定结论。

（四）世界其他国家的社会保障绩效审计概况

1. 瑞典

瑞典具有非常完善的社会保障体系以及法律体系，依据法律对社会保障体系进行全面审计，是审计部门的主要依据。瑞典的社会保障基金中全部绩效审计和财务收支审计的工作都由国家审计署来承担，分别由社会保障基金财务收支审计司和社会保障基金绩效审计司两个独立的部门来承担。国家社会福利总局和其设在各地的福利办公室成为社会保障基金审计的主要对象。审计署的工作人员根据工作需要到国家税务总局、统计局进行相关数据搜集，前期的数据搜集并不会作为最终的数据结果，工作人员可以根据提供数据的相关部门进行数据前期的核实调查。瑞典国家审计署将其40%的审计资源用于绩效审计，绩效审计已成为其经常性审计内容。除国家审计署以外，也在议会下设了审计委员会，审计委员会则是每年通过研究分析以后，确定若干审计项目，然后通过社会招标，以签订合同的方式确定承担审计项目的机构。

瑞典的审计机关侧重制度的缺陷性、操作程序的规范性和实施过程的效益，采用的主要方法是计算机技术支持下的三张表格，即社会保障计算机软件运行情况审计表、法律法规符合情况审计表和社会保障经办人员执行工作程序情况审计表。由于计算机审计系统比较完善，而且系统涉及1.3亿个账目，因而瑞典将内部控制制度作为一项社会保障审计的主要内容，给予特别的重视。审计结果主要以三种形式向议会报告：一号审计报告是财务审计报告，主要是反映上一财政年度政府及其各部门的财务收支情况和存在的问题；二号审计报告是工作报告，主要是反映上一财政年度的社保审计工作开展情况；三号审计报告是绩效审计专项报告，主要反映社保基金使用的效率和效益的专项情况。社会保障审计项目根据审计结果的性质，决定以哪种形式报告给政府。

2. 德国

德国社会保障基金审计工作中，其完善的审计制度和预算决算起着至关重要的作用。根据《商法典》《社会法典》《审计法》《私人有限公司法》等法规制度行使审计监督，这类法规中的主客体都体现的是平等关系。例如德国的社会保障审计分别为国家审计、社会审计和内部审计等三部分，各自有明确的分工。联邦审计院和州审计院对国有保险机构的审计，主要是预算资金编制、使用的合法性和经济性，包括补助资金是否符合预算编制规定，预算资金的使用是否符合法律规定，是否经济有效；社会审计内容具有明确的法律依据，并随经济发展而不断修订和完善。社会审计内容主要是审查财务报表的合法性和规范性，保障投保者的利益及防范经营风险，判断对外投资是否安全效益、保险公司有无违法经营活动等。各审计机构的主体方面是国家审计和社会审计相结合，相得益彰；在内容方面主要采用合法性审计和公正性审计结合；在程序方面是原则性与灵活性相统一。政府采用这样的方式，不仅保证了社会保障经办机构的合理营运以及开展，同时也具备了合法性。内部审计是由保险公司内部审计人员从企业利益出发，对所属分支机构进行的审计和监督，主要依据公司章程、公司各项管理制度和内部控制制度开展审计，重点是对保险公司所有经济活动的经营审计。

3. 美国

美国从 20 世纪 60 年代就把审计工作的注意力转移到了绩效审计，成为世界上最早开始政府绩效审计的国家之一。后来从 20 世纪 70 年代起，美国会计总署把绩效审计慢慢变成规范，审计项目财务审计一般只占 15%。绩效审计占 85%。美国的社会保障审计内容涉及基金征缴、支付和投资的各个环节，以及参与运作的所有人员和社会保障管理运营的所有业务，提醒社保基金是否使用适当，还包括不同业务的决策、执行、监督和反馈等全部管理流程，对项目工作、政府机构等情况进行评估，并且在不同环节均有相应的部门负责监督，分工明确，继而监管社保基金是否按照相关法律有效使用，帮助完善联邦政府各项工作，并且加强对保险欺诈和基金安全与收益增值的财务审计，以及社会保险基金监管绩效等。这些都强有力地促进了美国财政资源利用率的提高。

4. 新加坡

新加坡的绩效审计发展与欧美发达国家相似，20 世纪 70 年代末期，国家审计署有 95% 的人员从事财务审计，而自从 20 世纪 80 年代起，新加坡效仿英国，聘请英国绩效审计专业人员进行技术培训，编制了相关绩效审计手册，绩效审计与财务审计逐渐平分秋色。

新加坡的《中央公积金法》经过多次修订后成为一部完善、健全的社会保障法律，成为新加坡社会保障待遇支付、数据管理、社会保障缴费以及基金投资运营等坚强的后盾，也是社会保障基金审计中符合性测试的重要前提。中央公积金由公积金管理局统一集中管理，因而在资金监管上特别强调法制化运作，实现高度的自觉性和规范性。国家劳工部负责制定政策和监督，但不参与具体事务管理，投资的职能由货币管理局和政府投资公司负责具体运营，国家审计署负责对公积金的投资规范性和收益情况进行审计监督，各投资机构通过内部审计对投资风险进行识别。① 审计的内容包括中央公积金管理局的资金运营规范性，以及保障资金的发放情况、个人资金的使用规范性及其监管绩效。对于社会保障基金投资运营公司的审计，则采取公司聘任社会审计人员进行审计的方式，具有明显的审计鉴证作用，以吸引个人资金选择本公司作为基金投资机构，也是为了满足政府机构监管的需要。审计报告可以根据审计情况上报议会，也可以向社会公开，虽然不能直接对被审计对象进行处罚，但审计结果对展开舆论监督具有极高的权威性。

四、我国社会医疗保险基金绩效审计的策略选择——以新农合基金为例②

2003 年开始，我国逐渐推行了新型农村合作医疗制度，现已形成了农民个人缴费、

---

① 王英毅：《新加坡绩效审计》，载《审计月刊》2006 年第 2 期，第 50~51 页。

② 李礼：《新农合医疗保险基金绩效审计的策略选择》，载《审计与理财》2018 年第 7 期，第 22~24 页。

集体扶持和政府资助相结合的基金筹集模式。随着国家财政投入资金规模的不断提高，以及参合农民数量的持续增加，新型农村合作医疗基金（以下简称"新农合基金"）也处在了较高水平。但新农合基金在管理当中还存在体制和机制的问题。为此，有必要针对新农合基金持续开展绩效审计工作，确保基金的筹集、管理与使用都处在有效监督之下，保障基金的安全有效运行，为保障农村居民的医疗保障权益最大限度地发挥作用。

（一）新农合基金绩效审计的现实意义

新农合基金的来源广泛、渠道多样，具有相对特殊的运作范式。因此，在对这类基金开展绩效审计时，和传统财务审计不同的是，重点要放在审计对象对职责的履行效果方面，尤其要对基金管理、资金分配和使用后的成效进行评判，更要对其经济性和合理性开展审计工作。此外，要对审计对象的基金管理使用情况，包括资金的投入和产出，以及产生的经济效益与社会效益等进行监督。① 借助对新农合基金经济性、效率性与效果性的绩效审计，能够在很大程度上规范基金的筹集、管理与使用，对于确保基金安全性、完整性大有裨益，也能够借此降低非法行为的发生。此外，通过绩效审计的介入，还能够让新型农村合作医疗制度更好地保障农民的身体健康与切身利益。

（二）新农合基金的绩效审计过程

需要依据设定的审计目标与审计方案进行，在优化审计内容与审计重点之后，按照以下过程开展工作。①确定新农合基金的绩效审计目标。在审计工作开始之前，需要安排专人检查新农合财政专户，看其是否以"收支两条线"开展工作。同时，要检查新农合基金的保值增值管理的有效性、合法性和合规性，对基金保值增值操作中存在的违规购买高风险投资品种等问题要予以关注，以确保基金安全。②对审计对象内部控制情况开展审查。审计人员在对新农合基金进行绩效审计时，应随时、随机观察新农合基金的报销情况，查看患者合作医疗卡、身份证（或者户口本）以及转诊证明等相关资料的真实性，防止出现冒名顶替的情况，让套取基金的行为消失在萌芽之中。此外，审计人员应检查患者医院出入院标准是否和实际情况相符，对于诱导农民住院和过度医疗的行为要坚决予以纠正。③对审计对象的财务收支情况进行审计，确保其具有真实性和合法性。在这一环节，审计人员需要针对财务收支的情况确定审计目标，据此对新农合基金的财务收支会计处理过程和结果进行审查，看其是否符合现行的会计准则和相关规定，同时要审查审计对象会计报表编制和列报的真实性和完整性，借此发现因差错或者舞弊带来的会计信息失真和不对称等问题。

（三）新农合基金绩效审计的难点

对我国新农合基金绩效审计工作进行考察和分析之后发现，基金无论是在筹集、管理还是在使用过程中，都存在筹资水平低下、基金结余数额较大的问题。更为重要的是，由

---

① 张洁、王明珠：《沂水县新农合基金绩效审计探讨》，载《合作经济与科技》2017 年第 13 期，第 89~91 页。

于监管的缺位，出现了很多错报漏报、资金被挪用的情况。① 这些现象的出现，使得部分农民因病致贫返贫的问题没有得到根本解决。因此，在新农合制度运行的过程中，需要对新农合基金绩效审计的难点进行准确而全面的把握，使其能够体现经济性、效率性和效益性。

1. 药品进销管理规范性有待提升

我国新型农村合作医疗制度相对于城镇职工基本医疗保险制度起步较晚，有关部门对医院药品的进销工作缺乏有效的监管与限制，这就使得部分以营利为目的的医院借助抬高药品售价以及医生大量开药的形式攫取更多利益。尤其在药品进销环节上，已有的审计工作发现，过去几年，虽然国家对相关药物采取了限价处理，以此降低农民的医药支出负担，但是还有很多西药通过变换药品名称等形式赚取"天价差价"。比如，部分治疗糖尿病的特效药的平均差价率超过 1000%，部分进口消炎药的平均差价率超过 500%。

2. 报销补偿机制的合理性不足

在参加新农合的过程中，农民受益在很大程度上依靠报销补偿制度，以此消减就医负担。可是，在很多情况下，农民对新农合报销的范围和比例表现不满，报销制度存在十分明显的缺陷。比如，虽然新农合定点结算机构会对新农合报销目录中的药品依据特定比例进行补偿，但补偿之后的药价依旧处于高位。究其原因，是因为报销范围狭窄，农民就只能报销当地颁布的目录内给出的项目，很多病种和诊疗项目均不在报销范围之内，农民无法从中获得实惠，使农民参合的积极性大打折扣。

3. 套取资金现象禁止难度大

部分医院虚构业务作假账，借此套取新农合基金。即便如此，在调取原始凭证，到药厂和银行等相关部门获取有价值的信息时，也只能得到一些间接证据，导致审计难度无形中增加。同时，部分医院借助假发票和编造虚假购销药品业务的方式，以现金支付形式代替医院的相关支出，借此获取非法收益，并在这一过程中完成了对税收的"合理避让"②。这是因为在我国长期处在城乡分割和地区分割的状态，农村医疗保障的发展状况一直弱于城市医疗保障，新农合虽然将农村人口吸纳在保障体系之内，新农合基金也在保障农村居民的医疗健康方面发挥着关键性的作用，但监管工作却未能及时跟进，造成新农合总体布局绩效较差。

4. 过度医疗导致基金浪费严重

在利益的驱使下，一些医院的管理重点不断转移，越来越多利润较高的环节受到了决策层的关注，而其他环节的管理极为松散。这样就出现了医生乱开药、乱检查的现象，验血、超声波等诊疗频率长期处于高位。比如，某县级医院出现了一人一年的微波治疗超过 150 次，一人一年的 B 超次数超过 50 次、一人一次就医验血超过 10 次，彩超检查一年超

① 陈智、朱海涛、俞宏：《新农合医疗基金审计实践思考》，载《财会月刊》2015 年第 2 期，第 82~85 页。

② 席大靖：《新农合医疗基金审计的不足及建议》，载《行政事业资产与财务》2016 年第 25 期，第 85~86 页。

过 30 次。如此过度医疗看似是对患者的"关心",但无形中增加了医院和患者本身的负担,也让新农合基金的使用出现了偏差。以后如果不对这类涉及医疗服务质量与医疗服务费用的不规范行为进行严格监管,就会继续损害农民健康并增大农民医疗费用支出,甚至会影响农民对新农合制度的信任度,打消参保积极性。

(四)新农合基金绩效审计的策略选择

为了充分发挥新农合基金作用,进行绩效审计时,需要在拓宽审计范围、强化"顶层设计"的过程中,追踪专项资金的流向、识别过度医疗资源、完善准入体制与法规建设、创新审计方法,促进新农合和城乡居民医疗保障体系的持续发展和进步。

1. 完善准入体制与法规建设

目前,新农合定点医院的诊疗水平存在较大差异,管理机制和体制建设也高低不一。为此,政府需要发挥其主观能动性,对此类意愿进行级别划分,对部分管理规范、具有较高社会信誉、能够严格遵守医保政策和新农合政策的医院,要在用药、诊疗科目的选择方面放宽准入限制,让更多民营医疗机构进入新农合定点医院的队列。同时,地方政府要对新农合定点医院加强管理,与审计机构共同开展监督工作,尤其要对定点医院实际发生的财务数据与业务情况开展系统审查,以此保证新农合业务合规和合法。

2. 创新审计方法

随着医疗保障体系保障范围的持续扩大与保障程度进一步提升,单纯依靠查阅档案、账表以及凭证的办法已经难以满足绩效审计全覆盖的时代要求。因此,对新农合基金进行绩效审计时,需要统筹和调配审计力量,对审计组成员及其专业结构进行调整和优化,借此强化绩效审计的整体性与宏观性。比如,在这一过程中,有必要推行计算机审计、大数据审计和云审计,借助数据库和云计算等知识对新农合基金信息管理系统内的资金筹集、管理与使用之数据予以全面而有效的审核,让审计范围更加全面,审计风险更加可控,在有效提升绩效审计效率的同时,防止基金被挤占与挪用。

3. 追踪资金的流向

对新农合基金开展绩效审计时,应根据经验对医院的新农合财务与相关业务开展全面审查。期间,不应单纯局限在会计报表与业务报表本身,还应对审计对象的原始会计凭证与具体业务发生凭证之真伪予以审查,借此追踪相关资金的流向。比如,可以联系药厂和银行等组织,取得药品发货单和银行对账单等资料,验证审计对象业务的真伪。这样,确保绩效审计结果更为准确,不会被审计对象的会计报表与业务报表表面现象迷惑。

4. 识别过度医疗资源

在套取新农合资金的过程中,因为诊疗模式的多样性和非标准性,以及患者对诊疗方法没有形成足够而正确的认知,使得过度医疗逐渐成为十分普遍又具有隐蔽性的操作范式。因此,对新农合基金进行绩效审计时,需要重点识别过度医疗问题,这对于审查新农合医院诊疗行为是异常关键的。期间,需要认识到医院业务具有较强专业性的特点,审计人员要在开展审计工作时,经常性地咨询外部专家,让筛选出的相关数据得到有经验的医务人员与专家学者的指点。此外,审计人员要不断搜集新农合管理部门信息系统内的有关数据，对新农合定点医院的诊疗数据予以全面筛查。比如，要依据患者的就医次数、医生坐诊频率以及发生的诊疗金额等口径开展查询工作，借此发现存在的不合理信息，判断诊疗工作中的不合理之处。

五、我国社会医疗保险可持续发展的绩效审计体制机制框架

我国社会医疗保险制度要确保可持续发展，就必须在保证基金财务安全的基础上，通过有效的绩效审计体制机制的建立，对社会医疗保险制度及其运行体系的平稳运行提供保障。在绩效审计体制上要建立以国家政府审计为主体、社会审计和内部审计为辅助的全方位审计体制，并通过不同体制内各组成部分的协同合作机制，提高绩效审计的质量。

（一）建立社会医疗保险基金绩效审计法律与制度框架

前面讨论的几个典型国家积累的社会保障绩效审计经验都有几个共同的前提条件：一是政府预算管理体系下的财务审计已经规范化和制度化，且财政财务活动中的违法问题相对较少，合规性审计不再是审计重点；二是法律制度相对完善，对行政机关的绩效审计结果通过立法机关的监督得以落实。

现阶段我国的社会医疗保险基金审计所适应的法律环境主要有以下几个特点：一是主要依据的审计法律体系，即实施审计时依据的法律法规；二是主要依据的现行《社会保险法》和各项医疗保险制度，即查出问题后对其进行认定依据的法律。对于我国现行的医疗保险制度及相关社会保障法律法规尚存在立法层次不高、体系结构残缺等问题，只能成为社会医疗保险基金的财务安全监管的基本法律依据，目前我国绩效审计法律制度仍存在很多立法空白，这给绩效审计体制机制的实践造成了极大的困难。

很长一段时间内，我国审计的法律依据还停留在效益审计层面。2006 年修订的《中华人民共和国审计法》总则第一条明确了制定审计法的目的是"加强国家的审计监督，维护国家财政经济秩序，提高财政资金使用效益，促进廉政建设，保障国民经济和社会健康发展"。2010 年的《中华人民共和国审计法实施条例》总则第二条对审计的界定——"审计机关依法独立检查被审计单位的会计凭证、会计账簿、财务会计报告以及其他与财政收支、财务收支有关的资料和资产，监督财政收支、财务收支真实、合法和效益的行为"，也仍没有对审计的含义加以外延。从严格定义上讲，我国学者倾向将效益审计外延至绩效审计[①]，但效益审计只是国际绩效审计界定中的一个部分。

为此，国家审计署提出"财政资金运用到哪里，审计就跟进到哪里"的指导理念，在保证财政资金安全审计的前提下，不断扩大绩效审计工作，并将审计提升到国家治理的层面。国家审计是国家治理的重要组成部分，是经济社会健康运行中内生的具有预防、揭示和抵御功能的"免疫系统"，是维护国家安全、监督制约权力运行、维护民生权益、实现国家良治的重要途径。[②] 这是我国国家审计的发展方向，是审计各项职能的综合与深化。

---

① 彭华彰等：《社会保障审计理论与实务》，中国时代经济出版社 2007 年版，第 97~98 页。

② 刘家义：《论国家治理与国家审计》，载《中国社会科学》2012 年第 6 期，第 60~72 页。

我国社会医疗保险审计规划的方向应该是在进一步提高国家审计的独立性的前提下，继续重视对医疗保险基金的财务收支规范进行全面审计，促进医疗保险基金安全运营管理；积极探索医疗保险基金的使用绩效审计，提升基金的运行效率；建立健全医疗保险基金审计公告制度，提升基金运行的透明度，推动公众与舆论参与监督。

英国的《国家审计法》对绩效审计做出了明确规定，英国先后三次颁发了《绩效审计手册》，制订了绩效标准、审计技术方法指南和绩效审计框架，对绩效审计的原则和工作流程，以及如何处理绩效审计报告，都提出了具体的要求。而我国社会保障绩效审计尽管有一定的探索与实践，但总体来说尚未形成稳定的和具有约束力的制度与规范。社会医疗保险基金绩效审计虽然审计结果不具有法律效力，但仍然需要把绩效审计视为一项常规工作，对绩效审计的宗旨、目标、范围和工作规范做出制度安排，在审计规范和相关的审计活动协调方面，还需要特定的政策法规框架和具体的制度安排。同时，通过对社会医疗保险基金的绩效审计，可以揭露现行医疗保险制度存在的问题，进而提出对医疗保险制度有针对性的改进建议，达到以审促制的效果。

（二）构建社会医疗保险基金绩效审计的指导性准则与评价指标体系

前述的典型国家都制定了适合国情的绩效审计准则，用于指导和评价社会保障制度执行情况和效果在内的各类绩效审计的实施。我国 2011 年 1 月 1 日实施的《中华人民共和国国家审计准则》第六条提出"审计机关的主要工作目标是通过监督被审计单位财政收支、财务收支以及有关经济活动的真实性、合法性、效益性，维护国家经济安全，推进民主法治，促进廉政建设，保障国家经济和社会健康发展"，并将效益性界定为"财政收支、财务收支以及有关经济活动实现的经济效益、社会效益和环境效益"。因而该准则不仅是财务审计的基本准则，也可以作为绩效审计的基本准则之一。

相对于财务审计，绩效审计往往是作为一个专项审计项目实施的，在专项审计中，调查项目的审计实施方案应当列明专项审计调查的要求。《中华人民共和国国家审计准则》第六十一条规定，审计人员可以从控制环境（包括管理模式、组织结构、责权配置、人力资源制度等）、风险评估（被审计单位确定、分析与实现内部控制目标相关的风险，以及采取的应对措施）、控制活动（根据风险评估结果采取的控制措施包括不相容职务分离控制、授权审批控制、资产保护控制、预算控制、业绩分析和绩效考评控制等）、信息与沟通和对控制的监督等方面了解被审计单位相关内部控制及其执行情况。这其中的很多内容已经与绩效审计的内容相互交叉了。

但是，绩效审计毕竟与财务审计的内容差异较大，尽管在审计工作规范上，可以参照审计准则展开审计，但在审计的标准和指标方面，社会医疗保险基金绩效审计尚未建立，因而还需要在指导性共同准则基础上，根据经济性、效率性和效果性三个审计维度，设计医疗保险基金绩效审计的一级指标和医疗保险基金使用情况的二级指标，来构建社会医疗保险基金绩效审计的评价指标体系（见表6-7），检测基金的真实情况是否能够达到评价标准，从而得出审计结果，提出突出问题与风险隐患，为科学评价医疗保险制度的运行绩效提供重要依据。同时，也促进了医疗保险管理规范化，确保基金安全，推动制度进一步完善。

表 6-7　社会医疗保险基金绩效审计评价指标体系

审计维度	指标类别	一级指标	二级指标
经济性	定量指标	收支平衡性	基金结余率、基金收入总额占 GDP 的比例
		低成本性	基金管理成本率
		保值增值性	基金投资收益率
		违法滥用性	基金违法率
	定性指标	管理制度	基金使用合规性、基金监控有效性、基金管理制度健全性
效率性	定量指标	增长情况	基金收入增长率
		配置情况	医疗资源配置率、基金到位率
		风险系数	基金投资损失率
		基金落实情况	基金实际征收率、基金实际支出率
	定性指标	业务管理	制度执行有效性、医疗结果可控性
效果性	定量指标	参保情况	医疗保险参保率
		满意度	参保人员满意率
	定性指标	基金预定目标规划执行情况	
		被审计人员综合素质	
		基金管理水平	
		综合社会贡献	

(三) 建立医疗保险基金绩效审计的反馈机制与绩效促进机制

审计的最终目的是规范被审计单位，督促其更为有效地工作，简言之，查错防弊，重点是组织行为的合法性。绩效审计的目的是评价被审计部门或机构履行职责时有效利用资源的情况，并借此促进组织改进管理和服务质量，重点是组织行为的合理性。因而有必要建立绩效审计结果的反馈机制和促进机制。2013 年 10 月 26 日世界审计组织第二十一届大会通过的《北京宣言——最高审计机关促进良治》重申了 1977 年《利马宣言——关于审计核心原则的指南》和 2007 年《墨西哥宣言——关于最高审计机关的独立性》所阐明的国家审计的基本原则和独立地位，强调了"通过开展审计，公布审计结果，对公共部门进行问责，促进政府和公共机构履行使用和保障公共资源的职责，以提高透明度，落实问责制。最高审计机关向社会和公民提供已经验证的关于政府机构和官员的履职信息，从而促进提高政府的透明度"，"加强公共财政绩效审计，以确保财政的中长期可持续性，促进良治"[1]。绩效审计作为一项促进社会、经济可持续发展的有效手段得到广泛的认同。

---

[1]　中华人民共和国审计署网站：《北京宣言——最高审计机关促进良治》，http://www.audit.gov.cn/n9/n459/n462/c15751/content.html。

《中华人民共和国审计法》第三十六条规定，可以就有关审计事项向政府有关部门通报或者向社会公布对被审计单位的审计、专项审计调查结果。《中华人民共和国国家审计准则》第一百六十五条规定，审计人员在审计实施过程中，应当及时督促被审计单位整改审计发现的问题。审计机关在出具审计报告、作出审计决定后，应当在规定的时间内检查或者了解被审计单位和其他有关单位的整改情况。

经过财务安全审计工作后，目前我国社会医疗保险基金的违纪违规、挤占挪用行为已大幅度减少，医疗保险的管理工作得到了加强与改进。但对于医疗保险制度运行的效果，还存在很多效率低、效果差和不经济的现象，医疗保险基金的保值增值能力不足，体制运行臃肿，这些都将影响医疗保险制度的可持续性，增加制度的运行成本，因而，还需要运用绩效审计结果，查对影响效率、效果和效益的各种弊端。这必然需要更为完善的审计反馈机制和由此建立的绩效促进机制。

另外，绩效审计不会像财务审计那样追究被审计对象的法律责任，因此在反馈机制上缺乏有效的监督机制与改进动力。英国政府对于社会保障绩效审计的结果不做结论性的评价，但是会通过面向公众媒体公布来形成强大的舆论影响力与社会公众监督管理，也促进了更大的工作绩效改进推动力。很长一段时间内，我国国家审计机关的审计结果一般只作审计意见书，在被审计单位和财政税务部门内部文书印发，一般不向外部印发。在2016年8月至9月，国家审计署组织地方审计机关对于抽查的28个省本级、166个市本级和569个县（市、区）的城镇职工基本医疗保险、城镇居民基本医疗保险、新型农村合作医疗、城乡居民基本医疗保险等医疗保险基金进行了专项审计，将2015年和2016年上半年的基金管理使用情况于2017年1月24日在中华人民共和国中央人民政府网站、审计署网站上向公众公布了审计结果①。其中，对于审计发现的医保业务经办和基金管理方面存在的主要问题及整改情况进行了公布，这对于推进健康中国建设，深化全民基本医保制度改革，保障医疗保险基金安全，促进提高医疗保险基金的使用效益等方面产生了积极作用。但是，由于是站在全国层面的审计结果公布，没有具体明确的省份数据，因而，在具体的绩效监督和促进上，尚不具备明显的促改作用。

第三节　社会医疗保险基金的风险预警机制建设

社会医疗保险基金的风险监管，目的是保持基金平衡运行，确保基金的可持续性，由此保证社会医疗保险制度的可持续发展。对风险的分析和管理，以及医疗保险基金的财务安全、绩效审计都是为了更好地促进社会医疗保险基金的运行效率和基金补偿能力的改善。社会医疗保险体系是一个复杂系统，涉及多个保险费用缴费主体、存储医疗保险基金的银行和提供基本医疗药品服务的定点医药机构，因而在社会医疗保险基金支付能力的预警方面，也需要建立相应的预警子系统，从单个主体的风险预警开始，构建社会医疗保险基金预警的机制。

---

① 中华人民共和国中央人民政府网站：《审计署发布医疗保险基金审计结果》，http://www.gov.cn/xinwen/2017-01/24/content_5162954.htm。

一、风险预警与社会医疗保险基金风险预警

(一)风险预警的含义

"预警"一词来源于军事，主要是指通过预警飞机、预警雷达、预警卫星等工具来提前发现、分析和判断敌人的进攻信号，并把这种进攻信号的威胁程度报告给指挥部门，以提前采取应对措施。预警，顾名思义，针对风险事先发出警报，指在需要提防的风险如灾害发生之前，在运用现有知识和技术的基础上，根据以往总结事物的发展规律或观测得到的可能性前兆，向相关机构发出紧急信号，实施预告和示警，报告危险情况，以避免风险在不知情或准备不足的情况下发生，从而最大限度地降低风险造成损失的行为。它是在事物运行过程中，对可能发生的风险和危机进行事先预测和防范的一种战略管理手段，可以为进行某些决策、实施某些防范措施和应对措施提供依据。

随着社会经济的发展和风险预警系统的日趋完善，预警在社会各个领域得到了广泛的应用。从不同角度可将预警进行不同的划分，从性质上可分经济预警与非经济预警(社会预警、军事预警等)，从范围上可分为宏观预警与微观预警，从时间上可分为短期预警与长期预警。

(二)社会医疗保险基金风险预警

将风险预警系统技术引入社会医疗保险基金风险管理，并经过内化后形成社会医疗保险基金风险预警系统，可对基金的整体风险进行动态监测，及时发现基金危机征兆，提醒医疗保险管理者采取对应措施，确保基金平稳运行。社会医疗保险基金的风险主要来自由于各种内外因素造成的财务收支不平衡，因此对社保基金的风险预警应属于经济预警研究范畴。

二、构建社会医疗保险基金风险预警系统的必要性

首先，构建社会医疗保险基金的风险预警系统有望对社会医疗保险基金收支变化进行系统连续的监测分析，识别风险来源、范围、程度和趋势，进而发出对应预警信号。据此信号，可以对潜在风险采取防范措施，从而将危机消灭在萌芽状态。建立社会医疗保险基金的风险预警机制，有望使事后的风险损失控制转化为事前风险控制，从而更加清楚地了解社会医疗保险制度的运行状况，为医疗保险政策调整提供依据，为管理决策机构快速提供实时性强、准确度高的综合数据，进一步提高医保管理工作的质量。

其次，构建社会医疗保险基金的风险预警系统可以有效避免基金被挤占和挪用，对由于人口变迁形成的基金支出风险进行预防，确保基金的安全，是完善我国基本医疗保险制度风险管理的重要手段。只有构建了社会医疗保险基金的风险预警机制，确保了基金的安全，才能减少基金风险，从而有助于社会医疗保险基金的投资，使基金实现保值增值。风险预警机制的构建可以使风险在发生前就被扼杀在摇篮里，可以有效降低因风险而引起的经济损失，以及因弥补损失而产生的人力、物力、财力，从而最大限度地降低制度的运行成本。

再次，构建社会医疗保险基金风险预警机制有助于从源头防范制度运行过程中出现的道德风险问题，抑制人们钻制度空子的投机心理，端正人们的道德观念。只有每个人自觉维护社会医疗保险制度，遵守制度规则，才能使制度健康地运行。通过研究如何构建社会医疗保险基金风险预警机制，可以提高参保人员对社会医疗保险制度重要性的认识，可以帮助人们了解我国社会医疗保险各方面的风险因素，可以加强人们对我国医疗保险制度风险预警的关注。面对前文所述的各种风险的威胁，我们只有进行科学、超前的风险预警并及时制定相应的对策，完善我国社会医疗保险制度，才能进一步优化就业结构、产业结构，促进收入分配改革，降低失业率，保障因失业、工伤、生育、生病等各种原因而引起的生活困难人群的基本生活水平，抑制矛盾激化，维护社会稳定。因此，加强社会医疗保险基金风险预警的意义重大，迫在眉睫。

三、社会医疗保险基金风险预警机制指标体系设计的原则

社会医疗保险是一个非常复杂的概念，对其进行风险预警是十分困难的，需要建立一个科学全面的指标体系，反映社会医疗保险基金风险运行的实际状况，并以此进行预警分析。可以说，指标体系的设计是影响预警系统有效性的重要因素。社会医疗保险基金风险预警机制的指标应该能够准确、有效地反映社会医疗保险的风险。因此，在设计指标体系时应该遵循如下原则。

①全面性原则。全面性是指社会医疗保险制度涉及面广、系统复杂，不能看作一个孤立的个体，而是要综合考虑经济、政治、文化、社会等因素对社会医疗保险的影响。

②科学性原则。社会医疗保险基金预警是为了分析、预测基金运行风险，保证收支平衡，因此社会医疗保险基金风险预警机制指标体系的设计要建立在对社会医疗保险制度科学研究的基础上，要符合制度运行的特点、规律。科学性是保证预警机制合理有效的基础。

③动态性原则。风险预警是一项长期性、常态化的工作，指标体系建立起来之后并不是一成不变的。随着社会经济的发展与改变，社会医疗保险也在不断地发展变化，其面对的风险也会有所改变。此时，反映风险状况的指标也要进行相应的调整，以适应不断变化的实际情况。

④可操作性原则。建立指标体系必须量力而行，从医疗保险具体工作中选择易于量化、明确、具体的指标，还要考虑到数据的搜集问题。没有大量、可靠的数据作为支撑，再完美的指标体系都无异于沙上建塔，没有实际意义。

四、社会医疗保险基金风险预警机制的主体结构

社会医疗保险的行为主体包括承担保险费用缴纳的个人、用人单位、政府和社会组织。目前，我国基本实现了全民医保，对保险费用缴纳主体的风险预警，主要是对理论缴费额度和实际缴费额度、保险基金是否存在较大幅度的波动做出判断，进而了解是否存在中断保险问题，了解导致保险基金大幅波动的主要原因。由于不同缴费主体的基金筹集来源与方式不同，因而需要分别建立预警指标进行分类观察分析。在此，从参保个人、用人单位、政府财政和社会组织四类主体，分别建立经济支付能力预警指标体系，包括同步指

标、先行指标和滞后指标三类，分析基于保险费用来源主体的对医疗保险基金筹集能力预警的指标体系（见表6-8）。

表6-8　社会医疗保险基金筹集能力预警指标体系

保险费用承担主体	先行指标	同步指标	滞后指标
参保人员	可支配收入实际增长率	医疗保险费用足额到位率	医疗保险人数年内中断率
用人单位	用人单位资产负债率	用人单位按期足额缴费率	正常缴费用人单位破产比
政府财政	政府财政债务违约规模比	政府财政补贴足额到位率	保险机构基金拖欠比
社会组织	金融机构坏账率	基金储蓄利息足额转入率	银行支付基金利息拖欠比例
	社会筹集资金收窄幅度	社会筹集资金基金贡献率	社会慈善机构转入下降速度

由于社会医疗保险基金的安全性主要是观察各个保费分担主体是否及时足额缴纳保险费用，因而首先要对保险费用的到位情况进行观察，判断资金到账的及时性和充足性，如果医疗保险费用没有在合理的波动空间内足额及时到账，就必须对现行指标进行分析，判断是否由于保险费用分担主体的缴费能力受到严重影响。一旦滞后指标达到风险控制程度，就说明医疗保险基金可能会出现严重的筹集不足风险，可能会损害参保人员下一年度或年度内未来时期就诊费用补偿的及时性。

对社会医疗保险基金保险费用的筹集能力，首先是对先行指标的数据建立监测机制，如果先行指标达到风险界限，要及时分析其对同步指标之间的影响情况，判断是否能够最终对医疗保险基金的正常征缴产生直接的影响，以及这些影响是否会对年度医疗保险基金的筹集与使用平衡造成破坏。其预警界限次序是先观察先行指标是否在正常或轻微波动范围内，如果正常波动，则无须对其影响进行评价，如果进入危险预警线以上，则需要对同步指标的波动是否属于正常值范围进行判断，并以滞后指标是否出现波动做出判断。在必要的情况下，由于社会成员之间的指标数值差距较大，可以同时对同步指标、先行指标和滞后指标进行分析，以了解是否在局部地区出现影响医疗保险费用的不利因素，并对不利因素采取有效的监控措施。

五、社会医疗保险基金风险预警机制的层次结构

由于不同的保险费用经济支付主体对医疗保险基金的分担规模不同，因而对医疗保险基金的安全影响作用也不同。在城乡居民基本医疗保险方面，缴费主体是政府的财政资金，分担了80%左右的医疗保险费用①，因而政府的财政资金充分率对城乡居民的医疗保险费用支付具有决定性的影响，在预警机制上，应该重点对政府财政资金的支付能力做出

---

① 由国务院规定的城镇居民医疗保险与新型农村合作医疗制度2011—2015年筹资水平中财政支出占比得出。

监测和预警。而对于居民承担的医疗保险费用，又以低收入群体的支付压力最大，需要重点关注低收入人口的经济收入波动情况，尤其是接近贫困线的居民为关键监测对象。对于城镇职工基本医疗保险，缴费主要是由用人单位分担，约占总的保险费用的70%，而且职工个人缴纳的医疗保险费用，是由用人单位代扣缴纳的，与单位缴纳部分是合并在一起的。因而对城镇职工医疗保险基金的筹集能力，重点监测用人单位的医疗保险费用支付能力相关的经营收入水平。灵活就业人员和进城务工人员的医疗保险具有高度流动就业的特点，他们的缴费存在一定的随意性，中小企业往往存在违规缴纳保险费用的问题，因而需要重点监控缴费的合规性。

对缴费主体的经济支付能力的监控，主要是针对经济支付能力较低群体的监测，是参保人员和分担主体的数量规模监测预警；而层级结构的监测，主要是从医疗保险基金的筹集规模角度，对医疗保险基金的波动风险进行监测预警。如果承担保险费用的主体不出现经济支付能力明显不足的情况，则可以有效弥补偏低支付能力者的缴费缺口，起到对保险基金筹集与使用平衡的调节作用。基于该基本原理，在社会医疗保险基金风险预警机制上，要依据总费用的分担额度，分层次重点监测。风险预警机制的层级结构与相关指标，见表6-9。

表 6-9　社会医疗保险基金风险预警机制的层次结构体系

风险预警机制层级	制度的平稳性监测	制度的偏离性监测	制度的系统性风险
第一层重点监测内容	医疗经费投入的平稳度	地区财政赤字规模	地方政府债务规模
	企业员工医疗福利水平	企业职工被动失业率	原材料采购指数
第二层重点监测内容	家庭医疗保健支出额度	家庭收入增长能力	家庭老龄人口比例
第三层重点监测内容	医疗保险基金年度结余	医疗费用增长速度	通货膨胀率
保险系统的绩效监测	保险费用征缴完整程度	医疗保险参数调整	医疗保险系统差错

首先，政府是社会医疗保险的第一责任主体，在社会医疗保险制度运行过程中政府不仅起到兜底的作用，而且是社会医疗保险缴费的主要来源之一，由此政府的财政充裕度直接影响着医疗保险基金的收入，所以应该重点监测政府财政的收支情况、医疗经费投入情况、地方财政赤字规模等，还要监测影响政府财政收支的重大影响因素。

其次，在城镇职工基本医疗保险费用分担主体中，用人单位缴费部分至关重要，企业的经营增加值通过产业链和产品流通系统，对整个社会成员的收入与消费起到重要的影响作用。因此，针对企业层面的风险预警应该重点监测原材料采购指数、世界贸易环境、资本市场等外部经济环境等风险因素，这些因素的稳定与否将影响企业收入和盈利能力。

再次，城乡居民基本医疗保险是以家庭为单位筹资的，如果家庭筹资能力出现问题，或者出现较大的医疗费用自付额度，将会导致整个家庭成员难以支付医疗保险费用。目前，我国老龄人口呈现老龄化、高龄化、独居化"三化并存"的状态，同时又出现家庭规模小型化、家庭结构核心化、养老功能脆弱化"三化叠加"的趋势，这些都对医疗保险基金分筹集与支付具有重大影响。因此，针对家庭层面的风险监测与预警，应该重点监测家庭收入增长能力、家庭老龄人口比例、家庭医疗保健支出额度等因素。

最后，针对社会医疗保险基金的保值增值和支付问题的监测，既要关注制度运行过程中医疗保险基金的保值增值能力问题，还要关注参保人员违反医疗保险管理法规和政策，弄虚作假、隐瞒真实情况骗取医疗保险待遇或医疗保险基金的行为等医疗保险参保欺诈问题[1][2]，以及基金管理机构人员侵占、挪用或者与他人合谋骗取医疗保险基金的内部欺诈问题[3]。在支付补偿方面，重点关注定点医疗服务机构违反医疗保险相关法律、医疗保险服务协议，通过虚构事实、虚假申报达到骗取医疗保险基金的支付欺诈行为[4]，以及重点监测引致需求问题，特别关注当前普遍存在的双重收费价格和大处方与大检查等问题。这些问题已经成为在经济社会平稳发展时期，对医疗保险基金安全性影响较大的风险。

上述风险预警的重点是对医疗保险基金收支起到直接影响作用的风险。除此之外，还需要对社会医疗保险制度运行的有效性进行绩效审计。前三个层次的风险预警机制，主要是确保医疗保险基金平稳筹集能力，以及医疗保险基金的安全使用。但从医疗保险制度的运行效率上，还必须重点关注制度是否以最低的成本获得最高的保障能力，包括单位管理成本水平、相同效率下成本的支付规模和单位基金化解社会总风险的经济收益和社会效益等。

六、社会医疗保险基金风险预警的关联机制和传导预防机制

社会医疗保险基金的筹集水平，要与经济社会发展水平和各个经济支付主体的支付能力相适应。在医疗保险费用分摊机制下，不同成员之间的医疗保险费用具有一定的传导机制，如在自愿参保原则下，城乡居民难以支付医疗保险费用中断保险以后，政府财政资金或者通过医疗救助进行补贴，或者不再提供财政资金补贴。用人单位以职工的就业状态作为缴费依据，如果职工离职，就不能从原来的单位分担保险费用。相反，如果用人单位无力缴纳保险费用，职工的医疗保险也相应被迫中断缴纳[5]。因而，无论是城镇职工基本医疗保险，还是城乡居民基本医疗保险，在医疗保险缴费主体之间形成了较强的关联关系，

---

① 阳义南：《医疗保险基金欺诈骗保及反欺诈研究》，载《北京航空航天大学学报（社会科学版）》2019 年第 3 期，第 42 页。

② 孙建才：《社会医疗保险欺诈治理的探索与思考——以昆明市医疗保险反欺诈经验为例》，载《中国医疗保险》2017 年第 12 期，第 27 页。

③ 孙建才：《社会医疗保险欺诈治理的探索与思考——以昆明市医疗保险反欺诈经验为例》，载《中国医疗保险》2017 年第 12 期，第 27 页。

④ 孙建才：《社会医疗保险欺诈治理的探索与思考——以昆明市医疗保险反欺诈经验为例》，载《中国医疗保险》2017 年第 12 期，第 27 页。

⑤ 吴传俭、王玉芳：《社会医疗保险可持续发展机制研究》，经济科学出版社 2014 年版，第 241 页。

如图 6-8 所示。

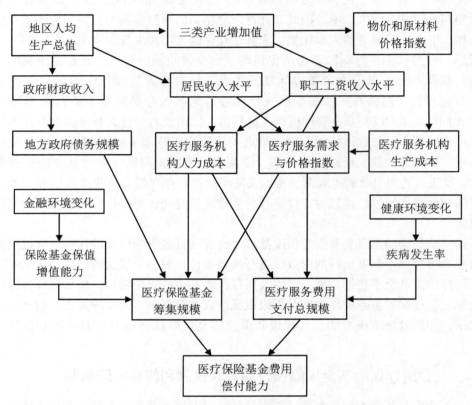

图 6-8 医疗保险筹集能力与医疗费用支付之间的关联机制

通过图 6-8 可以看出，医疗保险基金的筹集规模受政府财政收入、地方政府债务规模、职工工资收入水平、居民收入水平、医疗服务需求与价格指数等因素的影响。其中，职工工资收入水平和居民收入水平受一个地区的人均生产总值的影响。而一个地区的人均生产总值的提高必定带来三类产业增加值提高，这又会导致物价和原材料价格的改变，并传导到医疗服务机构，导致医疗服务机构的生产成本增加，参保人员的医疗服务需求与支付费用也会相应改变，最终使医疗服务费用支付总规模增加。

另外，影响医疗服务费用支付的各类因素之间也具有相互传导机制。如果各类经济支付主体的支付能力下降，将会导致医疗保险基金筹集规模缩小，医疗保险基金的规模直接影响医疗保险基金的支付能力，医疗费用的偿付能力下降，对于医疗服务机构的偿付不足，最终导致医疗服务供给不足和医疗服务质量下降。如果医疗费用增长过快，医疗保险基金的支付总规模增大，费用的偿付比例将会降低，也会使医疗费用难以得到充分的补偿。因而建立社会医疗保险基金风险预警机制，要对医疗保险各类风险因素之间的关联机制进行识别判断，明确各类风险因素之间的关联关系，以及风险因素之间的传导路径，尽可能在风险因素的早期，或者对传导机制前端的风险因素及时预警，并采取控制措施。由于社会医疗保险是一个复杂的系统，很难对整个系统做出全面的监测，因而在科学确定医疗保险风险监控重点的基础上，要从风险的关联和传导路径上，建立有效的风险预警机制。

此外，金融环境变化对医疗保险基金的保值增值能力影响较大，但凡一个国家或地区拥有较高的医疗保险基金保值增值能力，都取决于拥有一个发展完善的金融环境和资本市场，较高的医疗保险基金保值增值能力可以弥补物价等原因导致的医疗保险费用支付效率损失问题。健康环境的改善或者恶化都会导致疾病发生率的变化，从而导致医疗服务需求总量的变化，最终导致医疗服务费用支付总规模的变化。因此，构建社会医疗保险基金的风险预警机制，应该把握不同风险因素之间的内在关联和相互作用机制，将预警机制前置，及早发现影响医疗保险基金可持续的各类风险因素，采取有效的预警办法和控制措施，避免风险因素对医疗保险基金支付能力的实质性损害。

总体来看，影响社会医疗保险基金可持续的因素是多方面的，首先是要增加医疗保险基金的筹集能力、控制医疗服务费用的增长规模和加强基金安全风险控制等。在此基础上，通过有效的风险预警机制，对社会医疗保险制度运行过程中出现的风险问题，有重点地及时做出预警，并采取相应措施及时改善，实现社会医疗保险可持续发展的基本内容和基本要求。

第四节　小　　结

社会医疗保险基金从收到支的整个运行过程中，受到很多风险因素的影响，一方面，来自制度环境风险，诸如"地方统筹，地方管理"模式带来的地方政府配置医疗保险资源缺乏效率；宏观经济发展现状制约着社会医疗保险基金的远期平衡和即期平衡；筹资主体的筹资能力制约着医疗保险基金的筹集规模；人口老龄化、医疗费用的快速增长都对医疗保险基金的支出造成不利的影响。另一方面，来自制度实施风险，贯穿医疗保险基金的筹集、管理和偿付环节。筹集风险因素、管理风险因素、偿付风险因素都存在源于制度本身安排和设计缺陷产生的外生风险，也存在由于管理行为不当、管理效率低下、管理不到位等主观问题而导致的内生风险。

基于对社会医疗保险基金面临的风险的认识和分析，最重要的风险防范措施是健全社会医疗保险基金风险监管机制，通过健全社会医疗保险基金监管法制建设，建立各地社会医疗保险反欺诈组织框架，引入"第三方"监管制度，加强信息制度建设，引入商业医疗保险制度等措施，有效规避基金风险，确保基金平衡运行。

强化社会医疗保险基金审计工作也是基金风险防范的重要措施，能够提高社会医疗保险基金的使用效率，避免基金出险，确保社会医疗保险基金的财务安全。长期以来，我国社会医疗保险基金的审计工作主要集中在财政财务收支合规性、真实性上，但这种审计方式已不能满足改革变化的社会医疗保险制度的发展要求，审计工作应更加关注医疗保险基金使用管理中的社会效益和经济效益一体化，开展医疗保险基金绩效审计工作，构建医疗保险基金绩效审计的评价指标体系以及医疗保险基金绩效审计的反馈机制与绩效促进机制是医疗保险审计工作发展的必然趋势。

　　社会医疗保险基金的稳健运行离不开相应的风险预警机制做支撑，将风险预警系统技术引入社会医疗保险基金风险管理，并经过内化后形成社会医疗保险基金风险预警系统，对基金的整体风险进行动态监测，及时发现基金危机征兆，将事后发现风险转移为事前化解风险，对于有效防范和规避基金风险、保持我国医保基金稳定平衡的运行以及提高基金的风险管理水平均具有较强的促进作用。

第四篇
典型国家社会医疗保险制度改革研究

第七章　典型国家社会医疗保险制度的
发展与最新改革

近年，国内国际形势都发生了很大变化。在国内，我国面临着未富先老的人口状况，人口快速城镇化、人们健康水平的快速提高以及对医疗保障的进一步要求、就业形式多样化、经济全球化的挑战等问题，使医疗保障制度面临新的问题与挑战。在国际上，全球经济形势有所改善，世界经济增长的加速在一定程度上得益于发达经济体如德国、美国、英国等国家的经济发展复苏，但仍然存在人口老龄化影响劳动力市场、非正规就业群体增大、青年就业状况进一步恶化等问题。在新的形势下，有必要进一步了解世界典型国家医疗保障制度的发展与改革的近况，深入了解各国医疗保障制度的内涵，汲取他国经验与教训，为完善我国医疗保障制度建设提供有效借鉴。本章将通过对德国、美国、英国、日本的社会医疗保险制度的覆盖范围、基金的筹资机制和待遇支付以及偿付机制等方面的发展以及近年医疗保障改革进行追踪研究，深入研究各国的改革措施、主要做法和理念变化，为探索我国社会医疗保险制度的改革提供经验参照。

第一节　德国社会医疗保险制度及改革

一、德国概况

2018 年德国的 GDP 为 3.997 万亿美元，相比 2017 年的 3.693 万亿美元增长 8.23%。德国工业高度发达，是欧洲头号经济大国。2010—2018 年，德国 GDP 的变化趋势为升降交替，其中 2011 年较上一年增幅最大，增长率达 9.98%，2015 年降幅最大，达到近年最低值，GDP 为 3.381 万亿美元，较上一年降幅 13.29%（如图 7-1 所示）。2018 年德国政府财政盈余达 580 亿欧元，同比增长 68.6%[①]，各级政府财政总收入达 15436 亿欧元，较上一年增长 4.7%，总支出为 14855 亿欧元，较上一年增长 3.2%，德国政府连续五年实现财政盈余。

2018 年，德国人口为 8292.79 万人，比 2017 年增长 0.33%，其中女性 4206.97 万人，占 50.73%；城市人口 6411.32 万人，占总人口比例为 77.31%，比 2017 年增长 0.39%。2018 年德国人口净流入 38.6 万人，增长主要来自移民[②]。2010—2017 年德国的总生育率近年逐年上升，从 2010 年的 1.39% 上升至 2017 年的 1.57%，年均增长 1.75%（见表 7-

---

① 数据来自德国联邦统计局，https://www.destatis.de/DE/Themen/Wirtschaft/Volkswirtschaftliche-Gesamtrechnungen-Inlandsprodukt/Tabellen/inlandsprodukt-gesamtwirtschaft.html。

② 数据来自世界银行：https://data.worldbank.org.cn/country/germany？view=chart。

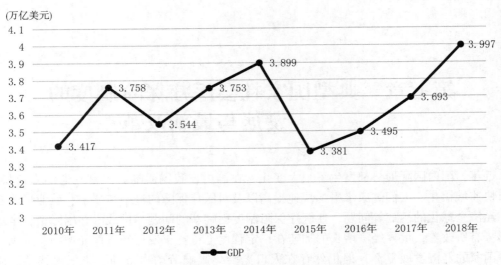

图 7-1　2010—2018 年德国国内生产总值(GDP)

1)。2010—2018 年德国总人口不断增长，年均增幅为 0.17%，但德国老龄人口数量持续增长，人口老龄化节奏有加快趋势。德国 65 岁及以上人口占总人口比例从 2010 年的 20.54% 上升至 2018 年的 21.66%，2018 年德国 65 岁及以上的人口有 1796.51 万人，较 2010 年增长 116.68 万人，年均增幅为 0.84%(如图 7-2 所示)。

表 7-1　2010—2018 年德国总生育率情况(单位:%)

年份	2010	2011	2012	2013	2014	2015	2016	2017
总生育率	1.39	1.39	1.41	1.42	1.47	1.5	1.59	1.57

图 7-2　2010—2018 年人口总数与 65 岁及以上人口情况

目前，2018 年德国劳动人口（20~66 岁）5180 万人，占总人口的 62.4%；预计到 2035 年，劳动人口将缩减 400 万~600 万人；到 2060 年，劳动人口可能进一步降至 4000 万人。与此同时，2018 年德国 67 岁以上退休人口为 1590 万人，到 2039 年退休人口将增加 500 万~600 万人①。这些因素都是研究德国社会医疗保险制度时必须要考虑的因素。

2018 年，全德雇员平均月工资为 2936 欧元。由图 7-3 可以看出，2010—2018 年德国失业率连续下降，从 2010 年的 6.97% 下降至 2018 年的 3.42%，降幅为 3.55%。德国年轻群体失业率为欧洲最低，年轻群体失业人数占比②近年连续下降，2018 年的年轻群体失业人数占比为 6.4%，较上一年下降 1.36%。

图 7-3　2010—2018 年德国失业率及年轻群体失业人数占比

2018 年，德国人均医疗保健支出为 5986.43 美元，比 2017 年增长了 2.37%，医疗保健支出总额占 GDP 的 11.23%，较上一年略微下降（见表 7-2）③。2010—2018 年德国人均医疗保健支出从 4411.936 美元增长到 5986.43 美元，年均增幅为 3.89%。2010—2018 年德国的医疗保健支出占 GDP 的比例年均为 11.01%，从 2011 年开始持续增长，年均增幅 0.25%（如图 7-4 所示）④。

① 数据来自德国联邦统计局，https://www.destatis.de/DE/Themen/Gesellschaft-Umwelt/Bevoelkerung/Bevoelkerungsstand/Tabellen/zensus-geschlecht-staatsangehoerigkeit-2018.html。
② 年轻群体失业人数是指 15~24 岁年龄段内目前没有工作但可以参加工作且正在寻求工作的劳动力数量。这里指的是年轻群体总失业人数占 15~24 岁所有劳动力数量的比例。
③ 数据整理来自经济合作与发展组织网站：https://data.oecd.org/healthres/health-spending.htm。
④ 数据整理来自经济合作与发展组织网站：https://data.oecd.org/healthres/health-spending.htm。

表 7-2 2010—2018 年德国医疗保健支出情况

年份	人均医疗保健支出(美元)	增长率(%)	医疗保健支出占 GDP 的比例(%)
2010	4411.936	6.14	11.01
2011	4558.247	3.32	10.72
2012	4734.286	3.86	10.78
2013	4947.77	4.51	10.93
2014	5142.385	3.93	10.96
2015	5291.281	2.90	11.09
2016	5550.175	4.89	11.13
2017	5847.676	5.36	11.25
2018	5986.43	2.37	11.23

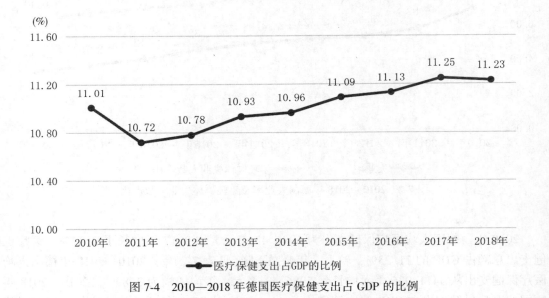

图 7-4 2010—2018 年德国医疗保健支出占 GDP 的比例

二、德国社会医疗保险的体制机制

1883 年,俾斯麦政府立法通过了《疾病社会保险法》,标志着世界上第一个医疗保险制度在德国产生。经过历次改革,现如今德国的医疗保障制度体系由法定医疗保险(Statutory Health Insurance,SHI)、法定长期护理保险(Compulsory Long Term Care Insurance,LTCI)、私人医疗保险(Private Health Insurance,PHI)和针对特定人群的福利型的医疗保障制度组成。其中,法定医疗保险仍起着主导作用,私人医疗保险仍为辅助。

（一）法定医疗保险制度的主要内容

1. 医疗保险缴费率

法定医疗保险（SHI）作为德国医疗保障体系的主体制度，覆盖了 90% 的德国公民。自 2009 年 1 月 1 日起，德国所有国民和永久居民必须参加法定或私人医疗保险。除公务人员、警察和联邦国防军人是加入由政府直接提供免费保障的特定人群医疗福利计划外，凡是工资收入在一定范围（该数额每年调整）以下①的在职劳动者、退休养老金领取者等，均强制参加法定医疗保险，其没有收入来源的家属可以免费连保。法定医疗保险保费不依据参保人的性别、年龄、健康状况等风险因素，而取决于参保人的经济收入。自 2015 年至今，法定医疗保险缴费率统一为 14.6%，其中雇主缴费率固定为 7.3%。未来保费的增加将通过向参保人征收额外保费的形式实现。即如果某家医疗保险机构收不抵支，则可向其参保者追征一定比例的额外保费。从这个角度看，以往由雇主和雇员各缴 50% 的状况有了微调，缴费负担稍微向雇员方转移。

2. 医疗保险机构及参保情况

德国法定医疗保险机构，即法定医疗保险的承保人，直译为"疾病基金会"，是具有独立公法法人地位和相应的权利及责任的自治管理主体。由雇员与雇主代表组成管理委员会，对重大事宜进行决策；由管理委员会任命理事会，负责日常运营。其背后的运作逻辑是：雇员与雇主是保费的负担者和受益人，作为利益相关者进行自治和协商是最理想的选择。虽然名为"基金"，但又不仅仅是资金的概念；虽扮演的角色与中国语境下的"医疗保险经办机构"类似，但也绝非仅起到业务承办作用；德国医疗保险机构及其各级协会在政策设计、风险管理、购买医疗服务等方面发挥着重要作用，是医疗保险的积极规划、参与和实施者。德国这种多元保险机构的组织结构形成了社会医疗保险体系和管理运行机制的基础，与多元保险机构组织结构紧密相关的是各医疗保险基金的自治管理。

医疗保险机构的数量由 20 世纪 90 年代初的 1000 多家，缩减至如今的百余家，且有进一步缩减的趋势。截至 2018 年，德国共有六大类、110 家相互竞争的医疗保险机构作为法定医疗保险的支付方。它们分别为地方医疗保险机构（AOK）、企业医疗保险机构（BKK）、替代医疗保险机构（VVE）、手工业者医疗保险机构（IKK）、矿工铁路及海员医疗保险机构（KBS）、农业医疗保险机构（LKK）（见表 7-3）②。这些类别由可溯及的不同历史起源、各异的公私法律地位，相沿成习。然而发展至今只是保留了名称的区别，已无实质性的企业、行业或地区差别。各医保机构的业务范围从一州、若干州到全国不等。参保人有在大部分医疗保险机构间自由选择参保的权力，并不存在以职业、地域为标识的制度碎片。各个医保机构不仅缴费率一致，而且基本保险待遇也在联邦共同委员会的集中设定下而保持一致，所有德国民众在统一的制度框架下享受公平医保待遇。

---

① 即医保收入上限，每年联邦政府根据当年的国民收入确定。

② 数据整理来自德国联邦卫生监测系统，http://www.gbe-bund.de/oowa921-install/servlet/oowa/aw92/WS0100/_XWD_PROC?_XWD_2/1/XWD_CUBE.DRILL/_XWD_30/D.000/3732。

表 7-3　2011—2018 年各类型法定医疗保险机构数据情况（单位：个）

医疗保险机构类型	2011 年	2012 年	2013 年	2014 年	2015 年	2016 年	2017 年	2018 年
地方医疗保险机构（AOK）	12	12	11	11	11	11	11	11
企业医疗保险机构（BKK）	121	112	109	107	99	93	88	85
手工业者医疗保险机构（IKK）	7	6	6	6	6	6	6	6
农业医疗保险机构（LKK）	9	9	1	1	1	1	1	1
矿工铁路海员医疗保险机构（KBS）	1	1	1	1	1	1	1	1
替代医疗保险机构（VVE）	6	6	6	6	6	6	6	6
合计	156	146	134	132	124	118	113	110

就参保人数来说，2013—2018 年地方医疗保险机构（AOK）和替代医疗保险机构（VVE）两类人数逐年增多，其余医疗保险机构的人数都在逐年减少（见表7-4）。截至 2018 年，地方医疗保险机构（AOK）和替代医疗保险机构（VVE）两类占据最大市场份额（分别约占 36.46% 和 38.42%），总共覆盖超过 5400 万人群（如图 7-5 所示）。

表 7-4　2013—2018 年各类型法定医疗保险机构参保人数情况（单位：人）

医疗保险机构类型	2013 年	2014 年	2015 年	2016 年	2017 年	2018 年
地方医疗保险机构（AOK）	24287363	24287363	24518396	25248148	25990759	26543148
企业医疗保险机构（BKK）	11611362	11653190	11717685	11811475	10804486	10872513
手工业者医疗保险机构（IKK）	5446971	5447588	5422813	5311513	5270816	5200989
农业医疗保险机构（LKK）	743495	723057	697664	674795	649389	626903
矿工铁路海员医疗保险机构（KBS）	1739130	1734066	1715326	1675666	1633784	1590503
替代医疗保险机构（VVE）	26026601	26404626	26665613	26727541	27908803	27968042
合计	69854922	70249890	70737497	71449138	72258037	72802098

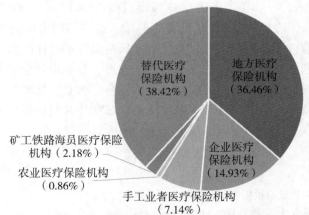

图 7-5　2018 年德国各类型法定医疗保险机构参保人数占比

3. 医疗保险资金流

如图 7-6 所示，德国法定医疗保险的资金来源具体包括：①雇主与雇员缴纳的保费；②政府其他财政补助；③其他收入（医保基金的利息或理财收入等）。筹集的资金统一进入 SHI 专门设立的一个医保基金账户，然后疾病基金会依据统一的风险调控模式（Morbi-RSA）计算其会员应得的保费，进行分配拨款。当保费入不敷出时，疾病基金会可自行向其会员征收"附加保费"，额度不超过收入的 1%。拥有医保的患者每季度支付 10 欧元给门诊医生，住院每天仅需支付 10 欧元（每月不超过 280 欧元），处方药物自行负担 10% 的费用。德国医保覆盖了绝大部分疾病的诊疗和药品，不在医保覆盖范围内的诊疗和药品费用需要患者自行负担。整体而言，疾病基金会承担了超过 80% 的费用，患者个人负担相对较轻。

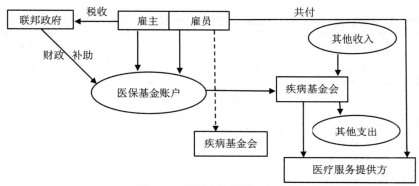

图 7-6　德国医疗保险资金流

4. 医疗保险待遇

各个法定医疗保险机构不仅缴费率一致，而且基本保险待遇也在最高共同自治管理机构（联邦共同委员会）的集中设定下而保持一致，所有德国民众在统一的制度框架下公平地享有基本医疗保险权益和待遇，法定医疗保险提供包括预防保健、门诊、住院、康复、疾病津贴①等在内的全面而综合的医疗服务。保险待遇由两个层次确定。宏观层面上，社会法典第五编中有原则性的规定；微观层面上，共同自治管理主体协商决定将哪些服务纳入保险范围。在门诊部门，1989 年，医师和医保机构联邦委员会——德国当时的医保最高共同自治管理机构——被赋予权力评估已存在的诊疗方法。之后其权限不断扩张，现在联邦共同委员会可以评估已存在的和新的诊疗方法，决定是否纳入公共筹资的医疗保险待遇。联邦共同委员会所作出的指令对医生和医保机构具有共同的法律强制约束力。接下来，医疗质量和效率研究所（IQWIG）②成立，该机构接受共同自治管理最高机构和联邦卫

---

①　在三年周期内，对同一种疾病支付最长期限 78 周、毛收入的 70% 水平的病假津贴。病假前 6 周，雇主仍支付全额工资。

②　IQWIG，源于德语 Institut für Qualität und Wirtschaftlichkeit im Gesundheitswesen，即 Institute for Quality and Efficiency in Healthcare（在此译为德国医疗质量和效率研究所），是德国负责评价医学治疗的质量和效率，以及为患者和大众提供医疗信息的机构。IQWIG 是独立的科研机构，他们产出的研究报告结果不受其他利益团体的影响。

生部的委托对药物和诊疗方法进行评估，同时也自行开展评估互动。评估根据循证医学的国际标准展开，要求有高水平的研究支持其评估结果。联邦共同委员会在医保机构和医疗服务提供者等量代表的协商下、在医疗质量和效率研究所的科研支持下，确定医疗保险的基本待遇范围。由于基本保险待遇是在联邦层面上统一设定的，也保证了制度的基本公平性。

（二）法定医疗保险制度基金的运行

1. 医疗保险基金的收支情况

医疗保险基金绝大部分来自雇主、雇员的缴费，目前每年的收支规模平均约为 2100 亿欧元(如表 7-5、图 7-7 所示)①。2004 年，联邦财政首次对医保进行补助，这在

表 7-5　2010—2017 年德国法定医疗保险基金的总收入和支出(单位：十亿欧元)

收支状况	2010 年	2011 年	2012 年	2013 年	2014 年	2015 年	2016 年	2017 年
总收入	175.60	183.77	189.69	195.85	204.24	212.56	224.35	233.89
总支出	175.99	179.61	184.25	194.49	205.54	213.67	222.73	230.39
保险待遇支付	164.96	168.74	173.15	182.75	193.63	202.05	210.36	217.83
管理费用支出	9.51	9.44	9.67	9.93	10.01	10.43	10.98	10.86
结余	−0.39	4.2	5.44	1.36	−1.30	−1.12	1.62	3.50

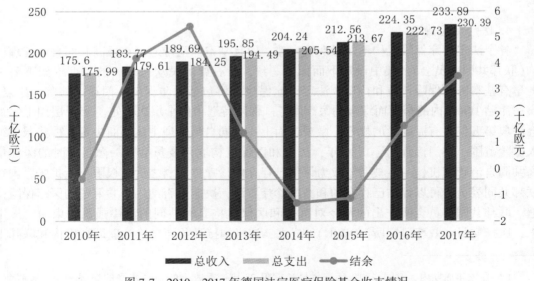

图 7-7　2010—2017 年德国法定医疗保险基金收支情况

---

① 数据整理来自德国联邦卫生监测系统，http://www.gbe-bund.de/oowa921-install/servlet/oowa/aw92/WS0100/_XWD_PROC？_XWD_198/3/XWD_CUBE.DRILL/_XWD_226/D.000/3732。

当时被作为家庭政策的一部分推出。这部分补贴是通过加征烟草税筹资的，被视作用于支付连带参保儿童的医疗费用，但是实际两者在数额上并无技术上的精算关系。财政补贴的规模每年在100亿欧元左右，相对于法定医疗保险的总收入比例尚小。

2. 基金的筹集和分配

法定医疗保险基金的筹集、管理和分配由政府部门通过全国统筹的医保基金操作。医保基金由联邦保险局管理，是一个建立在国家层面上的运作实体，自2009年建立以来，它取代了各医保机构原有的费率厘定、保费征缴等部分职能。雇主、雇员缴费和财政补助形成的医保基金依据各医保机构的参保人数，综合考虑者的患病率、年龄、性别等风险因素，再分配给各医疗保险机构。基金的分配根据改进的风险结构平衡机制，在不同的医疗保险机构间进行风险调解，更加公平合理。法定医疗保险基金用于医生酬劳、医院、药品的支出分别为18%、30%和18%。具体的分配机制，如图7-8所示。

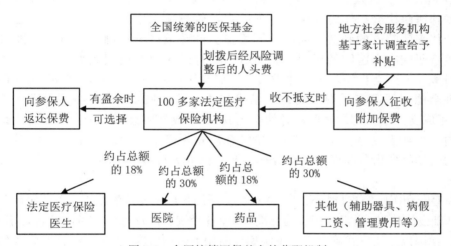

图7-8　全国统筹医保基金的分配机制

医疗保险机构如果出现基金结余或收不抵支的情况，则依法将结余留作储备金，其最低限额为月支出的25%，最高限额不得超过月支出的1.5倍；超出最高限额的结余，可选择向参保人返还保费，也可通过增加支付项目、引入新类型的医疗服务（家庭医生、一体化治疗等）使参保人获益，进而增强基金的竞争力。至今仅有一小部分医疗保险机构宣称有结余或者返款。如果基金收不抵支，医疗保险机构向参保人征收定额附加保费。

医保基金通过一系列配套措施无疑增强了其全国统筹性和互助互济性，但实质上削减了各医疗保险机构的自治空间，曾一度遭到各个医保机构的反对，他们认为可能会削弱以往的单独征缴、管理保费的财政自主权，也可能强化管理程序。

3. 医保偿付方式

德国的门诊与住院医疗服务分设，医药严格分离。法定医疗保险门诊服务由私人开业的全科或专科医师提供，住院治疗和日间手术服务由各种所有制形式的医院提供，药品由药店提供。门诊、住院、医药等不同医疗服务部门的偿付制度也呈现差异化。

门诊医生形成了医师协会，是自治管理的公法法人。对门诊医师的偿付方式由两步构成：第一步是医保机构协会与医师协会谈判确定总偿付额；第二步是医师协会向医生进行偿付。现在采取统一值点方式对医生进行偿付。医保机构和医师全国协会依托下设于联邦共同委员会的估价委员会，共同参与设计和修订门诊医疗服务的定价，制定统一费用体系。该估价委员会对保险待遇目录中的每一项门诊服务进行详细界定和描述，以点数的形式给每一项服务的相对成本权重赋值，并就每点数代表的货币价格进行协商。自 2009 年 1 月 1 日起，每一点数的货币指导价格固定为 3.5001 欧分，2010 年上升为 3.5048 欧分。不同地区间相同服务的价格原则上一致。该估值委员会的决策结构受到联邦卫生部的审查，卫生部有权否决或修改。统一费用系统十分复杂，且争议点多，如医生和医疗保险公司间无法达成一致，则由中立的仲裁委员做出决定。

近几年，私立医院的数量呈增长趋势，公立医院和教会医院数量相应减少。德国 16 个州医院协会，以及 12 个类别医院的联邦协会（如大学医院协会、教会医院协会等）组成了联邦医院协会。作为德国医疗保险自治管理体系中的重要组成部分之一，联邦医院协会代表医院方的利益，参与共同委员会的政策讨论和制定，与医保机构全国协会共同负责研究决定医院的医保偿付方式。联邦医院协会由代表大会、董事会和执行办公室组成。董事会指派若干工作委员会。联邦医院协会共有雇员 75 人，设有 10 个部门，处理全德国医院有关财务管理、信息技术、医疗质量保障、法律和医疗问题等。自 1949 年成立以来，德国医院联邦协会与其 28 个成员协会紧密合作。在自治管理的医疗系统内，联邦医院协会在医院财务系统和质量保障措施上起到了重要作用。联邦医院协会的运作经费由各州医院协会分摊，缴费标准为每病床 18 欧元，全德共有约 50 万张病床。

医院筹资和医师的支付是两个独立系统。医院采取二元筹资结构：各州财政负责公立医院的基础设施建设（通常以床位为标准）和设备投资；医疗保险支付医院日常运营费用。2000 年，德国以立法形式确定引入了疾病诊断相关组（DRGs）支付系统，实施预付制，以期增加卫生服务的透明度，控制不合理的医疗服务。2001—2002 年为准备期，对 1200 家医院的数据进行分析，并在联邦层面制定统一的 DRGs 编码和分值。2003 年，750 家医院自愿实施 DRGs，2004 年在全德 2000 多家医院强制实施 DRGs，直至 2005 年，经过 5 年的规划设计调试期后，德国才开始正式实施 DRGs，大量的政策法规和良好的协调机制保障了 DRGs 实施过程井然有序。2011 年，德国共有 1194 个 DRGs 种类。德国 DRGs 系统几乎覆盖所有病人，在病种的覆盖上，除精神疾病，DRGs 系统几乎覆盖所有病种，在 DRGs 系统处采用特殊支付的病种仅限于血透等少数病种。首先，根据病人诊断、疾病严重程度、临床服务强度等多方面因素，把疾病分成不同的病例组。其次，在成本测算的基础上，给每个病例组确定分值，分值全德统一。基础分为 1 的支付价格即是基准价格。德国在实施 DRGs 之初，基准价格根据医院总费用的历史数据，以及达成协议的 DRGs 数量计算来确定，每个医院有一个基准价格。从 2010 年起，根据病例组确定的分值的基准价格由各州医院协会与医保机构谈判确定，主要考虑上一年的基础数值、当年医保筹资、当地物价变化等因素。因此，基准价格在一州内是统一的，但各州之间有差异。为了避免医院将病情轻的病人归入病情重的组，以及增加案例数量等行为，德国实行总额预付下的

DRGs，即各医保机构按照病例组合，包干预付医院总额费用，此费用为医院 DRGs 分值总和×各州的基准价格。此外，医保对医院的医疗创新还有额外支付，具体数额由各医保机构与医院协商。

实施 DRGs 后，病例组价格相对固定，医院无法自主定价，而且根据德国医保基本原则，民众可自由选择医院。这样医院吸引大众的唯一办法就是加强成本管理、提高效率和医疗服务质量。一方面，医院之间的竞争加强，促使其有主动提高医疗质量的压力、动力；另一方面，为避免服务质量降低等风险，德国采取相应措施，如强制实施医院内部质量管理系统、每两年发布质量报告等。

三、德国医疗卫生体制的最新改革动态

2000 年以来，德国政府一直致力于对现有的医疗保险制度实施大刀阔斧的改革，虽然各政党在价值取向、政策理念上存在差异，但改革都是围绕着"如何减少政府财政压力""如何加强医疗成本控制""如何提高医疗服务机构的效率和服务质量""如何增加服务的公平性和可及性""如何避免逆向选择给制度公平性和服务质量带来的消极影响"等一系列问题展开。德国多次进行了比较重大的医疗卫生体制改革（见表 7-6）。

表 7-6　2000 年以来德国医疗卫生体制主要改革法案[1][2]

时间	法案名称	主要内容
2000 年	《法定医疗保险改革法》	建立 DRGs 体系，引入一体化医疗；重新引入预防性服务包
2004 年	《法定医疗保险现代化法》	减少 SHI 覆盖项目；转移医疗费用至患者，减少医疗成本；严格控制药品费用；促进一体化医疗向管理式医疗转型；鼓励选择性合约替代集中性合约；授权选择不同的医疗服务包
2007 年	《加强法定医疗保险竞争法》	要求实现社会保险和私人保险覆盖全部人口；成立疾病基金联合组织；建立"健康基金"，疾病基金会统一收取医疗保险费；建立风险结构平衡机制，调整风险结构补偿计划；扩大联邦联合委员会的监管职权
2009 年	《公民减负法》	从 2010 年开始，私人医疗保险和社会医疗保险的投保人享受更大程度的税收优惠

① 李滔、张帆：《德国医疗卫生体制改革现状与启示》，载《中国卫生经济》2015 年第 4 期，第 92~96 页。

② Lane R Reinhard Busse. Leader in Germany's Health-system Development. Lancet，2017，390（10097）：836。

续表

时间	法案名称	主要内容
2010 年	《法定医疗保险改革方案》	取消医保公司向投保人收取附加费用的封顶规定，允许医保公司自己决定收取医保附加费的高低
2011 年	《药品市场改革法案》《法定医疗保险护理结构法案》	统一 SHI 医疗保险费率，重新制定"附加保费"费率和收取规则；引入社会补贴资金；调整药品生产商对药品的折扣规定，规范新药的报销规定；改善全国范围内护理服务的供给结构
2012 年	《长期护理重整法案》	建立快速透明的长期护理诊断程序机制，完善 SHI 长期护理险的融资渠道
2013 年	《病人权利法案》	设立"医疗卫生服务质量与效率医师协会"；地区医师协会设立预约服务中心；调整药品折扣率，进一步降低药品费用；扩大疾病基金会权利，可自由设置附加保险费率
2014 年	《进一步发展法定医疗保险基金结构与质量法案》	对医疗保险费率进行调整，2015 年起，保险费率调整至 14.6%
2015 年	《安全数字通信和医疗应用法（草案）》	推行电子医保卡；推行远程医疗；加快医生、医保机构、药店与医院之间的远程通信设施建设
2016 年	《安全数字通信和医疗应用法》	加快推进电子信息技术在医疗卫生领域的运用，主要内容同上

　　总体来看，德国社会医疗保险制度历史悠久，机制成熟稳定，近几年的重大结构调整鲜见。2016 年值得关注的改革是德国出台了《安全数字通信和医疗应用法》。该法案全面推进医疗数字化，加快推进电子信息技术在医疗卫生领域的运用。具体内容包括积极推行电子医保卡（记载病人个人信息：就医购药信息、既有病症、过敏史等）；增强用药安全性，避免突然改变处方药给病人带来的危险和副作用；推行远程医疗；加快医生、医保机构、药店与医院之间的远程通信设施建设等。德国推进医疗数字化受到阻力。例如，医生担心"因不熟悉数字化办公而产生工作失误"；数据信息可能泄露，病人隐私可能遭到损害。不过，德国已通过立法形式全面推进医疗数字化进程。新法案明确规定，对于拖延德国医疗数字化进程的医生和相关医疗保险机构，将予处罚措施。2018 年 9 月，德国推出首个覆盖千万名医保参保人员的电子医疗档案，参保人员可以免费储存他们的医疗检查结果、实验室化验数据等，还能与其治疗医生共享这些医疗数据。电子医疗档案有助于避免重复的医疗检查，并增加医疗服务的透明度。电子医疗档案共涵盖 14 家主要法定医疗保

险机构和两家私立医疗保险公司的 1350 万名参保人员，未来预计还将有更多的医保机构加入①。

第二节 美国医疗保障制度及改革

一、美国概况

美国经济规模世界第一，2017 年 GDP 为 19.485 万亿美元，比 2016 年的 18.707 万亿美元增长 4.16%，2016 年美国经济增长 2.68%。2018 年，美国的 GDP 为 20.494 万亿美元，占全球 GDP 总量的 23.89%②。

2018 年美国人口 3.27167434 亿人，比 2017 年增长 0.62%，相当于世界总人口的 4.30%，其中女性 1.65197362 亿人，占 50.49%；总人口中非拉美裔白人占 62.1%，拉丁裔占 17.4%，非洲裔美国人占 13.2%。美国非拉美裔白人比例日趋减少（预计 2050 年后小于 50%），少数族裔迅速增加。2016 年和 2017 年 65 岁及以上人口占比分别为 15.03% 和 15.41%，2018 年，65 岁及以上的人口总数 0.51680667 亿人，占总人口的 15.80%。美国的总生育率逐年下降，2016 年、2017 年和 2018 年的总生育率分别为 1.82%、1.77% 和 1.76%。美国近年来失业人数逐渐下降，总失业人数占比从 2016 年的 4.87%、2017 年 4.36% 逐年下降到 2018 年的 3.93%。失业率近五年逐年下降，2014 年 1 月为 6.6%，2015 年 1 月为 5.7%，2016 年 1 月为 4.9%。2017 年 1 月为 4.8%，2018 年 1 月降到 4.1%，2018 年 12 月的失业率更低，降到 3.9%。从表 7-7 和图 7-9 中可以更直观地看到美国失业率的下降趋势。

表 7-7 2014 年 1 月至 2018 年 12 月美国按月失业率变化情况（单位：%）

年份	1 月	2 月	3 月	4 月	5 月	6 月	7 月	8 月	9 月	10 月	11 月	12 月
2014	6.6	6.7	6.6	6.2	6.3	6.1	6.2	6.1	5.9	5.7	5.8	5.6
2015	5.7	5.5	5.5	5.4	5.5	5.3	5.3	5.1	5.1	5.0	5.0	5.0
2016	4.9	4.9	5.0	5.0	4.7	4.9	4.9	4.9	5.0	4.8	4.6	4.7
2017	4.8	4.7	4.5	4.4	4.3	4.4	4.3	4.4	4.2	4.1	4.1	4.1
2018	4.1	4.1	4.1	3.9	3.8	4.0	3.9	3.9	3.7	3.8	3.7	3.9

当然，美国劳动力市场仍然存有一些问题。首先，美国劳动力参与率逐年下降。2010

---

① 健康报：《德国推出电子医疗档案应用软件》，http://www.jkb.com.cn/healthyLiving/jkzs/2018/0920/438658.html。

② 数据整理来自世界银行网站：https://data.worldbank.org.cn/indicator/NY.GDP.MKTP.CD。

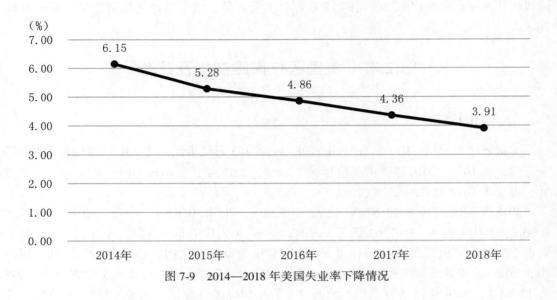

图 7-9　2014—2018 年美国失业率下降情况

年美国劳动力参与率为 63.59%，到 2018 年下降到 62.02%，在 OECD 国家中属于较低水平。有经济学家认为，美国近几年的失业率下降的原因之一是劳动力参与率的下降。其次，美国总体失业率较低，但截至 2018 年 12 月，15～32 岁青年失业率为 8.7%，15～24 岁的青年失业率则更高。

二、美国医疗保障体系

美国近几年的人均医疗保健支出逐年上涨，在 OECD 国家中排首位。2018 年，美国人均医疗保健支出为 10586.08 美元，比 2017 年增长了 3.72%，医疗保健支出总额占 GDP 的 16.94%（见表 7-8）。① 2018 年美国医疗保健支出约为 3.7 万亿美元。由图 7-10 可知，美国的医疗保健支出占 GDP 的比例在 2010—2013 年趋于平稳，2013—2016 年医疗保健支出出现高增长，占 GDP 的比例从 16.26% 上涨到 17.12%，2017 年开始医疗保健支出增长恢复到较低水平，其主要原因是医院护理、医生和临床服务以及零售处方药的支出增长放缓。② 美国的医疗保健支出中约 84.5% 的支出是由政府出资的，主要是通过医疗照护计划（Medicare）、医疗救助计划（Medicaid）和联邦雇员以及退休人员的医疗保险等。美国的医疗照护和医疗救助服务中心（Centers for Medicare and Medicaid Services，CMS）曾预计，未来 10 年，医疗照护计划（Medicare）支出将平均每年增长 7.4%，超过医疗救助计划（Medicaid）支出的增长速度；医疗救助计划（Medicaid）和私人医疗保险计划支出将平均每年增长 5.5% 和 4.8%。到 2027 年，联邦、州和地方政府预计将为 47% 的国家医疗保健支出提供资金，而 2017 年这一比例为 45%。

---

① 数据整理来自经济合作与发展组织网站：https://stats.oecd.org/Index.aspx？DataSetCode=SHA。
② 数据整理来自经济合作与发展组织网站：https://stats.oecd.org/Index.aspx？DataSetCode=SHA。

表 7-8 2010—2018 年美国医疗保健支出情况

年份	人均医疗保健支出(美元)	增长率(%)	医疗保健支出占 GDP 的比例(%)
2010	7939.349	3.35	16.38
2011	8154.364	2.71	16.35
2012	8423.311	3.30	16.33
2013	8628.561	2.44	16.26
2014	9042.281	4.79	16.44
2015	9505.074	5.12	16.75
2016	9903.651	4.19	17.12
2017	10206.51	3.06	17.06
2018	10586.08	3.72	16.94

图 7-10 2010—2018 年美国医疗保健支出占 GDP 的比例

美国的医疗保障体系有别于大多数工业化国家的社会保险型或者国家保障性的医疗保险制度,更加强调市场机制在医疗保障服务供给方面的主导性作用,政府公共资源承担托底和补缺的责任,因此,按照其提供主体和筹资来源可以分为私人医疗保险和政府负责的医疗保障两大类型。

(一)私人医疗保险

美国的私人医疗保险面向广大就业人群,是美国医疗保险的主力军。

1. 管理式医疗

很多企业通过商业医疗保险建立或独立或联合的保险基金池，为在职员工及其家属购买商业医疗保险提供医疗保障。在美国，主要有三大类管理式医疗保险公司：健康维护组织（Health Maintenance Organization，HMO）、优选医疗机构（Preferred Provider Organization，PPO），以及定点服务组织（Point-of-Service，POS）。健康维护组织（HMO）更多的是提供预防性服务和初级保健，因此保费相对便宜，参保人就医的自付比例也较低，参保人必须选择一名初级保健医生负责其常见病诊疗及转诊服务。保险公司对初级保健医生按人头付费，由此激励医生减少就医支出，提高参保人健康水平。健康维护组织有自己的医生和医院网络，参保人只能在网络内就医，如果在非急诊的情况下去网络外，保险公司可以拒付医疗费用。优选提供医疗机构（PPO）与健康维护组织（HMO）不同，月保费是 HMO 的两倍，管理更加灵活，参保人可以找专科医生就医，也可以在网络外就诊，只是需要提高自付比例。定点服务组织（POS）提供一种结合前两种组织特色的保险形式，比健康维护组织（HMO）有更多就医选择，但也比优选提供组织（PPO）的费用更低。定点服务组织也有自己的医疗服务网络，需要参保人选择初诊医生。

2. 健康储蓄账户

2003 年，健康储蓄账户（Health Savings Account，HSA）获批准，健康储蓄账户允许个人通过免税账户节省资金，并且有许多优势。这笔钱只能用于限定的医疗费用，只要储蓄的资金用于符合规定的医疗支出，那么所有的存款、资本利得和提款都是免税的。此账户通常与高自付额医疗计划相连，最适合那些能够负担自付额的较富有人群。

（二）公共医疗保险

美国政府负责的医疗保障通常被称作公共医疗保险制度（如图 7-11 所示），主要包括医疗照护计划（Medicare）、医疗救助计划（Medicaid）、儿童健康保险（Children's Health Insurance Program，CHIP）以及其他保险（军人医疗保险、印第安人健康保险）。其中，最重要、惠及面最广的是医疗照护计划（Medicare）和医疗救助计划（Medicaid），这两个项目是向美国特定人群提供医疗和健康相关服务的政府项目，依据 1965 年的社会保障修正案建立，都是由美国卫生及公共服务部（United States Department of Health and Human Services，HHS）下属的一个部门——医疗照护和医疗救助服务中心（Centers for Medicare and Medicaid Services，CMS）来管理。其保障范围，见表 7-9。

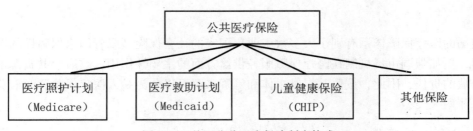

图 7-11　美国公共医疗保险制度构成

表 7-9 美国公共医疗保险制度的保障范围

制度		筹资来源	保障对象	保障内容	覆盖率
医疗照护计划	A 部分	雇主和雇员承担2.9%的联邦税	老年人、残疾人、晚期肾病患者	住院费用	5600 万人
	B 部分	联邦财政补贴和附加保费		门诊费用	医疗照护计划合规者的95%
	C 部分	私人健康保险缴费		住院和门诊，额外服务：牙科、眼科、儿科	医疗照护计划合规者的25%
	D 部分	保费、联邦和州财政补贴		处方药物	医疗照护计划合规者的60%
医疗救助计划		联邦和州政府的配套资金	贫困线以下的老年人、孕妇、幼儿等弱势群体	住院、门诊和长期护理，部分州含有牙科、眼科和处方药物	6660 万人
儿童健康保险		联邦和州政府的配套资金	中低收入家庭的儿童	住院、门诊、常规检查、免疫、医生上门服务、处方药、牙科和眼科等	960 万人
其他保险		一般财政融资	退伍军人、现役军人及家属、印第安人等	住院、门诊、牙科、眼科和处方药	1120 万人

1. 医疗照护计划（Medicare）

医疗照护计划（Medicare）是由美国联邦政府管理的全国性的医疗保险项目，其服务对象是 65 岁以上的老人或者符合一定条件的 65 岁以下的残疾人或晚期肾病患者。医疗照护计划是通常意义上所说的"医疗保险"，也是美国仅次于社会保障项目（Social Security）的第二大政府财政支出项目。医疗照护计划由四部分构成。其分别为 A 部分：住院保险，主要覆盖住院医疗费用，住院就餐、住院检测以及专业护理费等项目。B 部分：补充性医疗保险，主要覆盖住院保险没有覆盖到的特定项目，以门诊费用为主，包括医学上必要的内科医生就诊、门诊就诊、家庭医疗费用、为老年人和参加人提供的脊骨按摩治疗、预防保健服务等。补充性医疗保险的筹资主要来自美国联邦政府的一般性财政收入，占 75%，其余 25%左右来自每位自愿参加者每月缴纳的保险费，2018 年，每位参加者每月缴纳 134 美元，参保患者小于 183 美元的医疗支出全部自理，超过 183 美元后保险付全部费用的 80%。C 部分：医疗保险优势计划（Medicare Advantage，MA 计划）。MA 计划允许参加者设计一个定制计划，以更切合地满足他们的医疗需求。MA 计划提供 A 部分和 B 部分中的所有内容，但也可能提供额外服务，如牙科、眼科或儿科的医疗保险。这些计划通过私人健康保险公司来提供部分保险，购买了私人健康保险计划的投保人每月支付一定的保费，并且每次看病时也要缴纳一定费用。D 部分：处方药计划。这项计划是 2006 年的一项补充计划，由一些私人健康保险公司运营和管理。任何拥有 A、B 计划的受益人都可以自愿申请 D 计划。这些私人健康保险公司提供不同成本的药物和不同药物清单，但是该计划不能向医疗保健计划报销不被承保的药物，一旦发现这种行为，处方用药计划必须返还该部分金额到医疗照护和医疗救助服务中心（CMS）。①

2. 医疗救助计划（Medicaid）

医疗救助计划（Medicaid）是一项经过经济状况调查的健康和医疗服务计划，适用于资源匮乏的低收入个人和家庭，但对保障对象有资格要求，涉及年龄、怀孕状况、残疾状况、其他资产和公民身份。例如，家庭收入等于或低于联邦贫困线（Federal Poverty Level，FPL）138%的 18 岁以下儿童，家庭收入低于联邦贫困线（FPL）138%的孕妇，收入低于各州现金援助资格的父母等。截至 2018 年，医疗救助计划（Medicaid）覆盖了 6660 万人。该计划由美国联邦政府和各州政府共同资助，联邦政府提供一部分项目经费，联邦政府对每个州提供医疗补助支出的一定比例，比例每年都在变化，这取决于该州的人均收入水平，具体运作由各州负责管理，医疗照护和医疗救助服务中心（CMS）对各州该项目的执行情况进行监督。医疗补助计划不向个人支付费用，而是向医疗服务提供方付款。平均报销率为 57%~60%。富裕州的收入比较贫穷的州要少，后者可以从联邦政府获得高达 73%的资金②。

3. 儿童健康保险（CHIP）

儿童健康保险（Children's Health Insurance Program，CHIP）为家庭收入未能满足医疗救助计划资格要求的家庭中 19 岁以下的儿童提供医疗保险服务，由各州设定相关的收入标准，各州和联邦政府通过基于医疗救助计划联邦医疗援助百分比（Medicaid Federal Medical Assistance Percentage，FMAP）的方式共同资助。为了激励各州扩大儿童健康保险计划的覆盖范围，国会为儿童健康保险计划创建了一个加大联邦补助比例的方案，通常比医疗救助计划的补助比例高出约 15%，全国的平均补助比例为 71%。例如，如果某个州的医疗救助计划获得联邦补助资金的比例是 50%，那么他们的儿童健康保险计划可以获得联邦补助资金的比例匹配率为 65%。③ 各州可以灵活地在联邦指导方针内设计自己的计划，因此各州的儿童健康保险计划（CHIP）的类型各有不同。美国卫生及公共服务部（HHS）负责管理，各州可以选择医疗救助计划扩展计划，也可以建立独立的 CHIP 计划或者两种计划组合的计划。一般来说，儿童健康保险计划提供的医疗服务包括住院、门诊、常规检查、免疫、医生上门服务、处方药、牙科和眼科、实验室和 X 射线服务、急救服务。为了使更

---

① Nicole Galan：What are Medicare and Medicaid? https://www.medicalnewstoday.com/articles/323858.php。

② Nicole Galan：What are Medicare and Medicaid? https://www.medicalnewstoday.com/articles/323858.php。

③ 资料整理来自 https://www.medicaid.gov/chip/financing/index.html。

多的包括合法移民儿童在内的中低收入家庭儿童也能享受到政府提供的医疗保险，2009年2月，美国总统奥巴马签署《2009年儿童健康保险再授权法案》，进一步扩大了贫困儿童医疗保险范围。为支持扩大儿童医疗保险项目的覆盖范围，政府将通过提高烟草税税率等举措来筹措资金。截至2018年，儿童健康保险计划覆盖了960万名儿童。①

4. 其他保险

美国政府负责的其他公共保险计划主要包括军人医疗保障计划和印第安人医疗服务计划。军人医疗保障计划由联邦政府出资，国防部医疗管理中心负责现役、退休、预备役军人及其家属的医疗保障服务，退伍军人事务部下属的退伍军人医疗事务管理局负责战争中致伤致残的退伍军人和低收入退伍军人的医疗保障服务。退伍军人医疗事务管理局（Veterans Health Administration，VHA）是美国最大的综合医疗保健系统，拥有1255个医疗机构提供医疗服务，包括170个医疗中心和1074个不同复杂症状的门诊病房（VHA门诊诊所），每年为900万名登记退伍的军人提供服务。② 印第安人医疗服务计划（Indian Health Service，IHS）是美国政府1955年建立的专门为印第安人原住民提供医疗服务的项目，由美国卫生及公共服务部（HHS）管理。印第安人医疗服务计划在36个州为370万名美洲印第安人和阿拉斯加原住居民中约220万人提供直接的医疗和公共卫生服务，旨在提高其健康状况。截至2017年4月，印第安人医疗服务计划由26家医院、59家医疗中心和32家医疗站站组成。33个城市印第安人健康项目通过各种健康和转诊服务为这些设施提供补充。一些土著部落积极参与印第安人医疗服务计划，还有一部分土著部落在运营自己部落独立的卫生系统。③

三、美国医疗保险基金的双蓝管理模式

1. 双蓝组织

美国蓝十字蓝盾医保组织（The Blue Cross and Blue Shield Association，BCBSA）由蓝十字蓝盾医保联合会（双蓝联合会）和39家独立经营的蓝十字蓝盾地区医保公司组成，是美国历史最悠久、规模最大、知名度最高的专业医疗保险服务机构。该组织同时为跨国公司、中小型企业以及个人提供多样化的医疗保障和健康保险服务，是美国联邦政府、部分州政府和城市政府基本医疗保险项目的经办机构，建立了一个政府、非营利第三方机构和私立营利机构联合的医疗保险和医疗服务治理运营机制，上述的健康维护组织（HMO）、优选医疗机构（PPO）以及定点服务组织（POS）都属于蓝十字蓝盾提供的医疗服务方式。蓝十字蓝盾的就医网络规模庞大，涵盖了全美90%以上的医院和80%以上的医师，广泛长期的医疗服务合作使双蓝联合会在提升医疗质量、安全和效率方面得心应手。双蓝联合会建立的"双蓝系统内跨区域医保处理系统"，将各地区医保公司联结成一个覆盖全国的服务网络，使全美各地的双蓝投保客户都可以享受同等标准的双蓝医保服务。所有39个地区医保公司都按照共同的数据形式、软件和程序向系统提供医保信息资料，每一个地区医

---

① 资料整理来自 https://www.medicaid.gov/chip/index.html。

② 资料整理来自 https://www.va.gov/health/。

③ 资料整理来自 https://en.wikipedia.org/wiki/Indian_Health_Service。

保公司都可以通过该处理系统收发医保信息和数据资料，完成双蓝医保用户在全国范围内、跨区域的医保理赔工作。

2. 参与公益服务

20 世纪 60 年代中期，双蓝组织与联邦政府合作，为老遗残人群开发了医疗保障计划，与联邦和地方政府合作，为学生和贫困人口开发了医疗救助计划，并成为这两个计划的受托人（经办机构）；同时，为联邦政府公务员及其家属提供医疗保障服务，服务对象占全部联邦政府公务员及其退休人员总数的一半以上。由此形成医疗保险基金管理的双蓝模式。

为了维护政府对公益服务受托人的信任和客户满意度，双蓝联合会的经营宗旨是"用最低的成本，提供最好的服务"。这个经营思想通过两个层面得以实现，先从集团运作辐射到 39 个成员组织，为他们提供最好的品牌、最及时的培训、最快捷的结算和支付系统、最先进的知识型网络和自律的内控审查，由此形成集团凝聚力，再从成员组织辐射到客户。一般情况下，美国商业健康保险业平均赔付率为 70%，而双蓝医保计划的赔付率为 85%~90%。

3. 医疗保险治理的双蓝模式

医疗保险治理指将医疗机构、雇主、患者、保险公司和药物供应商等利益相关人联合起来，建立协商平台与合同管理机制，再根据委托人（可能是政府）的要求，为参保人服务，最终实现全体利益相关人的共赢。医疗保险治理的双蓝模式的具体内容如下。

①成本控制。双蓝联合会的收入主要来自品牌使用费、服务系统收费（如清算系统服务收费和医疗系统服务收费）、项目经营费用，包括来自联邦政府的医疗保险项目经办费用（相当于医保基金收入的 3%）。双蓝联合会享有免征收入所得税的公益性组织待遇。双蓝模式成本控制的经济指标如下：医疗保险计划补偿率为 85%~90%，包括理赔过程、客户服务呼叫中心、精算费用和旅差费用等的管理成本控制在 15% 以内，其中最好的机构控制在 8% 以内。成本数据显示：客户服务（赔付交流）占 4%，理赔流程占 3%，反对欺诈监管（接受政府检查）占 2%，双蓝集团收入控制在 3% 以内，这可以和美国高效率的慈善机构相比。双蓝联合会执行统一的、严格的财务制度，其风险准备金高于美国保险监督官协会制定的标准；建立了全美最大的国家级保健数据库、保健服务系统和风险储备基金，经办多种政府外包项目，为其成员开拓业务渠道维护了市场信誉，并提供收费和偿付操作系统、产品研发系统、内部审计和其他服务。

②质量控制。双蓝促进优质服务的管理措施如下。第一，鼓励医生按照协议要求执行最佳操作方案。双蓝建立了智能审核的监控网络，跟踪治疗方案、治疗过程、医疗设备和药效的过程，归集数据并进行分析。第二，集团决策层根据数据分析报告及时调整激励政策和实施计划。如双蓝卓越服务项目中心，以不断改进和提升医疗保健服务的质量，保持业内领先地位。第三，信息披露和透明服务，授予消费者和医疗服务提供者获得信息和反馈意见的机会和权利，社会公众可以从网络获取双蓝医疗保险计划的服务成本和服务质量的相关信息，并反馈他们的意见和建议；而双蓝在消费者的参与下加强管理并降低成本（如促进保健）。例如，双蓝卓越服务项目中心对医院的服务和改进情况进行考核，包括临床考核和病人安全度指标考核；在此基础上建立业绩奖励制度，按医疗质量付费；业绩

好的医院和医生在这个平台上提高了知名度。

③决策机制。双蓝联合会的决策机构是董事会，由董事会主席（包括副主席）和39家成员机构的CEO构成；在地方组织的董事会内有政府官员参加。董事会下设专业管理委员会，负责商业战略、管理政策和业务经营的提案。董事会常设机构处理内部审核、品牌开发与促销、紧急问题、联邦雇员医疗保险项目、健康政策与法规的学习和渗透、协调成员之间的合作项目、调解纠纷、与国家雇员受益委员会保持联系、评估各项计划的运行效果等。

④人力资源。约有15万人在双蓝联合会体系内工作，这主要是指双蓝成员机构的员工。此外，各成员组织要向专业管理委员会提供高级管理人员，各地区分支机构设战略咨询总监、计划定价总监、公司运营总监、培训和治理总监。

⑤法律部门。为适应美国政府社会信誉治理的法律法规的要求，双蓝法律部的具体职责是制定、执行和不断改进内审规则，确保集团执行国家法律和政府授权及其要求，包括内部成员合同和外部客户合同（政府是最大的客户）的执行情况。这些自治组织的内控规则包括服务行为标准化和执行过程、抑制高级人员失职、适当地向下授权、有效沟通、实现合规性的方法、上下一致的纪律处分机制、一致的响应力。此外，基于数据归集和分析的结果，积极参与政府相关课题研究和法律政策的修订，成为政府工作的参谋和助手。

4.双蓝模式的外部环境

①政府购买服务。1959年美国颁布了《联邦雇员健康福利法》，双蓝联合会是"联邦雇员健康福利"计划的受托人，依法管理联邦雇员计划，向联邦政府（包括海外）雇员提供服务，目前有460万名成员。

1965年美国颁布了《联邦医疗保险法》，双蓝联合会是美国政府"联邦医疗照护保险"计划的受托人，打造了管理型医疗组织与政府直接合作的成功范例。联邦医疗保险计划是美国政府为老、遗、残人群提供的医疗保险计划，自该计划建立起即使用双蓝联合会系统向客户提供服务。此外，美国联邦政府将"联邦医疗救助计划"委托双蓝联合会管理。20世纪90年代，美国行政体制改革进入服务型政府建设阶段，政府主导和市场运作的发展思路已经清晰，并达成社会共识。

②法治和社会信誉建设。双蓝组织的运作要服从一系列法律法规，包括50个州的法律法规和联邦法律法规。其中，联邦法律包括《萨巴内斯-奥克斯莱法》《反托拉斯法》《紧急医疗与积极行动劳工法》和《雇员退休收入保障法》。同时，双蓝组织还要接受50个州和联邦保险监管部门的监督。美国在1995年颁布了《联邦定性刑判决规范》（以下简称《规范手册》），要求自治组织依法尽职，该规范扩大了刑法的适用范围。此后，立法机关开始详细检查自治组织项目的合规性。根据1995年《规范手册》A部分第8A1.2(k)的规定，对个人商业犯罪行为采取更严厉的处罚措施，使犯罪成本提高，纯民事侵权行为的成本也大大增加了。该规范将合规性项目定义为"有效阻止和发现违法的项目"，明确了界定"无效"项目和"罚款性"项目的法律标准。自治组织要根据《规范手册》第8A1.2,(3)(k)(1)至(7)节的规定尽责。尽职调查要求自治组织以最小的成本进行下列工作：制定内控标准、规范组织行为和操作过程、抑制高级人员失职、提高授权等级、加强有效沟通、制定实现合规性的措施、执行上下一致的纪律处分机制、培养一致的响应能力。

四、近年美国医疗保障制度的改革情况

(一) 奥巴马医疗改革的主要内容

在奥巴马推行全民医疗改革之前，美国一直被称为"唯一一个没有全民医保的发达国家"。在没有医疗保险的美国人当中，成年人的比例要高于儿童，主要是因为很多低收入家庭的儿童可以享受联邦政府与州政府提供的医疗救助计划和儿童健康保险计划，而低收入家庭的成年人只有在残疾或怀孕等极少数情况下才可享受政府提供的医疗救助。在成年人当中，19~24 岁这一年龄段无医疗保险的人所占比例最高，原因有三点：一是这些人的工资收入较低，雇主通常不提供医疗保险；二是这些人刚刚参加工作，尚不符合加入雇主医疗保险计划的标准；三是这些人自恃身体强壮，无须购买医疗保险。2010 年，以中小企业雇员、自由职业者和贫困者为主的未参保群体在美国约有 5000 万人，高昂的成本是这部分人群未参保的主要原因。

正是在这种背景下，2010 年 3 月，奥巴马政府推动国会通过了《平价医疗法案》(Affordable Care Act，ACA)，又被称为《患者保护和平价医疗法案》(Patient Protection and Affordable Care Act，PPACA)，被非正式地称为"奥巴马医改"。2014 年开始实施主要改革项目，这是自 20 世纪 60 年代以来美国医疗保健领域最重要的一次改革。

奥巴马医改旨在确保更多人在美国拥有更多的医疗保险以及提高医疗保健和医疗保险的质量，规范健康保险行业，并减少美国的医疗保健支出。为了扩大覆盖范围，主要采取以下措施。一是强制企业为员工购买医疗保险，对于不购买保险的大公司处以罚款，1~50 人的公司免罚；50~199 人的公司需交每人每年 3000 美元的罚款；200 人及以上的公司必须承保所有员工，否则公司就是违法的，处罚更加严厉。政府为参加保险的小型雇主提供税收优惠，如果企业员工不超过 25 人，平均年薪低于 50000 美元的小企业可以获得医疗保险费用方面的优惠，新的税收抵免政策使他们更便宜地为员工购买医疗保险。二是强制个人购买医疗保险，不购买医疗保险的个人也将被罚款，2014 年的罚金是 95 美元或者 1% 的税前收入；2015 年罚金提高到 325 美元或者 2% 的税前收入；2016 年提高到 695 美元或者 2.5% 的税前收入。处罚金额逐年提高，以促使个人参保。低收入家庭购买医疗保险时可以申请补贴。三是扩大社会医疗救助项目，扩大对底层群体的覆盖面。四是加强对保险公司的监管，禁止保险公司拒绝已有疾病的被保险人，也不能在被保险人生病后再收取更多保险费。

《平价医疗法案》制定了"现有条件保险计划"(Pre-Existing Condition Insurance Plan，PCIP)，为那些由于糖料病或癌症等既往疾病而被私人保险公司拒绝承保的人提供健康保险。从 2014 年开始，对于先前存在的情况或残疾人，保险公司不能再提高保费。之前由于已有疾病而无法获得保险并且 6 个月或更长时间没有保险的成年人也可以获得保险。截至 2018 年，健康保险公司不能拒绝或取消对已存在疾病的人的保险，并且不能因为被保险人存有这种情况而向他收取更多的保费。怀孕也被认为是一个预先存在的情况，所以保险现在涵盖所有产前护理和从出生第一天起的保险。"现有条件保险计划"(PCIP)涵盖了广泛的健康福利，包括初级和专科护理、医院护理和处方药。

《平价医疗法案》的配套法律《保健与教育协调法案》增加了《学生资助与财政责任法案》。该法案对平价医疗的修订包括以下措施。一是在 2020 年前缩小医疗保健制度中的甜甜圈缺口①等一系列增大保险覆盖率的政策，比如，过去只要医疗照护计划 D 部分的人花了预先确定的支付额，他们就必须完全自费支付任何进一步的费用，这些人现在可以获得品牌处方药 50% 的折扣和普通药物 7% 的折扣。该法案规定在 10 年内逐步消除甜甜圈缺口问题，并免费提供一些筛查和预防服务，例如，医疗照护计划患者有资格接受乳房 X 线检查、结肠镜检查和其他一些预防性服务。二是全额补偿在医疗保健制度范围内的患者。三是《学生资助与政府责任法案》规定，学生贷款由教育部直接负责。从 2014 年开始，毕业生每月还学生贷款的金额无须超过收入的 10%；对于按时还贷的学生，还贷 20 年后，所有未还清的贷款将全部清零。

最高法院规定各州政府以及立法机构必须共同决定公民是否可以加入医疗救助制度。经过各州认定的公民可享受基本免费的医疗服务。和现在相同的是，很多人会通过政府获得保险。接受医疗保健制度的老年人不会有太大的变化。医疗救助制度扩大，覆盖更广，特别是对贫困的成年人援助力度较大。由于政府的援助，很多私人保险计划有可能会承保收入低的成年人。

即使工作单位提供了医疗保障，再加上医疗救助制度扩展，仍然有一些人没有保险。对于那些没有保险，或者觉得公司提供的保险费用太贵的人来说，他们可以在医疗保险市场自己选择购买保险。近几年来，由于奥巴马医改，保险计划的数量大大增加，再加上私人保险公司在医疗保险市场上良性竞争，公民可以根据自己的需求及保险价格选择合适的保险计划。在医疗保险市场出售的医疗保险计划通常被称作金属计划，主要包括四个不同金属类别的保险计划：铜计划（Bronze Plan）、银计划（Silver Plan）、黄金计划（Gold Plan）和白金计划（Platinum Plan）。这四类保险计划都必须提供最基本的医疗服务，主要区别在于医疗费用分担比例高低有别，白金计划报销程度最高，其次依次是黄金计划、银计划和铜计划，但没有规定白金计划或者黄金计划一定要比银计划或者铜计划提供更多的医疗保障项目。如果是同一保险公司提供的产品，通常铜计划的保险费最低，但个人共付比例最高；而白金计划的保险费最高，但个人共付比例最低；参加铜计划的保险公司被保险人的共付比例是 40%；参加银计划的保险公司被保险人的共付比例是 30%；参加金计划的保险公司被保险人的共付比例是 20%；参加白金计划的保险公司被保险人的共付比例是 10%。这四类保险计划都会覆盖一些共同所需的基本服务，如医院门诊、心理咨询、相关药物服务等。

《平价医疗法案》实施后，保险公司对于投保人的保费在不同年龄的人群趋同，年轻人群的保费上升，老年群体的保费下降。年轻人在 26 岁之前可以使用其父母的医疗保险计划，以减少开销。然而这些变化没有降低医疗保险的价格。所以很多人会发现购买新保险是更加便宜的选择。当然，仍然会有人比之前付更多的钱，但他们能享受更好的服务。

---

①　甜甜圈缺口：在医疗照护计划 D 部分，投保人全额支付医药费直到 310 美元，310 美元之后只用支付 25%，直到总医药费达到 2800 美元，超过 2800 美元后，患者再次承担所有费用直到 4500 美元，之后计划支付 95%。2800~4550 美元无计划覆盖的区间成为甜甜圈缺口。

美联储在没有医疗保险市场的州建立自己的保险市场，与州立保险市场不同的是，政府会返还大多数人的税金，让更多的人买得起医疗保险。并且，很多贫困人群不用付全额保险费。美国医疗保险的资金来源主要是税收，特别是健康产业的税收。个人同样也需要付税，富有的人出得更多。投保时间是固定的，投保人不能在非购买时期购买保险。

《平价医疗法案》中对应的管理方式是建立三个减少互换风险选择的项目。这三个项目分别是风险调整、再保险和风险走廊。风险调整相关规定如下："特别要求：秘书处做风险调整决定时应该考虑以投保人个人为单位，应该考虑与其相关的所有人；风险调整支付以及再保险支付条件下的投保人的健康状况、年龄、收入、个人投保还是家庭投保，以及地方医疗保障平均开支的差异。"高风险人群相关的风险调整规定如下："投保人拥有50~100项疾病则被定义为高风险疾病人群，这些疾病指医生诊断投保人有高风险疾病史或由美国精算协会推荐认定的方式认定的高风险疾病史。"

然而，《平价医疗法案》自诞生和实施以来一直面临挑战：一是因医疗保险集团和医药行业的利润损失而带来的对《平价医疗法案》的反对；二是增加了美国联邦及地方医保系统的负担，在国家财政赤字不断上升的背景下，医疗保险扩张很难实施；三是此方案对富人群体不利，增加的负担最后需要通过对富人的增税来进行补偿，比如，法案规定对家庭收入超过 25 万美元的联邦医保税将上升 0.9%，对于更高收入者，该比例将升至 3.8%。根据原计划，2022 年前《平价医疗法案》都将连续实施。但在奥巴马执政期间，该法案遭到了共和党人的广泛反对，其实施并不顺利，在一些州的执行过程中遇到了巨大障碍。

(二)特朗普医疗改革的思路

医疗保险改革一直以来是美国两党政治分歧的核心，也是特朗普竞选承诺之一。特朗普在医疗保险改革中的计划一波三折。虽然《平价医疗法案》在实施中并不顺畅，但在两党政治下废除《平价医疗法案》也并不容易。早在竞选之初，特朗普就宣布医疗改革是"首先要解决的问题"。在 2017 年 1 月上任之初，特朗普签署了一项行政命令，要求冻结奥巴马医改计划。2017 年，特朗普政府多次提议撤销或修改奥巴马医改计划，但被众议院否决或未能在参议院通过。2017 年 10 月 12 日，特朗普签署行政命令，取消医改项目中低收入人群的保费补偿措施。此行政命令涉及约 600 万参保人群。同年 12 月，特朗普签署了《减税法案》，并于 2018 年 1 月开始实施。其中一项措施是在 2019 年取消未购买医疗保险者的强制医疗保险税。这项措施将使医疗保险覆盖的人口减少 1300 万。2018 年 1 月，联邦政府允许州政府为有医疗补助的人提出参加工作的要求，预计这将大大减少有工作能力的人申请医疗补助的人数。2018 年 2 月，政府又提出建议放松对短期医疗保险合同管制的新方案，在奥巴马医改方案里，短期医疗保险合同上限为 90 天，改革后可延长至一年。

2018 年 5 月 4 日，特朗普政府在"美国患者优先"项目报告中提出了一项新的改革计划，其目标有两个：降低药物成本和减少患者自付费用。其提出的主要措施包括：第一，增加药企之间的竞争。防止制药企业利用政策漏洞，促进药品创新和竞争，加快仿制药进入市场。第二，促进更好的医保谈判。为联邦医疗照护计划实施基于价值的药物采购计划；修改联邦医疗照护计划 D 部分中规定的医疗保险处方药清单，允许更多替代药物；赋予医疗照护计划管理者更大的权力与药企协商；引进国际市场更便宜的药物。第三，采取激励措施降低药品上市价格。为了提高药品价格的透明度，降低中间商在药品流通中的折扣，要求药品企业在电视广告中公布药品目录价格。第四，减少患者自费性的医疗保健支出。患者有权了解处方药的价格；在联邦医疗照护计划 B 部分和 D 部分中，患者有权了解低成本替代药物的相关信息。

2018 年 10 月，特朗普政府宣布了一项改革医疗保险支付药物费用的计划，提议削减医疗保险为治疗癌症和其他疾病的昂贵药物支付的费用，旨在五年内为联邦医疗保险节省170 多亿美元，使其中一些药品的成本下降达 30%。

2018 年 12 月 14 日，得克萨斯州的一位联邦法官裁定奥巴马的医疗改革是违宪的，因为该法案强制要求购买医疗保险。特朗普也在社交媒体肯定了法官的裁决，称奥巴马的医疗改革违反了宪法。但该裁决只有在向最高法院上诉后才能重新评估《平价医疗法案》，而这种可能性似乎遥不可及。

特朗普政府的医疗改革路线可以归纳为：2017 年提出的废除《平价医疗法案》计划已基本搁置，特别是在 2018 年民主党在中期选举中重新获得多数席位之后，准翻该法案的可能性进一步降低。后两年，特朗普政府主要在法律允许的范围内和政府管辖的范围内削弱了《平价医疗法案》的实施，比如取消了对低收入人群的补贴。与此同时，特朗普政府还在制定一项与《平价医疗法案》核心理念相悖的新医疗改革计划，主要强调通过加强市场竞争的手段来解决高医疗保险成本问题。

与其他经济和社会政策一样，医疗保险政策也反映了美国两党执政理念的差异：民主党倾向于政府干预，加强监督，通过半强制性措施扩大医疗保险覆盖面，增加对社会弱势群体的照顾。共和党更倾向自由市场原则，通过市场竞争和信息披露来解决市场本身问题，但是医疗市场的复杂性以及多年来美国医疗费用不断上涨的事实，充分说明市场竞争也存在失灵。

根据美国联邦政府 2019 年发布的一份报告，预测联邦医疗保险将在 2026 年打破收支平衡出现赤字。特朗普政府的改革措施在未来能在多大程度上发挥作用，依然是一个问号。由于医疗问题的复杂性以及医保改革与各方利益攸关，这与经济领域减税的积极社会效应不同，降低医疗成本仍然是一项选择性的改革难题。

第三节　英国国民健康服务体系及改革

一、英国概况

近年来英国 GDP 受经济危机影响较大，从 2015 年开始出现了 4.58% 的负增长，2016年更加严重，出现 8.18% 的负增长，2017 年经济仍是负增长。2018 年有所复苏，GDP 为2.825 万亿美元，比 2017 年的 2.638 万亿美元增长 7.09%（如图 7-12 所示）。

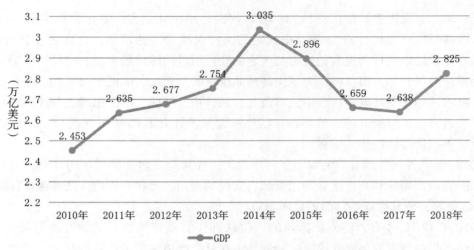

图 7-12   2010—2018 年英国国内生产总值(GDP)

2018 年英国人口为 6648.90 万人，比 2017 年增长 0.65%，其中女性 3366.54 万人，占 50.63%；总人口中城市人口占 83.40%，比 2017 年增长 0.96%。2018 年英国 65 岁及以上的人口有 1240.025 万人，约占总人口的 18.65%。由表 7-10 和图 7-13 可以发现，2010—2017 年英国的总生育率逐年下降，从 2010 的 1.92% 降至 2017 年的 1.74%，年均负增长 1.396%。① 2010—2018 年，英国总人口不断增长，年均增幅为 1%，而英国 65 岁及以上人口占总人口比例从 2010 年的 16.60% 上升至 2018 年的 18.65%，年均增幅为 1.47%，说明英国面临人口老龄化加速的情形。②

表 7-10   2010—2017 年英国总生育率情况（单位:%）

年份	2010	2011	2012	2013	2014	2015	2016	2017
总生育率	1.92	1.91	1.92	1.83	1.82	1.80	1.79	1.74

英国近年来失业率逐年下降，2014 年 12 月为 5.7%，2015 年 12 月为 5.1%，2016 年 12 月为 4.7%。2017 年 12 月为 4.3%，到 2018 年 12 月降至 3.9%。从表 7-11 和图 7-14 中可以更直观地看到英国失业率的下降趋势。自 2012 年初以来，英国 16~64 岁的男女劳动者就业率普遍上升，截至 2018 年底，劳动者就业率为 75.83%，其中女性就业率达 71.40%，均是近年来的最高值。有专家认为，近年来女性就业性率不断上升，有部分原因是女性的国家养老金领取年龄发生了变化，导致 60~65 岁退休的女性人数有所减少。2019 年 3 月的估计数显示，年龄在 16 岁及以上的人口为 3275 万人，比去年同期增加

---

① 数据整理来自英国国家统计局网站：https://www.ons.gov.uk/peoplepopulationandcommunity/populationandmigration/populationestimates/datasets/vitalstatisticspopulationandhealthreferencetables。

② 数据整理来自世界银行网站：https://data.worldbank.org/country/united-kingdom。

图 7-13 2010—2018 年英国总人口与 65 岁及以上人口情况

354000 人，主要原因是更多人参与全职工作（全年增加 247000 人，达到 2409 万人）。兼职工作在 2018 年增加了 107000 个，就业人数达到 866 万人。但根据近年的就业率增长情况来看，年增长人数中一半以上来自 50~64 岁人群①。

表 7-11 2014 年 1 月—2018 年 12 月英国按月失业率变化情况（单位：%）

年份＼月份	1 月	2 月	3 月	4 月	5 月	6 月	7 月	8 月	9 月	10 月	11 月	12 月
2014	6.9	6.8	6.6	6.4	6.3	6.1	6.0	6.0	6.0	5.9	5.7	5.7
2015	5.6	5.5	5.5	5.6	5.6	5.5	5.4	5.3	5.2	5.1	5.1	5.1
2016	5.1	5.1	5.0	4.9	4.9	4.9	5.0	4.8	4.8	4.8	4.7	4.7
2017	4.6	4.6	4.5	4.4	4.4	4.3	4.3	4.3	4.2	4.3	4.4	4.3
2018	4.2	4.2	4.2	4.2	4.0	4.0	4.0	4.1	4.1	4.0	4.0	3.9

英国的医疗保健支出逐年上涨，2010—2018 年的人均医疗保健支出从 2010 年的 2870.56 美元上升至 2018 年的 4069.569 美元，年均增长率为 4.46%。其中 2013 年人均医疗保健支出增幅最大，较上一年增长 20.40%。2018 年英国医疗保健支出占 GDP 的比例为 9.77%，比 2017 年增长了 0.14%（见表 7-12）②。从图 7-15 中可以发现，2010—2018 年英国医疗保健支出占 GDP 比例从 2013 年开始出现较大增幅，整个医疗保健支出占 GDP

① 数据整理来自英国国家统计局网站：https://www.ons.gov.uk/employmentandlabourmarket/peopleinwork/employmentandemployeetypes/bulletins/employmentintheuk/latest#analysis-of-employment-in-the-uk。

② 数据整理来自经济合作与发展组织网站：https://data.oecd.org/healthres/health-spending.htm。

图 7-14　2010—2018 年英国失业率情况

比例与政府在医疗保健的支出占 GDP 的比例总体同趋势变化。由于人口老龄化问题日益严重和药品价格上涨，2013 年英国政府不得不为本已负担很重的 NHS 预算额外增加 125亿英镑来维系运营，并额外投入 70 亿英镑用来提高其运行效率。2017 年，政府在医疗保健方面的支出（包括国民健康服务体系，地方当局和其他公共医疗保健提供者的支出）为1556 亿英镑，占医疗保健支出总额的 78.82%。截至 2018 年，英国医疗保健支出占 GDP的比例为 9.77%，其中 77% 的医疗保健支出是由政府出资的。①

表 7-12　2010—2018 年英国医疗保健支出情况

年份	人均医疗保健支出（美元）	增长率（%）	医疗保健支出占 GDP 的比例（%）
2010	2870.56	2.94	8.59
2011	2909.888	1.37	8.57
2012	2968.076	2.00	8.29
2013	3573.575	20.40	9.77
2014	3668.397	2.65	9.76
2015	3703.081	0.95	9.69
2016	3833.251	3.52	9.70
2017	3942.903	2.86	9.63
2018	4069.569	3.21	9.77

---

① 数据整理来自经济合作与发展组织网站：https://data.oecd.org/healthres/health-spending.htm。

图 7-15　2010—2018 年英国医疗保健支出占 GDP 的比例

二、英国免费医疗的体制机制

(一)历史沿革

英国医疗保障制度是免费型医疗的典范,其基础性制度是国民健康服务体系(National Health Service,NHS),NHS 是目前全世界最大的由政府筹资建立的全民免费医疗保障制度,在 2017—2018 财年,NHS 投入约 1237 亿英镑,除对处方药、验光配镜和牙科服务等收取部分费用外,NHS 为所有英国居民提供基本的免费医疗服务。

英国的国民健康服务体系(NHS)始建于 1948 年,在 1948 年以前,英国政府一直致力于为社会成员提供免费医疗服务。1911 年英国议会通过的《国民保险法案》以及 1942 年问世的《贝弗里奇报告——社会保险和相关服务》,都提出政府为国民提供免费医疗服务。直到 1948 年 7 月 5 日,正式实施《国民医疗服务法案》,建立国民健康服务体系(NHS)。尽管 NHS 自建立以来规模不断扩大,让国民享有了普世、免费的平等健康权利,但是随着人口的增加和人民对健康质量要求的提高,医疗服务远远供不应求,政府财政不堪重负,NHS 面临着因为"支出大,效率低"而饱受诟病的尴尬局面。因此,英国一直在探索 NHS 改革(见表 7-13)。

表 7-13　英国国民健康服务体系(NHS)的历史与发展

时间	事件	改革内容
1911 年	议会通过《国民保险法案》	要求雇主和雇员交纳占工资一定比例的社会保险金,以获得政府免费提供医疗服务

续表

时间	事件	改革内容
1919 年	成立卫生部	负责整合医疗保险计划、公共卫生资源，以及监管各地方政府的医疗服务
1942 年	贝弗里奇提出《贝弗里奇报告——社会保险和相关服务》	提出建立"社会权利"制度，包括失业及无生活能力之公民权、退休金、教育及健康保障等理念
1946 年	议会通过《国民医疗服务法案》	现代意义的全民免费医疗改革正式启动
1948 年	《国民医疗服务法案》正式实施	建立了 NHS
1952 年	NHS 开始实行处方收费	每张处方 1 先令，普通牙科治疗每次收费 1 英镑
1968 年	成立卫生和社会保障部	任命了主管社会服务的国务委员专门负责 NHS 具体的事务
1988 年	卫生部再次独立	卫生部负责医疗服务、公共卫生以及环境和食品卫生监督等事务
1990 年	撒切尔政府通过了《NHS 与社区护理法案》(NHS and Communiy Care Act)	实行 NHS 内部市场化改革，内部财务独立核算，卫生部管理自己的预算，并从医院和其他医疗机构购买医疗服务
1991 年	建立 NHS 信托组织(NHS Trust)和信托基金医疗联合体(Foundation Trusts)	整合一个区域内的多个专业医疗机构组建成综合性医疗集团，实行政策财政预算管理
2000 年	布莱尔政府推出 NHS 投资和改革计划(The NHS Plan：A Plan for Investment, A Plan for Reform)	提高公立医院的服务质量和工作效率，实行预约服务，增加医院床位数，增加医护人员编制，加强对医院工作的监督
2002 年	成立初级卫生保健信托机构(Primary Care Trusts)	负责委托医疗保健机构提供初级卫生保健服务，大部分由医院管理者组成
2010 年	卡梅伦政府颁布《公平与卓越，解放NHS 白皮书》	改革公立医疗机构在 2014 年变为基金信托机构，实施全科医生的医疗服务委托
2011 年	议会通过《医疗和社区健康服务法案》	把医疗经费的控制权由卫生部下放到基层医疗单位，以减少管理成本，加大专科医生尤其是全科医生的权限
2013 年	出台《健康和社会保健法案》	废除数百家初级保健信托机构和其他 NHS 机构，将其替换为新的全科医生主导的临床委托小组，让医生负责并赋予患者权力

（二）筹资机制与支出结构

2018 年英国医疗保健支出占 GDP 比重为 9.77%，高于 OECD 国家平均水平的 8.79%，但远低于美国（16.94%），也低于一些发达国家，比如德国（11.23%）、瑞士（12.18%）、瑞典（11.01%）和日本（10.92%）。2018 年，英国人均医疗保健支出 4070 美元，略高于 OECD 国家平均水平的 3992 美元，但只有美国人均医疗保健支出（10586 美元）的 38.45%，也低于一些发达国家，比如瑞士（7317 美元）、挪威（6187 美元）、德国（5986 美元）和日本（4766 美元）。2000—2017 年，英国医疗保健支出实际年均增长率为 6.42%（见表 7-14）。①②

表 7-14　2010—2017 年英国医疗保健支出结构（单位：十亿英镑）

年份	总支出	增长率（%）	公共支出	公共支出占总支出比例（%）	私人支出
2000	68.5	7.5	54.5	79.56	14.0
2001	75.4	10.07	59.5	78.91	15.9
2002	81.8	8.49	65.3	79.83	16.5
2003	89.7	9.66	71.3	79.49	18.4
2004	96.8	7.92	78.6	81.20	18.2
2005	105.1	8.57	85.0	80.88	20.1
2006	112.8	7.33	92.1	81.65	20.7
2007	120.2	6.56	97.0	80.70	23.2
2008	129.4	7.65	105.6	81.61	23.8
2009	139.0	7.42	115.7	83.24	23.3
2010	141.3	1.65	118.0	83.51	23.3
2011	143.5	1.56	119.3	83.14	24.2
2012	146.7	2.23	121.6	82.89	25.1
2013	150.6	2.66	125.5	83.33	25.1
2014	179.9	19.46	143	79.49	36.9

---

①　数据整理来自英国国家统计局网站：Expenditure on Healthcare in the UK：2013，https://www.ons.gov.uk/peoplepopulationandcommunity/healthandsocialcare/healthcaresystem/articles/expenditureonhealthcarein-theuk/2015-03-26#total-healthcare-expenditure-in-the-uk。

②　数据整理来自英国国家统计局网站：Healthcare expenditure，UK Health Accounts：2017，https://www.ons.gov.uk/peoplepopulationandcommunity/healthandsocialcare/healthcaresystem/bulletins/ukhealthaccounts/2017。

续表

年份	总支出	增长率(%)	公共支出	公共支出占总支出比例(%)	私人支出
2015	183.6	2.06	145.8	79.41	37.8
2016	191.0	4.03	151.8	79.48	39.2
2017	197.4	3.35	155.6	78.82	41.8

2007—2017 年，英国医疗保健总支出年均增长速度为 5.09%，公共支出年均增长速度为 4.83%，私人支出年均增长速度为 6.06%。如图 7-16 所示，2014 年以后，英国医疗保健总支出增长率明显快于 GDP 增长率。如图 7-17 所示，2010—2013 年公共支出与私人支出的增长率趋近，2014 年私人支出的增速高达 47.01%，明显快于公共支出的增长率，2015 年和 2016 年公共支出与私人支出的增长率趋近，2017 年私人支出的占比较上一年加大，增速也相应比公共支出要快。①

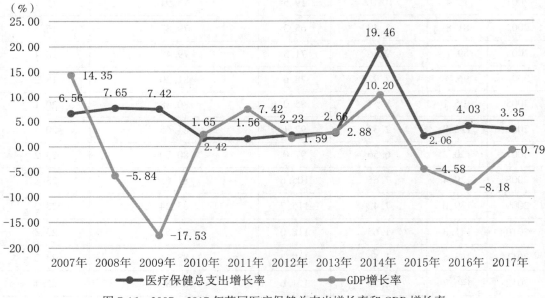

图 7-16　2007—2017 年英国医疗保健总支出增长率和 GDP 增长率

从资金来源构成来看，国民健康服务体系(NHS)的主要资金供给主体是公共财政，一般税收和国民保险费缴费占整个体系筹资来源的比例长期保持在 90% 以上，其中一般税收占 75%，国民保险费缴费占 20% 左右。个人付费部分和其他渠道占 3% 左右，还有部分收入来自海外患者等。一般税收和国民保险费缴费具体多大规模用于 NHS，要由财政

———————

① 数据整理来自英国国家统计局网站：https://www.ons.gov.uk/peoplepopulationandcommunity/healthandsocialcare/healthcaresystem/bulletins/ukhealthaccounts/2017。

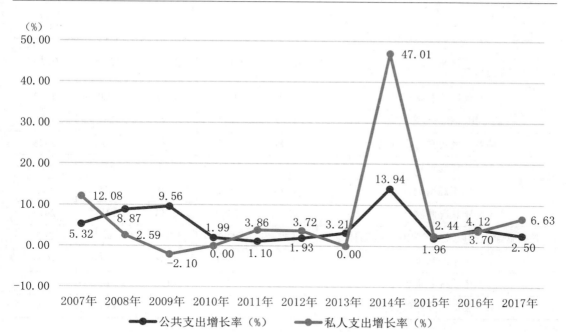

图 7-17　2007—2017 年英国医疗保健公共支出增长率和私人支出增长率

部和卫生部进行经费评估、协商后确定，但财政部给卫生部的拨款数额不受国民保险缴费规模的影响。2013—2017 年政府财政医疗保健支出情况，见表 7-15。

表 7-15　2013—2017 年英国政府财政医疗保健支出情况（单位：百万英镑）

支出情况 \ 年份	2013 年	2014 年	2015 年	2016 年	2017 年
总计	183266	149810	152121	155172	155565
治疗/康复住院治疗	43075	41233	42839	43074	43787
治疗/康复日托	8767	7788	8244	8481	8437
治疗/康复门诊治疗	45876	39996	41732	42804	43612
治疗/康复的家庭护理	4679	4678	4962	5110	5093
长期住院治疗	23518	12815	13036	13292	13291
长期日托	36	38	39	33	32
长期门诊护理	153	168	191	163	152
长期家庭护理	10638	9775	10323	10599	10754
药品和其他医疗非耐用品	21354	15093	15664	15600	15375
处方药	14154	13812	14342	14204	13952
非处方药	5409	0	0	0	0

续表

支出情况 ＼ 年份	2013 年	2014 年	2015 年	2016 年	2017 年
其他医疗非耐用品	1790	1281	1322	1395	1422
治疗用具和其他医疗用品	4939	737	738	752	692
信息、教育和咨询计划	3100	3237	3216	3126	2938
免疫计划	729	724	814	873	844
早期疾病检测计划	686	512	509	515	511
健康状况监测计划	4239	2567	2753	2914	2915
流行病学监测以及风险和疾病控制计划	572	589	574	541	502
卫生系统治理管理	2518	2291	2203	2099	1926
卫生系统融资管理	1949	0	0	0	0
未分类的医疗保健服务	3141	4251	944	1803	1200

　　由表 7-15 可以发现，2013—2017 年用于治疗和康复护理的财政支出占比最大，分别为 55.87%、62.54%、64.28%、64.10% 和 64.88%，治疗和康复护理以及长期护理这两个最大类别上的支出在每一年都有所增加，而用于预防保健和医疗用品的实际支出在 2017 年有所下降。其主要原因是用于诸如促进戒烟、健康外展和学校保育服务等医疗教育和咨询计划项目的实际支出减少。医疗用品支出实际下降 1.7% 主要是由于处方药的支出下降了。卫生系统治理和未分类的医疗保健服务的实际支出在 2013—2017 年也有所下降。2017 年政府财政在医疗保健各项支出占比，如图 7-18 所示。

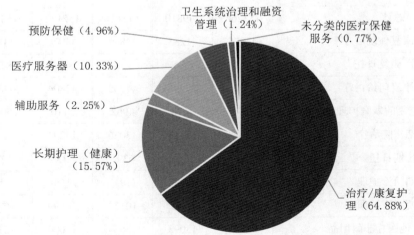

图 7-18　2017 年英国政府财政在医疗保健各项支出占比

（三）待遇确定机制

英国的国民健康服务体系（NHS）忠实体现了《贝弗里奇报告》所倡导的普遍覆盖理念，社会成员无论其收入水平、财富情况，都可以在一定社会供给水平约束下根据自己的实际需要来获取医疗保健服务。在医疗资源分配水平和时效上遵循完全公平的原则，与财富、社会地位、国民保险缴费水平、经济负担能力、年龄等因素无关，而是优先将优质服务分配给病情最为紧急、需求最为急迫的社会成员。满足所有人需要、免费提供、根据医疗需要而不是支付能力，这三个基本原则贯穿英国 NHS 体系发展始终。因此，英国 NHS 服务向所有英国居民提供，对于非英国居民例如为英国雇主服务的外国人以及在英国接受教育6 个月以上的国际学生也能享受部分免费的住院服务，从 2015 年 4 月 6 日开始，对于非英国居民开始收取一定费用。在英国学习时间 6 个月以上的国际学生需要每年支付 150 英镑的医疗附加费，其他移民类型的费用为 200 英镑。

所有参加国民健康服务体系（NHS）的医院和医生除法律特别规定可以收取费用的医疗卫生服务项目外，其他服务和相关处方药品都是免费提供，同时，免费向残疾人提供必须的假肢、义眼、助听器、轮椅和其他康复及生活辅助器具。在服务获取质量上，强调"最高可及性"原则，即向参加者提供当前经济技术条件和财政支付能力所许可最高质量的医疗和健康维护服务。但也有些医疗服务并未覆盖，需要患者共付一部分费用，比如医疗服务中的处方费和牙科服务。还有一部分医疗服务是通过患者自付或私人医疗保险付费，比如私营医院和诊所或 NHS 机构提供的私人诊疗、非处方药支出、眼科服务等，患者自付支出中，非处方药支出占比最大，为 41%，NHS 服务收费为 13%。为了减少患者负担，付费项目也采取了相应的保护机制，例如，对于 60 岁及以上、16 岁以下、16～18岁的但在接受全职教育、孕妇、住院患者以及拥有医疗免费证书的人群处方费免费；60岁及以上老人享受免费的 NHS 牙科服务、处方、眼科服务等。

另外，部分企业或高收入人群选择各种自愿健康保险计划。① 如图 7-19 所示，各种自愿健康保险计划近年在整个医疗保健支出中的比例稳定在 3.3% 左右，2014—2017 年自愿健康保险计划在医疗保健支出的增长率分别为 1.61%、-1.97%、-13.2% 和 7.79%。2013—2017 年自愿健康保险计划的医疗保健支出占 GDP 的比例都稳定在 0.3%。但也有学者认为，在英国政府削减支出、医疗服务质量下降的情况下，各种自愿健康保险计划在未来会迎来进一步的发展与扩大。

（四）偿付机制分析

1. 对初级卫生保健服务的偿付

初级卫生保健服务是 NHS 医疗服务体系的主体，主要由全科诊所（General Practice）和全科医生（General Practioner，GP）提供。全科诊所和全科医生不隶属任何政府部门，政府部门对全科诊所按照区域进行管理，通过与全科医生签订协议对全科医生提供的医疗服

---

① 自愿健康保险计划包括私人医疗保险、雇主自我保险计划、健康现金计划、牙科保险以及旅行保险中的健康保险部分。

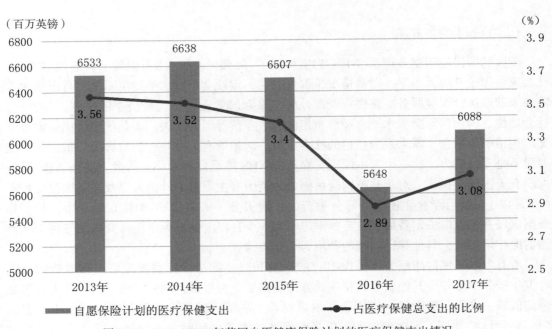

图 7-19　2013—2017 年英国自愿健康保险计划的医疗保健支出情况

务进行管理，全科医生依据协议获取相应报酬。

目前，英国的全科医生协议主要有两类。第一类是在国家层次协商的协议，由初级卫生保健信托机构（Primary Care Trusts，PCT）和全科医生个人签订的通用医药服务协议（General Medical Service Contract）。目前，该协议覆盖约 50% 的全科医生。协议中规定，全科医生的报酬既包括提供一般医药服务所需的成本费用，也包括全科医生从事该服务的净收入。第二类是在地方层次协商的协议，由全科医生开业者与初级卫生保健信托机构进行更加灵活地签订个人医药服务协议。目前，该协议覆盖约 45% 的全科医生。这一类型协议主要是为解决有些地方医生太少的问题，以满足特定质量的服务措施，满足其当地人口的需要。

2. 对二级保健服务的偿付

二级保健服务也被称作"急性保健服务"，包括可选择的保健服务和急救保健服务，大多由 NHS 的医院提供。可选择的保健服务是指 NHS 计划中的专科医疗服务或者手术服务，患者通常经由初级卫生保健或社区卫生服务的全科医生转诊而来。患者可以作为住院病人或日间住院护理病人进入二级保健服务，也可以是门诊咨询或门诊治疗的病人。

2003 年开始，NHS 体系开始实行"按结果付费"（Payment by Result，PbR），这种偿付机制的核心理念是：为每一位已就诊或接受治疗的患者向医疗保健提供者支付费用，同时考虑到患者医疗保健需求的复杂性。按结果付费制（PbR）的两个基本参数是全国性确定的支付医疗费用的单位和价目表。支付医疗费用是依据 1986 年开始的病例组合研究而形成的医疗保健资源分类法（Healthcare Resource Groups，HRGs），HRGs 是一组具有临床意义的诊断和干预措施，其消耗相似水平的 NHS 资源，通过约 26000 个代码来描述特定的诊断和干预措施，将这些代码分组为 HRGs，将患者每次疾病发作从入院到出院按照 HRGs

进行分类，每组类似疾病发作对应一个 HRG 编码，政府将价目设定在合理且可行的水平，对同一组内的诊疗活动确定一个标准的价格。根据最新版本 HRG4，目前有超过 1500 个价目表。全国价目表确定后，各地医院的所有服务活动都适用统一的价格。按结果付费制（PbR）目前涵盖医院的大部分急性医疗保健，其中包括入院患者护理、门诊检查、事故和急诊以及一些门诊手术。例如，119 英镑用于门诊检查，5323 英镑用于髋关节手术。在实施 PbR 之前，初级卫生保健信托机构（PCT）倾向于与医院签订大宗协议，其中医院不管治疗的患者数量如何但收到的金额是固定的，服务价格在地区层次进行协商。这种总额预算方式下，医院服务的实际效果并不影响医院的收入。实施 PbR 之后，初级卫生保健信托机构只需与医院协商服务数量，而无需确定服务价格。①

第一个 NHS 基金会（Foundation Trust，FT）在 2005—2006 年实施了 PbR，其他 NHS 信托基金在 2006—2007 年也相应实施了 PbR。目前，PbR 占急性医院收入的 60% 以上，约占初级卫生保健信托机构（PCT）预算的 1/3。英国差不多 2/3 的医院服务实施 PbR，PbR 改变了二级保健服务流动的资金来源。目前，医疗服务活动的价目表越来越被视为为患者提供高质量的治疗结果和提高国民保健服务效率的重要手段，政府致力于通过在精神医疗保健、社区健康服务引入 HRGs 和确定性的价目表来扩大 PbR 的范围。

三、近年英国医疗保障制度的改革情况

（一）偿付机制改革

英国目前每年大约有 290 亿英镑医疗服务是按照结果付费制，这种偿付制度尽管在使用范围和方式上不断完善，但仍面临许多批评，包括：第一，按结果付费制针对的是诊疗活动，而不是患者的医疗服务结果。好的患者服务结果可能是由多种不同诊断措施和干预方式导致的，但按诊疗活动付费不足以鼓励最佳的患者服务结果。第二，按结果付费的价目表往往没有很好的成本和质量信息。每年价目表都在变动，但似乎医疗服务成本并没有变化。准确的成本信息和有关患者的服务质量信息一般都很少，导致医院很难准确评估每个患者的成本以及有利于患者的医疗服务产出，精神医疗保健和社区健康服务的成本系统和患者服务质量信息就更缺乏。第三，因为信息不完全和激励机制不恰当，按结果付费制允许一些医疗服务购买者和医疗服务提供者可以谈判地方性的购买协议，但双方没有依据明确的规则来建立医疗服务活动的价目表，医疗服务的质量和可持续性将会受影响。第四，在医疗服务领域和社会保健领域实行不同的支付方式，被认为是整合医疗（Integrated Care）的一大障碍。

英国卫生部根据《健康和社会保健法案（2012）》（Health and Social Care Act 2012），从 2013 年 4 月开始建立新的医疗保健体系，将负责制定医疗服务偿付机制的职责转移到监督局和英格兰 NHS，由监督局和英格兰 NHS 建立医疗服务活动的全国价目表。并且根据《健康和社会保健法案（2012）》，全国建立了 211 家全科医生联盟，19 家医疗服务购买的

① Department of Health and Social Care：Payment by Results in the NHS：a Simple Guide. https://www.gov.uk/government/publications/simple-guide-to-payment-by-results。

支持单位和 152 家健康和福利委员会。由此，医疗服务购买方发生变化，英国鼓励全科医生联盟探索不同偿付方式。

《健康和社会保健法案(2012)》在偿付管理的改革内容上，强调了利益主体的多元参与、共建共治，要求监督局和英格兰 NHS 在发布医疗服务活动的全国价目表之前，应当进行公众咨询，并对拟发布的价目表进行评估。全科医生联盟和相关的医院有权提出质疑，一旦质疑机构数量超过一定比例，原有的价格表就必须重新咨询和重新评估，或者提交给竞争委员会进行裁决。

因此，在监督局和英格兰 NHS 发布最终版本《2014—2015 年全国价目标准支付制度》(2014—2015 National Tariff Payment System)前，实际上是进行了较长时间的酝酿，如 2013 年 5 月两家机构发布有关偿付机制的改革论文，6 月发布价目表草稿供讨论，并召开了区域性研讨会。

考虑到不给 NHS 体系造成太大压力，最终通过的全国价目表与上一年的版本变化不大，但未来偿付机制的规则将更加清楚和更加灵活。一些地方医疗服务购买机构已经在尝试不同的偿付方式，监督局和英格兰 NHS 希望这种尝试不会给患者造成负担，但同时鼓励地方进行探索，尤其是促进医疗服务和社会保健领域的融合。偿付机制的改革最大限度地调动了全科医生联盟医生的积极性，使得全科医生联盟在协商医疗服务购买协议方面将有更大的自主权，更好地为本地区的居民服务。

(二)促进医疗卫生与社会保健的融合

在社会保健发展战略和优先领域方面，英国已经达成了广泛共识，包括增加融资和提高保健质量、促进医疗卫生服务与社会保健的融合、将老年痴呆作为卫生部部长的关注重点之一。2012—2013 年，英国卫生部发布《保健和照料白皮书》和《保健和照料法案(草案)》，制订了雄心勃勃的计划，旨在预防、推迟和最小化民众正式的保健和照料需求。

2012 年 7 月，英国发布《保健和照料法案(草案)》，征询公众意见。该草案是社会保健领域 60 多年来最全面的一次改革计划。该法案将更加清晰、更加公平，将建立在有保健和照料需求的民众需求和目标基础之上。

同时，《保健和照料白皮书》宣布未来两年进一步将 3 亿英镑从 NHS 体系转入社会保健领域，确保两个领域共同合作，使医疗卫生服务和社会保健同时受益。NHS 绩效评估框架已经制订计划，确保公共卫生和社会保健合作，以支持更加融合的保健服务。2012—2013 年 NHS 体系向地方政府转移支付 6.22 亿英镑，以支持社会保健服务，并转移支付 1 亿英镑应对冬季气候，以确保保健的可及性。

(三)修改初级医生雇佣协议

英国的 NHS 医疗服务体系中全科医生在 NHS 体系中充当"守门人"的作用，90%的人在基层医疗服务体系接受诊断和治疗，不需转诊到二级机构，只有不到 10%的服务转到医院服务系统。2015 年 7 月 16 日，英国卫生大臣杰瑞米·亨特(Jereny Hunt)宣布，要在英国实施新的医疗改革，其中针对初级医生的措施包括：在跟初级医生签订新的雇佣协议时增加基础工资的额度、增加工作时间、取消所有津贴和补贴、改为每周七天工作制(以前是 5 天)、所有初级医生实行轮班制等。这一系列改革措施计划在 2016 年 8 月开始执行。2016 年 1 月 4 日起，英国医药工作者协会(The British Medical Association，BMA)进行了多次大罢工，其中 4 月 26 日是英国医疗史上头一遭全面性罢工。导致医生大罢工的原因有几点：第一，改革方案增加了工作时间，但未明显提高医生薪酬；第二，将 NHS 初级医生的晋升规则修改为绩效评估制，新的雇佣协议下工资升级不仅考虑工作年限，还需考虑工作责任、工作经验等内容；第三，医院人手短缺，医生工作繁重，由于人口的增加(新生、移民)、老龄化程度的加深和民众对健康质量要求的提高，医疗服务远远供不应求；第四，财政拨款捉襟见肘，受全球金融危机影响，英国的医疗卫生支出占比与其他欧盟国家的差距有所扩大。

2016 年 5 月 20 日，在英国咨询调解和仲裁局(ACAS)的协助下，英国政府和初级医生进行了长达 10 天的谈判，最终双方都做出了重要让步，并达成了一致意见，从而平息了这场由"初级医生新雇佣协议"引发的大罢工风波。英国卫生大臣杰里米·亨特(Jereny Hunt)表示修改后的新协议不仅满足了初级医生的主要诉求，也确保了政府能够完成改善医院周末服务的目标。新协议解决了周末上班的薪资情况：虽然周末上班依旧不会增加薪水，但是如果一年内周末上班超过 6 次，就会有额外的津贴，次数越多则津贴越高。每八个周末工作一个周末的医生有 3% 的额外津贴，而隔一个周末上班的医生则有 10% 的额外津贴，类似的体系也将应用到值班医生当中。但除此之外，初级医生的基本工资平均上涨幅度为 10%~11%，低于政府之前提出的涨幅，夜班的津贴上涨幅度 37%，低于现有的 50%。

第四节　日本国民皆保险制度及改革

一、日本概况

2018 年，日本的 GDP 为 4.971 万亿美元，排名世界第三，比 2017 年的 4.86 万亿美元增长 2.28%，2017 年日本经济增长-1.36%。2013 年日本 GDP 出现大幅下降，较上一年降幅为 11.08%，2015 年 GDP 出现了 2010—2018 年的最低值，为 4.389 万亿美元(如图 7-20所示)。

2018 年日本人口为 12652.91 万人，比 2017 年减少了 0.20%，其中女性 6475.54 万人，占 51.18%；总人口中城市人口为 11592.09 万人，占总人口的 91.62%，比 2017 年减少了 0.11%。2018 年日本 65 岁及以上的人口有 3476.37 万，约占总人口的 27.47%，日本成为全球 65 岁以上老年人口比例最高的国家，老年人口中 70~74 岁的人口有 868.27 万人，占比为 24.98%，75~79 岁的人口有 653.80 万人，占比为 5.17%，80 岁及以上的人口有 1057.40 万人，占比为 30.42%。[①]

由表 7-16 和图 7-21 可以发现，2010—2017 年日本的总生育率较低，低于德国、美国和英国，从 2010 年的 1.39% 增至 2017 年的 1.43%，年均增长 0.41%。2010—2018 年日本总人口不断下降，年均降幅为 0.15%，而日本 65 岁及以上人口占总人口比例从 2010

① 数据整理来自世界银行网站：https://data.worldbank.org.cn/country/japan？view=chart。

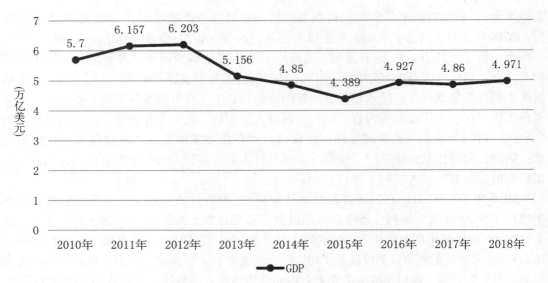

图 7-20　2010—2018 年日本国内生产总值（GDP）

年的

表 7-16　2010—2017 年日本总生育率情况（单位：%）

年份	2010	2011	2012	2013	2014	2015	2016	2017
总生育率	1.39	1.39	1.41	1.43	1.42	1.45	1.44	1.43

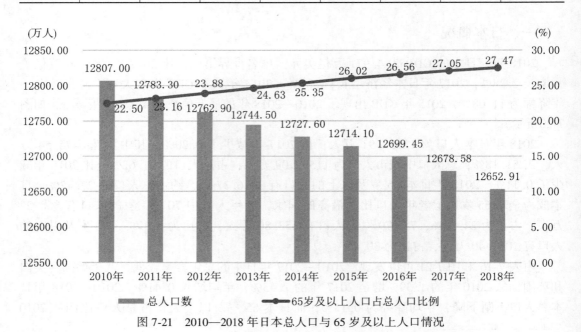

图 7-21　2010—2018 年日本总人口与 65 岁及以上人口情况

22.50%上升至 2018 年的 27.47%，年均增幅为 2.53%。而由图 7-22 可以发现，日本的高龄人口数量逐年上升，从 2010 年的 594.63 万人增至 2018 年的 1057.4 万人，其占 65 岁及以上人口的比例也相应从 2010 年的 20.64%上升至 2018 年的 30.42%①，以上数据都表明日本的人口老龄化情况急速发展。

图 7-22　2010—2018 年日本 65 岁及以上人口与高龄人口情况

日本近年来失业率逐年下降，2014 年 12 月为 3.4%，2015 年 12 月为 3.3%，2016 年 12 月为 3.1%，2017 年 12 月为 2.7%，2018 年 12 月降至 2.4%。从表 7-17 和图 7-23 中可以更直观地看到日本失业率的下降趋势，2010—2018 年日本的失业率从 2010 年的 5.1%逐年下降至 2018 年的 2.4%，降至过去 26 年来最低水平。这很大程度源于两个原因：一是日本国内经济持续温和复苏，人手不够的企业招人的愿望强烈；二是少子老龄化导致适龄劳动人口减少。2008—2015 年，日本的男性劳动参与率②呈下降趋势，从 2008 年的 72.8%逐年下滑至 2015 年的 70.3%，2016 以后劳动参与率开始上升，截至 2018 年，日本的男性劳动参与率为 71.2%。从 2008—2018 年这 11 年的劳动参与率数据来看，女性劳动参与率的增幅大于男性劳动参与率的增幅(如图 7-24 所示)③。有经济学家认为，近年来日本的失业率不断下降，有部分原因是女性的劳动参与率近年来增幅较大。截至 2018 年底，日本的女性劳动参与率为 52.5%，较上一年增长 2.74%，男性劳动参与率为 71.2%，较上一年增长 0.99%。

———————————

①　数据整理来自世界银行网站：https://data.worldbank.org.cn/country/japan? view=chart。

②　劳动参与率是指年龄在 15 岁及以上的人口中从事经济活动的人口比率：所有在特定阶段为货物和服务的生产提供劳力的人员。

③　数据整理来自日本统计局网站：http://www.stat.go.jp/english/data/roudou/results/month/index.html。

表7-17　2014 年 1 月—2018 年 12 月日本按月失业率变化情况(单位:%)

月份 年份	1 月	2 月	3 月	4 月	5 月	6 月	7 月	8 月	9 月	10 月	11 月	12 月
2014	3.7	3.6	3.6	3.6	3.6	3.7	3.7	3.5	3.6	3.5	3.5	3.4
2015	3.6	3.5	3.4	3.3	3.3	3.4	3.3	3.4	3.4	3.1	3.3	3.3
2016	3.2	3.3	3.2	3.2	3.2	3.1	3.0	3.1	3.0	3.0	3.1	3.1
2017	3.0	2.8	2.8	2.8	3.1	2.8	2.8	2.8	2.8	2.8	2.7	2.7
2018	2.4	2.5	2.5	2.5	2.2	2.4	2.5	2.4	2.3	2.4	2.5	2.4

图 7-23　2010—2018 年日本失业率情况

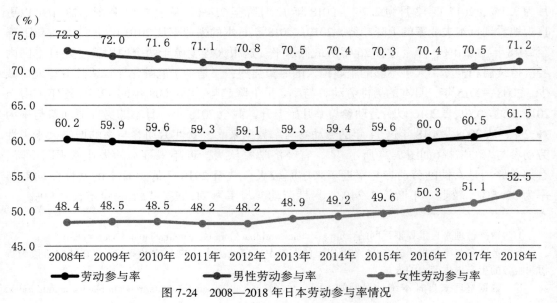

图 7-24　2008—2018 年日本劳动参与率情况

日本的医疗保健支出近年整体呈上升趋势，2008—2018 年的人均医疗保健支出从 2008 年的 2799.198 美元上升至 2018 年的 4766.071 美元，年均增长率达 5%。其中 2011 年人均医疗保健支出较上一年增长 18.02%，2018 年日本医疗保健支出占 GDP 的比例为 10.92%，比 2017 年增长了 0.02%（见表 7-18）①。从图 7-25 中可以发现，2C08—2018 年

表 7-18 2008—2018 年日本医疗保健支出情况

年份	人均医疗保健支出（美元）	增长率(%)	医疗保健支出占 GDP 的比例(%)
2008	2799.198	4.11	8.20
2009	2974.458	6.26	9.06
2010	3169.521	6.56	9.16
2011	3740.756	18.02	10.62
2012	3970.765	6.15	10.79
2013	4308.252	8.50	10.79
2014	4328.364	0.47	10.83
2015	4516.862	4.35	10.39
2016	4512.845	-0.09	10.83
2017	4629.559	2.59	10.94
2018	4766.071	2.95	10.92

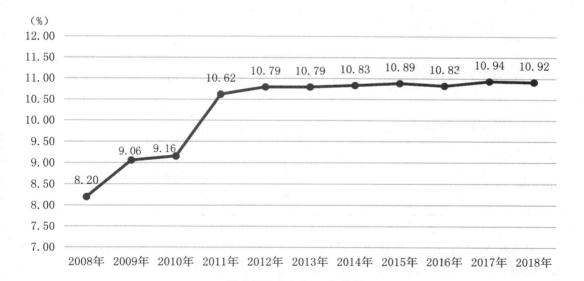

图 7-25 2008—2018 年日本医疗保健支出占 GDP 的比例

① 数据整理来自经济合作与发展组织网站：https://data.oecd.org/healthres/health-spending.htm。

日本医疗保健支出占 GDP 的比例从 2011 年开始出现较大增幅，2011 年医疗保健支出占 GDP 的比例较 2010 年增加了 1.46%，2011 年以后这一比例每年增长较温和。

二、日本医疗保障体系

日本医疗保障体系主要由国民皆保险制度和医疗服务提供制度构成。

（一）国民皆保险制度

日本的医疗保险制度是日本社会保险体系中最早设立的制度，从最初 1922 年的《雇员医疗保险法》到实现国民皆保险历经了 39 年（见表 7-19）。

表 7-19　日本医疗保险制度的历史沿革

时间	制度	重要内容及意义
1922 年	《雇员医疗保险法》	覆盖雇员在 10 人以上的私营企业
1927 年	修改《雇员医疗保险法》	覆盖雇员在 5 人以上的私营企业，保险范围扩大到生育、工伤和疾病保险
1938 年	《国民医疗保险法》	非受雇人员、农村居民、独立劳动者自愿参加；标志着农村居民的公共医疗保险的开始；日本国民健康保险制度的开端
1953 年	《临时工医疗保险法》	将临时工纳入覆盖范围
1957 年	修改《国民医疗保险法》	实施医疗费用个人共付机制和医疗给付的最高限额，建立医疗机构认定制和医疗保险医生登记制
1958 年	《国民健康保险法》	属于地域型保险，覆盖范围主要是个体户、农民、失业者和退休人员及其家属
1961 年	《健康保险法》	属于职域型保险，与就业挂钩，其覆盖范围是政府部门、各企事业单位的雇员

日本在 1961 年实现了国民皆保险制度，国民皆保险制度具有三大特点：一是全民覆盖，强制参保；二是可自由选择医疗机构；三是可用低廉的费用享受优质医疗。

1. 参保类型及参保人数

日本的国民皆保险制度主要由五个部分组成：一是覆盖被雇佣劳动者的健康保险；二是针对船员的特定保险；三是针对国家和地方公务员、私立学校教职工的各种共济保险；四是覆盖农民、自营职业者等群体的国民健康保险；五是针对 75 岁及以上高龄老年人的后期高龄者医疗制度①。其中，健康保险、船员保险以及各种共济保险属于职域保险，国民健康保险属于地域保险。每种保险的保险人不同，健康保险制度的保险人分为全国健康保险协会和健康保险组合两类，全国健康保险协会是单一保险人，参保人群以中小企业正规被雇佣者为主，健康保险组合多达 1405 个，参保人群以大企业正规被雇佣者为主。船员保险的保险人与中小企业正规被雇佣者的保险人相同，为全国健康保险协会。共济保险分为国家公务员共济组合、地方公务员共济组合以及私立学校教职工事业团，保险人数量分别为 20 个、64 个和 1 个。国民健康保险的保险人分为市町村保险人与国民健康保险组合。目前，市町村保险人有 1716 个，国民健康保险组合有 163 个。后期高龄者医疗制度的保险人为后期高龄者医疗广域联合会，保险人有 47 个（见表 7-20）。②

表 7-20　日本国民皆保险制度的保险人与参保人数情况③

制度名称			保险人名称（数量）④	参保人数（千人）⑤
健康保险	一般被雇佣者	协会健保	全国健康保险协会（1）	37165 （本人 21577，家属 15587）
		组合健保	健康保险组合（1405）	29136 （本人 15811，家属 13324）
	健康保险法第 3 条第 2 项被保险者（临时、季节参保人）		全国健康保险协会（1）	19 （本人 13，家属 7）
	船员保险		全国健康保险协会（1）	124 （本人 58，家属 66）
各种共济	国家公务员		共济组合（20）	8774 （本人 4504，家属 4270）
	地方公务员		共济组合（64）	
	私立学校教职工		事业团（1）	
国民健康保险	农民、自营职业者		市町村（1716）	34687 （市町村 31822，国民健康保险组合 2864）
			国民健康保险组合（163）	
	健康保险退休人员		市町村（1716）	
后期高龄者医疗制度			后期高龄者医疗广域联合会（47）	16237

①　后期高龄者医疗制度的被保险人是 75 岁及以上老年人以及 65~75 岁经后期高龄者医疗广域联合会认定具有特定残疾的老年人。

②　资料整理来自日本厚生劳动省网站：https://www.mhlw.go.jp/english/wp/index.html。

③　根据日本厚生劳动省资料绘制：Annual Health, Labour and Welfare Report 2017（Summary），https://www.mhlw.go.jp/english/wp/wp-hw11/index.html。

④　2016 年 3 月数据。

⑤　由于四舍五入，明细中的总和可能不等于总数。

截至 2017 年 3 月，日本的国民皆保险制度的参保人数达 12614 万人。按照保险人区分，参保人数最多的是全国健康保险协会，共有参保人 3730.8 万人，占总参保人数的 29.58%；其次是市町村国民健康保险，共有参保人 3182.2 万人，占总参保人数的 25.23%；再次是健康保险组合，参保人数为 2913.6 万人，占总参保人数的 23.10%；其余依次是后期高龄者医疗广域联合会、各种共济组合和国民健康保险组合，参保人数分别为 1623.7 万人、8774 万人和 2864 万人，分别占总参保人数的 12.87%、6.96% 和 2.27%。按照参保人群划分，日本企业被雇佣者的参保人数最多，有 6630.1 万人，占总参保人数的 52.56%；其次是农民、自营职业者及健康保险退休人员，有 3468.7 万人，占总参保人数的 27.50%；最少的是临时、季节参保人，有 1.9 万人，占总参保人数的 0.02%，如图 7-26 所示。①

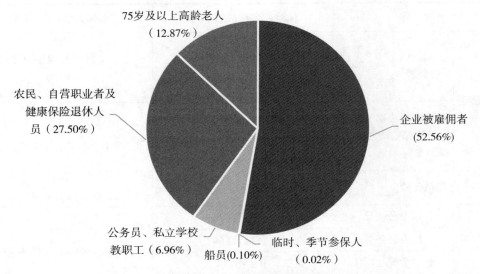

图 7-26　2017 年日本国民皆保险制度的参保人群占比

2. 筹资机制

日本的国民皆保险的资金来源有两个渠道，主要是参保人员缴费以及财政国库的补助。各类参保人缴纳的保险费率有较大差距，比如，全国健康保险协会掌管的健康保险的保险费由雇主和雇员各负担一半，保险费率全国平均达 10%；健康保险组合的保险费也由雇主和雇员各负担一半，保险费率由各组合自行决定；而国民健康保险是以家庭单位缴费，根据领取待遇和支付能力计算，不同保险人的征缴计算公式也不同（见表 7-21）。

---

①　资料整理来自日本厚生劳动省网站：https://www.mhlw.go.jp/english/wp/index.html。

表 7-21　日本国民皆保险制度的筹资机制

制度名称			财源	
			保险费率	国库补助(%)
健康保险	一般被雇佣者	协会健保	10.00%(全国平均)	给付费的 16.4%
		组合健保	按各健康保险组合不同	定额(预算补助)
	健康保险法第 3 条第 2 项被保险者(临时、季节参保人)		按等级不同(1 级：每日 390 日元；11 级：每日 3230 日元)	给付费的 16.4%
	船员保险		9.60%(疾病保险费率)①	定额
各种共济	国家公务员		—	无
	地方公务员		—	
	私立学校教职工		—	
国民健康保险	农民、自营职业者		家庭单位缴费，根据领取待遇和支付能力计算，不同保险人的征缴计算公式不同	市町村国民健康保险：给付费等的 41%；国民健康保险组合：给付费等的 39.6%~47.2%
	健康保险退休人员			无
后期高龄者医疗制度			按参保人的人均比例和收入比例计算	保险费、支援覆盖范围金、公共资金各约占 10%、40%、50%(公共资金的明细：国家、都道府县、市町村的比例为 4：1：1

由表 7-21 可以看出，各类参保人缴纳的保险费有着较大差距，国库补助标准不一，因此各类保险人的财政状况大不相同。由表 7-22 可知，2014 年日本国民皆保险制度中后期高龄者医疗制度的资金收入额最高，为 135791 亿日元，其中 32.66% 的资金来源于国库、都道府县、市町村的拨款；其次是国民健康保险的资金收入额，为 133135 亿日元，其中参保人员收入占比为 50.72%，各级拨款占比为 36.92%；再次是全国健康保险协会掌管的健康保险，资金收入为 91028 亿日元，其中参保人员的保险费收入占比为 84.97%，国库拨款占比为 13.80%。

---

① 船员保险的保险费率是减少了被保险人保险费负担的措施后的扣除率(0.50%)。

表 7-22　2014 年日本国民皆保险制度的资金收入状况①（单位：亿日元）

	全国健康保险协会掌管的健康保险	组合掌管的健康保险	国民健康保险	船员保险	后期高龄者医疗制度
保险费收入	77342	72230	27902	295	10631
国库拨款	12559	33	30549	30	44351
都道府县拨款	—	—	10411	—	13089
市町村拨款	—	—	8192	—	11500
后期高龄者交付金	—	—	—	—	55995
前期高龄者交付金	—	—	33550	—	—
退休人员交付金	—	—	6077	—	—
其他	197	1153	16455	1	224
总计②	91028	76023	133135	326	135791

　　国民皆保险的资金主要支出用于保险给付费。2014 年后期高龄者医疗制度的保险给付费为 134289 亿日元，占总支出的 99.48%；其次是国民健康保险，保险给付费为 93585 亿元，占总支出的 70.72%，其余部分用于对前期高龄者、后期高龄者的支援金；再次是全国健康保险协会掌管的健康保险，保险给付费为 50739 亿日元，占总支出的 58.11%，其余部分用于对前期高龄者、后期高龄者的支援金和退休金。其余依次是组合掌管的健康保险和船员保险，保险给付费分别为 37577 亿元和 195 亿元，占总支出比例分别为 49.84%和 61.32%。③

　　日本的国民医疗保健费④逐年递增，尤其是后期高龄者医疗保健费⑤，在 2000—2015 年年均增长 2.06%，在 2015 年高达 15.2 万亿日元，较上一年增长了 0.7 万亿日元（如图 7-27 所示）⑥。

---

①　根据日本健康保险局公布的最新数据整理而成。
②　由于四舍五入，明细中的总和可能不等于总数。
③　根据日本健康保险局公布的最新数据整理而成。
④　国民医疗保健费包括医科诊疗费、牙科诊疗费、药店调剂费、住院用餐费及生活费等，不包括非保险诊疗对象费用、正常妊娠和分娩、体检和疫苗接种等。
⑤　后期高龄者医疗保健费的前身是老年人医疗保健费，2002 年 9 月以前以 70 岁以上老年人为对象，2007 年 10 月以后以 75 岁及以上老年人为对象，2002 年 9 月至 2007 年 10 月期间为过渡期。
⑥　根据日本厚生劳动省资料整理而成。

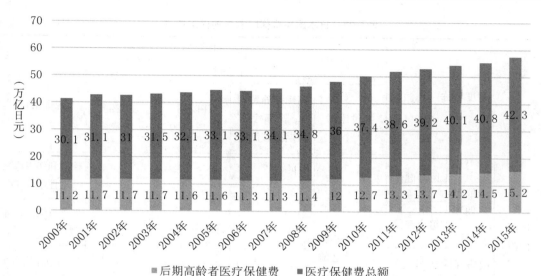

图 7-27 2000—2015 年日本国民医疗保健费变化趋势

3. 保险给付

国民皆保险制度的保险给付包括医疗给付与现金给付两大部分。医疗给付包括高额疗养费制度、住院用餐费用和住院生活费(见表 7-23)。现金给付主要包括疾病和伤害津贴、一次性生育津贴,对于国民健康保险中的退休人员以及后期高龄者的现金给付主要是丧葬费用。

医疗给付的基本原则是个人承担一定比例,根据不同年龄和收入有所区分。未达到义务教育年龄的人群共付比例为 20%,达到义务教育年龄未到 70 岁的人群共付比例为 30%,70 岁及以上未到 75 岁的人群共付比例为 20%(高收入者①共付比例为 30%)。

高额疗养费制度是日本政府为了减轻医疗费个人负担,保证每个国民都能放心接受医疗而特别设置的制度。个人或家庭根据不同年龄、不同收入能力采取不同的最高共付额标准。将 70 岁以下的人细分为五档:①年均收入超过约 1160 万日元者;②年均收入约 770 万~1160 万日元者;③年均收入约 370 万~770 万日元者;④年均收入约 370 万日元以下者;⑤免征居民税者。年均收入超过 1160 万日元者,个人支付最高共付额标准是 252600 日元以上,第四次起为 140100 日元;年均收入 770 万~1160 万日元者,个人支付最高共付额标准是 167400 日元以上,第四次起为 93000 日元;而免征居民税者的个人支付最高共付额标准则为 35400 日元。由此说明,日本的医疗给付标准提高了高收入者适用高额疗养费的门槛,降低了低收入者的高额疗养费负担。70 岁以上未满 75 岁的人和参加后期高龄者医疗制度的 75 岁及以上的人群分为四档:①高收入者;②一般收入者;③免征居民

---

① 高收入者指应税收入超过 145 万日元(月收入超过 28 万日元)的人群,以及总收入达到以下标准的群体:①扣除掉 70~74 岁年龄段家庭成员之后的家庭总收入达到 210 万日元的家庭;②应税总收入低于 520 万日元的高龄复数家庭、应税收入低于 383 万的高龄单身家庭需要被排除在外。

表 7-23　日本国民皆保险制度的保险给付

制度名称			保险给付				
			医疗给付				现金给付
			共付比例	高额疗养费制度，高额疗养/长期护理制度	住院用餐费	住院生活费	
健康保险	一般被雇佣者	协会健保	达到义务教育年龄之前共付20%；达到义务教育年龄未到70岁共付30%；70岁及以上未到75岁共付20%（高收入者共付30%）	个人或家庭根据不同年龄、不同收入能力采取不同标准的最高共付额①	标准共付额有住宅税的家庭：每餐¥360 免征居民税的家庭：每餐最初90天¥210；90天后每餐¥160；免征居民税的低收入家庭：每餐¥100	标准共付额②：一般（Ⅰ）：每餐¥460+每天¥320；一般（Ⅱ）：每餐¥420+每天¥320；免征居民税的家庭：每餐¥210+每天¥320；免征居民税的低收入家庭：每餐¥130+每天¥320	疾病和伤害津贴一次性生育津贴
		组合健保					同上（附加待遇）
	健康保险法第3条第2项被保险者（临时、季节参保人）						疾病和伤害津贴一次性生育津贴
	船员保险						同上
各种共济	国家公务员						同上（附加待遇）
	地方公务员						
	私立学校教职工						
国民健康保险	农民、自营职业者						一次性生育津贴丧葬费用
	健康保险退休人员						
后期高龄者医疗制度			10%（超过一定收入的人共付30%）	个人或家庭根据不同收入能力采取不同标准的最高共付额		同上（除了老年福利养老金的接受者每餐¥100）	丧葬费用等

税的家庭；④免征居民税的低收入家庭。并且各档的个人支付最高共付额标准相同：高收入者的个人支付最高共付额标准在80100日元以上，70岁以上未满75岁的人第四次起为

---

① 详情见表7-24。

② 适用于65岁及以上长期卧床人士。对于患有难治性或罕见疾病等的患者，共付金额是与膳食费用的标准共付额相同。

44400 日元；一般收入者的个人支付最高共付额标准为 44400 日元；免征居民税的家庭与免征居民税的低收入家庭的个人支付最高共付额标准分别为 24600 日元和 15000 日元(见表 7-24)。

表 7-24　日本高额疗养费制度主要内容

分类		个人支付最高共付额
70 岁以下	年均收入超过 1160 万日元者	￥252600+(医疗费−￥842000)×1% (第 4 次起：￥140100)
	年均收入 770 万~1160 万日元者	￥167400+(医疗费−￥558000)×1% (第 4 次起：￥93000)
	年均收入 370 万~770 万日元者	￥80100+(医疗费−￥267000)×1% (第 4 次起：￥44400)
	年均收入 370 万日元以下	￥57600(第 4 次起：￥44400)
	免征居民税者	￥35400(第 4 次起：￥24600)
70 岁以上未满 75 岁	高收入者	￥80100+(医疗费−￥267000)×1%，门诊(每人)￥44400(第 4 次起：￥44400)
	一般收入者	￥44400，门诊(每人)￥12000
	免征居民税的家庭	￥24600，门诊(每人)￥8000
	免征居民税的低收入家庭①	￥15000，门诊(每人)￥8000
75 岁及以上	高收入者	￥80100+(医疗费−￥267000)×1%，门诊(每人)￥44400
	一般收入者	￥44400，门诊￥12000
	免征居民税的家庭	￥24600，门诊￥8000
	免征居民税的低收入家庭	￥15000，门诊￥8000

(二)医疗服务提供制度

日本的医疗服务提供制度在国民皆保险制度和医疗机构自由可及性的基础上逐渐完善，为确保国民健康提供了有力的保障。

1. 医院及病床

2015 年日本总共有 178212 家医疗机构，其中医院有 8480 家(一般医院 7416 家，精神科病医院 1064 家)，一般诊所有 100995 家，牙科诊所有 68737 家。与 2014 年相比，医疗机构总数增加了 666 家，其中医院减少了 13 家，一般诊所增加了 534 家，牙科诊所增

---

① 养老金收入为 80 万日元以下的家庭被认定为免征居民税的低收入家庭。

加了 145 家。

日本的医院按开办人性质分为六类：国立医疗机构、公共医疗机构、医疗公司、社会保险相关组织、私人以及其他。其中，国立医疗机构有 329 家，公共医疗机构有 1227 家，医疗公司的医疗机构有 5737 家，社会保险相关团体的医疗机构有 55 家，私人医院有 266 家。这六类性质的医院各类占比，如图 7-28 所示。其中医院的病床数在 20~99 张的有 3069 家，病床数在 100~299 张的有 3888 家，300~499 张的有 1098 张，500 张以上的有 425 家①。

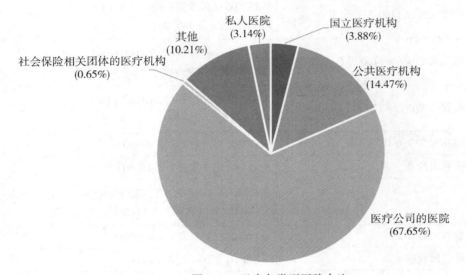

图 7-28　日本各类型医院占比

2015 年，日本医疗机构的病床数总共有 1565968 张，平均病床数为 184.7 张。其中一般病床占比最大，有 893970 张，其次是精神科病床，有 336282 张，再依次是疗养病床，有 328406 张，结核病病床有 5496 张，传染病病床有 1814 张。但从病床的利用率来看，利用率最高的是长期护理疗养病床，利用率达 92.1%，其次是疗养病床、精神科病床和一般病床，利用率分别是 88.8%、86.5% 和 75.0%。结核病病床和传染病病床的利用率较低，分别为 35.4%、3.1%。

2. 医疗服务提供人员

日本的医师、牙医和药剂师的数量每年都在增加（如图 7-29 所示）。截至 2014 年底，医师有 311205 人，较 2012 年增长了 2.62%，每千人医师人数有 3.11 人；牙医有 103972 人，较 2012 年增长了 1.39%，每千人牙医人数有 0.82 人；药剂师有 288151 人，较 2012 年增长了 2.89%，每千人药剂师人数有 2.88 人。②

2000—2015 年日本看护职员③的人数逐年增加，从 2000 年的 116.53 万人增加到 2015

---

① 根据日本厚生劳动省卫生统计办公室《医疗机构调查》整理而成。
② 根据日本厚生劳动省卫生统计办公室最新《医师、牙医、药剂师调查》整理而成。
③ 日本看护职员包括保健师、助产士、看护士、助理护士。

年的 163.41 万人，年均增长率为 2.28%。截至 2015 年底，日本看护职员中绝大多数是看护士，有 117.69 万人，占比约 72.02%，其次是助理护士，有 35.83 万人，占比约 21.93%，再次是保健师和助产士，人数分别为 6.05 万人和 3.85 万人，占比约 3.70% 和 2.36%①。

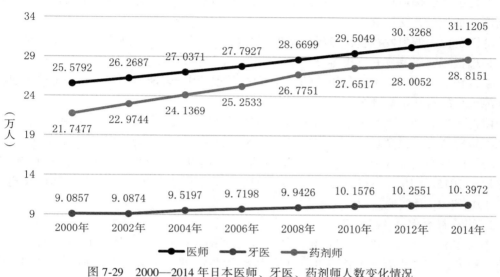

图 7-29　2000—2014 年日本医师、牙医、药剂师人数变化情况

三、日本医疗保障体系最新改革动态

如上所述，日本通过成熟的国民皆保险制度和不断完善的医疗服务提供制度，向国民提供高质量的医疗服务。近年来，日本经济增速逐渐放缓，少子高龄化现象突出，非正规就业逐年增多，社会保障支出大幅增加，社会保障费用每年增长约 1 万亿日元。经济社会发展环境发生了较大变化，由此给社会保障筹资的稳定性和社会保障制度的可持续性带来了严峻挑战。为此，2012 年 6 月 26 日日本国会众议院通过了《社会保障和税制一体化改革法案》，法案的重要内容是通过分阶段提高消费税（将 5% 的消费税在 2014 年上调至 8%，2015 年上调至 10%），新增的消费税收入全部用于社会保障，同时加强医疗、护理、年金和育儿等社会保障 4 个领域的保障功能。

（一）筹资稳定计划

1. 消费税增收部分分配计划

根据社会保障和税制一体化改革相关法案以及首相安倍晋三"摊广、摊薄税收"的税改思想，日本从 2014 年 4 月 1 日起将税率提高至 8%，消费税的税收收入也从 2013 年的 10.8 万亿日元猛升至 16 万亿日元，增长了 48%。按照法律规定，增收费用将全部用于医疗、护理、年金和育儿等领域，具体分配方案如下。

---

① 根据日本厚生劳动省卫生统计办公室最新数据整理而成。

①基础年金，约 2.95 万亿日元。60%的消费税增收份额划给了社会保障领域最主要支出——年金部分，目标是承担基础年金国库负担比例的 1/2，这部分预算具体包括 2012 年和 2013 年未能达到基础年金国库负担比例的 1/2 的差额部分。

②完善社会保障功能，约 0.5 万亿日元，具体包括改善年金制度、完善医疗和长期护理制度、加强育儿支援等。

③消费税上调引发社会保障经费增加，约 0.2 万亿日元，包括考虑物价上涨的诊疗报酬、护理报酬，以及育儿支援等。

④减轻下一代社会保障负担，约 1.3 万亿日元，用于未能得到稳定财源保障的已有社会保障项目的自然增额部分。

值得一提的是，消费税税改在短期内起到了刺激消费、拉动经济的作用。自 2014 年实现消费税增税，税率由当时的 5%提高到 8%之后，日本消费者的节约意识随之加强，消费萎缩的负面效果逐渐显现，这与日本政府扩大消费、带动经济增长的改革目标相反，原计划于 2015 年 10 月将税率提升至 10%的法案被迫推迟至 2017 年 4 月，随后又再次延长至 2019 年 10 月实施。

2. 设立社会保障-税号制度

作为 2012 年启动的社会保障与税制一体化改革的一环，日本从 2016 年 1 月起在社会保障、税务、灾害防治三大领域推行社会保障-税号制度，即纳税人识别号制度——由个人编号和法人税号两组编号组成。12 位编码的个人编号向市町村政府申领，一人一号，原则上终生不变，自 2016 年 1 月 1 日起，个人编号既可作为确认本人的身份证件，又可在办理上述三大领域相关手续中使用。13 位编码的法人税号向国税厅申领，一法人一税号。自 2016 年 1 月 1 日起，办理国税、地税的税务相关手续（如纳税申报），必须填写个人编号或法人税号。个人编号实质上既是社会保障号又是自然人纳税人识别号，是两者的合二为一，并且个人编号与法人税号所构成的纳税人识别号具有唯一性、全国统一性和通用性，因此，该制度的实施不仅可以实现在全国范围内对自然人和法人所有纳税信息进行跟踪和归集，有利于各级政府精准掌管社会保障收支情况和个人所得信息，提升税收征管质效，而且能够简化社会保障和税务的行政手续，减轻个人和法人的各项费用负担，提高各级政府的执政效率，夯实日本社会保障筹资机制的社会基础。

（二）医疗服务提供制度改革

2018 年，日本 65 岁及以上的老年人达 3476.37 万人，占总人口的 30.42%，预计这一比例在 2060 年会提高到 39.9%。到 2025 年，日本战后第一次婴儿潮（1947—1949 年）出生的日本人都将成为超过 75 岁的高龄老年人，日本将进入"后老龄社会"。因此，推进社区综合护理体系、推进医院病床功能的分工与合作、加强家庭医生职能、改善医疗从业人员的工作条件等一系列改革迫在眉睫。

2014 年日本政府通过《综合社区医疗和长期护理相关法案》修正提案。方案的主要内容包括以下几点。第一，建立新基金，加强医疗和长期护理合作。利用增加的消费税收入在都道府县内设立新的基金，用于都道府县内商业计划中所列的医疗和长期护理业务（包括医疗机构的角色评估、促进家庭医疗和长期护理等）。第二，通过修订《医疗法》确保区域内有高效和发挥作用的医疗保险制度。医疗机构向都道府县政府报告医院床位(高度急性期、急性期、恢复期和慢性期)等医疗功能,并根据都道府县医疗计划中的报告来制订社区卫生保健前景规划,即适当的未来区域医疗保健体系。依法设立为医生提供医疗保障的都道府县执业医师保障中心。第三,建立综合社区护理体系,平衡成本分担。其采取以下措施:首先,加强社区支持计划,包括促进家庭医疗和长期护理等,将预防性福利(家访长期护理和日托服务)转移到社区支持计划①,使其更加多样化;其次,重点发挥特殊养老院的功能,支持难以在家居住的需要中重程度护理的老年人;再次,降低低收入者保险费,将收入在一定水平以上的参保人的共付额提高20%(但一般家庭每月的最高金额不变),将财产状况作为"附加给付"的必要条件,以补偿低收入设施使用者的膳食和生活费用;最后,明确医疗援助的具体行为,并为从事医疗援助的护士建立新的培训体系。

在2016年修订医疗费用报销制度的方案中,提出面向2025年构筑地区综合关怀体系和有效、高效、高质量的医疗提供制度,并促进全面的社区护理体系,强化医疗功能的分化、完善与合作等相关工作。

首先,提高诊疗报酬②,减轻参保患者负担。主要包括以下措施:第一,医疗费(主体)上调0.49%,医科报酬上调0.56%、牙科报酬上调0.61%、调剂费上调0.17%,消费税上调后会加大医疗机构和药店的进货负担,保障医疗机构资金需对诊疗报酬上调;第二,将药品价格下降1.22%,除此之外,根据药品市场扩张重新计算,药品价格再下调0.19%,针对销售额极大的项目,根据市场扩张重新计算后药品价格再下调0.28%。材料费价格下降0.11%。

其次,推进综合社区护理体系,进一步促进医院病床功能的分工与合作,改善不同类型的医疗从业人员的工作环境,为患者提供安全可靠的医疗服务,如推广家庭医生,为家庭医生、牙医、药剂师和药房提供奖励。

再次,加强需要优先回应的医疗领域。比如,提供包括保守治疗在内的高质量的癌症医疗措施,为痴呆患者提供适当的医疗护理措施。

最后,通过合理化措施提高医疗保险制度的可持续性,包括审查仿制药价格的计算规则;对医院前大型药房进行合理化评估;引入健康技术评估(成本效益评估)等。

第五节 小 结

德国、美国、英国、日本同为发达国家,在医疗保障制度发展史上,德国、英国和日本都遵从了医改的第一大目标——可获得性。德国是除公务人员、警察和联邦国防军人是加入由政府直接提供免费保障的特定人群医疗福利计划外,凡是工资收入在一定范围以下的在职劳动者、退休养老金领取者等,均强制参加法定医疗保险。英国的国民健康服务体

---

① 社区支持计划是指由市町村政府利用长期护理保险的财政资源实施的计划。

② 诊疗报酬主要包括医科、牙科、调剂报酬三类。具体诊疗报酬的计算规则是通过为每次医疗服务活动添加与每次服务相对应的点来计算医疗费用,并且每点的单价计算为10日元(所谓的"服务费支付机制")。

系(NHS)覆盖了全体英国居民。日本的国民皆保险制度通过不同的保险人覆盖了日本企业职员、国家与地方公务员、私立学校教职工、农民与自营职业者、退休人员以及高龄老年人。美国则在奥巴马医改实施后要求所有美国公民都必须购买医疗保险，不参与保险的公民需要缴纳罚款，以此扩大了医疗保险覆盖面。

医疗保险制度有了可获得性后，要解决的问题就是可负担性。医疗保险制度的可负担性与其筹资机制紧密相关。德国法定医疗保险的资金主要来源于雇主与雇员缴纳的保费，其次是政府其他财政补助以及其他收入(医保基金的利息或理财收入等)。而美国医疗保险除了公共保险主要由财政融资外，绝大多数美国人通过商业保险公司购买私人医疗保险。英国的国民健康服务体系(NHS)的主要资金来源于一般税收和国民保险费缴费。日本的国民皆保险的资金来源主要有两个渠道，主要是参保人员缴费以及财政国库的补助。医疗保险制度的可负担性还涉及待遇支付机制。德国的医疗保险待遇由联邦共同委员会在医保机构和医疗服务提供者等量代表协商下，在医疗质量和效率研究所的科研支持下确定，由于基本保险待遇是在联邦层面上统一设定，从而保证了制度的基本公平性，所有德国民众在统一的制度框架下公平地享有基本医疗保险权益和待遇，法定医疗保险提供包括预防保健、门诊、住院、康复、疾病津贴等在内的全面而综合的医疗服务。美国奥巴马医改促使私人保险公司在医疗保险市场上良性竞争，公民可以根据自己的需求及保险价格选择合适的保险计划，不同的保险计划采取不同的保费，由此采取不同的共付比例。英国所有参加国民健康服务体系(NHS)的人，除了特定收取费用的医疗卫生服务项目外，其他服务和相关处方药品都是免费提供。日本的个人或家庭根据不同年龄、不同收入能力采取不同的最高共付额标准，并根据收入水平承担共付比例，体现了按能负担的原则，关注不同收入群体之间的公平。各国都在医疗保险制度的可负担性上采取相关改革措施，然而也产生了一系列问题。例如，美国奥巴马医改增加的医疗保险成本负担最后需要通过对富人增税来进行补偿，产生了新的税收问题，增加了财政负担。日本通过增收消费税的方式来增加社会保障经费，却遭遇税率提升至10%的计划从2015年10月一直延长至2019年10月实施。

关于医疗保险偿付机制方面，德国的门诊与住院医疗服务分设，医药严格分离，对门诊医师的偿付方式是先由医保机构协会与医师协会谈判确定总偿付额，再由医师协会向医生进行偿付，对医院的偿付方式主要采用DRGs系统。英国对初级卫生保健服务的偿付采取的是政府部门对全科诊所按照区域进行管理，通过与全科医生签订协议，对全科医生提供的医疗服务进行管理，全科医生依据协议获取相应报酬。对二级保健服务的偿付采取的是按结果付费制，但由于近年英国的医疗保健体系由监督局和英格兰NHS负责制定医疗服务偿付机制并建立医疗服务活动的全国价目表，且全国建立了211家全科医生联盟，医疗服务购买方发生了变化，英国鼓励全科医生联盟探索不同偿付方式，并在偿付管理上采取全科医生联盟、医院、公众多元参与、共建共治的方式。

医疗保险是一个复杂的系统工程，改革不仅涉及参保管理、财务平衡，还涉及医疗服务提供等方面。例如，英国卫生部近年修改初级医生雇佣协议而导致医生大罢工就暴露出了英国NHS体系财政紧张、老龄化问题，带来医院人手短缺等问题。美国特朗普政府采取增加药企竞争、促进医保谈判、降低药品上市价格等措施来降低药物成本和减少患者自付费用。日本为了应对后老龄社会大力推进社区综合护理体系，加强医院病床功能的分工与合作，加强家庭医生职能，改善医疗从业人员的工作条件和诊疗报酬。

参 考 文 献

中文文献

[1] 鲍震宇：《基本医疗保险最优支付水平研究》，中国经济出版社 2018 年版。

[2] 常文虎：《医疗服务支付方式的选择与管理》，人民卫生出版社 2011 年版。

[3] 陈蕾、张绍峰：《江苏省 13 个地级市城镇职工医疗保险单病种付费实施现状》，载《南京医科大学学报》2018 年第 2 期。

[4] 陈丽、马晓静：《按病种付费下医生的隐藏特征问题分析》，载《中国医院管理》2017 年第 2 期。

[5] 陈曼莉、赵斌：《实行按病种分值付费制度的实践经验及启示》，载《中国卫生经济》2017 年第 6 期。

[6] 陈树国：《分值付费细节宜频繁调整》，载《中国社会保障》2014 年第 4 期。

[7] 陈树国：《以系统思维和理念创新改革医保付费方式》，载《中国医疗保险》2017 年第 11 期。

[8] 陈吟、郭默宁：《DRGs 在北京的发展应用与推广》，载《科技新时代》2017 年第 9 期。

[9] 陈智、朱海涛、俞宏：《新农合医疗基金审计实践思考》，载《财会月刊》2015 年第 2 期。

[10] 仇雨林、翟绍果：《城乡医疗保障制度统筹发展研究》，中国经济出版社 2012 年版。

[11] 仇雨临、孙树菡：《医疗保险》，中国人民大学出版社 2001 年版。

[12] 仇雨临：《规避基金风险三医联动是关键》，载《中国医疗保险》2014 年第 11 期。

[13] 仇雨临：《医疗保险》，中国劳动社会保障出版社 2008 年版。

[14] 崔佳、刘理：《老龄化背景下城镇职工医疗保险基金收支变化趋势及对策研究——以吉林省为例》，载《社会保障研究》2013 年第 6 期。

[15] 邓大松、杨红燕：《老龄化趋势下基本医疗保险筹资费率测算》，载《财经研究》2003 年第 12 期。

[16] 邓佳、李东华、肖黎等：《我国基本医疗保险总额控制下的按病种分值付费现状研究》，载《医学与社会》2016 年第 9 期。

[17] 邓小虹：《北京为什么选择 DRGs》，载《中国社会保障》2012 年第 8 期。

[18] 董黎明：《城乡基本医疗保险基金收支平衡研究》，载《现代经济探讨》2014 年第 5 期。

[19] 董莉君：《医疗保险基金审计的难点》，载《中国审计》2004 年第 7 期。

[20] 杜剑亮、刘俊峰、陈倩：《美国 AP-DGRs 对我国建立 DRGs 模型的启示》，载《中国

病案》2014 年第 9 期。

[21] 杜宁、于广军、赵蓉等:《医保总额预付:上海三级医院的应对与思考》,载《中国医院》2013 年第 5 期。

[22] 杜涛:《审计发现:医疗保险基金 15.78 亿元有违法违规问题》,经济观察网,http://www.eeo.com.cn/2017/0124/297052.shtml。

[23] 方鹏骞:《中国医疗卫生事业发展报告 2014》,人民出版社 2015 年版。

[24] 冯毅:《我国门诊统筹"按人头付费"实施现状及改革路径》,载《卫生经济研究》2016 年第 4 期。

[25] 富兰克·H. 奈特:《风险、不确定性和利润》,安佳译,商务印书馆 2006 年版。

[26] 高润国、马安宁等:《基于灰色马尔科夫模型的山东省城镇职工基本医疗保险基金收支失衡风险预测研究》,载《中国卫生经济》2018 年第 3 期。

[27] 耿岩:《上海医疗保险供方支付方式改革及监管策略研究》,载《中国卫生资源》2015 年第 1 期。

[28] 龚忆莼:《付费方式改革需处理好三方关系》,载《中国社会保障》2013 年第 9 期。

[29] 顾昕、郭科:《从按项目付费到按价值付费:美国老人医疗保险支付制度改革》,载《东岳论丛》2018 年第 10 期。

[30] 郭传骥、郭启勇:《国内外医保支付方式和医疗服务体系的现状分析及启示》,载《现代医院管理》2018 年第 1 期。

[31] 郭宁:《如何实现医疗保险基金绩效审计目标》,载《理论探讨》2015 年第 7 期。

[32] 国家统计局人口和就业统计司、人力资源和社会保障部规划财务司:《中国劳动统计年鉴》(2009 年—2018 年),中国统计出版社。

[33] 国家卫生和计划生育委员会:《中国卫生和计划生育统计年鉴》(2013—2017 年),中国协和医科大学出版社。

[34] 国家卫生健康委员会:《中国卫生健康统计年鉴(2018 年)》,中国协和医科大学出版社。

[35] 韩同伟、沙迪:《北京 DRGs 是与非》,载《中国医院院长》2011 年第 8 期。

[36] 何文炯、徐林荣、傅可昂等:《基本医疗保险"系统老龄化"及其对策研究》,载《中国人口科学》2009 年第 2 期。

[37] 侯俏俏:《青岛:从"固定靶"到"移动靶"的复合式结算》,载《中国社会保障》2011 年第 10 期。

[38] 胡大洋、冷明祥、夏迎秋:《江苏省三种基本医疗保险支付方式改革与探索》,载《中国医院管理》2011 年第 2 期。

[39] 胡鹏、何源:《基本医疗保险基金收支影响机理及预测——以大连市为例》,载《地方财政研究》2015 年第 12 期。

[40] 胡善联:《国际医疗保险经验的借鉴》,载《中国卫生经济》1997 年第 4 期。

[41] 胡杨:《"工分制"的淮安信用》,载《中国社会保障》2013 年第 4 期。

[42] 黄杨子:《医保付费新模式如何带动新医改》,载《解放日报》2019 年 6 月 18 日第 2 版。

[43] 黄邑生、赵颖旭、张振忠：《我国按床日付费制度改革的主要做法的比较》，载《中国卫生经济》2013 年第 6 期。

[44] 季俊红：《基本医疗保险基金审计的难点及重点》，载《审计月刊》2006 年第 3 期。

[45] 贾洪波：《中国基本医疗保险适度缴费率模型与测算》，载《预测》2010 年第 1 期。

[46] 简伟研、卢铭、胡牧：《北京市按病组付费初期试点情况和效应分析》，载《中国医疗保险》2015 年第 3 期。

[47] 《德国推出电子医疗档案应用软件》，《健康报》，http://www.jkb.com.cn/healthyLiving/jkzs/2018/0920/438658.html。

[48] 焦嫚、王欢：《城镇职工基本医疗保险基金收支预测——以江苏省为例》，载《中国卫生政策研究》2018 年第 11 期。

[49] 金昌晓：《DRGs：北京医改下一站》，载《中国卫生》2018 年第 7 期。

[50] 黎民、崔璐：《社会医疗保险中的道德风险与费用控制》，载《人口与经济》2007 年第 4 期。

[51] 李大奇、范玉改：《新农合支付方式改革的案例分析》，载《中国卫生政策研究》2016 年第 12 期。

[52] 李礼：《城镇医疗保险基金的审计困境与纾解路径》，载《劳动保障世界》2018 年第 15 期。

[53] 李礼：《新农合医疗保险基金绩效审计的策略选择》，载《审计与理财》2018 年第 7 期。

[54] 李孟林、徐伟：《基本医疗保险按病种付费核心要点研究》，载《卫生经济研究》2019 年第 3 期。

[55] 李滔、张帆：《德国医疗卫生体制改革现状与启示》，载《中国卫生经济》2015 年第 4 期。

[56] 李杏果：《英国医疗卫生服务管办分离改革及启示》，载《宏观经济管理》2011 年第 2 期。

[57] 李亚青、申曙光：《退休人员不缴费政策与医保基金支付风险——来自广东省的证据》，载《人口与经济》2011 年第 3 期。

[58] 李尧远、席恒：《医疗保险基金的逐级统筹与跨市统筹：现实与理论的不同偏好》，载《苏州大学学报》2011 年第 5 期。

[59] 李有观：《巴西医疗体系的改革探索之路》，载《中国社会报》2011 年 9 月 29 日。

[60] 厉以宁：《走向城乡一体化：建国 60 年城乡体制变革的小结》，载《北京大学学报（哲学社会科学版）》2009 年第 6 期。

[61] 林晨蕾：《美国 DRGs 支付制度对我国医疗保险支付方式的启示》，载《管理世界》2010 年第 5 期。

[62] 林枫、王海荣：《镇江市慢性病管理与医疗保险支付方式探索》，载《中国卫生资源》2014 年第 3 期。

[63] 林义：《社会保险》，中国金融出版社 2016 年版。

[64] 林源：《国内外医疗保险欺诈研究现状分析》，载《保险研究》2010 年第 12 期。

[65] 刘佳旎:《青岛深化社会医疗保险支付方式改革》,载《青岛日报》2018 年 6 月 20 日第 3 版。

[66] 刘家义:《论国家治理与国家审计》,载《中国社会科学》2012 年第 6 期。

[67] 刘军强:《中国如何实现全民医保——社会医疗保险制度发展的影响因素研究》,载《经济社会体制比较》2010 年第 2 期。

[68] 刘明辉、史德刚:《审计》,东北财经大学出版社 2011 年版。

[69] 刘石柱、詹民春、周绿林:《医疗保险费用影响因素及控制对策》,载《中国卫生经济》2012 年第 8 期。

[70] 刘也良:《江苏淮安:总额控制下的病种分值结算》,载《中国卫生》2017 年 3 期。

[71] 卢驰文、王钦池:《城镇职工基本医疗保险基金结余规模控制研究》,载《经济纵横》2010 年第 1 期。

[72] 卢祖询:《社会医疗保险学》,人民卫生出版社 2003 年版。

[73] 芦丰、宋静、孙晓阳等:《淮安市按病种分值付费的实证研究》,载《南京医科大学学报(社会科学版)》2014 年第 8 期。

[74] 路云、许珍子:《社会医疗保险基金运行平衡的预警机制研究》,载《东南大学学报(哲学社会科学版)》2012 年第 6 期。

[75] 罗健、方亦兵:《我国基本医疗保险基金的抗风险能力与影响因素》,载《求索》2013 年第 3 期。

[76] 马桂峰、朱忠池等:《城镇职工基本医疗保险基金收支失衡风险预测研究》,载《中国卫生统计》2018 年第 3 期。

[77] 马克·S. 道弗曼:《当代风险管理与保险教程》,齐瑞宗译,清华大学出版社 2002 年版。

[78] 梅丽萍:《走向聪明型监管——中国基本医疗保险监管的模式和路径》,中国经济出版社 2014 年版。

[79] 孟庆伟:《城镇医保基金出入落差增大,部分省份出现赤字》,搜狐网,http://business.sohu.com/20150627/n415743152.shtml。

[80] 孟宇、杨茁、吴国安:《基本医疗保险基金管理网络审计研究》,载《中国审计信息与方法》2001 年第 8 期。

[81] 莫荣、刘军、孟彤:《国际人力资源社会保障报告(2016)》,中国劳动社会保障出版社 2016 年版。

[82] 彭丹丹:《DRGs 付费的可行性探索——基于北京大学人民医院的试点》,载《中国医疗保险》2011 年第 7 期。

[83] 彭华章:《社会保障审计理论与实务》,中国时代经济出版社 2007 年版。

[84] 乔治·E. 瑞达、迈克尔·J. 麦克纳马拉:《风险管理与保险原理》,刘春江译,中国人民大学出版社 2015 年版。

[85] 青岛市统计信息网:《青岛统计年鉴》(2013—2017),http://www.stats-qd.gov.cn。

[86] 邱明:《医疗保险基金运行风险及防范措施探讨》,载《改革与开放》2016 年第 10 期。

[87] 任苒、黄志强:《中国医疗保障制度发展框架与策略》,经济科学出版社 2009 年版。

［88］沙迪：《德国 DRG 统一的力量》，载《中国医院院长》2010 年第 21 期。

［89］申曙光、瞿婷婷：《社会医疗保险基金收支风险评估研究——基于广东省 A 市的微观证据》，载《华中师范大学学报（人文社会科学版）》2012 年第 6 期。

［90］沈勤：《我国社会医疗保险基金的偿付与费用控制研究》，上海交通大学出版社 2016 年版。

［91］沈世勇：《社会医疗保险基金收支的可持续性透析》，上海交通大学出版社 2014 年版。

［92］史若丁、汪兵韬：《人口老龄化对城镇基本医疗保险基金冲击的分析》，载《改革与开放》2011 年第 21 期。

［93］宋世斌：《我国社会医疗保险体系的隐性债务和基金运行状况的精算评估》，载《管理世界》2010 年第 8 期。

［94］宋晓梧：《"十三五"时期我国社会保障制度重大问题研究》，中国劳动社会保障出版社 2016 年版。

［95］搜狐网：《上海将逐步取消医保总额预付》，https://www.sohu.com/a/113917835_489805。

［96］孙翠勇、张瑞芹：《医疗保险风险与费用控制研究》，郑州大学出版社 2017 年版。

［97］孙宏慧：《基本医疗保险审计的重点》，载《中国审计》2004 年第 4 期。

［98］孙建才：《社会医疗保险欺诈治理的探索与思考——以昆明市医疗保险反欺诈经验为例》，载《中国医疗保险》2017 年第 12 期。

［99］孙翎：《中国社会医疗保险基金运行——基于地区差异的研究》，经济管理出版社 2015 年版。

［100］谭贵泓、任晓辉、刘志军等：《国内外按病种付费的比较研究》，载《中国卫生事业管理》2013 年第 9 期。

［101］唐大鹏：《社会保险基金风险管理》，东北财经大学出版社版 2015 年版。

［102］唐霁松：《打击医保欺诈，维护基金安全》，载《中国医疗保险》2018 年第 5 期。

［103］童晓频：《社会医疗保险基金的风险与预防》，载《开放时代》1998 年第 5 期。

［104］汪红、董慧群：《辽宁医疗保险基金风险评价》，载《辽宁工程技术大学学报（社会科学版）》2011 年第 4 期。

［105］汪红：《医疗保险基金风险预警指标体系探讨》，载《经济研究导刊》2011 年第 11 期。

［106］王阿娜：《医疗费用的控制与医疗保险支付方式的改革》，载《宏观经济研究》2012 第 5 期。

［107］王超群、顾雪非：《我国城镇职工基本医疗保险制度改革的经验与问题——基于对政策文件和制度环境的分析》，载《中国卫生政策研究》2009 年第 12 期。

［108］王超群、张翼、杨宜勇：《城镇职工基本医疗保险退休老人终生缴费制研究》，载《江西财经大学学报》2013 年第 5 期。

［109］王海银、丛鹏萱、周佳卉等：《按服务单元收付费境外发展策略及启示》，载《卫生软科学》2019 年第 2 期。

[110] 王虎峰：《灵活就业人员对医保政策的回应性研究》，载《人口研究》2009 年第 5 期。

[111] 王建文：《构建完善的医保基金风险预警体系》，载《中国医疗保险》2012 年第 6 期。

[112] 王沛陵、郑杰、贾方红等：《北京市 DRGs 试点效果评价》，载《中国社会医学杂志》2018 年第 5 期。

[113] 王翔：《医保付费改革的方略选择——基于镇江市 17 年改革实践》，载《中国医疗保险》2011 年第 7 期。

[114] 王晓玲、钟冠球：《我国城镇基本医疗保险基金结余问题研究》，载《社会保障研究》2014 年第 6 期。

[115] 王晓燕、宋学锋：《老龄化过程中的医疗保险基金：对使用现状及平衡能力的分析》，载《预测》2004 年第 6 期。

[116] 王晓燕：《我国社会医疗保险费用的合理分担与控制研究——基于系统动力的视角》，经济管理出版社 2010 年版。

[117] 王英毅：《新加坡绩效审计》，载《审计月刊》2006 年第 2 期。

[118] 王樱：《总额控制下按病种分值结算体系建设实践与思考》，载《中国医疗保险》2018 年第 12 期。

[119] 王玉芳、吴传俭：《英国社会保障改革与审计监督机制及借鉴》，载《当代经济》2012 年第 9 期。

[120] 王振宇、冷明祥、万彬等：《淮安市医保基金购买医疗服务控费现状研究》，载《南京医科大学学报（社会科学版）》2014 年第 2 期。

[121] 文裕慧：《城镇职工基本医疗保险退休人员适当缴费研究》，载《现代管理科学》2015 年第 10 期。

[122] 吴传俭、王玉芳：《社会医疗保险可持续发展机制研究》，经济科学出版社 2014 年版。

[123] 吴建卫、韩德：《建立有效的医疗保险风险控制机制》，载《保险研究》2001 年第 8 期。

[124] 吴晶、朱玄、邱晓禹：《医疗保险按病种付费的国际借鉴》，载《中国医疗保险》2017 年第 11 期。

[125] 席大靖：《新农合医疗基金审计的不足及建议》，载《行政事业资产与财务》2016 年第 25 期。

[126] 夏斌：《社会医疗保险风险因素分析及其综合评价》，载《西北大学学报（哲学社会科学版）》2009 年第 4 期。

[127] 谢岱仪、王前：《复合支付方式下的医院科室医保控费目标与考核路径》，载《卫生经济研究》2017 年第 9 期。

[128] 谢明明、王美娇、熊先军：《道德风险还是医疗需求释放？——医疗保险与医疗费用增长》，载《保险研究》2016 年第 1 期。

[129] 谢士钰、王文仪：《从收支平衡看医保基金运行风险及其管控改革措施》，载《中国初级卫生保健》2018 年第 1 期。

[130] 新华网：《审计发现：洛阳市 1757 家企业欠缴职工医保费 2.4 亿多元》，http://

www.xinhuanet.com/2017-06/02/c_1121077832.htm。

[131] 许洁、葛乃旭:《公共经济学——理论、文献及案例》,清华大学出版社 2018 年版。

[132] 闫坤、刘陈杰:《我国"新常态"时期合理经济增速测算》,载《财贸经济》2015 年第 1 期。

[133] 阳义南:《医疗保险基金欺诈骗保及反欺诈研究》,载《北京航空航天大学学报(社会科学版)》2019 年第 3 期。

[134] 杨燕绥、廖藏宜:《健康保险与医疗体制改革》,中国财政经济出版社 2018 年版。

[135] 杨燕绥、于淼:《人口老龄化对医疗保险基金的影响分析》,载《中国医疗保险》2014 年第 10 期。

[136] 杨燕绥:《社会保障管理》,人民出版社 2015 年版。

[137] 杨玉婷:《我国医疗保险支付方式分析》,载《解放军医院管理杂志》2013 年第 4 期。

[138] 杨苗:《审计新问题:基本医疗保险基金审计的内容及方法》,载《财经问题研究》2001 年第 9 期。

[139] 叶师雄、郑树忠、于广军:《总量控制下的按项目付费与三方分担——上海医疗保险支付方式的现实选择》,载《中国卫生资源》1999 年第 1 期。

[140] 叶子辉、王兆良:《新医改伦理价值的实践困境与政策应对——以按病种付费政策为例》,载《中国卫生政策研究》2015 年第 2 期。

[141] 于广军、郑树忠、孙国桢:《建立风险防范体系,确保医疗保险平稳运行》,载《中国卫生资源》1999 年第 5 期。

[142] 于洪、曾益:《退休年龄、生育政策与中国基本养老保险基金的可持续性》,载《财经研究》2015 年第 6 期。

[143] 于洪、岳崟、郑春荣:《国际社会保障动态:社会保障的政府责任》,上海人民出版社 2016 年版。

[144] 余廉、庞玉芳、肖文璧:《医保支付方式改革对公立医院影响的研究综述》,载《行政事业资产与财务》2014 年第 10 期。

[145] 禹硕、于润吉:《医疗保险付费方式应向总额预算制转变》,载《卫生经济研究》2009 年第 3 期。

[146] 翟绍果:《从医疗保险到健康保障的偿付机制研究》,中国社会科学出版社 2014 年版。

[147] 张宝嫦:《医疗费用支付方式对医疗费用影响分析》,载《医院管理论坛》2013 年第 10 期。

[148] 张超、沈怡、高臻耀:《医保支付方式改革的上海路径》,载《中国医疗保险》2011 年第 7 期。

[149] 张朝阳:《医保支付方式改革案例集》,中国协和医科大学出版社 2016 年版。

[150] 张晗、张红霞、靳斌等:《总额预付制实施前后北京市门诊医保患者次均费用对比分析》,载《中国卫生质量管理》2018 年第 1 期。

[151] 张洁、王明珠:《沂水县新农合基金绩效审计探讨》,载《合作经济与科技》2017 年

第 13 期。

[152] 张婧：《中华人民共和国社会保险法案例注释版》，中国法制出版社 2013 年版。

[153] 张萌萌、胡牧：《DRGs 在北京医保支付管理中的应用》，载《中国医疗保险》2015 年第 4 期。

[154] 张霄艳：《农村地区医疗保险基金风险测量与管理策略研究》，华中科技大学出版社 2018 年版。

[155] 张晓、刘蓉：《社会医疗保险概论》，中国劳动社会保障出版社 2004 年版。

[156] 章莉、庄小平、崔仕臣：《城镇职工医疗保险支付方式改革探索》，载《卫生经济研究》2014 年第 1 期。

[157] 赵斌：《按病种分值结算要点解析》，载《中国社会保障》2018 年第 5 期。

[158] 赵斌：《基本医疗保险住院支付方式改革的发展趋势》，载《中国人力资源社会保障》2018 年第 3 期。

[159] 赵曼：《社会保障学》，高等教育出版社 2018 年版。

[160] 赵云、潘小炎：《以按人头付费方式强化基层医疗机构健康管理功能搞研究》，载《中国卫生经济》2013 年第 8 期。

[161] 郑功成：《中国社会保障发展报告 2016》，人民出版社 2016 版。

[162] 郑启文、刘忆、冷家骅：《DRGs 在国内外的应用回顾及探讨》，载《中国医院》2015 年第 6 期。

[163] 郑树忠：《上海医保总额预算管理的实践探索》，载《中国医疗保险》2013 年第 3 期。

[164] 郑颖：《强化医疗保险基金审计工作的有效途径》，载《行政事业资产与财务》2017 年第 14 期。

[165] 中国医疗保险研究会、中国劳动和社会保障科学研究院：《部分国家（地区）最新医疗保障改革研究》，经济科学出版社 2018 年版。

[166] 中华人民共和国国家医疗保障局：《2018 年全国基本医疗保障事业发展统计公报》，http://www.nhsa.gov.cn/art/2019/6/30/art_7_1477.html。

[167] 中华人民共和国审计署网站：《北京宣言——最高审计机关促进良治》，http://www.audit.gov.cn/n9/n459/n462/c15751/content.html。

[168] 中华人民共和国卫生部：《中国卫生统计年鉴》（2003—2012 年），中国协和医科大学出版社。

[169] 中华人民共和国中央人民政府网站：《审计署发布医疗保险基金审计结果》，http://www.gov.cn/xinwen/2017-01/24/content_5162954.htm。

[170] 钟书：《按病种分值付费的经济社会价值》，载《中国医疗保险》2018 年第 12 期。

[171] 周海洋：《上海探索医保混合支付模式，利弊并存量力而行》，搜狐网，http://health.sohu.com/20120609/n345170164.shtml。

[172] 周绿林、许兴龙、陈羲：《基于医保支付方式改革的医疗服务体系优化研究综述》，载《中国卫生事业管理》2015 年第 8 期。

[173] 朱彪、袁长海等：《山东省部分城市基本医疗保险基金结余研究》，载《中国卫生经济》2010 年第 1 期。

［174］ 朱恒鹏、梁杰：《基本健康制度的构建——北京案例》，中国社会科学出版社 2016 年版。

［175］ 朱恒鹏：《中国城乡居民基本医疗保险制度整合研究》，中国社会科学出版社 2017 年版。

［176］ 朱明君：《德国法定医疗保险费用支付制度》，载《中国医疗保险》2012 年第 4 期。

［177］ 朱士俊、鲍玉荣、刘爱民等：《北京地区医院按 DRGs 付费和临床路劲应用研究》，载《中华医院管理杂志》2008 年第 3 期。

［178］ 朱铁林、左海萍、陈民等：《基于医保支付方式改革的医疗卫生资源配置均衡化研究——以镇江市为例》，载《中国民族民间医药》2016 年第 10 期。

［179］ 莫西洛斯等编，张晓、曹乾译：《医疗保障筹资：欧洲的选择》，中国劳动社会保障出版社 2009 年版。

［180］ 曾益、凌云、张心洁：《"全面二孩"政策对城镇职工医保统筹基金的影响：改善抑或恶化》，载《上海财经大学学报》2017 年第 5 期。

［181］ 曾益、任超然、李媛媛：《中国基本医疗保险制度财务运行状况的精算评估》，载《财经研究》2012 第 12 期。

［182］ 曾益、任超然、刘倩：《"单独二孩"政策对基本医疗保险基金的支付能力影响研究》，载《保险研究》2015 年第 1 期。

外文文献

［183］ Abelsmith B，Mossialos E. Cost Containment and Health Care Reform：a Study of the European Union. Health Policy，1994，28(2).

［184］ Arrow Kenneth J. Uncertainty and the Welfare Economics of Medical Care. The American Economic Review，1963(53).

［185］ Allen Robin. Policy Implications of Recent Hospital Competition Studies. Journal of Health Economics，1992(11).

［186］ Blomqvist P O Johansson. Economic Efficiency and Mixed Public/Private Insurance. Journal of Public Economics，1997(3).

［187］ Brown Schultz. Performance Auditing in Ohio：A Customer Service Orientation. The Journal of Government. Financial Management，2003(5).

［188］ Brosig-Koch J，Hennig-Schmidt H，Kairies-Schwarz N，et al.. The Effects of Introducing Mixed Payment Systems for Physicians：Experimental Evidence. Health Economics，2017，26(2).

［189］ Claudine De Meijer，Bram Wouterse，Johan Polder，Marc Koopmanschap. The Effect of Population Aging on Health Expenditure Growth：a Critical Review. European Journal of Ageing，2013，10(4).

［190］ David M. Cutler. The Economics of Health System Payment. De Economist，2006，154(1).

［191］ Ellis R P，McGuire T G. Provider Behavior under Prospective Reimbursement. Journal of Health Economics, 1986(5).

[192] Fischhoff B. Managing Perceptions. Issues In Science And Technology, 1985(2).

[193] Hagist C, Kotlikoff L J. Who's Going Broke? Comparing Growth in Healthcare Costs in Ten OECD Countries. National Bureau of Economic Research Working Papers, 2005.

[194] Karen Eggleston. Provider Payment Incentives: International Comparisons. Int. J Health Care Finance Econ, 2009, 9(2).

[195] Lane R. Reinhard Busse: Leader in Germany's Health-system Development. Lancet, 2017, 390(10097).

[196] Lee R, Miller T. An Approach to Forecasting Health Expenditures, with Application to the US Medicare System. Health Services Research, 2002, 37(5).

[197] Mayhew L D. Health and Elderly Care Expenditure in an Aging World. IIASA Research Report, 2000.

[198] Micheal C Jensen, William H Meekling. Theory of the Firm: Managerial Behavior, Agency Costs and Ownership Structure. Journal of Financial Economics, 1976.

[199] Mort Dittembofer. Performance Auditing In Governments. Managerial Auditing Journal, 2001(8).

[200] Pauly Mark V. The Economics of Moral Hazard: Comment. Am. Econ. 1968(58).

[201] Pritehert T, Sehmit T, Doerpinghaus H, et al.. Risk Management and Insurane, Dame Publishing Company, 1996.

[202] Payment: The Security Scheme of Thailand. Partnerships for Health Reform Project, Abt Associates, 2001.

[203] Pritchett T, Schmit T, Doerpinghaus H, et al.. Risk Management and Insurance. Ohio: Dame Publishing Company, 1996.

[204] T Schneider, W Sommerfeld, J Moller. Audits Across State Borders for Medical Consulting Agencies within the German Healthcare Insurance System. Gesundheitswesen 2003, 65(6).

[205] Warshawsky M. J. An Enhanced Macroeconomic Approach to Long-Range Projections of Health Care and Social Security Expenditures as a Share of GDP. Journal of Policy Modeling, 1999, 21(4).

[206] Yip Winne C, Siripen Supkankunti, Jiruth Sriratanaban. Impact of Capitation Payment: the Security Scheme of Thailand. Partnerships for Health Reform Project, Abt Associaties, 2001.